高等院校师范类专业系列教材

数学教学设计与案例分析

方均斌　蒋志萍　著

鲍建生　主审

ZHEJIANG UNIVERSITY PRESS
浙江大学出版社

图书在版编目（CIP）数据

数学教学设计与案例分析 / 方均斌编著. —杭州：
浙江大学出版社，2012.3（2024.8 重印）
ISBN 978-7-308-09562-4

Ⅰ.①数… Ⅱ.①方… Ⅲ.①数学教学－教学设计－
中小学 Ⅳ.①G633.602

中国版本图书馆 CIP 数据核字（2012）第 006537 号

数学教学设计与案例分析

方均斌 蒋志萍 著
鲍建生 主审

责任编辑	徐　霞	
封面设计	联合视务	
出版发行	浙江大学出版社	
	（杭州市天目山路 148 号 邮政编码 310007）	
	（网址：http://www.zjupress.com）	
排　　版	杭州青翊图文设计有限公司	
印　　刷	广东虎彩云印刷有限公司绍兴分公司	
开　　本	710mm×1000mm 1/16	
印　　张	19.5	
字　　数	350 千	
版 印 次	2012 年 3 月第 1 版 2024 年 8 月第 8 次印刷	
书　　号	ISBN 978-7-308-09562-4	
定　　价	49.00 元	

序　言

2004 年,笔者作为浙江省数学教师继续教育大组成员,接受浙江省教育厅中小学教师培训中心邀请,为全省初中、高中数学教研员主持了题为《数学教育培训者培训——数学教学设计及个案分析》的培训,受到了广大数学教研员的一致好评,之后应邀到象山、青田和温州地区的各县进行该专题的培训,效果很好。该培训课程《数学教学设计》还被评为"温州大学继续教育精品课程"。在此基础上,笔者不仅在实践操作上进行研究,还在理论及实践的结合上继续深入探讨,目前已经出版《数学教学个案研究》(四川大学出版社 2006 年 11 月出版)及《数学教学案例反思及延伸》(四川大学出版社 2009 年 9 月出版),还与研究生严晓秋合作撰写论文《听课捕捉数学教学案例及话题的方法初探》(《数学教学》封二,2010 年第 4 期)。

从 2008 年 8 月开始,笔者主持了"龙湾区初中骨干教师培训",在培训过程中,发现学员对《数学教学案例》及《数学教学设计》这两个话题很感兴趣。尤其是对《数学教学设计》,很多学员感觉困惑不少:一方面,他们觉得自己的教学理念可能存在问题;另一方面,他们觉得教学理论和教学实践存在很大的差异。他们觉得很多教学理念是对的,但在实际操作中遇到时间等因素的限制,很是苦恼。为此,笔者特意拍摄了学员在课堂上的教学视频并进行仔细分析,挑选了两堂颇具代表性的课堂实录,通过认真分析,撰写了两篇文章"Three factors of Effective Inquiry Teaching:Critical Analysis of a Mathematics Lesson Fragment in Lesson Study"(2010 年 8 月在日本东京召开的第五届东亚数学教育教育大会上做了 20 分钟专题报告并作为会议论文正式发表(出版社:5th East Asia Regional Conference on Mathematics Education Inamoto Printing Co. Ltd)和《削足、按足还是换履?——对一个一次函数应用教学片段的观察与思考》(在全国高师数学教育研究会 2010 年国际学术年会委员会上做论文发言报告并获得该会议论文三等奖)。通过两年龙湾数学骨干教师的交流和培训磨合及长期思考,觉得对职前和职后教师谈论《数学教学设计与案例分析》是非常实用的话题,为此,有意撰写《数学教学设计与案例分析》一书,集中的研究和思考,或许能够争取更大的社会效益。

恰好于 **2010** 年，浙江外国语学院的蒋志萍老师和笔者联系，说浙江大学出版社将系列出版师范教育的相关教材，其中一个主题就是《数学教学设计与案例分析》，笔者就欣然表示接受这一任务的意向，在蒋老师的努力下，我们顺利承接了这一工作。然而，事情并非那么简单，我们承接的任务是职前中小学数学教师的教学教材，从小学到高中，跨度很大，为我们编写这本教材带来了前所未有的难度。为此，我们基于这样的几个思考：一是全书的理论部分无论哪个学段都可以参考；二是其中例子授课教师可以进行必要的整合和改选，方便学生选读；三是无论哪个学段的师范生，将来的就业都很难确定，不能本位，了解不同学段的数学教学内容也是完善数学教师认知结构的很重要的措施。我们现在的一线数学教师往往出现了这样的一个"症状"：各个学段教师互不了解其他学段的教学情况；高中数学教师不清楚小学与初中数学的教学情况，初中教师不了解小学与高中数学的教学情况；小学数学教师也不清楚初中与高中数学的教学情况。因此，本书在选例上也就不避讳了，尤其是小学职前教师，更不能以为课本中举的有些例子是中学的，就回避不看了。其实，我们注意到这样一个现象，一些地区在招聘小学数学教师的时候，招考的数学内容却是高中数学知识，其中的意图十分明显：必须要用高观点审视所要从事的学科教学。

众所皆知，凡事预则立，不预则废，教学设计的质量直接影响着教学效果。因此，几乎所有的数学教师和教育管理部门对教学设计都很关注。工作在第一线的数学教师，他们面临很多的烦恼。一方面他们的教学设计要体现现代的数学教育理念；另一方面，他们又得考虑学生之间的巨大差异和一波紧接一波的所谓的"单元测验"，课堂上的有限时间使得他们想探究又不敢探究，想开放又不敢放开手脚让学生畅所欲言等等，这种矛盾心理一直困扰着他们的教学行为。数学现代教育理念往往是从学生的终身发展眼光来看待教师的当前教学行为的，而应试教育环境却是短期的评价眼光。一些教师只能"好汉不吃眼前亏"而随大流，久而久之，就往往失去了自我，教学也很难有什么特色，原有的一些好想法也就丧失了，欲速则不达。我们认为，很多具有先进理念的教学设计不是时间上的问题，而往往是"一念之差"下的产物，教师只要长期持有这种理念，相信能够在教学设计及具体教学措施中从长计议，他所培养出来的学生也是前途无量的。据此，本书试图在写作的过程中渗透一些现代数学教育理念，结合相关的例子，在现代数学教育理念与实际教学的结合上做一些探究，也算是本书的一点特色吧！

本书分两大部分：第一部分是理论篇，主要由方均斌老师撰写，蒋志萍老师作了少量补充。共分五章，主要探讨数学教学设计的概念、理论和方法，在论述中,列举了大量的案例,这些例子是我们长期思考和收集的,参考性强。另外,我们在撰写相关内容时,引用有关教学设计的理论,明确地给予标注和说明,但本书更多的是汇集自己的长期思考,观点朴实而原创性较多,可能与别的书籍论点有不一样的地方,意在实践我国著名数学教育家张奠宙教授提倡的"具有中国特色的数学教育理论"上做点工作,观点及视野可能有限,恳请相关学者参与讨论并提出批评意见。第二部分是案例篇,该部分主要由蒋志萍老师负责,挑选了一些中小学老师的教学设计案例并作了点评,笔者也在这部分补充了几个案例与相应点评。这些案例格式并不统一,主要考虑案例的格式多样性,师范生在参考的时候,请先根据案例的课题自己设计一个教学方案,然后再阅读整个案例并和自己设计的案例作个对比,提出自己的反思,最后再阅读我们给出的评述,这样,其收获就会更多一些。本书既可以作为数学师范生的一本教材,也可以作为第一线教师的一本教学参考书或一线教师的在职培训读本。

本书得到浙江大学出版社的大力支持,也得到温州龙湾区初中骨干教师培训学员尤其是龙湾教师发展中心的教研员、特级教师郑银凤老师的支持,温州大学赵焕光教授也给予了很多的帮助。另外,很多中小学的第一线数学老师给予本书很多的意见,这里一并感谢!

方均斌

2011 年 8 月于温州大学

目　录

理　论　篇

案　例　篇

理 论 篇

什么是数学教学设计？为什么要进行数学教学设计？怎样进行数学教学设计？数学教学设计需要考虑哪些因素？数学教学设计依据哪些教育理论？如何根据数学的特点进行教学设计？这些问题都很值得我们探讨.本篇中共有五章,分别就这些问题和读者一起讨论,尽管我们也参考了一些现成数学教育理论,但更多的是我们平时的思考,希望有些教学工作经验的读者根据自己的经历,参与相关的讨论.

第一章　数学教学设计概述

要做好一件事,就必须慎重做好计划及应急对策,数学教学也不例外.数学教师要上好一堂数学课,周密的课前安排是一个很重要的环节,这个课前安排就是教学设计.教学设计看似一个简单的课前教学方案,但是,其背后含有极其深远的理论基础和实践经验.本章主要就数学教学设计的一般理论进行探讨.主要有:①数学教学设计的概念与基本问题;②数学教学设计基本理论探讨;③数学教学设计的模式探究.

第一节　数学教学设计的概念与基本问题

一、数学教学设计的概念

何谓数学教学设计? 学术上的说法不一,综合相关的观点,我们认为,数学教学设计是设计者根据已有的社会文化传统背景(包括社会对数学教学的要求、教学对象的具体特点),综合运用与教学相关的理论(如教学论、学习论、系统论、信息传播理论等),以及个人对数学本身的理解,运用恰当的方法,设计解决数学教学问题的策略并形成具体的方法和步骤直至教学方案的形成,并对教学方案实施后的教学效果作出必要的价值评判的过程.数学教学设计的根本意图是数学教学的优化和高效.数学教学设计在具体实践操作中,就是我们通常所说的数学教案,即某一阶段(宏观的包括一个学段、一个学年、一个学期、一个单元;微观的就是一节课甚至一个教学环节)的教学方案的制订,这个制订过程凝聚着教师的数学功底和数学教育理论修养、对国家和地方教育部门的教育政策法规的解读、对具体数学教学内容的理解、对学生的了解程度和对教育环境的综合考虑结果,它的一个重要特征是在教学过程发生前的一个预案,可操作性的要求较高,是一个教学的合理预设.在平时教学过程中,教学设计经常指一节课的教学预案,这是一种狭义的理解,但也成为一种"习惯".

二、数学教学设计的基本问题

就我国目前的发展水平而言,我们现在的数学教学基本上已经处于一种信息化时代.有学者认为[①],信息化环境下现代教学设计应注意以下几个基本问题:"教学模式的设计与选择,信息技术与教学活动过程的整合,有效学习环境的设计,教学问题的症状鉴别与根源分析,客观评价工具的设计等".也有学者发表题为《小学数学教学设计面临的五个基本问题》的文章,认为小学数学教学设计应该面临五个基本问题[②]:"一、全——全面落实课程目标;二、深——确保学生的学习到位;三、优——科学运用教学方法;四、新——强化新素材、新方法的运用;五、真——关注真实的生活问题."尽管不同学者的视角略有差异,关于数学教学设计的基本问题我们不外乎用七个字来概括:"承上"、"启下"、"思中间".所谓"承上"有三方面的含义:一是当前的课程标准对教学任务的安排与要求;二是以往的教学手段与方法的继承与改革;三是学校及社会对教学的评价导向的领会与整合.而所谓的"启下"就是如何有效地将"承上"的三个方面用在我们的教学对象——学生上来."思中间"有三方面意思:一是如何根据教学任务及要求和具体的学生,参考以往的教学策略及方法,选择恰当的方法来教育我们的学生;二是如何根据教师本身的特点设计恰当的教学过程以较好的效果来完成教学任务;三是综合考虑教学环境的变化及改革动态以恰当的手段来完成教学任务.

数学教学设计到底想解决什么问题? 其基本问题是:①为什么要进行数学教学设计? ②怎样进行数学教学设计? ③进行数学教学设计后又能怎么样? 其实,设计一个教学方案无非就是要让教学过程"进展得顺利一些",让有限的教学时间资源运用得更高效一些,让我们的学生把数学学得更好一些,并且兴趣也更高一些.围绕着这么多的"一些",我们应该很清楚教学设计的基本问题:①教学任务的领会,即教师应该了解国家和社会给我们的教学任务,包括每一节课的教学内容;②教学对象的了解,即我们对我们的教学对象要有一个充分的了解,只有这样才能设计出一个高效的且具有可操作性的教学方案;③教学目标的制订,即在综合考虑教学任务和学生的具体情况的条件下,教师制订教学目标,这个目标就成为整个教学预案的核心因素;④教学过程的预设,即教师根据已经确定下来的教学目标的内容,以及自己的理解并考虑自己的执行能

---

① 张剑平,李慧桂.信息化环境下教学设计的基本问题研究,电化教育研究,2005(9).

② 杨均力.小学数学教学设计面临的五个基本问题,教学月刊(小学版),2008(3上).

力,对教学过程有一个预设.

1. 教学任务

教学任务是教学目标制定的重要依据,教师在某个宏观设计(教学进度)的条件下考虑每一课时的微观教学设计.可以这样认为,每一节课的教学任务都是整个宏观教学任务的"子任务",这个"子任务"是整个"教学棋盘"中的一颗"棋子",教师必须对每一颗"棋子"的地位和作用有一个清醒的认识,这样,整个棋盘将"充满活力",前后呼应,否则,可能因打乱战而造成低效甚至无效.

【例 1-1】　基本不等式 $\sqrt{ab} \leqslant \dfrac{a+b}{2}$ [①]的教学设计.

该课时是在整章(第三章)《不等式》的最后一节,前三节分别是:§3.1 不等关系与不等式;§3.2 一元二次不等式及其解法;§3.3 二元一次不等式(组)与简单的线性规划问题.而在最后这一节 $\left(\text{§3.4 基本不等式} \sqrt{ab} \leqslant \dfrac{a+b}{2}\right)$ 课本只是推导基本不等式后,列举两个实际应用题(与基本不等式有关的最值问题).并不像老教材那样,运用基本不等式去证明其余的不等式.结果,有些教师很不适应,认为不把基本不等式运用起来去证明其他的不等式是个"败笔",于是,他们在教学过程中纷纷添加一些运用基本不等式去证明其他不等式的例子,违背了教材本身的意图.其实,运用基本不等式去证明其他不等式已经在选修模块教材中有安排,课本所做的只是让学生在学习了简单的线性规划问题后,采用例子的方式让学生认识"简单的非线性规划问题",可见,教师理解错了教学任务,会使学生的学习产生错位.

2. 教学对象

了解教学对象是教学设计前必须要做的一项重要工作,即便教师似乎对学生有一个很充分的了解,但是,课堂上还是经常发生一些教师无法意料得到的"教学事件".一般而言,教师了解学生可以从这样几个方面进行:一是学生的知识前提,即学生对准备学习的内容的前提基础知识和基本技能具备了没有.例如,最近经常有高中教师抱怨初中生对十字相乘法很陌生,到高中后的学习表现"之差"让有些高中数学老师始料不及,一个高中教师如果对学生在初中所学的内容不熟悉,他的教学设计肯定存在这样或那样的问题,教学被动自在情理之中.二是要了解学生的数学能力前提,即要了解学生是否存在即将要学习内容的各种能力.例如,学生的运算能力达到了没有,是否允许使用计算器等.三是要了解学生对数学的学习兴趣、态度以及其他的一些非智力因素.例如,学生参与讨论的积极性如何,学生之间的合作态度及能力是否良好,等等.只有这

---

① 李建华.高中数学(必修⑤ A 版).北京:人民教育出版社,2004.

样,才能为一个优秀的教学设计打下良好基础.

【例 1-2】 任意角的三角函数定义[①]的教学.

这是一节 2006 年全国性高中数学教学观摩课,当教师给出角 α(终边上取一点 $P(x,y)$,且设 $|OP|=r>0$)并定义:$\sin\alpha=\dfrac{y}{r}$,$\cos\alpha=\dfrac{x}{r}$,$\tan\alpha=\dfrac{y}{x}$之后,问学生:"这三个函数的定义域分别是什么?"有个学生回答了前两个函数的定义域是 **R**,教师表扬了这位学生,可是,当这位学生回答 $\tan\alpha=\dfrac{y}{x}$ 的定义域是 $\{x\mid x\in\mathbf{R},x\neq0\}$,并得到了其他同学的附和时,教师一下子愣住了,不明白为什么学生会这样回答问题.原来,这些学生以为表达式 $\tan\alpha=\dfrac{y}{x}$ 中,x是自变量,在他们的脑子里,这个"约定"似乎根深蒂固,出乎教师的意料.

3.教学目标

在综合考虑了教学任务及教学对象之后,教师可以设定教学目标.按照传统观点,教学目标可以分为知识目标、能力目标和德育、情感目标,并且有关专家给出了学术"界定",例如,对知识教学目标,分为了解、理解、掌握、应用四个层次.[②]

①了解,指对知识含义有一个初步、感性的认识,能知道这一知识是什么,能在有关问题中认识它.例如:初中教材中"对顶角"的教学要求是"了解",即要求学生掌握对顶角的概念,能够在有关图形中找出哪些角是对顶角即可.

②理解,指对知识有一个理性的认识,不仅要求这一知识的含义,而且还能知道这一知识是怎么来的,与其他知识的联系是什么,有什么用等.例如高中教材中的"函数的奇偶性"的教学要求是"理解",即不仅要求知道函数的奇偶性的含义及判定方法,而且还要求学生知道为什么要研究函数的奇偶性,以及函数的奇偶性与函数图像、函数单调性的关系等.

③掌握,指在理解的基础上,通过训练形成技能,并且用它来解决一些问题.例如高中教材中的"线面垂直的判定定理"的教学要求是"掌握",即要求在理解的基础上,通过练习,使学生掌握.例如:"为了证明线线垂直,只需证明线面垂直"之类的技能.

④应用,指对知识能够综合运用,并且能够灵活、迅速地解决有关问题,形成能力.例如高中数学教材中的"直线方程"的教学要求是"应用",即要求学生不仅会用直线方程解决有关问题,而且还要求学生会灵活选择直线方程的五种

---

① 章建跃.高中数学(必修④ A 版).北京:人民教育出版社,2004.

② 方均斌.中学数学教学论.成都:四川大学出版社,2005.

形式去迅速解决有关问题等.

教师如何把握这四个层次的度,是衡量一个数学教师是否成熟的标志之一.虽然,由于这四个层次的提法过于笼统,目前的新教材已经对此作了一些具体的细化(见表1-1).但是,一些语言的灵活组织还得靠教师自己仔细琢磨.

表1-1 对四个层次教学目标的细化

教学目标	特　征	行　为　动　词
了解	对信息的回忆	为……下定义、列举、说出(写出……)的名称、复述、背诵、辨认、回忆、描述、标明、指明
理解	用自己的语言解释信息	分类、叙述、解释、鉴别、选择、转换、区别、估计、引申、归纳、举例、说明、猜测、改写
掌握	将知识运用到所学的情境中	运用、计算、阐述、解答、证明、比较、判断
应用	将知识运用到新的情境中	分析、综合、归纳、总结、评析、编写、设计、创造

能力目标在原来传统提法中,分为运算能力、逻辑思维能力和空间想象能力,后来提出了数学能力的概念,这是因为有观点认为"传统三大能力"的提法不能完全概括数学能力的本质,况且相互之间也存在交叉现象.但是,"传统三大能力"的提法已经深深地印在数学教师的脑海里,教师在撰写教学目标的时候,经常出现诸如"学生的空间想象能力得到了进一步的培养"之类的字眼,比"学生的数学思维能力得到了进一步的培养"更明确一些.但是,目前对学生的能力似乎没有像基础知识那样"等级化",从数学技能到数学能力之间也没有一条明确的界限,目前还仅限于一种"模糊的描述",教师可以利用一些明确的词语给予适当描述,让人更加清楚你的教学目标处于何种"级别".

德育与情感目标属于非智力因素范畴,我们认为,主要指"群体合作及认同意识的提高(爱国主义是一个高目标)"、"科学思想方法(含辩证思想)的体验与形成"、"个人对学科的积极情感意识的强化及升华"、"一些诸如意志力等个性品质得到加强"等.在具体描述上,一些用词也会"丰富一些".

现在新课程提倡"三维目标",实际上是《新课程标准》确定的数学课程总目标下,明确数学教育进展方向的六条具体目标所分的三个层次[①].第一个层次是知识与技能;第二个层次是过程与方法,具体体现就是在这个过程中把握方法、形成能力,在这个过程中发展意识,比如应用意识、创新意识;第三个层次是情

① 数学课程标准研制组.普通高中数学课程标准(实验)解读.南京:江苏教育出版社,2004.

感、态度和价值观,一种对于人的全面和谐发展和社会发展的更高层次的要求. 但是,它们之间又是不可分割、互相联系、互相融合的,是一个整体,体现了过程与结果的有机结合.

目前,在撰写教学目标方面,学术界也似乎存在观点不十分一致的情况,尽管,目前以新课程改革为核心的教学提倡"三维目标"的写法,但是,也有一些老师坚持认同原来的写法,认为那样写法也能够体现现代数学的教学理念. 我们认为,只要能够体现现代教学理念,吻合课改需求的教学目标,在写法的形式上可以不必过于讲究. 一个姑娘只要长得好看,穿什么衣服都不能掩盖她的魅力,如果要追求时髦,那就"让她顺应时代潮流吧"!

4. 教学预案

在理解教材、了解学生并制订教学目标之后,教师的教学预案可以开始了,也就是我们通常所说的狭义的教学设计的"真正开始". 任何教学设计的最终目的是为了达到完美的教学效果,一些数学教师为了这一目的绞尽脑汁地进行设计,对每个教学环节都进行细致的研究,唯恐哪个环节出现纰漏,可谓尽心尽责,可是教学效果并不理想. 当然,也有教师随遇而安,课前只是草草地打个"腹稿",教学效果却异常地好! 这到底是为什么呢? 我们出于培训中学教师的需要参阅了大量的中学数学教师的教学设计(包括上课课件),也听过一些教师的课,发现数学教学设计与具体执行过程存在着若干误区.

(1)数学教学设计中的几个误区

误区之一:设计执行两极化

在具体的教学设计过程中,出现了设计执行"两极化"的现象. "第一级"是设计与执行出现双轨现象. 一些教师将设计的书面工作当做一种摆设以应付领导的检查,真正的"设计"是脑子中的"腹稿",这些教师依靠自己的经验和思维的灵活性来驾驭课堂教学,目前这种现象有些普遍,尤其是老教师. 他们数学学科逻辑性强,如果数学教师能够把握关键点,然后根据课堂的具体情况发挥,往往能够达到理想的教学效果,完全可以摆脱原先设计的"约束". "第二级"是出现执行过程机械化现象. 同样也是因为数学学科逻辑性强的学科特点,一些教师备课认真但思维跳不出其内在的逻辑"约束",在具体的执行过程中,按照原先的设计步骤机械地执行,教学效果并不理想,此类教师以年轻教师居多,当然,公开课等场合出现这个现象比较多. 有教师曾调侃:"我的教学效果与备课时间成反比!"

事实上,教学设计只是一个方案,而具体执行中则需要处理种种不以我们的意志为转移的突发事件,需要教师的灵活思维和丰富的经验. 数学思维具有宏观与微观的两个层面,宏观上与生龙活虎的策略创造密切相关,微观上与步步为营的逻辑推理相伴.只有"腹稿"的教师往往只有一节课的宏观思路,执行中发挥余地大,往往能够灵活地处理课堂信息.然而,年轻教师是否也和老教师一样做呢?答案是否定的.年轻教师经验欠缺,必须考虑课堂细节,精心安排应急措施,具体实践的检验后形成经验,经验积累与预先准备量成"正比".我们认为,年轻教师设计时需要做到:思考多、书写细、课件精、方法活.其实,这个建议同样适合老教师,只不过内涵有所区别.思考多是指在创新层面方面需要多下工夫,避免出现教书匠现象;书写细是指把具体的每节课的教学设计当做科研任务来完成;课件精是指不把课件纯粹当做记忆衰退的弥补品和提高课堂"效率"的工具,而是要体现课件具有提纲挈领和对学生掌握知识具有画龙点睛作用;关于方法活的问题,除了随机应变外,老教师还需要克服长期形成的教学方法定势行为,经常"换换口味",观察学生的变化和教学效果,使自己数学教育向艺术家方向转移.

误区之二:选择视角学科化

长期的数学学习和数学教学,使得我们的行为和思维方式"严重数学化","用数学的眼光看世界"使得我们出现视角转换灵活性降低.从数学到数学、生活到数学等现象引入设计过程经常忽略了采用其他学科看数学的眼光.例如:浓度问题在数学教师的眼里只不过是溶质在溶液中所占的比例问题而已,于是,在具体的教学设计中,一些教师就缺乏对具体物质"溶解度"的关注,出现了超溶解度的"溶液";又如,年龄问题在我们数学教师眼里也仅为整数问题,于是在一个数学题中,出现了经过推理而得到"16岁孩子当母亲"的"负面效应"[①];而三角形重心问题在我们数学教师眼里已经"退化"为"三角形三条中线的交点"的代名词了,重心的物理含义似乎被我们数学教师淡忘.在一次函授面授课上,笔者让听课教师(学员)说明三角形的重心性质(将三角形中线的长度分为二比一),结果没有一个数学教师是采用物理方法进行的.

戴着"数学有色眼镜"看世界的初衷源自我们目前比较流行的对数学的定义:"数学是关于现实世界的数量关系与空间形式的一门科学."事实上,出现学科思维习惯并非不好同时也是不可避免的,关键是倾向不能太严重.今天数学教师要求学生"用数学眼光看世界",明天物理老师要求学生"用物理眼光看世界"……这只能让学生无法选择该用什么眼光看这个缤纷的世界.因此,在具体设计的时候,数学教师应该采用跨学科的眼光和思想审视每一个数学问题,寻找多种方法处理同一个问题,让学生辨认优劣,也列举一些不一定采用数学方

---

① 新浪网.寒假数学作业出错题,16岁少女当上"妈妈",http://www.sina.com.cn,2005-02-19.

法处理是最佳方案的问题.当然,要做到这一步不容易.首先数学教师要克服长期形成的学科本位意识,经常多角度思考问题,这可能不是一朝一夕就能够办到的;其次,数学教师要提高各学科的文化修养,弥补自己的知识"缺位",这对一些长期从事数学教学的老教师也具有一定的难度.尽管如此,我们也应该为培养具有多学科、全方位审视和思考问题能力的后一代尽力.

误区之三:抉择内容教条化

数学的确定性使得数学知识似乎比其他学科更容易判断出其是否符合纲的要求,以纲为中心是我国数学教学的一大特色,尤其是以考纲为中心的教学更是如此.所谓的纲是数学教育专家经过论证后确定数学教学所应该达到的目标,本身具有一定的权威性,如果将这种权威绝对化,那就变得教条和僵硬,不利于教师和学生创新意识的开发及培养,更要命的是考试指挥棒和目前对教师狭隘的劳动评价体系使得教师在教学设计过程往往受到了严重地约束,一些教师在教学设计过程中不敢也不愿意越雷池半步,他们以考试要求降低或不考回避了一些问题的思考方向的教学设计,使得数学教学设计的创新度大大降低.例如,正弦定理的证明,在增加向量内容之前,我们都是以三角形的高为桥梁,采用面积或直角三角形中的内角正弦函数定义等方法给予证明,这种证明显得比较自然,符合学生的思维方式.而在刚增加了向量的人教社教材[①]中,编者似乎是为了加强向量的应用,采用向量来证明正弦定理.客观地讲,这种构思是巧妙的,意图是有可取的一面,但学生是不容易想到的.按照最近发展区教学原则,这种证明方法在思维上具有跳跃性.一些教师受教材的约束,绞尽脑汁,尽量"引导"学生采用向量的方法来证明(众所皆知,构造性证明的教学设计难度很大),更有甚者,一些教师对原来的证明方法只字不提,好像这样才能体现大纲(课程标准)的要求.我们认为,教师完全可以按照学生的"最近发展区"将原来的证明方法与学生进行讨论,之后提出:"我们刚学习过向量,那么能否利用它来证明正弦定理呢?"然后可以直接进行"介绍性证明",让学生欣赏采用向量证明的巧妙性.事实上,最近的新教材[②]确实又进行重新修改,回到了从前老教材的处理方式.

误区之四:构造证明情理化

正如我们刚才提到的关于正弦定理的向量方法证明的构造性方法一样,在中学数学中好多内容的证明是构造性的,一些教师似乎想方设法采用合情推理等手段使得学生"很自然地"想到这些证明方法.我们认为,针对数学构造性证

---

① 人民教育出版社中学数学室.全日制普通高级中学教科书(必修)数学(第一册下).北京:人民教育出版社,2003.

② 李建华.高中数学(必修⑤ A版).北京:人民教育出版社,2004.

明,完全不必要采用"我们应该想到"的字眼来"引导"学生(其实是误导学生).一些"灵光一现"连证明者也说不清楚自己怎么会想到的思路,在某些教师的教学设计中,却能够"合情合理"地引导学生想到,这种设计可能在培养学生思维的某一方面有一定的可取的地方,但可能会对创造性证明的发现者的"不尊重",而且这种设计也可能"枉费心机",我们在设计中认为"我们应该想到"的往往是学生"不容易想到"的.因此,对采用创造性证明,设计的时候,不必要机械地按照所谓的"合情推理"等原则进行"引导",我们完全可以以介绍性方式引导学生欣赏前人的证明,在欣赏之余引导学生进行反思,从中得到一些启发.从现象到本质的思考方式是很多学科所采用的思维培养目标,李白在几乎醉酒状态下写出的一些流传千古的诗,事后他可能自己也想不出是怎样写出来的,语文教师只能引导学生去欣赏和反思;物理、化学教师经常"制造"某种现象,让学生观察,再要求学生反思和解释这种现象产生的原因.因此,针对一些巧妙的构造性证明,我们完全可以借助其他学科的方法,来个"先斩后奏",引导学生欣赏前人的劳动,然后让学生反思,从中得到启发."事后诸葛亮"的教学设计心态有时是不利于学生思维的真正培养的.

误区之五:方法思想保守化

数学思维的特点之一是灵活多变,一些问题只要改变一个条件(哪怕一个数据)其解决方法将产生巨大的差异.因此,除了受纲的影响外,数学教师在设计的过程中还往往考虑自己的驾驭能力问题,这种现象在所难免.在这种心理支配下,往往会出现选择的例题必须是自己会做的、学生所提的问题也应该自己心中有数,于是出现教学过程中的"滤题"、"滤问"现象.在急功近利的功利化教育思想影响下,一些教师出现了怕自己在学生面前"出丑"而丢饭碗的心理,当然也有一部分教师是因为怕在学生面前"出丑"而失去教师的"完美"形象,从而失去自己的教学"威信","影响"教学效果.为什么一些探究性教学一直在中学得不到有效地实施?其中就有这样的心理在作祟,因为在探究过程中有些问题经常超越教师的能力之外.必须注意的是"亲其师而信其道",学记上写道:"虽有佳肴,弗食,不知其旨也;虽有至道,弗学,不知其善也.是故学然后知不足,教然后知困.知不足然后能自反也,知困然后能自强也.故曰,教学相长也.《兑命》曰:'学学半'.其此之谓乎."一个成功的数学教师在教学过程中应该敢于与学生进行"思维肉搏战",向学生学习,了解学生的思维,真正做到有的放矢的教育.

误区之六:教学信息单向化

教师已经知道一些问题的解法,与学生的信息出现不对称的现象,往往造成学生与教师的不同心理反差.这在竞赛辅导的教学设计过程中尤为明显,难怪一些学生把数学学科称之为"整人的学科"、"魔鬼学科",教师的"整人"方法往往是"让你做不出"或"让你做错",所编的问题具有刁钻的特点,此类问题往往出现明显的人为加工的特征,可谓"工于心计"、"陷阱多多".在具体的教学过程中往往出现"教师得意,学生失意"的现象,教师似乎具有"宏观把握,明察秋毫,运筹帷幄",而学生似乎只能"丢三落四,虎头蛇尾,不得要领".例如:①求 $\sqrt{16}$ 的平方根;②求 $\cos 90°$ 的余弦值;③求 $\arg(1+i)$ 的辐角主值等.此类教学设计在一定的教学场合(在训练教师或师范生时有时是必要的,而在训练中学生时可以偶尔为之,因为这种设计可以训练一定的思维缜密和进行挫折教育的功能)具有积极的作用,但是,频率过高的难题、陷阱题只会让学生对数学产生厌倦和畏惧心理.成功的数学教师不是靠"信息不对称"来教育学生的,数学教师必须调节好心态,要经常站在学生的立场去设计数学教学过程,要注重数学学习的主流,在具体教学过程中更要注重教学技巧,达到良好的教学效果.

(2)避免教学设计误区的几点思考

思考之一:以人为本,调整心态

以学生为本是我国目前新教材改革的一个重要思想,在教学设计过程中缺乏换位思想和情感体验,不顾学生的具体情况的教学设计,哪怕表面看上去很漂亮,也只能中看不中用,这样的设计只能成为一种摆设.从书面的情况来看,绝大部分数学教师的教学设计中很少有针对不同程度的学生可能遇到的问题的处理方案的描写,而到具体执行的过程中,也基本上是以中等程度的学生为主线,很少考虑两头的学生,尤其对成绩落后的学生.客观地说,针对大班化教学现状,两极分化往往比较严重,要求教师在一节课中照顾到每一个学生是有困难的,但这不能成为一个借口.按照新课程改革的理念,不同的人应该学不同的数学,让成绩不理想的学生在他最近发展区的基础上的数学成绩有所发展,而不白白浪费 45 分钟的时间,是我们数学教师应该有的职责.我们要站在以学生发展为本的角度,根据全班学生的差异情况,实事求是地选择一些学生需要的内容进行教学,对一些所谓的差生我们也应照顾,有时不要盲目地去赶所谓的教学进度.据我们了解,普及教育后,农村学生的两极差异很大,部分学生根本无法完成普及教育所规定的数学学习内容,但一些教师往往迫于外界的压力及本身的价值取向,仍然按照大纲的教学进度的设计方案进行教学,这与我们目前所提倡的以人为本的教育理念是有距离的.其实,我们应该反思,即使我们按照原来学校规定的教学计划进行教学设计并完成教学,如果大多数学生没有掌握,我们是在做无用功.尽管我们随大流,但我们是在耗费自己的生命,同时也浪费学生的青春.与其"内耗",不如实实在在地让学生学到一点踏实的数学,使他们能够真正学有所获.如果我们教师能够树立这种教育理念,那么,我们在具体的教学设计的时候就能够充分考虑学生的实际程度并有的放矢地进行设计.

以人为本的另一方面是在具体执行过程中要根据课堂中学生的具体情况灵活执行教学设计,即要以动态的眼光审视我们的教学设计.一个真正优秀的教学设计是具有很强的可操作性,灵活变化,从而避免了机械执行设计的误区.

思考之二:宏观把握,灵活机动

所谓宏观把握,就是要求教师从整个数学课程的运作上以及从学生的终身发展需要的视野上考虑我们每节数学课的教学设计.由于数学思维开放等因素导致数学课堂上不可预见的因素很多,很可能会让数学教师在具体实施的时候影响原来的教学设计方案,这一点数学教师必须在设计的时候有所考虑,同时也需要转变观念.我们如果将整个数学教学看成一部很长的电视连续剧,那么一节课可以看做其中的一集,不同集之间可以灵活调整,每一节设计得似乎很完美的数学课不见得总体数学教育效果就好,只要能够做到宏观把握即可.另外,多变的数学题体现出思维的灵活性同时也体现出数学教育功能实现的多样性,从学生的整个学段的需要乃至学生的终身发展的需要出发去设计每一堂数学课,教师完全无须面面俱到地选择不同类型的数学问题,也无须将每一个数学问题的教育功能发挥得"淋漓尽致",只要根据不同的阶段选择部分典型问题并且有选择性地发挥某些教育功能即可.在具体教学设计的时候,教师的取舍很重要,面面俱到不可取.否则,会让教学任务无法完成,同时也会阻碍学生的自学能力和独立思考能力的培养.

思考之三:提高修养,抓住关键

提高修养的思考有两个层面的含义:一是数学教师的人生修养,主要从教师的个人得失的价值判断方面思考;二是教师的文化知识修养,包括综合知识的修养和数学教育技能修养方面的思考.

如果一个数学教师能够站在很高的角度认识数学,能够在处理一些数学问题时一针见血且简明扼要,具体设计的时候就能够抓住关键和核心,做到形散而意不散,使得设计在具体执行的时候游刃有余.例如一个教师能够认识到角的本质是"方向的差的刻画",那么他在设计异面直线间的角、线面之间的角、二面角的教学的时候,就有意识地渗透直线方向和平面的法线方向等内容,尽管在学生面前不提及相关概念,但在具体设计的时候就能够看得清、分得明.一个具有很高数学修养且具有一定教学技能水平的数学教师,他在设计教学的时候往往能够提纲挈领,不拘泥于具体细节,具体执行的时候却能够得心应手.

此外,如果数学教师具有很高的其他学科知识修养,那么,他的设计就能够将数学知识与其他学科知识融会贯通,使得数学教学不再枯燥.例如,在函数的奇偶性的教学引入片段设计中,一个教师设计了这样的片段:他走进教室,用备课本遮住自己的半张脸,原本吵闹的学生一下子被教师这一奇怪动作吸引住了,纷纷猜测老师的另半张脸是否受伤了,当老师说明另半张脸没有受伤并问学生是否需要看清另半张脸时,学生说不需要,教师点明主题:"一些对称的东西,我们只需要研究其一半,事半功倍!本节课我们研究函数的性质也采用如此方法,请大家寻找一些我们已经学过且具有对称性(有点含蓄,故意不提函数图像的对称性)的函数。"这样,学生对为什么要学习函数的奇偶性的动机就一清二楚了.又如,一个教师在设计三角形相似教学的时候,把古诗:"欲穷千里目,更上一层楼"进行剖析,使得学生感觉到学科之间是相通的.

思考之四:认真反思,科教双收

根据我们的了解,一些数学教师在设计教学过程的时候往往比较认真,但一到执行以后的反思环节却没有应有的重视.其实,教学设计一旦付诸实施以后,反思环节是理论与实践进行检验的最好"收成阶段",为教师更成功地进行教学设计积累经验,一些教师只是凭记忆在积累一些"感觉",而没有书面的反思环节描写,一些很有价值的教学与科研材料就这样流失了.造成这种现象有多方面原因:一是一些教师以为教学设计是课前的预案,一旦执行,其任务也就完成.二是教师科研意识淡薄,没有将教学设计看做一项科研工作,仅将教学设计看做教学的一种手段或辅助措施.三是教师的上课也很累,没有将执行环节及时记录,一些反思环节的详细材料就可能这样丢失了.

我们认为,教学设计的反思环节是下一次教学设计的最好材料,而且也是教学科研的一笔宝贵的原始材料.为什么人数众多的一个数学教育大国,很少出现数学教育大家,这是很值得我们深思的事情.关键是我们广大数学教师往往没有将数学教学当做一项科学研究任务来抓,缺乏应有的科研意识.这固然与我国总体的教育评价导向密切相关,但数学教师本身的意识是关键.我们的一些数学教师在写科研论文的时候,对自己眼前的学生和切身的教学经历视而不见,盲目抄袭一些所谓的教学理论,然后再牵强附会地套上所谓的例子,成为别人理论的一个"注解"或"佐证",创新意识淡薄,实在令人可惜!值得欣慰的是,随着新课程标准的实施和教材改革以及应试意识的逐步淡化,数学教师的科研意识也越来越浓,一些扎根于我国教学第一线的数学教育工作者也越来越重视教学经验的积累,特别是重视教学设计与教后反思环节的结合工作,相信在不远的将来,我国一定能够涌现一批国际级数学教育大家.

第二节　数学教学设计基本理论

任何一种教学设计都需要教学理论作为支撑,一些老师在进行教学设计的时候,他或许觉得自己的教学设计根本不需要什么高深的数学教育理论,只是凭着自己的教学经验和对数学教学的理解即可.殊不知,这些"教学经验和对数学教学的理解"的背后往往深藏着一些称之为"理论"的东西,这些"理论"或许在现成的研究中找不到,而且"理论"中不乏精髓且具有中国特色,但在实践中却无法熠熠发光,希望我国广大数学教育工作者积极提炼这些理论,使之成为"具有中国特色的数学教育理论".从新中国成立以来,对我国数学教育有较大影响的有两个理论:一是以行为主义心理学为背景的教育理论;二是以认知心理学为背景的教育理论.这两种教育理论对数学教育的影响较大.

一、行为主义观点下的数学教学设计理论

行为主义心理学中影响较大的应该是出生于美国的南卡罗来纳州的华生(1878—1958),该学派的主要观点有:①"心理学是自然科学的一个分支",这个观点奠定了人们心理活动的物质性,这是对当时受神学影响严重的传统心理学的一大挑战;②"以人类活动和动作作为研究对象,通过系统的观察和实验来表达支配人类行为的规律和原理";③"心理学是研究行为的科学",行为是有机体用以适应环境的反应系统,行为的基本单位是 S-R 的联结,S 是"引起有机体反应的外界环境或身体组织中所发生的任何变化.复杂的 S 即情境."R 是"由 S 作用于有机体所引起的肌肉收缩和腺体分泌.包括外显反应和内隐反应".显然,其哲学基础是机械唯物主义和实证主义.行为主义有一系列有名的实验,其中以狗的食物反应和信号灯的关系最为著名,也给世界心理学发展作出了里程碑式的贡献.

我国心理学研究起步比较晚,新中国成立初期,行为主义由于其"物质性"的一面而备受以"辩证唯物主义"为信奉基础的社会主义制度国家的青睐,其一些理论也很快在我国传播开来,并实质性地影响我国教育的各个领域,尤其是数学教育.众所皆知,数学教学离不开数学技能的训练,这种训练在很多场合似乎给行为主义理论"释注",学生通过不断地强化训练,数学技能也不断地提高,这是一个"铁的事实",也"吻合"行为主义教育理论.这是行为主义给数学教学带来"积极影响"的一面,行为主义为教学设计中的数学技能训练提供了理论依

据.然而,我们必须看到,行为主义理论也给数学教学带来了负面影响,尤其是我国以考试文化为背景的数学教学.数学教学离不开数学问题的设计,一些教师在行为主义心理学影响下,认为大题量的数学练习可以使学生提高解题能力,从而可以提高应试能力.因此,在一些数学教师的教学设计中,我们可以看到,数学练习设计中没有学生的心理分析和自己的设计意图,只有简单的问题和解答过程.而且我们还可以看到一些教师的教学设计过程充斥着大量的类似练习,有些仅是改变一下数据而已."熟能生巧"是不少数学教师的教学信念,虽然大量的数学练习可以让学生掌握一定的技能.但是,一方面,一些教师根本没有仔细掂量大量数学练习的时间成本,只是用大量的练习让学生在练习中"自悟",根本没有或很少研究学生掌握数学知识和技能的"内悟"过程,从而使得学生掌握数学知识和技能的成本偏大,得不偿失;另一方面,大量的重复性练习使学生身心疲惫,继而产生厌恶感,往往导致逆反心理的产生,甚至永远失去对学习数学的兴趣,得不偿失.

【例 1-3】 求函数 $y = \dfrac{x^2 - x - 2}{x^2 - 3x - 4}$ 的值域[①].

一些学生只记得采用以下的方法求函数值域:

解:由已知得 $(y-1)x^2 - (3y-1)x + 2 - 4y = 0$

当 $y = 1$ 时,关于 x 方程有解;

当 $y \neq 1$ 时,要使关于 x 方程有解,则由于

$$\Delta = (3y-1)^2 - 4(y-1)(2-4y)$$
$$= 25y^2 - 30y + 9 = (5y-3)^2 \geqslant 0,$$

故关于 x 方程有解.因此该函数的值域为 **R**.

这是有的教师仅仅要求学生记住采用 Δ 判别法求函数 $y = \dfrac{ax^2 + bx + c}{dx^2 + ex + f}$

值域而导致的后果.实际上,采用 Δ 判别法求函数 $y = \dfrac{ax^2 + bx + c}{dx^2 + ex + f}$ 的值域是

有条件的,要求 $ax^2 + bx + c$ 与 $dx^2 + ex + f$ 没有非常数的公因式.

本题的正确解法是:函数 $y = \dfrac{x^2 - x - 2}{x^2 - 3x - 4} = \dfrac{x-2}{x-4}(x \neq -1)$,故其值域为

$$\left\{ y \mid y \in \mathbf{R}, y \neq 1, \text{且} y \neq \frac{3}{5} \right\}.$$

这种错误的产生往往是一些中学教师进行所谓的题型教学所造成的结果,而题型教学在我国很多场合屡见不鲜,属于应试教育的产物,其背后的"理论基

---

① 方均斌.中学数学教学论.成都:四川大学出版社,2005.

础"是"行为主义心理学". 其实,本题在教师纠正学生的错误完毕后,我们曾经又做了个试验:求函数 $y = \left| \dfrac{x^2 - x - 2}{x^2 - 3x - 4} \right|$ 的值域. 结果,不少的学生得出结论:其值域为 $\left\{ y \mid y \geqslant 0 , 且 y \neq 1 , y \neq \dfrac{3}{5} \right\}$,又是一个错误解答!(正确的答案是 $\{ y \mid y \geqslant 0 \}$)真是"防不胜防",说明我们教师想利用"条件反射"这样的教学设计方式"把学生做醒了"是得不偿失的. 其实,数学活动是一种高级思维活动,它不像动物实验那样简单,这种用动物的行为去类比人类的高级思维活动的方法往往有很大的局限性! 这样的数学教学设计是很危险的!

二、认知心理学下的数学教学设计理论

20 世纪 50 年代中期,西方兴起的一种心理学思潮——认知心理学,20 年后开始成为西方心理学的热门研究方向. 它关注的是人的心理活动过程的高级阶段,主要是认知过程,如注意、知觉、表象、记忆、思维和语言等. 与行为主义心理学家相反,认知心理学家研究那些不能观察的内部机制和过程,如记忆的加工、存储、提取和记忆力的改变. 以信息加工观点研究认知过程是现代认知心理学的主流,可以说认知心理学相当于信息加工心理学. 它将人看做一个信息加工的系统,认为认知就是信息加工,包括感觉输入的编码、贮存和提取的全过程. 按照这一观点,认知可以分解为一系列阶段,每个阶段是一个对输入的信息进行某些特定操作的单元,而反应则是这一系列阶段和操作的产物. 信息加工系统的各个组成部分之间都以某种方式相互联系着. 而随着认知心理学的发展,这种序列加工观越来越受到平行加工理论和认知神经心理学的相关理论的挑战.①

认知心理学的理论对数学教学设计具有重要的指导作用. 论知心理学将数学教学过程看做数学信息的传输与解读的过程,这对数学教学具有一定的启发作用. 数学教学过程应该比较注重数学信息的内容及传输方式的设计,信源直接影响着信息加工的效果. 因此,数学教师必须注意数学概念的形成、数学定理的引入、数学问题的设计等,使学生能够很好地进行信息加工. 而且数学教师对信息传输渠道的选择也应该讲究,采用什么样的媒体来传输数学信息,对数学信息传输效果具有一定的影响,现代教学工具为数学信息传输提供了很好的条件,数学教学一改以往一支粉笔、一块黑板的状况,代之以丰富多彩的多媒体方式传输. 但是,如何根据数学教学的特点,整合数学信息传输渠道也是数学教学

---

① [美]里德·亨特,亨利·爱利斯. 认知心理学基础(第七版). 北京:人民邮电出版社,2006.

设计应该好好研究的话题.既然学生可以理解为数学信息传递过程中的信缩,那么如何选择数学信息及其传输方式,必须认真研究信缩的特征,即数学教学设计必须了解学生的具体情况,这样的教学设计才能做到有的放矢.[①]

【例 1-4】 求下列函数 $f(x) = \dfrac{1+2x}{1+x}$ 的值域.

这是一道高三学生复习的练习题,由于题目相对简单,任课教师只叫学生报一下答案和想法,学生大部分采取的方法是:(1) $f(x) = \dfrac{1+2x}{1+x} = 2 - \dfrac{1}{1+x}$;(2)函数化为 $[f(x)-2]x = 1 - f(x)$;(3) $f(x)$ 可以看做连结点 $P(1,1)$ 与点 $Q(-x,-2x)$ 的斜率.

此时,有一个学生举手:设有向线段 $\overline{PQ}$ 的两个端点为 $P(1,y_1)$ 和 $Q(2,y_3)$,$M[f(x),y_2]$ 分 $\overline{PQ}$ 的比是 x,则按照定比分点的坐标公式得 $f(x) = \dfrac{1+2x}{1+x}$,因 $M[f(x),y_2]$ 与 $Q(2,y_3)$ 不重合,故 $f(x) \neq 2$.老师大为惊讶:"你是怎么想到这个方法的?"这位学生解释说:"我一开始就对这个式子有点熟悉,后来发现您把字母' x '写成很像' λ ',所以产生了这样的联想!"由于一些教师书写符号使用草体,"x"写得很像"λ"也是有可能发生的,但在这个时候却能够"启发"学生得出新的解法,实在有点"匪夷所思"!

这个例子说明,学生的思维结构既受外界输入的信息的影响,也与其自身的认知结构有关,教学过程中并非完全按照教师输入信息的愿望来发展.认知心理学所关注的信息传递的复杂性是很值得我们数学教师在具体的教学设计过程中参考的.

三、走向整合观下的数学教学设计理论

目前,心理学以行为主义心理学和认知心理学为主要代表,人类既然是一种特殊的动物,那么,它应该具备"一般动物的本质属性",因此,行为主义用动物及幼儿做实验所得出的结论在解释人类的某些学习活动上具有一定的效果,同时,由于人类的数学思维基本上属于高级思维,与动物的低级思维有着本质的差异,因此,认知心理学的一些理论也很值得我们认真对待.善于以"折中主义"著称的我国数学教育工作者,并不是随意地偏向哪种理论,而是采取"扬长避短"的措施灵活运用这些理论,尤其是在数学教学设计过程中,这些理论在有些优秀的数学教育工作者中能够"得心应手"地运用,这就是所谓的"走向整合观下的数学教学设计理论".下面,我们列举三例具有我国数学教育理论特色的

---

① 叶立军,方均斌,林永伟.现代数学教学论.杭州:浙江大学出版社,2006.

教学设计.

1．"双基"教学观下的数学教学设计理论

我国数学基础教育以坚实的"双基"而闻名于世，著名数学家华罗庚、吴文俊等对数学的基础非常重视，或许也正是这些著名数学家的影响，我国基础数学教育阶段非常重视基础知识的教学和基本技能的训练．在新中国成立初期的数学教育中，有两句耳熟能详的话："精讲多练"和"熟能生巧"，这些话反复强调数学练习的重要性，它们的影响一直延续到今天．初看这两句话，似乎它们是行为主义教育观在数学教育影响上的典型写照，但是，这里面却"暗藏玄机"，一些西方学者不明白为什么中国学生的数学基础会那么好，他们到中国来参观，发现教师的教学方法并没有稀奇之处，反而觉得有些方法似乎很落后！学生对数学的兴趣并不高，数学创造意识并不强，他们纳闷地称之为"中国学习者的悖论"．其实，中国的数学教育工作者在夯实学生的"双基"过程中，并非是完全按照行为主义理论进行的，他们也很重视变化甚至创新，其中有一种教学方法就是变式教学，这种变式教学并非是对数学问题的简单变式，而是含重复成分但是问题情境或难度呈螺旋向上变化的教学手段，这种变式显然蕴含认知心理学的因素，属于行为主义和认知心理学教育观的一种"整合"，它并非属于行为主义和认知心理学教育观影响下的产物，而是我国固有文化下，属于自己文化背景的数学教育产物．有文章在分析"中国学习者的悖论"原因的最后写道："悖论"的深层次原因在于东亚和中国的传统文化．香港大学梁贯成教授认为，中国和东亚其他国家的数学教学仍然传统而保守，不少人对学习抱着功利性的观点，认为学习的目的就是为了升官、赚钱，将来对自己"有好处"，古语"书中自有黄金屋"便是真实写照．家长的这些观点影响了他们的孩子，很多学生在学习时没有乐趣、兴趣可言，学习奥数时尤其如此，而兴趣是促进创造力的保证．这样便造成了中国和东亚其他国家学生在接受性学习课程中能取得好成绩，但在创造性课程中却因缺乏兴趣而成绩不佳．[①]华东师范大学的张奠宙教授在归纳中国"双基"教学理论的特征时，指出："记忆通向理解，速度赢得效率，严谨形成理性，重复依靠变式．"他把中国的数学"双基"教学在纵向上分为三个层次：双基基桩建设、双基模块教学和双基平台教学．[②]

【例1-5】"三线八角"的教学设计．

这是一份在初中数学教师之间流传甚久的关于"三线八角"的教学幻灯片，考虑到篇幅，我们仅出示前八张幻灯片（其中，幻灯片1、2、3、4是整节课的前四

①　李征，王晓岚．数学家会诊"中国学习者悖论"．新闻晚报，2005-08-16．

②　张奠宙．中国数学双基教学理论框架．数学教育学报，2006,15(3)．

张)进行分析.尽管幻灯片还不能包括教师全部的教学设计过程,但是,从这整节课前四张幻灯片以及我国一般教师的教学习惯,我们基本上可以估测教师的整个教学设计过程."幻灯片1"(见图1-1)是直接显示本节课的课题,如果教师在显示该张幻灯片之前没有几句为什么要学习"同位角、内错角、同旁内角"之类的"过渡台词"(根据笔者以往的听课经验,一般教师直接显示第一张PPT之前很少有"过渡台词"的),那么,该课题基本上属于对学生"宣布":"学习该节课没商量的余地"、"你不学也得学"、"学了以后你自然就知道为什么要学习本节课"等等.在我国,不少数学教师确实在潜意识里形成这样观点:一些基础知识(如概念、公式、定理、法则等)的学习,没有必要和学生进行"商量",学生学习过后"自然会明白".从这个角度上讲,这个看似简单的设计过程既有行为主义教学观念的因素,也有格式塔派心理学家苛勒的"顿悟观"因素.而学生处在中国传统文化背景下,对教师的"蛮横"也是认同的,因为他们认为"反正老师叫我们学习,自有他的道理,至少考试是需要考这些内容的".有些教师在学生分散注意力的时候,用很重的语调说:"大家请注意,这部分内容在去年的高(中)考中的第××题中出现过!"

从播放效果来看,"幻灯片2"(见图1-2)是先播放两相交直线所形成的四个角,接着再播放一直线与两直线相交所形成的八个角,教师试图引导学生观察"三线八角"的特征,显然,这里有学生发挥自身观察力的"主动"成分.

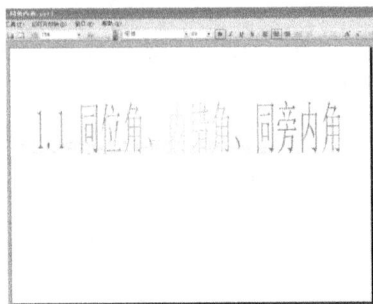

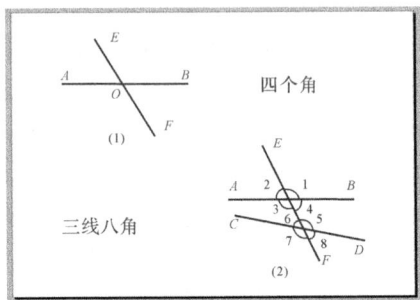

图 1-1　幻灯片 1　　　　　　　　　图 1-2　幻灯片 2

对"幻灯片3"(见图1-3),教师引导学生观察两个同位角并概括其特征,这个概括是在教师引导下进行的,教师并非把这些特征直接给学生指出,而是让学生经历一个观察的过程,让学生自己得出结论.这个过程从安排上看,有行为主义的设计因素,但从执行的过程上看,教师试图让学生根据自己的认知结构观察出同位角的特征.

"幻灯片4"(见图1-4)是教师设计让学生对刚形成的同位角概念进行巩固的过程."∠2与∠6的关系"是"∠1与∠5的关系"的一种"变式",显然,这与简单的"条件反射"型设计有本质的区别.在之后的"内错角"、"同旁内角"的教学设计中,教师用"类比交流"的形式进行并作了一些概念的辨析和巩固工作(见图1-5).有意思的是,我们发现"限时训练"字样的幻灯片(见图1-6),教师还

图 1-3 幻灯片 3

图 1-4 幻灯片 4

图 1-5 幻灯片 5

图 1-6 幻灯片 6

概括了三种类型角度的图式特征(见图1-7),整节课的最后一张幻灯片(见图1-8)出现了与下节课相关的思考题,非常"含蓄"地隐示了本节课的意图.如果没有教师挑明,一般学生是无法体会到的.

图 1-7 幻灯片 7

图 1-8 幻灯片 8

21

从整个幻灯片的设计中我们基本上可以窥探基本的教学过程思路,整节课有教师让学生经历观察、分析、类比、归纳、抽象、概括、变式等的思维发展过程,但是,就是没有出现"为何要学习'三线八角'"的字眼,而且也没有出现诸如"为什么没有同旁外角、外错角、异位角"等问题的辨析过程.这或许是教师认为第一节课应该以"顺向思维"为主的缘故.但我们在与一些从教多年的老教师的交流过程中,大部分老师坦然表示自己对此并没有思考过.从思维的培养情况来看,教师比较关注微观的数学思维及方法,而对宏观的思维培养有所欠缺,这是我们数学教师在教学过程中对"高级的数学思维"培养所应该需要注意的,或许,这可窥见我们数学教学的"软肋"——缺乏宏观思维的培养之所在.

2. 尝试教学观下的数学教学设计理论

邱学华的尝试教学法是比较成功的一种教学模式,我们先引用他本人撰写的简介①,而后我们进行分析:

(1)邱学华的尝试教学法简介

Ⅰ.主要特点:先讲后练.

Ⅱ.三个为主:学生为主、自学为主、练习为主.

Ⅲ.四个作用:充分发挥教师的主导作用、学生的主体作用、教科书的示范作用、学生间的相互作用.

Ⅳ.尝试教学法的五个步骤:出示尝试题—自学课本—尝试练习—学生讨论—教学讲解.

Ⅴ.应用尝试教学法新授课的一般结构:

A.基本训练(5 分钟左右).

B.导入新课(2 分钟左右).

C.进行新课(15 分钟左右):①出示尝试题;②自学课本;③尝试练习;④学生讨论;⑤教师讲解.

D.巩固练习(6 分钟左右).

E.课堂作业(10 分钟左右).

F.课的小结(2 分钟左右).

Ⅵ.尝试教学理论十二条:

及早出示课题,提出教学目标;

尽快打开课本,引导学生自学;

激发学习兴趣,活跃课堂气氛;

_____

① 邱学华.邱学华的尝试教学法简介.http://www.fxjyky.comxkjyShowArticle.asp?ArticleID=208.

先让学生尝试,鼓励创新精神;

强调主动参与,摆正主体地位;

允许学生提问,发展学生思维;

组织学生讨论,增强合作意识;

控制教师讲话,多留练习时间;

及时反馈矫正,作业当堂订正;

加强动手操作,运用先进技术;

内容不可太多,把握教学节奏;

实施分层教学,注意因材施教.

(2)邱学华的尝试教学法观下的几点评述

从我们查阅的邱学华老师的尝试教学法的相关资料上看,邱学华老师糅合了行为主义教学理论、认知心理学教学理论和我国的传统文化特点,提出了自成体系的一整套符合我国小学数学教育特色的可操作教学规程,甚至把这套规程细到每个环节需要的具体时间,由于他的教学方法经过无数次的小学数学教师的尝试,均获得了不小的收益.以下,我们对邱老师的尝试教学法谈几点自己的思考.

①邱老师尝试教学法的核心是"尝试",与行为主义对动物进行试验性的"动物尝试"不同,学生在教师给出学习目标和相关的数学问题后,需要通过自己的自学,而后再尝试解决老师所提的数学问题.如果解决不了老师的问题,那么,学生得进行两个主要方向的思考:是自己没有领会课本的内容还是方法不对? 如果属于前一个问题,那么,他得重新学习课本知识,然后再进行后续的尝试.如果属于后一个问题,那么,他得改变解决问题的策略和方法,再进行后续的尝试.这种"尝试"是对学习者的一个综合考验,促使学习者寻找一种"学习的感觉".它为这些学习者在未来成人后的学习"奠定基础".

②邱老师的尝试教学法中出现了"尊重学生"、"加强合作"、"运用技术"、"鼓励创新"、"允许提问"等字眼,说明该教学法糅合了认知心理学的一些教育观,是我们很值得研究的教学法.邱老师的尝试教学法中也出现了诸如"因材施教"、"控制教师讲话,多留练习时间"、"及时反馈矫正,作业当堂订正" 等我国优良教育传统因素."因材施教"是我国教育界流传了几千年的好做法;"控制教师讲话,多留练习时间"是"精讲多练"的"另一个版本说法";"及时反馈矫正,作业当堂订正"则秉承了行为主义对动物实验的"优秀成果".因此,也可以这样认为,"尝试教学法"是一个走向整合观下的具有中国特色的优秀教学法.

③尝试教学法是主要针对低年级学生的实验而得出的,从某个角度上讲,针对不同的学生和教学对象,应该参考邱老师的优秀做法,绝不能照搬照套.例

23

如,一节课开门见山式地给出学生的学习任务,针对高学段的学生而言,他们会觉得这样的问题像是"天上掉下来的",他们往往搞不清楚老师为什么今天会对这个问题感兴趣,因此,教师需要创设问题的情境,让学生知道问题的来龙去脉.其实,情境的创设是数学方法论教育的很好环节,年长一些的学生不仅要知道问题的微观解决方法还要知道问题的来源,以培养他们的宏观思维.此外,随着学生年龄的增长,所遇到的数学问题也越来越复杂,在课堂教学设计的时候,一些诸如时间限制等细节需要我们教师灵活掌握.总之,尝试教学法有很多值得我们参考的地方,但教师应该领会其实质,具体操作还得根据具体情况灵活处理,绝对不能把其看做死板的教学模式.

(3)尝试教学法对现代数学教学设计的启发

尝试教学法是邱学华老师根据我国特殊的文化背景而自创的一套教学法,该教学法经过试验都获得成功,因此,在我国的不少地区都得到推广,同时,也对我们的教学设计给予很多的启发.

首先,尝试教学法的核心是"尝试",受其启发,我们可以简单地把"尝试"教学片段用如图 1-9 来概括:

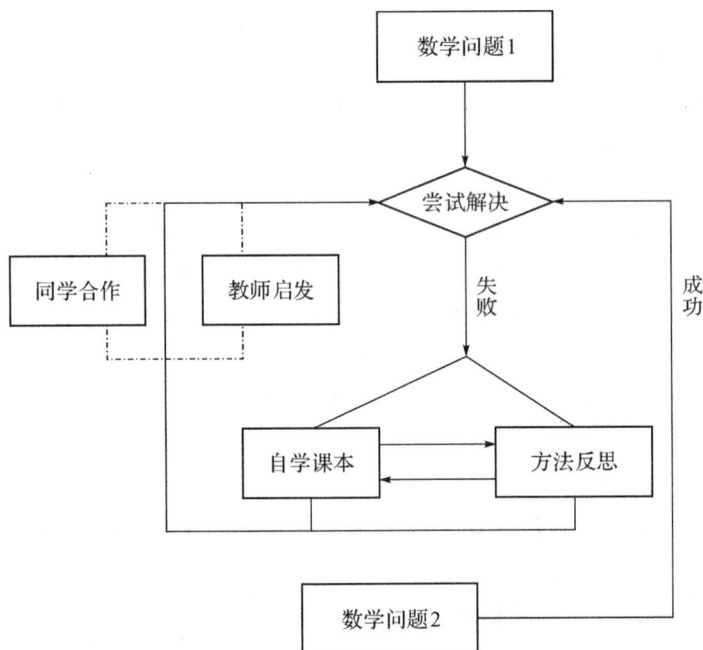

图 1-9 "尝试"教学片段

针对高年级学生,假如我们"数学问题 1"的出现在教师创设情境下也用"尝试教学法"的模式"尝试一下",或许教学效果会"更佳".

其次,尝试教学法强调多给学生进行"尝试",反对教师的单向灌输和过多的干涉,提倡学生的独立自学和合作交流,但是,最关键的问题却是"教师给的",所以,尝试教学法的很关键一环是教师的问题设计.好的问题应该具备这样的几个条件:一是问题的思维切入口要宽,几乎所有的学生都愿意并且能够"跃跃欲试",做到不同的人有不同的"收获"和能够进行解决计划的调整;二是问题本身要有吸引学生的兴趣,激发他们的好奇心,使得他们在尝试解决该问题时不再觉得这是一件苦差事;三是所给的问题要有一定的"余味",即使优秀的学生在问题"轻松"解决后还能够促使他进行必要的反思,使得在同样的单元时间内,不同的学生有不同的收获;四是针对大部分学生而言,教师所给问题要有一定的挑战性,往往需要多次尝试、反思、自学、合作、讨论,甚至教师的启发才能够解决,这个反复过程需要教师根据学生的具体情况设置难度值;五是针对教学的实际情况,教师所设置的问题可以沿着"从易到难"或者"先难后分解"的步骤进行;六是所给的问题应该尽量涵盖课本知识和技能,使学生在解决问题的过程中,掌握课本的大部分知识和技能.

最后,尽管尝试教学法强调"控制教师讲话,多留练习时间",但学生的能力毕竟存在局限性,他们学习课本知识是在数学问题的驱动下进行的,所学的基础知识和基本技能可能缺乏系统性,教师所布置的问题也往往很难涵盖课本中的所有基础知识和基本技能,况且,当学生学习课本知识往往在问题解决后,就以为自己已经掌握了,他们对课本中与所要解决问题相关不大的内容可能降低兴趣,而不利于课本知识的系统学习.所以,知识系统化的教学过程设计应该是进行尝试教学法不可或缺的重要环节.

第三节　数学教学设计的模式

在不少教学设计的相关书籍、文章中出现了"教学设计的模式"字样,从字面上解释,"教学设计的模式"有以下两个层面的含义理解:

一是将一些教学设计过程模式化,就数学教学设计而言,这些不同数学教学设计模式往往代表一种教学法或教学流派,例如:我国早期从苏联引入的"凯洛夫教学设计模式"——复习提问、引入课题、讲授新课、巩固练习、布置作业,这个模式一直流传至今,现代一些教学设计尽管换上了一些时髦的名词,本质上还是逃不出"凯洛夫教学设计模式";又如,邱学华的"尝试教学法"明确地给出了教学设计模式:出示尝试题—自学课本—尝试练习—学生讨论—教学讲解.除此之外,我国的一些数学教育学家也纷纷根据不同的教学情况,给出了自己的教学理论,并配以具体的教学设计模式来阐述自己的教学思路.像黎世法的"异步教学法",张天孝的"小学新思维数学教学体系实验",姜乐仁的"小学数学启发式教学实验",卢仲衡的"初中数学自学辅导教学实验",顾泠沅的"青浦教学改革实验",陈重穆、宋乃庆的"GX教学实验",吕传汉、汪秉彝的"情境—问题教学实验",刘兼、卢江等"大众数学的理论与实践",徐沥泉的"MM教育方式实验",以及北京景山学校的"单元教学法",上海师范大学附中的"引导发现法"、湖南师范大学附中的"引导探索法"、辽宁实验中学的"研究法"、广州一中的"启研法"、江苏南通初中数学的"自学、议论、引导教学法"、河北石家庄的"启发、自学教学法"、上海长宁区的"活动式教学法"、湖北的"目标教学法"、云南昆明铁路局第三中学的"优化组合教学法"①等等,这些教学实验或改革都是教学设计模式的探索,凝聚了我国数学教育工作者的不少心血,很值得我们借鉴和学习.

二是指教学设计所涉及的因素分析——"过程范式".即在教学设计的整个过程中所涉及哪些环节的问题.例如,有文就将教学设计的一般模式分为:①学习需要分析;②学习内容分析;③学习者分析;④学习目标的阐明;⑤教学策略的制定;⑥教学媒体的选择和运用;⑦教学设计成果的评价.②

从专业术语上理解,教学设计的模式应该指后者,前者仅是教学设计的一般模式的"组合"而已.下面,我们先对教学设计的一般模式进行探究,然后对教学设计的模式的分类进行一些研究,最后简单介绍几种在我国数学教育影响较大的教学设计模式.

一、数学教学设计的一般模式

如果我们站在整个数学教育课程设计的角度来分析,那么,作为数学教学设计的一般模式应该包括以下的几个环节.

1. 学习需要分析

学习需要分析是教学设计首先要做的工作,作为一个教学设计者,应该分析数学学习需要.数学学习需要仅停留在学习者的数学学习的需要是一种误解,其实,对学习者而言,他们在未学习数学之前,根本谈不出对数学学习有什么具体的需要,学习需要的根本在于外界的要求——社会的需要.因此,数学学习需要的分析要进行系统的调查研究,主要从以下几个方面着手:一是以往的

---

① 李铁安,徐兆洋. 30年中小学数学实验回溯与思考.基础教育课程,2009-04-27,ht-tp://www.educast.com.cnshower.htm? ID=2009-0427151041-193

② 尹俊华.教育技术学导论.北京:高等教育出版社,2002.

经验(数据)积累分析;二是国家、社会发展对数学教学当前的需求分析;三是数学学科的发展程度分析;四是对数学教育执行者的综合分析.数学学习需要的分析实质是分析数学教学设计的必要性和可行性.它通过提供有效资料和数据的动态变化趋势和差异来帮助设计者形成数学教学设计项目的总教学目标.它是整个数学教学设计过程的基础,是数学教学设计的入手环节,它有助于理清问题与方法、目的与手段的关系.

值得说明的是,就我国目前的数学教学而言,总体上国家有关教育部门似乎对于学习需要的分析已经为我们做了这方面的工作,但具体落实到每一课时以及不同的教学对象及学校,还要认真、仔细地分析.例如,在初中数学教学中,对十字相乘法要求比较低,但某学校是初中、高中一体化办学,任课教师就把这块内容纳入设计过程中,而且还提出了不低的要求,因为他认为在高中十字相乘法是很需要的,这也是一个无可厚非的做法.

2. 学习内容分析

学习内容的分析主要是从不同角度对学生要学习的数学知识和技能进行剖析,对所学的知识处于同类的进行横向比较分析,对所学知识的准备知识和后续知识进行纵向分析,理清所要设计的数学教学内容在整个数学教学过程中的脉络关系,为具体的教学方法设计打下良好基础.

例如,等差数列一节的教学设计中,横向分析就是把不同类型的数列(如等差数列、等比数列、等和数列、等积数列以及它们的"生成数列"等)进行比较,由于等差数列是学生第一个要学习的数列,因此,它的研究方法对学生学习后面的数列起着很大的影响;纵向分析就是学生学习的前提知识(函数、一般数列的概念等)和后续发展(与等差数列有关的数列研究、数列的应用),即进行"前因后果"分析.这样,就基本上为等差数列这一课的教学设计把握住了其知识的脉络,思路也就更清晰了.

在分析学习内容的方法上,有不同的分析法,主要采取归类、图表、分层、整合等手段,需要根据不同的内容灵活分析.

3. 学习者分析

所谓的"学习者分析",也就是通常所说的"学生情况分析".分析学生的情况并非是一件容易的事情,再漂亮的教学设计如果没有与学生的具体情况相吻合,也是中看不中用的.学习者分析可以把一般学习者的特征和特殊学习者相结合进行分析.主要分析学习者的知识、技能前提、各种能力前提、兴趣爱好前提、各种心理特征等.了解学生的方法主要有观察法、回忆法、查阅记录法、谈话法(包括与相关教师、家长的谈话)、问卷调查法、测试法、体验预测法等.其中,体验预测法是我们平时教学设计时经常用到的设计方法.由于数学教学经常遇到需要解题的情境,一个新的数学问题,教师一般只能通过自己亲自做过并且根据自己的以往经验和自己对学生的了解,预测学生可能会遇到的问题,并在设计的时候作出相应的对策.值得指出的是,绝大多数数学问题是教师非常熟悉的"老问题",但对学生却往往是全新的,在针对这些"老"数学问题的设计上,教师在预测学生方面可能有所忽视,往往在教学设计的时候没能预设好,导致在教学过程中出现被动,要避免这种情况的发生,除了加强对学习者了解以外,教师加强体验是很重要的,一些以往做过的数学问题教师再站在学生的眼光重新(甚至反复)做一遍,或许可以对教学对象的预测有帮助.

【例 1-6】 人教版小学数学第四册第七单元练习十九第 8 题(见图 1-10)教过低段的老师都会发现,这道题每年都有很多孩子做错.

错误:下半场 2 队得几分?

$$45-43=2(分)$$

对于这样的错误,如果我们不从学生的角度分析,都会认为是孩子审题不认真,粗

图 1-10 例 1-6

心,数字看错了,教学设计定位在引导学生仔细审题.

于是教学中,引导孩子仔细看图,找到上半场的 2 队得分是( )分,下半场结束时 2 队得分是( )分.然后再来求下半场的得分.课堂中虽然学生硬邦邦地被老师教会了:$67-43=24(分)$.

但过段时间再做这个练习,结果还是有很多人错.$45-43=2(分)$.

如果从学生角度仔细分析就会发现这样的错误并不是粗心读题的问题,应该是学生的知识储备问题.学生不够了解篮球比赛的规则.作为一场篮球比赛,分为上半场比赛、中场休息、下半场比赛;而且中间要进行交换场地,那么两边的计分也得随着场地变化,顺序也得进行变化.教学设计时能补充结合题目给孩子讲一些关于篮球比赛的规则,教学中进行模拟,让学生对这些规则有一个比较熟悉的了解,再进行这道题的教学,教学效果明显会有不同.

4. 学习目标的阐明

这个问题我们在前面的"教学设计的主要环节"有过阐述,这里不再浓墨.只是想补充一点:目前,由于课程改革风起云涌,在教学目标阐述方面多种多样,各个学科并不一致,我们应该秉承数学教学目标以往的一些好做法,摒弃那些为追求时髦又不着边际的华丽辞藻,教学目标用词应该"恰到好处",少用那些"放之四海而皆准"的含糊用词.这一点说得容易做起来可能很难,尤其针对年轻教师,更需要仔细琢磨.

5. 教学策略的制定

所谓的教学策略是针对既定的教学目标而制定教学活动的程序、方法、形式和媒体等因素的总体. 数学学科由于逻辑性较强,往往依据逻辑思路而"一气呵成"地完成整个教学过程,假如设计的思路清晰、问题有趣,数学教学往往能够做到"一环紧扣一环",让学生在"不知不觉"中度过一节课的时间. 所以,教学策略的制定关键在于整个教学构思的形成,一般数学新课的策略往往按照"情境创设—问题引出—知识形成—技能训练—课堂巩固—课外任务"这样一个程序进行,但是,不同的内容所使用的教学程序是有差异的,就我国传统的教学程序而言,主要有"传递、引导、示范、情景",也就是"接受程序、发现程序、模仿程序、陶冶程序",这些程序运用到具体的做法就是教学方法的问题,教学方法是在整体教学策略的策动下的不同教学程序的整合,每一节数学课很少有单纯的一种教学程序组成,往往是多种教学程序的一种动态组合. 按照我国目前的传统称呼,教学方法主要有:①讲授法;②演示法;③谈话法;④讨论法;⑤练习法;⑥实验法;⑦实习作业法;⑧自学指导法等. 目前,对教学方法的叙述似乎没有一种统一的规定形式,往往采取一些"变式名词",例如:"问题驱动法","探究式教学法","讲练结合法","以讲授法为主、讨论法为辅的教学方法","以学生自学法为主,教师指导为辅的教学方法","教师指导下的学生合作学习法"等这些都属于一种教师希望能够更具体刻画教学过程的方法,无可厚非.

值得指出的是,新教师所撰写的教学方法,在具体教学程序中应该有所体现,不能出现"两张皮"现象——说的是一套,做的却是另一套! 另外,有些年轻教师以为讲授法是一种陈旧的教学方法,不敢在教学目标上呈现,其实,讲授法是一种最常见的教学方法,但不宜简单地写"讲授法",因为数学课堂教学不可能是整节课由教师"一讲到底"的,需要师生对话、讨论以及教师指导下的学生练习等,因此,教师的讲解过程与其他方法的结合在教学目标中要呈现出来.

6. 教学工具(媒体)的选择和运用

根据教师的教学策略及方法设定,选择教学工具(媒体)是一个不可忽视的步骤. 除必备的粉笔、黑板、粉笔擦以外,传统数学教学工具(媒体)有圆规、三角板、量角器、幻灯片、实物模具及教师自制教具等,而现代教学工具主要指与计算机密切相关的媒体(现在一般计算机都基本涵盖了诸如录音、广播、电视、录像、电影、网络和其他视听设备),与数学教学密切相关的教学软件有 PPT、Word、几何画板(超级画板)、公式编辑器、Excel、Autheware、Flash、Mathematics、Maple 等,其实,普通计算机的 Office 的"程序"附件中的"画图"如果运用得当,是一种很好的数学教学辅助工具.

值得说明的是,教师在使用媒体的时候,应该根据教学目标、内容、对象和周围的条件灵活选择教学媒体,要注意一些教学媒体过度使用所带来的负面效应.如果可能的话,在教学流程的设计中适度体现教学工具(媒体)的使用要求和设想说明.

7. 教学设计成果的评价

数学教学设计的评价可以有不同的情景和手段.例如:①不同教师设计同一个课题后之间相互比较的评价,这就是所谓的相对评价,相对评价还可以针对不同课题设计的评价等;②一位教师设计一个课题后,按照相关的数学教育理论对其在科学性、艺术性和可操作性等的评价,称之为绝对评价;③我们还可以依据评价主体及客体分为自评和他评;④我们还可以依据教学设计是否已经进入具体课堂教学操作的前后进行评价等等.其实,要真正评价一堂课的教学设计成果并非易事,涉及的因素很多.光靠执行前的评价属于"纸上谈兵",只能依据目前的数学教学理论进行评价,对学生、教师和具体的教学环境都处于一种虚拟状态.我们经常遇到这样的一种情景:一些地方教育部门组织教师技能比赛,程序是先说课(说课实际上很大部分是说教学设计)、后课堂教学,结果是,经常出现说课说得好的老师在上课中的表现却并不怎么样的现象.这说明一堂课的教学设计是否优秀,要经得起实践的检验,其中执行教学设计的教师以及具体的学生是一个非常关键的因素.有一位优秀教师说:"我的教案你可以随便仿照,但你不一定操作得了,你要根据自己和学生的具体情况灵活处理."现在,网上的教学设计材料很多,都是每一个教师依据自己和其学生的情况设计的,教师在不了解情况时照搬这些材料很可能会"出问题",因此,我们认为,以往的教学设计很少出现"对执行者的要求分析"一栏,这是有点遗憾的.

8. 教案的书写

教案的书写是教学设计的外显工作,教师可以采取文本、图表或画出流程图的方式撰写教学设计方案,有些学校根据自己学校的具体情况对教学方案的格式及具体情况作了规定.针对年轻教师,我们认为需要写出详细的教学设计方案,为以后的教学提供文本参考.但是,我们认为,书写教案是一件"比较费时间的活",一些年轻教师整天忙着把教案写得"漂亮一些",但是,教学效果却并不理想,这种"教学设计"与"教学效果"出现"两张皮"的现象在教学中并不鲜见,不少年轻教师也感到纳闷.其实,真正的教学设计方案需要"用心写",而非"用笔写".一些老教师课前匆忙阅读一下教材甚至也连教材也不看,课堂教学效果却很好,按照有些学校管理层的说法,这些教师是"没有备课",一些学校为了防止教师拷贝网上材料,要求教师都需要手写教学设计并且检查后盖印签名,不得用电脑撰写,其用意是教师在书写教学设计的时候就会"用心"去思考,可谓"用心良苦"!但是,这样做往往牵制了教师的大量时间,特别是一些优秀的老教师,这种管理层的做法很值得商榷.

对于年轻的数学教师,在撰写教学设计方案的时候,我们认为需要正确处理几个关系:一是"自阅"与"他阅"的关系."自阅"要便于自己在具体教学中可操作,"他阅"要便于他人在参考(检查)的时候"有价值".二是"详细"与"简略"的关系.依据传统的观念,一份教学设计自然是越详细越好,但也有"弊端",即占用大量时间和因过"缜密"而约束教学行为.我们认为,在有限的时间内撰写教案,有些时间是"可以省的",例如一般情况下,数学例题的解答过程的撰写是可以节省的,因为教师选例的时候就应该有这个问题的解答方案,除非某个过程有"教学注解",但例题的意图、教学安排及对学生可能遇到的问题的描写我们认为是不能省的.三是"预设"与"生成"的关系.在撰写教学方案的时候,所写的教学设计都是一种"预设",这种预设应该充分估计教学过程中可能遇到的情况和教师应该采取的措施,但在具体操作的时候,应该以实际发生的情况为准,不能死抱预设不放.例如,教师预设了四个例题,但在教学过程中却发现时间很紧张,只能完成前三个例题的教学,此时,教师应该放弃原先的预设,不要出现为赶时间导致前三个例子完成也不理想的情况.第四个例子完全可以给学生作为思考题或下一节课的教学内容.

二、教学设计模式分类

教学设计是围绕着"学生的学"与"教师的教"来进行的,那么,在设计的时候对这两方面的重心设计者的心理就必然会出现倾斜.于是,一些学者依据以"教"为主和以"学"为主的教学设计模式分类.通常把以行为主义教学观指导下的教学设计模式,如加涅(Robert Mills Gagne)、肯普(J. E. Kemp)、迪科和凯利(Dick & Carey)、史密斯和雷根(P. L. Smith & T. J. Ragan)、戴维·梅瑞尔(David Merrill)等提出的教学设计模式称为以"教"为主的教学设计模式(也称为传统教学设计模式);把依据建构主义(constructivism)教学观指导下的教学设计模式称为以"学"为主的教学设计模式.现在一些学者指出,两种倾向都有偏颇,提出了"以教师为主导、学生为主体"的"双主"教学设计模式,试图对前两种教学设计模式进行"扬长避短",这是一种好的"尝试",但要看具体的执行过程.

三、代表性教学设计模式介绍

一种教学设计是一种教学观念的体现,也往往代表着一种教学流派.这些模式都是一般性教育学理论指导下的教学设计,能否与我们的数学教学设计有机地结合需要我们数学教师认真琢磨.以下我们提供20世纪60年代以来几种有影响的教学设计模式,供大家参考.

(一)教育学史上的三种典型教学设计模式

1. 肯普教学设计模式

肯普(J. E. Kemp)教学设计模式又称之为"第一代以教为主的教学设计模式(ID1)",它是肯普于1977年提出的,1985年他又进行了修改,提出了著名的"椭圆结构模式",如图1-11所示.

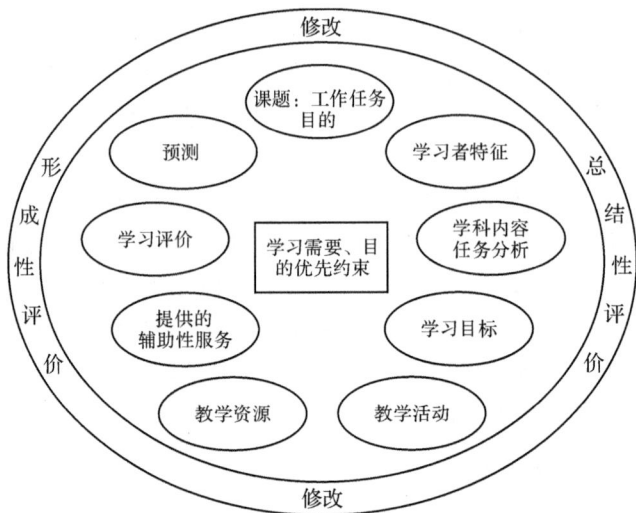

图 1-11 肯普模式(1985)

它的特点包括以下几点[①]:

①强调了10个要素间的相互联系与相互作用,一个要素采取的决策会影响其他要素的决策.

②要素之间没有线条连接,表明在有些情况下也可以不考虑某一要素.

③学习需要和教学目的处于整个结构的中心,说明它们是教学设计的依据与归宿,各要素都要围绕它们来进行设计.

④教学设计是一个连续过程,评价和修改作为两个持续不断的活动与其他要素相联系.

⑤教学设计是一个灵活的过程,可以按照实际情况从任何地方开始,并可以按任何顺序进行.

此外,美国犹他州立大学教授戴维·梅瑞尔(David Merrill)对教学设计模

---

① 中国就业培训技术指导中心.网络课件设计师.北京:中国劳动社会保障出版社,2008.

式进行了改造,出现了戴维·梅瑞尔教学设计模式,人称第二代以教为主的教学设计模式(ID2).

2. 史密斯—雷根教学设计模式

史密斯—雷根(P. L. Smith & T. J. Ragan)教学设计模型是以认知主义为基础的教学设计代表模型如图 1-12 所示,它首次指出要对学习者的各种特征进行充分分析,并强调应进行教学策略的设计,这是从教师的教为中心转向关注学生的学的策略上的转移,与此相类似,一些新的教学设计理论也纷纷呈现,出现了诸如加涅的九段教学法、瑞奇鲁斯的细化理论、梅瑞尔的成分显示理论、西蒙的信息加工理论、奥苏贝尔的有意义学习理论等等.

3. 建构主义教学观指导下的教学设计模式

随着认知主义的发展,出现了建构主义哲学理念,随之而来的学习理论与行为主义的教学理论及教学设计模式存在很大的差异,有人甚至认为这两种观点"截然相反",建构主义采用倾向于主观主义的哲学立场.它认为,尽管现实世界是客观存在的,但是每个人对于世界的理解和赋予的意义存在着巨大的差异,或者说,每个人依据自己的经验和理解来认识这个世界.因此,学习者并不是照搬外界知识,而是根据自己已有的经验想与外界的交互作用中获取和建构新知识的过程.由此可见,建构主义更加强调学习者的主动作用,对学习者所处的社会环境、学习情景和相互之间的学习协作特别关注,如图 1-13 所示.

建构主义在教学设计模式上具有以下的几个特征:①以问题为核心驱动学习;②强调以学生为中心,各种教学因素,作为一种广义的学习环境支持学生的自主学习;③学习问题必须在真实的情景中展开,必须是一项真实的任务;④强调学习任务的复杂性;⑤强调协作学习的重要性,要求学习环境能够支持协作学习;⑥强调非量化的整体评价,反对过分细化的标准参照评价;⑦强调设计学习任务展开的学习环境;⑧强调设计多种自主学习策略,使得学习能够以学生为主体展开.

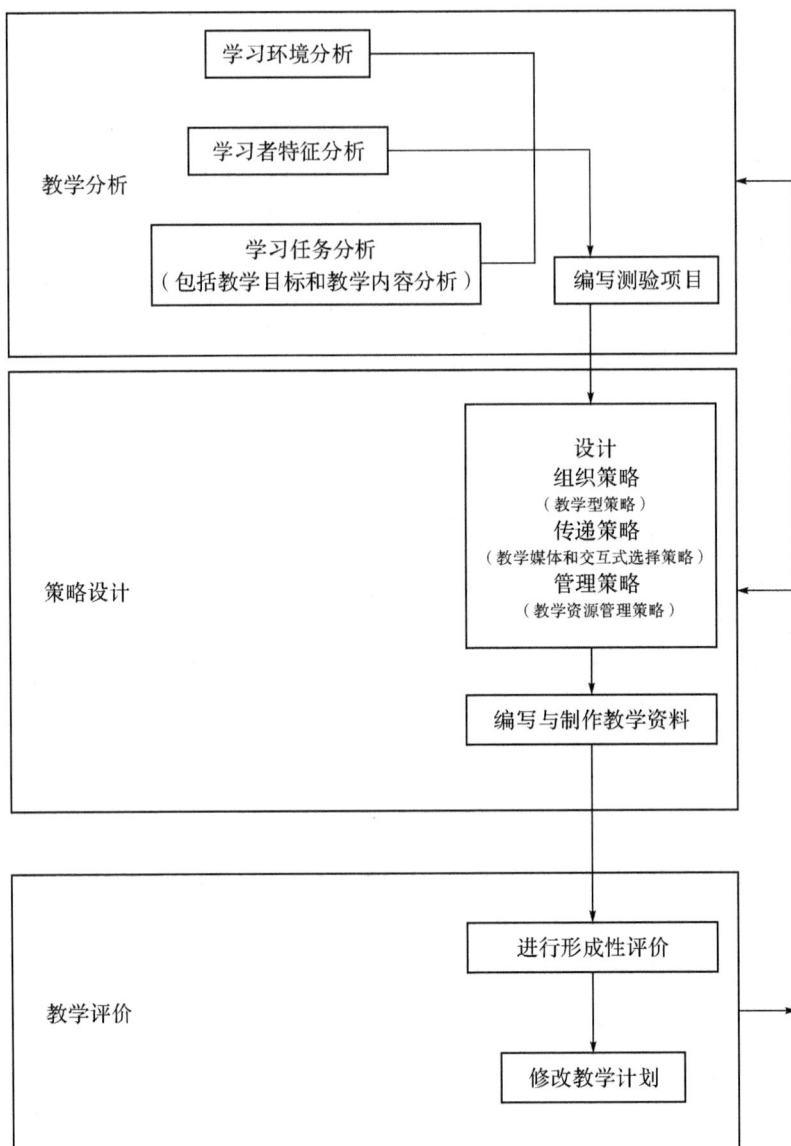

图 1-12　史密斯—雷根的教学设计

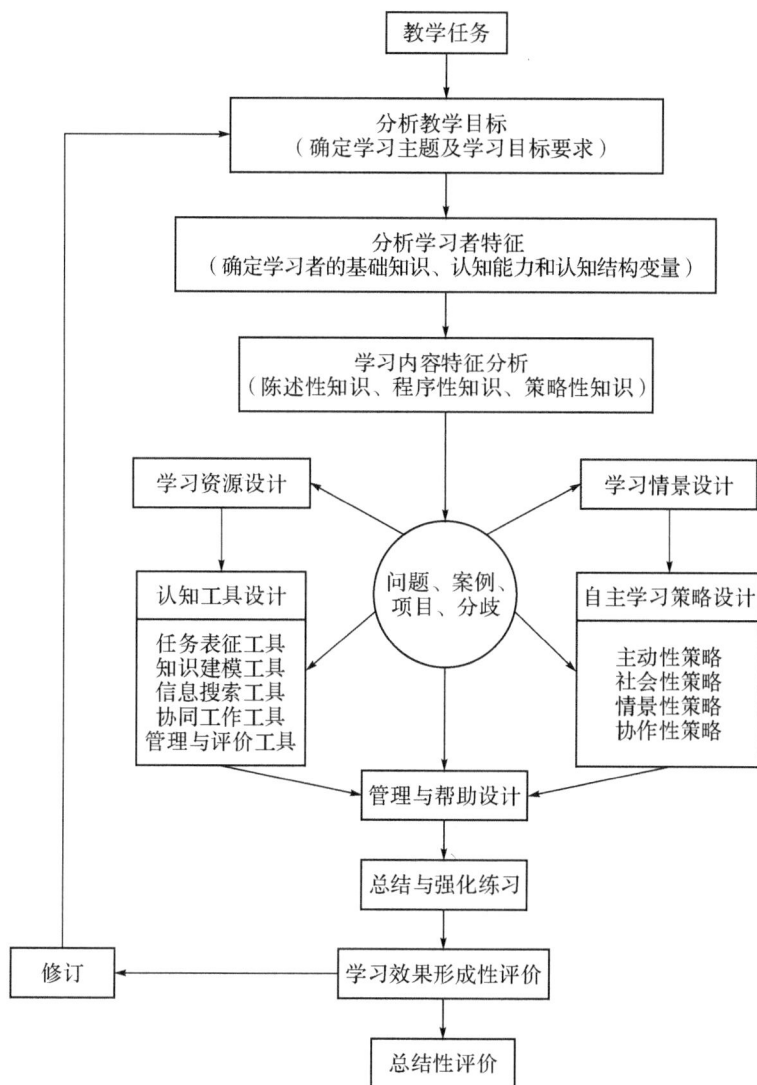

图 1-13　建构主义认知观下的教学设计模式

(二)当代数学教学的典型教学设计整合模式

在众多学者的教学设计模式研究中,数学教育工作者也没有忘记数学教学设计模式的探究,各种典型教学模式必须与学科教育相结合,才能体现其生命力.以课堂教学为单位的教学设计模式必然会出现各种能够"解决某类问题的教学设计小模式"整合而成.其实,我们前面介绍的诸如邱学华教学模式等也是一种我国数学教育工作者自己探索发明的数学教学设计模式.下面,我们介绍几种可以在数学学科上使用的、经过各种整合下的教学模式.

1. 引导发现模式

引导发现模式是在教师创设情境下,引导学生发现问题并进行探究的教学设计模式,它的过程基本上是"创设情景→提出问题→探究猜测→推理→结论",这种模式在数学教学上广泛被数学教师采纳.例如,三角形的中位线定理,教师可以采取几何画板画任意三角形及其一边上的中位线,然后拉动三角形,让其任意变形,请学生观察图形变化特征,学生很容易发现三角形的中位线定理.而后,学生独立探究推理或在教师帮助下完成推理工作,直至结论的完整证明.此类模式属于在教师的引导下完成,与教师的情境创设密切相关,学生表面看上去是自己发现结论的,但是,整个过程属于是教师自己设计的,教师的"掌控性很强".

2. 讲解传播模式

讲解传播模式属于我国长期以来形成的且使用很广的教学设计模式,其他学科也在使用.它的原型是苏联的"凯洛夫教学设计模式——五环节教学模式",其基本设计过程是"温习→提出问题→讲解新知识→巩固训练→归纳小结→作业练习".随着新课程教学理念的推广,这种教学模式往往受到大家的责垢,但是,通过这种模式却在我国培养出了一批又一批的人才是"不容规避的事实",况且,在当时我国教学条件恶劣,往往采取大班化教学,不容师生有过多的交流,此方法是与当时的教学条件"相吻合"的.即使是在现在这样的条件下,我国的一些地区的老师还是在使用这种教学模式,而且效果也不容小觑.其实,这种教学设计模式在一些师生交流条件困难(如大班化教学、远程教育、成人培训等)也是具有其"生命价值的",我们应该将其与其他教学模式进行整合研究,而非完全抛弃.

3. 自学辅导模式

我国教育工作者对"自学辅导模式"的探索由来已久,邱学华老师的教学模式基本上属于这种类型.它的设计基本过程是"提出要求→自学→提问→讨论→答疑讲解→练习",这种模式的最大亮点是培养学生的自学能力,所欠缺的是"时间的浪费",而且一些教师也在怀疑这种教学设计模式下学生知识掌握的牢靠程度.也有老师认为,学生的自学完全可以在课外进行,即采取课后复习、课前预习的策略,课堂教学时间宝贵,不宜当堂自学.我们认为,目前,我国学生的自学能力很是薄弱,他们往往"不会自学"且"不愿自学",由于自学能力是学生将来离开学校以后自我继续成长的一种很重要的能力,所以,"自学辅导模式"很值得我们认真研究.

4. 活动参与模式

现代数学教学很重视学生要在"做中学",强调学生的动手操作能力,数学教学也不例外. 因此,"活动参与模式"也随之引起数学教育者的重视,"活动参与模式"的设计过程主要是"相关调查→统计或实验→量化工作→数学模型→合作研讨→交流总结",这种模式在新课程中已经出现,但是,现在由于应试教育的局限性,此类教学模式还未达到应有的重视程度.

5. 讨论交流模式

合作学习也是近期内课程改革的一个教学设计模式变化的动向,合作学习其中一个很重要的环节是学生的讨论与交流,于是,"讨论交流模式"也自然引起人们的重视,有学者提出了"讨论交流模式"的具体程序:"创设情境→提出内容→实践→提问→讨论→反馈→小结". 其实,讨论交流完全可以"镶嵌"到任何数学教学模式中去,教师在具体教学设计中都不应忘记这个环节的教学设计.

思考题

1. 不少师范生在实习的时候有这样的一个体会:教案写得越详细,教学效果越不理想. 有时只写几个关键环节,往往能够把课上得很好! 请你对此谈自己对这个现象的看法.

2. 你认为数学教学设计最关键的要素是什么? 请谈谈你的看法.

3. 请在中小学数学教材中找一个课题,设计一个教学方案并说明你的设计思路及理由.

第二章　中小学数学教学过程评析

要对数学教学有一个好的设计,必须对整个教学过程有一个深刻的评析和清晰的认识,本章首先针对中小学数学教学过程中的四个"关键角色"——教师、学生、课程教材、教学环境作一些结构性分析,然后对教学设计的基本流程作一些探究.

第一节　教学过程结构图

教学过程是由教师、学生、课程教材在一定环境下组成的相对封闭的信息传递系统(见图 2-1),要设计一堂好的数学教学,教材、教师和学生这三个方面都需要认真分析.

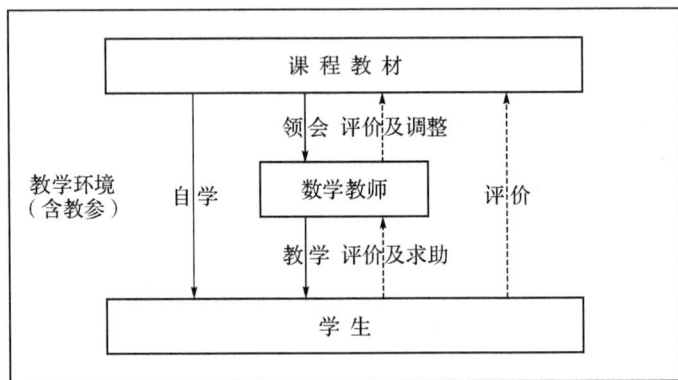

图 2-1　教学过程结构

各个国家的课程标准对这四者尤其是对课程、教师、学生都有明确的描述及规定.我们可以对这些课程标准进行"旁敲侧击"地分析.有意思的是,在整个我国原《高中数学新课程标准》(实验)中,出现"教师"字眼的有 93 处,出现"学生"字眼的有 571 处,出现"课程"字眼的有 168 处.而在《九年制义务教育阶段数学新课程标准》中,出现"教师"字眼的有 118 处,出现"学生"字眼的有 716 处,出现"课程"字眼的有 32 处.出现"教师"的个数与"学生"的个数都在 1 比 6 左右.之前的《高中数学教学大纲》出现"教师"的个数与"学生"个数比为"4 比 69"、九年义务教育全日制初级中学数学教学大纲(试用修订版)出现"教师"的个数与"学生"个数比为"6 比 107",这两个比均在"1 比 17"左右.尽管我们采取"旁敲侧击"的方式进行"师生比"的统计,但所得到的这些数据也是比较有趣的,因为它们竟然"有些类似"! 这些都很值得我们去探究.

一、关于教师

数学教师是数学教学的策划者和组织者,他们的一举一动都直接影响着整个教学过程及质量,因此,无论现代教学中的一些观点是如何强调以学生为中心的重要性,教师的作用永远不可忽视.以下,我们对数学教师在教学过程中的地位和作用等相关问题作一些讨论.

(一)数学教师的地位作用问题

《高中数学新课程标准》(实验)在"教学建议"一栏中明确指出:"新一轮数学课程改革从理念、内容到实施,都有较大变化,要实现数学课程改革的目标,教师是关键.教师应首先转变观念,充分认识数学课程改革的理念和目标,以及自己在课程改革中的角色和作用.教师不仅是课程的实施者,而且也是课程的研究、建设和资源开发的重要力量.教师不仅是知识的传授者,而且也是学生学习的引导者、组织者和合作者.为了更好地实施新课程,教师应积极地探索和研究,提高自身的数学专业素质和教育科学素质."《九年制义务教育阶段数学新课程标准》也明确指出:"学生是数学学习的主人,教师是数学学习的组织者、引导者与合作者."或许,课程标准的制定者认为,数学课程标准及教材的制定者和教育行政管理部门是数学教学的策划者,但是,我们认为,在数学课堂教学过程中的真正策划者和设计者应该还是数学教师.例如,数学课程标准所提到的教学内容,如果在重大考试中很少出现或者没有出现,在目前应试教育的环境下,教师可以选择少教甚至不教! 在目前的教育体制下,数学教师如果没有树立起良好的教学观念,没有为学生终生发展和国家的长远建设发展着想,往往会使得我们国家的数学教育计划落空! 按照课程标准目前的定位,教师应该充分理解《课程标准》及教材的意图,有效地组织教学和引导学生学习,真正成为学生数学学习的合作者.

尽管目前我国数学教学有《课程标准》和教材作为教学的绝对权威和依据,并且有《教师法》和学校等教育管理部门的监督,但是,教师在教学过程中绝对主导作用是不容置疑的,数学教师基本上掌控着整个数学教学过程.至于《数学课程标准》及教材的作用也基本上通过数学教师来体现.因此,数学教师在数学教育中不容置疑的主导地位和作用往往使得数学教师成为数学教学的关键,他们的教育观念、教学水平和教学态度直接影响着整个数学教学.

(二)数学教师的学科修养问题

在美华裔学者马丽平写了一本关于中美数学教师的比较的书:《小学数学的掌握和教学——中美教师对数学基础知识的理解》.书中指出,中美数学教师的数学学科修养明显存在差异,这也从一个侧面反映出中美数学基础教育存在差异的原因.数学教师的数学学科修养直接关系到数学教学的质量问题,数学教师的学科修养主要有这么几个方面:一是学科知识面的深广度问题;二是学科思想方法的认识高度问题;三是学科问题解决的灵活性和能力问题.

1. 数学教师学科知识面的深广度

如果一个数学教师具有广博的数学知识面,他在教学设计过程中能够针对所要讲授的数学知识产生更广泛的"知识联系点",所设计的课堂教学将更加具有弹性或灵活性,能够在具体教学过程中"引经据典"和"旁征博引".

【例 2-1】 二面角的教学设计.

如果教师只知道平面具有方向——法向量,他在教学设计的时候很可能有一个困惑:二面角为什么不按照二面角的两个半平面的法向量来定义二面角的大小? 如果他知道半平面也可以用另一种方法来定义方向:半平面内垂直于半平面的棱的射线方向可以定义为半平面的方向,那么,他在设计引入环节的时候就可以把这个话题作为讨论二面角的一个视角进行.

2. 教师的学科思想方法的认识高度

数学思想方法是数学教学设计的一个非常重要的"主心骨",如果一个数学教师能够认识数学知识背后的思想方法,那么他就能够做到"站得高,看得远",使数学教学的设计做到"形散而意不散",一切尽在运筹帷幄之中.

【例 2-2】 函数的零点与方程的根.

学生在这个环节的学习中有一个困惑:既然有方程的根的概念,为何还要提函数的零点? 如果教师"看不清楚",那么,他们很可能在这个环节的设计中"出现问题".其实,提函数的零点就是"用二维的眼光看一维的问题",即"跳到窗外看窗内",因仅停留在方程的角度看其根有时眼界过窄而不利于问题的解决,真是"只缘身在此山中,不识庐山真面目".

3. 数学教师解决学科问题的灵活性和能力

由于数学问题千变万化,光有"广博"的数学知识及"很高"的数学思想方法还是不够的,没有数学问题解决思维的灵活性,一些教师在数学问题解决的教学设计中往往不能做到开放式,设计的时候就会相对保守,一些问题心中无数的就不敢放开甚至不敢选择作为例题.

【例2-3】　等边三角形能否被分割成2个、3个、4个全等三角形?

这是一位老师在初中二年级的一个课堂教学问题,当时在设计的时候,老师觉得这是一个比较好的数学问题,但是,如果学生提出:"能否分割成5个全等三角形?"此时,教师该怎么办? 于是,这位教师在设计的时候,把问题"分散处理",即"等边三角形能否分割成2个全等三角形?""等边三角形能否分割成3个全等三角形?""等边三角形能否分割成4个全等三角形?"避免学生"过于连贯"而提出"等边三角形能否分割成5个、6个、7个全等三角形?"之类的问题.果真,在授课的时候,学生并无提出此类的问题!

(三)数学教师的其他修养问题

数学教师的综合修养包括学科修养和非学科修养,非学科修养主要包括这样的两个方面:一是其他知识的广博性和深刻性,二是教师的教学观和人生观.这两方面对教师的教学设计影响也很大.

1. 其他知识的广博性和深刻性

其他知识除了知识面以外,科学方法论尤其是辩证法对数学教学设计影响更大.一方面,数学与很多学科产生的纵横交错的关系必须涉及教师对其他知识的了解程度问题,在这些环节的设计上教师如果心中没底,自然会影响到设计的质量.另一方面,教育学、心理学、哲学、美学、系统论、社会科学等其他学科方面的知识对教师的教学设计影响也不可小觑,甚至决定了教学设计是否优秀的"命运".

【例2-4】　三角形的重心性质的教学设计.

一般教师的教学设计往往仅停留在用中位线来说明三角形的重心,把三角形的三条中线各分为1比2,唯独忘记了"重心"名词的"物理源头",利用物理的杠杆原理我们很快就得到这个性质(见图2-2).

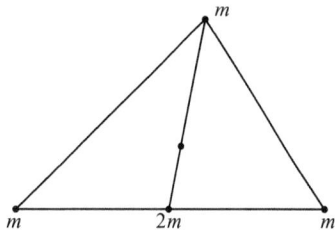

图2-2　例2-4

2. 其他知识运用的灵活性和创造性

人类很多知识之间的原理是"相通的",数学知识也有很多东西是与其他知识"一脉相承",数学教师对其他知识的理解与运用也应该做到灵活甚至创造性地运用,在具体教学设计的时候,如果出现"灵光闪现"的现象,应该及时把握,不能死抱教条.

【例2-5】　函数的奇偶性教学设计.

有一位老师在设计函数奇偶性的教学引入片段的时候,一直拿不定主意如

何引入，当他看到课本的一个习题①："已知函数 $f(x)$ 是偶函数，而且在（0，$+\infty$）上是减函数，判断 $f(x)$ 在（$-\infty$，0）上是增函数还是减函数，并证明你的判断."脑海里忽然闪现四个字："事半功倍!"即如果知道函数具备奇偶性，那么就能够根据它图像的一半性质得出另一部分性质，但是，"怎样引入"? 他又陷入沉思! 他翻阅了课本给出的函数 $f(x)=x^2$ 及函数 $f(x)=|x|$，如果"赤裸裸"地要求学生观察，觉得会很突兀. 他又突然想到利用人类固有的审美意识：追求对称美! 于是，他就想到这样的一个引入片段：他用一本书遮住自己的半张脸走进教室，教室中原来吵吵闹闹的学生忽然都静下来了，学生在纳闷："老师今天是怎么了?!"有一个学生问道："老师，您的另一半脸是不是受伤了?"老师回答道："没有!""那您把另一部分遮住干吗?"学生疑惑地问道. 老师说："假如我把脸的另一半遮住，你能否想象得出另一半?""能! 只要您的脸不是畸形的!"老师："怎样的脸不是畸形的?"学生："两边是对称的!"老师："我们学的函数图像是否也有这样的性质呢? 若有，它们是否值得研究的呢?"于是，这位老师就引出了课题. 从执行情况看，基本如此，效果不错!

（四）数学教师的教学观念问题

教师对数学教学是怎样的态度与认识，包括教师对数学的认识、对学生学习数学的认识、对数学教学的认识以及对教师职业的认识等等，也直接影响着数学教学设计的质量. 在某些理论（自己的或他人的）的指导下，人们往往形成了一定的"思想意识"，即所谓的"观念"问题. 以下来简析我们认为目前比较常见的理论或观念对数学教学设计的影响，有些地方还有待于继续探索.

1. 应试观

应试观的主要观点是以考试的最后结果来评价数学教学的效果. 客观地说，应试观本身并没有多少问题，它的正确与否全部依赖于我们能否有一个合理的数学教育评价体系. 应试观是带有一种被动地且受制于外界的教学观念，它的主要特点是被动性和功利性. 事实上，世界上不可能找到一种完全合理的数学教育评价体系，以不完善的评价体系为绝对目标的数学教育必定存在着种种缺陷. 任何一种评价体系所存在的缺陷必须由教师的创造性劳动来弥补，这种弥补需要教师非功利的奉献精神和创新意识（突破应试的框架约束）.

目前应试观的存在有很强的社会背景，如社会制度的缺陷、诚信的缺失、优良教育资源的匮乏、教育技术手段的落后等都是"一卷定终身"的教育评价体系存在的深层次原因. 以应试为目标的数学教学设计特征往往体现在以下几个方

---

① 人民教育出版社课程教材研究所、中学数学课程教材研究开发中心.普通高中课程标准试验教科书（A版 数学①）.北京：人民教育出版社，2004.43.

面：一是纲的意识强烈．姑且不论初三、高三的最后一个学期的教学设计，就连初一、高一的第一学期的教学设计，一些教师都盯准中考和高考．其教学设计与考试要求"同步"，即出现了"考什么、教什么，不考就不教"的现象．教师往往以一句堂而皇之的话"大纲、考纲是……要求的"来为自己找理由．二是"效率"意识很高．一节课的教学设计比较注重知识的覆盖面，数学问题的更新频率高，讲究显性的教学目标达成度．三是"教"的意识浓厚．教师由于有考试的目标在指导（学生可能还不清楚，他们只是对问题感兴趣），对课堂上一些与大纲、考纲联系不密切的问题往往采取轻描淡写或回避的方法．教师往往将学生的思维往考试的方向引导，使学生对知识本身的好奇转向对考试的应付上．四是考试技能化意识强．本身是一些数学的原始问题（不太适合于考试），结果教师编拟成适合于考试的问题，背离了一些数学学习的本意．例如，回避繁琐的数据处理（考试往往不需要进行繁琐的数据处理）和文字阅读，使得学生缺乏处理数据和阅读的心理准备及意识．教师往往采用繁琐数据理想化或字母化，并且对干扰文字进行排除等措施来回避．

2．基础观

所谓的基础观，就是将学生目前所学的数学知识当做今后发展的基础平台，往往注重知识与技能的"夯实"，忽略了以创新的意识重新审视学生所学的"基础知识"．缺乏运用再创造的眼光来审视学生所学的数学知识．例如概念的教学，一些概念看似基础，但蕴涵着创新的意识．

【例 2-6】　圆周角的教学设计．

我们查阅了不少关于"圆周角"概念的教学设计（包括一些教材），基本上都是先给出圆周角的概念后再引导学生发现圆周角与同弧所对的圆心角之间的大小关系，这种设计我们认为与圆周角概念的产生是相悖的，也正是因为圆周角的大小是同弧所对的圆心角一半的关系，才有人们对圆周角的兴趣！这或许就是"圆内角"、"圆外角"不能写入教科书的原因！于是，我们在想：是否可以先引导学生发现圆周角与圆心角的特殊关系后再提出圆周角的概念？例如，教师提出问题：圆心角是指顶点在圆心的角，假如顶点不在圆心的话，这个角度有何变化？在让学生自己作图试验探索以后，教师利用几何画板做出课件（见图 2-3），教师拖动点 P 到不同的位置（由学生自己提出点 P 的位置要求），观看 $\angle APC$ 的变化，引导学生发现结论，在学生对这种特殊角——圆周角感兴趣后，再提出圆周角概念也不迟．这种设计比较吻合一些数学概念产

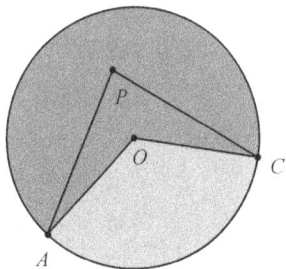
图 2-3　拖动点 P 到不同位置

43

生的规律,也教育学生在偶尔发现一些结论的时候,要有好奇心,不能轻易放弃.

值得注意的是目前存在另一种极端认识,即认为知识仅为思维的载体,知识的本身并不重要,关键在于知识的产生过程,这种认识也是有偏颇的.例如,当我们发现一个三角形的三边为 3,4,5.但不能很快发现它是一个直角三角形,那么我们就需要花很多时间计算它的面积.这种似乎西化的观点也是有害的(如现在西方的一些国家对四则运算非常薄弱,导致效率降低的现象).

3. 发展观

采用发展的眼光来审视学生的数学学习,哪些知识是学生将来必需的,哪些能力或素养是学生将来发展所需要的都要纳入我们教师的教学视野.在教学设计过程中,这些教师都会着重考虑学生的发展需要.这些教师将应试只作为学生发展的某个阶段的"花絮",而把眼光放得更远,尽管他们受到应试教育的种种困扰,但是他们还是能够在"夹缝"中求生存.值得庆幸的是目前带有这些理念的教师越来越多.值得注意的是站在发展的角度进行教学设计必须具有一定的技巧和顶住各种压力.例如,挫折教育在数学中往往体现较为明显,它与成功教育(或赏析教育)是一对"孪生姐妹",是激励学生成长的两种不同教学手段.就像"摘香蕉理论"和"跳高理论",前者在设计的时候往往"由难到易",而后者却相反.教师不应该由于某个教学方法的流行而放弃自己的成功做法.

【例 2-7】 《直线和圆锥曲线的位置关系》的教学设计(浙江省温州中学苏德超[①]).

【教学目标】

1. 知识目标:能从"数"和"形"角度判断直线和圆锥曲线的位置关系.

2. 能力目标:培养学生提出问题和解决问题的能力,培养学生的自主探索精神和创新能力.

3. 情感目标:通过课堂中和谐、民主的师生关系,让学生在平等、尊重、信任、理解和宽容的氛围中受到激励和鼓舞,培养学生严谨的科学态度.

【教学重点、难点与关键】

1. 重点:利用"代数"或"几何"的方法解决直线和圆锥曲线的位置关系.

2. 难点:在开放式教学中让学生自己发现问题,提出问题.

3. 关键点:帮助学生寻找"数"、"形"之间的联系.

---

① 苏德超,温州中学数学教师.该设计参加 2005 年浙江省优秀课堂教学比赛,获第一名.

【教学方法与手段】

教学方法:开放式、探究式教学.

教学手段:利用教学软件几何画板辅助教学.

【教学过程及说明】

一、引例

已知椭圆 $C:\dfrac{x^2}{4}+\dfrac{y^2}{2}=1$,直线 $l:y=ax+b$

①请你具体给出 a,b 的一组值,使直线 l 和椭圆 C 相交.

②直线 l 和椭圆 C 相交时,a,b 应满足什么关系?

③若 $a+b=1$,试判定直线 l 和椭圆 C 的位置关系.

分析:

②联立方程:$\begin{cases} y=ax+b \\ \dfrac{x^2}{4}+\dfrac{y^2}{2}=1 \end{cases}$,消去 y,得:

$$(1+2a^2)x^2+4abx+2b^2-4=0 \qquad (*)$$

则 $\Delta=(4ab)^2-4(1+2a^2)(2b^2-4)>0$,整理得:$b^2-4a^2<2$.

③ 思路一:$(1-a)^2-4a^2=-3a^2-2a+1=-3\left(a+\dfrac{1}{3}\right)^2+\dfrac{4}{3}<2$

恒成立.所以直线和椭圆相交.

思路二:直线 $y=ax+(1-a)$ 过定点 $(1,1)$,而点 $(1,1)$ 在椭圆内部,所以直线和椭圆相交.

引例设计说明:问题①是个开放题,结果不唯一.学生可以分别从形与数这两个角度考虑这个问题,给出一组符合题意的 a,b 的值.问题②是在问题①基础上的提升,探求直线和椭圆相交时的一般情况.切入本节课的主题.也为后面比较直线和双曲线位置关系的代数处理的异同点,做个铺垫.问题③的提出,是对问题①②的呼应.它可以从"直线 l 过定点 $(1,1)$"的几何角度去解,也可以利用②的结果这个代数角度去解决.

小结:处理直线和圆锥曲线的位置关系的方法,有代数方法与几何方法.

二、变式一

已知 $a+b=1$,直线 $l:y=ax+b$ 和椭圆 $C:\dfrac{x^2}{4}+\dfrac{y^2}{2}=1$,

_____(请你添加条件),求直线 l 的方程.

设计意图说明:这是本节课的另一道开放题.这道题有较大的思维空间,不同层次的学生都能在这个问题上有不同层次的施展.通过这个问题多种方案的解决,一方面可以复习相关知识,另一方面可以培养学生提出问题、发现问题的能力.

　　教学估计:学生可能会从线段的长度、点的位置、角的大小等方面提出问题.

　　例如:生1:$a=1$;

　　　　　生2:直线l过点$(-2,0)$;

　　　　　生3:直线l和椭圆C交于A,B两点,$|AB|=2$;

　　　　　生4:AB中点$M(1,1)$(或AB中点M横坐标为1,或AB中点在y轴等);

　　　　　生5:P为AB的三等分点;

　　　　　生6:原点O到直线l的距离最大时;

　　　　　生7:$S_{\triangle ABO}=1$;

　　　　　生8:$\angle AOB=90°$;

　　　　　生9:过点A的椭圆的切线和过点B的椭圆的切线交于点$D(0,5)$.

　　三、变式二

　　已知直线$l:y=ax+b$和椭圆$C:\dfrac{x^2}{4}+\dfrac{y^2}{2}=1$相切,若$\vec{p}=(a+1,b+2)$与$\vec{q}=(1,k)$共线,求$k$的取值范围.

　　解:由(*)知,若直线直线$l:y=ax+b$和椭圆$C:\dfrac{x^2}{4}+\dfrac{y^2}{2}=1$相切,则:$b^2-4a^2=2$,

　　$\because\vec{p}=(a+1,b+2)$与$\vec{q}=(1,k)$共线,$\therefore b+2=k(a+1)$.

　　代入$b^2-4a^2=2$,整理得:
$$(k^2-4)a^2+(2k^2-4k)a+(k^2-4k+2)=0.$$

　　$k=2$时显然不合题意,$k=-2$时,符合题意.

　　当$k\neq\pm 2$时,由$\triangle\geqslant 0$,得$k\geqslant 2$或$k\leqslant\dfrac{2}{3}$,所以$k>2$或$k\leqslant\dfrac{2}{3}$且$k\neq -2$

　　综上知,$k>2$或$k\leqslant\dfrac{2}{3}$.

　　设计意图说明:这题的本质是直线和双曲线的位置关系,要从"数"与"形"两方面来分析这道题目.之后,还要比较"直线和双曲线的位置关系"和"直线与椭圆的位置关系"在方程处理上的异同点,进而延伸到"直线和抛物线的位置关系"上.

四、总结

1．处理直线和椭圆、双曲线、抛物线位置关系的几种情况．

2．处理直线和圆锥曲线的位置关系的方法：代数方法和几何方法．

五、作业布置

已知：点 (a,b) 在曲线 $b^2-4a=2$ 上，求 $\dfrac{b+2}{a+1}$ 的取值范围．

【教学设计说明】

本节课是一节通过开放性问题的设计，进行探究式教学的典型案例．设计理念是突显学生主体，极大地调动学生参与数学研究的积极性，有效地引导学生开展数学学习思维活动．通过对直线和圆锥曲线位置关系的复习，培养学生学会思考、学会提出问题、学会学习数学方法．设计特色与效果：转变教师角色，实现从一个知识的传授者完全地转变为学生学习能力发展的促进者；从教师空间支配者的权威地位，转变为数学学习活动的组织者、引导者和合作者．另外，此节课明显的特色是问题设计的开放性与思维方式的开放性，这样的设计既可以让所有的学生参与其中探究，又可以让思维层次不同的学生对数学学习获得不同程度的体验．整堂课问题设计自然连续，既激发了学生探究问题的好奇心，又可以培养学生的自信心，让学生感受到数学问题的提出自然，解决问题的数学方法统一，前后浑然一体，突出了教学主题——直线与圆锥曲线的位置关系．在学生自然体验解决问题的过程中体会解析几何问题的两种重要方法：代数方法与几何方法，感受数学分支学科解析几何的本质——用代数方法处理几何，用几何的方法理解代数．

我们很赞赏温州中学苏德超老师的教学设计，因为他能够替所有的学生着想，设计的时候"入口"比较宽，使学生都能够愿意也能够参与问题的讨论，然后，慢慢进入了主题，而设计中真正考虑到了学生将来的发展，这种"替学生将来发展着想"的教学设计是我们乐于见到的好作品．

4．迁移观

针对现在出现的拯救学科分类所带来的后遗症的浪潮，一些数学学科教师已经意识到自己的学科在培养全才方面的责任．一些教师已经摈弃了以前以逻辑思维培养为唯一重点的不妥做法，参照其他学科的处理方式对数学教学进行改革，引用了实验、类比等方法，对直觉、猜想等思维以数学为载体进行培养．一些数学教师虽然意识到了这一点，但由于自己长期的思维习惯和做法，再加上对其他学科的不熟悉（或遗忘），深感力不从心．甚至产生所谓的"迁移观"，即学生只要学好数学及其他学科的知识和方法，往往就能够进行有效的学科之间的迁移，填补学科之间的"缝隙"．这些教师的教学设计依然强调纯数学学科方法的教学,对归纳、猜想、实验、类比等方法缺乏有意识地使用和示范,对直觉思维培养缺乏足够的关注.

【例 2-8】 《探索勾股定理(一)》教学设计.

这是一份教师的教学课件(PPT),从这里我们可以看出教师的设计意图,我们只罗列前面的六张幻灯片(见图 2-4),大致可窥教师的教学理念.

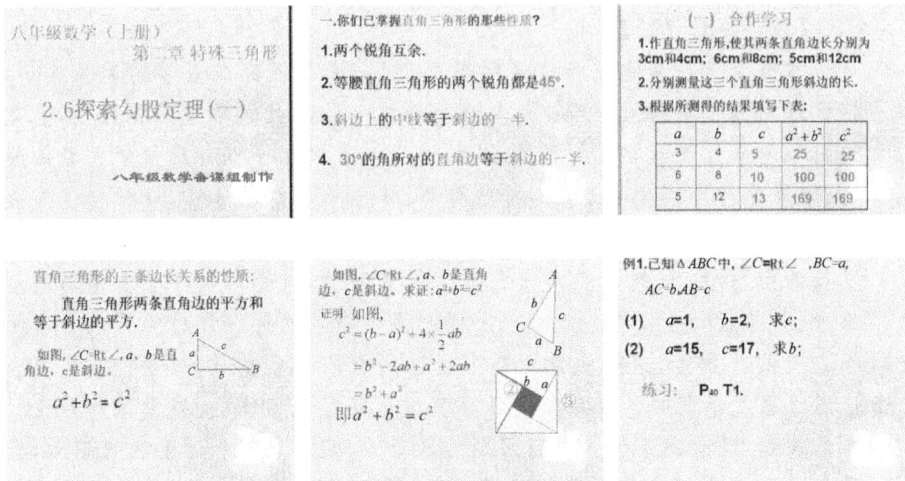

图 2-4 《探索勾股定理(一)》教学设计课件

从这六张幻灯片我们可以看出,教师似乎想引导学生发现勾股定理,拿三组特殊数据"3cm 和 4cm;6cm 和 8cm;5cm 和 12cm"分别作为直角三角形的两直角边,要求学生"分别测量这三个直角三角形斜边的长",教师又列表给出"a^2+b^2"和"c^2",似乎想引导学生发现 $a^2+b^2=c^2$. 我们阅读了一些教师在勾股定理的第一堂课的教学设计,发现不少教师都有这方面的类似意图及做法,事实上,要让学生真正自己发现勾股定理并非易事,否则,怎么称之为"数学著名定理"? 其实,数学上很多著名定理都是很不容易发现的,教师要采取创设情境引导学生发现这些定理的"煞费苦心"做法可能对学生没有多少帮助,我们认为可能是在浪费学生的时间! 试想一下,只要学生不是白痴,你叫学生作直角三角形的两直角边 a 和 b 的长度分别为"3cm 和 4cm;6cm 和 8cm;5cm 和 12cm",然后量出斜边 c,接着让学生计算"a^2+b^2"和"c^2",这些一般学生都能够做到,唯独学生不清楚为什么要做这些! 我们认为,这里有一个数学教学设计的理念误区:似乎一切数学结论都可以采取逻辑演绎的步骤引导学生进行再创造或再发现! 其实,大家都有这样的一个体会:在我们对数学问题进行研究的时候,有时苦思冥想终未得"正果",忽然一阵灵感,问题解决了! 当人们问我们为什么能够找到这种方法时,我们有时却往往支支吾吾说不清楚,一些数学结论连发现者自己都"说不清楚",却在别人那里能够说得"头头是道"岂不滑稽?

因此,我们认为,某些数学结论与其苦心设计"引导学生发现",不如借助语文学科的"阅读欣赏"的做法,通过教师介绍这些数学结论的发现过程,引导学生进行欣赏与反思,让学生在欣赏我们祖先辛勤劳动的过程中体验和反思前人的发现,把"勾股定理的探索"这一课开设成"数学名定理发现欣赏课"如何?著名诗人李白几乎在醉酒状态下写出千古流传的诗句,后人只能在欣赏之余带着仰慕的心情去反思.于此之时,我们想,倒是我们现在的教学设计过程中往往缺少一个反思环节的引导设计.一些数学结论完全可以开门见山地向学生介绍,而后进行必要的反思环节的设计,关于如何进行反思环节的教学设计,请读者进行必要的研究和探索.

5. 创新观

随着课程改革的深入,一些新的教学观念也在教师心目中落实,具有创新意识的教学设计得到不少教师的关注,以创新的视角重新审视中学数学教学,即实现数学的再创造教学过程.但是,如果一切都搞创新,时间不允许,怎么办?

【例2-9】《等差数列(一)》的教学设计.

笔者在与教师交流教学设计的时候,经常谈及《等差数列(一)》的教学设计.以往的教学设计中,我们经常发现一些教师写了一大堆等差数列(或者在现实问题中寻找一些与等差数列相关的问题)让学生观察,然后得出等差数列的概念.这种设计我们认为:导向性过强!因为学生往往会产生疑惑:我们为什么今天对此类数列感兴趣?我们觉得应该引导学生进行选择——培养审美意识与实用意识.于是,我们向老师提供了这样的一个设计片段:先是教师引导简单回顾上节课一般数列的概念,接着让每位学生自由地写一些数列(叫三个学生板演),接着,教师让学生选择:你喜欢研究哪些数列?学生讨论后,教师总结:"应该从结构优美以及在现实世界中运用最多的数列中选择."以此教师引导学生选择等差数列及等比数列进行研究.有一位老师采纳了我们的意见,结果足足拖堂了20多分钟!因为学生在选择数列的时候思维发散性极大,不一定按照教师的意图进行,在热闹的讨论中时间过得很快,教师在那里干着急.这件事给我们很大的启发:在有限的课堂教学时间中要实现"再创造教学"以培养学生的创新意识,时间成本是不得不考虑的因素.我们认为,既然很多场合无法完全使用"再创造教学",那么,增加反思环节(可以进行课后反思)是一个有效的措施.比如,按照以往的教学设计,教师在布置给学生课外思考题的时候,可以增加:"你知道本节课我们为什么会对等差数列感兴趣?请谈谈你的想法."

前面,我们对五种我们认为需要着重讨论的教学观念进行分析.其实,数学教师的数学教学观念主要有四个方面:①教师的数学观;②教师的学习观;③教师的教学观;④教师的职业观.就拿教师的数学观而言,如果教师认为数学是"一堆真理"所组成的,那么,他往往会忽略数学的产生过程以及对数学结论的质疑过程的教学设计,并且要求学生把数学公式、定理、法则、公理等作为教条的东西死记硬背,把活生生的数学设计成死气沉沉的知识堆砌.同样,教师对学生的学习数学过程的理解也很能够影响教师的教学设计质量.有的教师认为,学生的学习就是需要教师督促的,他们的自觉性一般都很差,需要教师严厉管理,于是,他在设计的时候往往就采取"不分青红皂白地灌输策略",认为,不需要与学生讨论什么理由,一句话:"考试要考",这样的教师所教的学生势必会产生厌恶数学等心理反弹现象.当然,教师是如何对待课堂教学师生互动的态度,即教师的"数学教学观"问题对教学设计自然产生重大的影响.有的教师认为,学生只要认真听讲就可以了,于是,在教学设计的时候往往考虑的是自己的想法,然后辅之以"严格的课堂教学管理".我们认为,数学教师的职业观念对教师的教学设计的影响是最大的.有些教师认为教数学就是为了自己养家糊口,于是他们往往偏向于目前的一些短期评价措施,为了在平时的教学中避免被领导"挨批",对一些单元测试尤其是期末、期中测试"很是在乎",导致在具体的教学设计的时候出现急功近利的现象等等.

总之,我们认为,教师的教学观念具体落实到各个环节都是一些很大的话题,限于篇幅,我们只能作以上的一些讨论,建议读者可以作进一步的研究.

(五)数学教师的教学方法问题

一位教师的教学设计是要根据自己是否执行得了来考虑的.例如,有的教师不会使用一些数学教学软件,那么,他在设计的时候就得考虑用其他方法;有的教师徒手画不内行,或者他的粉笔字很差,则往往可以考虑采取多媒体来替代这一过程;有的教师不善口头表达,他可能采取的是更多的板书形式与学生交流;有的教师对某些知识的延伸心中"没底",他往往在设计的时候采取"回避"或"限制"等手段;等等.总之,教师在具体教学设计的时候得着重考虑教学方法的选择,这是一个很重要的因素.

二、关于学生

学生是数学教师在数学教学设计过程中考虑的最重要因素,学生的性格、爱好、年龄特征、知识前提、能力前提、习惯、理想、相互之间的合作状况、临时的心理状态等等,都是教师在数学教学设计时不得不考虑的重要因素.以下,我们就三个话题展开一些讨论.

(一)学生的数学学习兴趣问题

学生的数学学习兴趣是教学设计时需要考虑的相当重要的因素,关于学生数学学习的兴趣问题,教学设计的时候必须考虑三个环节:一是数学学习兴趣的激发环节;二是数学学习兴趣的维持环节;三是数学学习兴趣的升华环节.

1. 数学学习兴趣的激发环节

就拿一节数学课的教学设计而言,引发学生对本节课的内容产生浓厚的兴趣是教师要考虑的非常重要的因素,因为一旦学生对教师所提的话题感兴趣,那么,这节课就有了一个良好的开端,后面学生就很可能对教师所传授的内容给予配合,使得教学任务得以顺利完成.问题是:如何激发学生的数学学习兴趣? 在传统的引入方面,我们教师经常做的有故事引入法、承前启后法、问题引入法、实验观察法、开门见山法等.这些引入设计几乎每位老师都在使用,但每个人使用的效果各异甚至相差巨大! 为什么会出现这种现象? 就拿故事引入法而言,同一个故事,教师讲解的技巧不同引发学生的兴趣自然也存在差异,讲故事的火候、语言技巧、体态动作都往往决定了能否引发学生的兴趣,因此,在选择设计的时候,应该考虑教师自己的执行能力及效果.总的说来,针对课堂的引入环节,我们有这么几点要求:一是求精,即要有概括性,切中要害,语言精练;二是启发,即设疑要有启发性、针对性、可接受性;三是趣味,即设疑要有趣味性与思想性;四是求实,即设疑在可能的情况下,尽量用实际问题引入;五是灵活,即根据课题的内容不同,可灵活选择引言,对新知识型课型的引入一般尽量从趣味性、实际问题等方面引入.

数学学习的兴趣激发在引入环节固然重要,但我们教师在设计的时候千万不要误以为仅在这个环节进行.其实,数学兴趣的激发策略有很多,可贯穿于整个数学课堂教学.例如,教师在课堂上设计一些幽默的语言和体态动作(一些教师可以在课堂上信手拈来一些风趣语言并辅之以丰富的幽默表情)让教室充满笑声,让学生在愉快的心情中学习数学.我们温州大学原资深课程教学论老师周锦铭曾经说过这样的一句话:"我每节课至少要让学生集体大笑三回!"这样的教学何愁学生对数学的学习兴趣不能生成? 又如,教师在设计的时候,经常设计一些学生喜闻乐见的趣味数学问题,学生在解决的时候,很自然会带着浓厚的兴趣学习,久而久之,对数学的学习兴趣会油然而生.另外,教师设计的数学问题让学生经常看到自己的收获,经常产生成就感,也会激发学生学习数学的兴趣.还有,数学教师富有的人格魅力,也会让学生从对数学教师的兴趣转到对数学学科的兴趣上来,因此,教师为了增加人格魅力,在课堂教学设计中要做到公正、公平,表现出应有的爱心,关注与学生的沟通等等.具体体现在:提问学生要照顾全体、恰当地评价学生表现、设计的问题避免单边灌输、尊重学生的想法、以一种与学生处于平等地位的口吻等.

2. 数学学习兴趣的维持环节

一个有趣的数学问题往往能够把学生的兴趣激发出来,但是,教师必须得考虑学生数学学习兴趣的维持时间,不能虎头蛇尾.有的老师所提的问题一开始把学生的胃口吊得很高,学生也很有兴趣,但未给学生认真地处理,导致学生很失望甚至产生厌恶的感觉,适得其反;有的老师由于赶教学进度或其他原因,对学生在课堂上因为好奇所提的数学问题草率处理,课后也未得到及时的弥补;有的老师因为所设计的数学问题过难而并未设计对学生进行挫折教育及激励教育的环节,导致学生产生对数学的畏惧或失望心理;有的老师未能针对全体学生设计数学问题,导致部分学生受到冷落而未能把数学学习的兴趣坚持下去等等,这些都不可取.我们认为,激趣可能容易,维持可能很难.因此,教师在教学设计的时候,应该具有全局的观念,不能只见树木、不见森林,在问题设计的过程中应该保持前后呼应,既对数学知识全面看待也要顾及所有学生.另外,教师也要控制好节奏,例如,某个问题学生曾经"热闹过"一阵,但随后学生似乎忘记了,教师可以在适当的时候,根据需要重新提及.有些重要的话题可以维持一学期甚至在学生整个就学期间,有时可以做到"永不放弃".

3. 数学学习兴趣的升华环节

学生学习数学兴趣的升华环节是指教师引导学生把学习数学的兴趣变为一种信念,让学生把学习数学理解为一件快乐的事情,即使遇到一些挫折,他也能够从容克服,并且具有一定的忍耐心理,能够在学习数学上做到胜不骄、败不馁,不为短期的功利所左右,能够一直对数学问题产生浓厚的兴趣,把学习数学作为一项爱好或习惯性行为,这应该算是我们数学教师在提高学生学习数学兴趣的一个"理想境界".要达到这种境界,我们认为在教学设计的时候应该有所体现.具体的我们有这么几点建议:一是把抽象难懂的数学问题努力设计成生动有趣的数学问题,即使做不到这一点,也要根据学生的年龄特征适度形象化及做好适当的铺垫工作,让学生不觉得数学离他们是那么的"遥远";二是提炼数学思想方法,让学生悟出冷冰冰的数学背后是一种火热的思考,且属于人类的思想精髓,学好数学对感悟人生大有帮助;三是要从文化层面帮助学生解读数学,多做一些诸如介绍数学家励志研究数学的故事;四是尽量降低一些短期的功利效应的负面做法,例如,减少向学生告诫:某某内容是中、高考重要内容,某某内容是考试必考的内容,取而代之的是让学生体验到这些内容的趣味性和了解数学发展的相关故事等等;五是经常把数学与生活联系起来,让学生感受到数学就在我们的"周围",学习数学就是一种正常的"生活行为";六是要用宽容的心态对待学生学习数学的态度,避免强压引起学生反感数学的心理反弹,允许学生不喜欢数学,用宽广的胸怀期待学生对数学学习的抉择.

(二)学生的数学学习习惯问题

在教学设计的时候,对学生的数学学习习惯培养或许是目前比较欠缺的环节.良好的数学学习习惯有很多,其中,课前预习、课内笔记、课外复习与反思、正确处理独立思考与合作学习的关系、批判与质疑思维习惯的养成等,都要在我们的数学教学设计过程中有所体现.下面我们就三个话题"课前预习、课内笔记、课外复习与反思"作为重点讨论的话题说几句.

1. 课前预习

曾几何时,以前作为良好习惯的课前预习倒成为某些数学教师的"心病",有些数学教师甚至公开反对学生进行课前预习,主要的理由有两个:一是由于学生年轻,以为自己已经预习了,对课本所说的内容已经懂了,上课就不认真听了;二是一些学生预习后,对教师授课所设置的"悬念"进行"打搅",使得教师的原先设计意图"付诸东流"——尤其在公开课的情景下.我们认为,以前我们强调学生课前预习的重要性主要是培养学生的自学能力,这个能力是学生将来离开学校以后最重要的能力之一,所有的老师必须认真对待,其中之一就是要让学生养成提前预习的好习惯.至于学生由于提前预习而出现上课不认真听讲及打搅教师教学的现象,完全是教师在教学设计的时候需要认真考虑的因素.教师应该站在学生的角度思考并设计好教学过程,即:学生通过自学,很可能会在哪些环节出现问题;在教学过程中应该采用怎样的手段让已经预习过的学生得到教育,并让他们的预习习惯得到进一步的强化,也要让未预习的学生有一种"吃亏"的感觉.一位优秀的数学教师应该让所有的学生觉得"听老师的话"与"不听老师的话"是"大不一样的",这样才能体现"数学教师的作用".假如一位数学教师的教学让学生产生"只要自己看看书就可以了"的感觉,那才是这位数学教师的悲哀!

2. 课内笔记

我们翻阅了不少教学设计,几乎未发现有教师对这一环节有要求的,我们也很少发现现在中小学生在听课的时候有做笔记的习惯.一些教师在授课的时候对此也没有强调甚至反对学生在课堂上记笔记,认为学生只要认真听就可以了,记笔记反而会分散注意力或跟不上教师的授课节奏,尤其是现在的"多媒体教学时代",高信息量的"PPT"让学生目不暇接,更不用说记笔记了! 其实,我们认为,以往要求学生听课记好笔记是有一定道理的,到现在也不会过时.因为记笔记其实是学生听课时的思维记录,有些思维活动在课堂上是"瞬间即逝",俗话说得好:"好记性不如烂笔头",关键是教师应该如何引导学生记笔记的技巧.因此,数学教师在教学设计的时候,应该增加诸如这样的一些类似环节:此处应该让学生讨论并把自己的想法记录下来;该结论比较重要,要求学生反思后记录等等.

3. 课后复习

说到这里,我们不得不回到"凯洛夫时代"的"五环节教学设计"中的第一个环节:复习回顾,我们认为这是一个非常重要的环节,是吻合学生认知规律的设计环节,教师经常使用这个环节,往往迫使学生在听课之前做好复习回顾(自然包括反思)工作.但现在的教学设计这一环节却经常被"情境创设"所取代,使学生对课后复习环节的要求在"不知不觉"中降低了! 我们认为,课后复习具有让学生形成知识网络并提高记忆的功效,为下节课打好基础,同时,若教师加以引导,学生的课后反思意识及能力也能够得到培养.因此,我们认为,教师在教学设计的引入环节,未必都要赶什么时髦:"创设情境",很多情景下都可以采取"以旧引新"的策略,同时,在课后布置课外任务的时候,也不要采取清一色的作业或练习,而应该增加"课后复习及反思",并与下节课的开场白进行衔接.我们前面提到过,学生的反思能力确实很重要,但现在这一能力尚未得到数学教学的真正关注,需要大家一起努力.

(三)学生的数学学习提问情况

这一点可以归入学生的学习习惯问题,但我们这里单独提出并进行一些讨论.我们认为,现代中国学生的数学提问意向及能力、胆量存在很多问题,是我国数学教育的一个"软肋",我们还在《数学通报》上进行过专门的讨论[①],教师在教学设计的时候要投以特别的关注.

1. 学生的数学提问意向

以应试为目标的学生往往对提出与应试相关的数学问题表现出明显的内容选择的心理倾向,他们提出问题的价值取向往往否定考试范围外的数学问题.部分学生由于不知道自己提出的问题是否有"超考试范围"的嫌疑,于是不愿意提出这些问题,认为只要解答课本、老师、练习中的数学问题即可,免得浪费时间.学生的自我能力评估也往往决定是否愿意提出数学问题的态度,当他们感觉到自己知识、能力储备不够,也表现出不愿意提出"超能力"范畴问题的心理倾向,免得自己提出问题又解决不了,丧失信心,劳民伤财.就是学生愿意提出数学问题,其动机也有差异.一种学生由于解决某类应试问题的需要迫不得已提出问题,一旦得到解决,他们就不再深究,目前这类学生占的比例较大.真正通过自己的观察与思考,然后提出具有一定思考度的数学问题的学生比例很少.在应试教育气息浓厚的今天,学生对课本和一些数学问题没有深究的时

---

① 方均斌.中学生数学提问意识与能力现状分析及思考,数学通报,2005(8).

间保证,漫游在题海的一些学生认为自己遇到的数学问题够多的了,自己再提出数学问题,不是自寻烦恼吗? 更由于一部分教师进行"填鸭式"教学,剥夺了学生的独立思考时间和权利,使得一些学生形成没有提问题的习惯,久而久之什么问题都不愿意提,也不知道怎么提了.

因此,教师在教学设计的时候,应该增加鼓励学生提问意识培养的环节,设置一些问题让学生处于一种"愤悱状态",要设置一些"诊问"对学生进行"问诊",鼓励学生提出更多的数学问题,培养他们的数学提问意识.

2. 学生的数学提问能力

提出问题需要会生疑并克服心理的某些阻碍,并用清晰的信息传输媒体将自己的疑问表达出来(一般是采用口语或书面将自己的疑问表达出来). 会不会提问题是对一个人提出问题的知识储备、方法储备、研究储备、意识倾向、洞察力特征和运用媒体能力的综合考验,显示出提问者提出问题的胆识和能力特点. 前面我们已经对提问的意识进行了简述,就我国目前的中学生现状而言,会不会提问题很大程度取决于学生的生疑能力. 生疑能力越强的学生,提出的问题越有深度和新意,所提问题更有挑战性和创造性. 提问能力强者往往能够在别人司空见惯的现象中,提出一些出人意料的问题,甚至给出自己的初步猜想和解决方向. 数学史上的哥德巴赫猜想、四色问题、七桥问题、费尔马大定理等等都是一些数学提问能力强者的典型杰作. 好提出数学问题者往往具有敏锐的洞察力和富有的想象力,却又有坦然面对自己做不出的尴尬局面的勇气,敢于将自己提出的数学问题公之于众. 从一定角度而言,提出好问题(或许在自己无法解决的情况下)并公之于众比解决它更重要.

目前,学生数学问题的提出除了存在意识问题外,内容范围狭窄、思维发散度不广、思维深刻度不够也是普遍的通病,还有一些学生合理运用数学语言将自己的疑问表达出来也存在一些问题. 由于教育体制和观念的原因,学生数学生疑的刺激源主要来自课本、参考资料(主要是与应试有关的资料)或教师的教学内容(基本上也是围绕应试的内容),学生如果提出超越应试范围内容的数学问题,往往得到教师的否定,我们不能一味责怪这些教师,因为他们也怕"增加学生不必要的负担";思维发散度不广主要是生疑方法存在问题,因为采用类比、归纳等方法需要一定的发散能力为前提,而且学生接触这些数学刺激源时间越长,思考的时间越多,往往提出数学问题的频率越高、深刻度越深. 很多数学教育工作者正努力加强将提出数学问题的数学刺激源转移到现实生活的工作,这一点值得肯定,因为将来大部分学生要提出的数学问题的源泉可能都来自于生活.

在课前教学设计的时候,有意识地增加如何提出数学问题的环节. 例如,在学生学习了直线与平面垂直的定义后,教师提出:"一条直线与一个平面垂直,要求这条直线与平面内的所有直线都垂直,大家有什么问题可以提吗?"在学生茫然不知所措的时候,教师可以暗示:"问题中的'所有'二字,大家有什么想法吗?""问题中的'垂直'二字,大家有什么想法吗?""若把问题中的'垂直'二字改为'不垂直',大家有什么想法吗?"等等.在平时教学过程中一定要针对某个数学问题设计好对学生进行"征问训练"(主要是对问题进行变化训练)(可以采取"点问"、"圈问"、"海问"等方式训练.所谓"海问"有两个层面的含义:一是教师没有指定具体内容的提问,如"你对本学期的学习,有什么问题要提吗?"二是教师没有指定具体提问对象的提问,如"大家学习了函数的单调性后,有什么问题要提问吗?"同样,"点问"也有两个层面的含义:一是对具体内容的提问.如"对偶函数的对称性问题,能否进行推广? 即图像关于直线 $x = a$ 对称的函数,应该满足什么条件?"二是指定具体学生的提问.由于教师的"海问"没有指定具体的对象或内容,容易给学生营造一个轻松愉快的气氛与生动活泼的环境,加上教师带有激情或暗示的口吻,容易引发学生的"点问".而"圈问"指介于"海问"与"点问"之间的一种过渡提问内容或提问方式,中间蕴涵着教师教学提问和学生提问的艺术."点问"是考验提问者及被提问对象思想的"直接交锋",在平时教学过程中运用得较多.① 如此有意识地对学生进行训练,长此以往,学生的数学提问能力肯定会得到提高.

3. 学生的数学提问胆量

由于数学的确定性,一个人产生数学疑问时,往往会比其他学科更加敏捷地预感到自己是否有能力完成它.有的学生刚产生疑问时,感觉自己根本无法解决,不去考虑就把问题扼杀在摇篮中;有的怕提出问题后,问题档次太低,会被同学或老师耻笑而降低身份;有的学生产生数学疑问时,自己尝试解决未果,就束之高阁,也不向其他人请教.应试教育环境下的学生对提出数学问题的胆识具有这样的一个特征:对课程标准或考试范围外的数学问题,他们往往会生疑但不做,当然也不提,这不是他们不敢提问题,而是他们认为不值得花精力去提出和解决这类问题,他们的数学问题仅囿于应试的范畴内.

学生的问题来源除了自己提出外,更多的是来源于课本、参考资料和老师的提问.目前,我国的学生对提出问题环节的胆识较为薄弱的是:不敢大胆质疑课本、参考资料和老师的提问,当他们解决问题有困难时,往往首先怀疑自己解决问题的能力.对权威的崇拜心理往往削弱了学生提出质疑的胆识,这也与我国乃至国际目前的数学教育模式有关.目前国内以及国际数学教育的测试卷主

---

① 方均斌."海问、圈问、点问"艺术的实践与思考,数学教学,2005(4)(人大资料中心《中学数学教与学》全文转载,2005(7)).

要内容是问题解决,很少包括问题质疑.试卷内容既然是问题解决,那么其前提是试卷提供的数学问题"没有问题".一旦试卷出现失误,大部分学生不敢质疑试卷而在怀疑自己的能力,有些学生虽然感觉个别试题有点怪,但就是不敢提出质疑,导致他们的考试成绩大失水准,这样的例子在我国各重大数学考试中屡见不鲜.看来,如何克服学生盲目地解决数学问题,提高学生对数学问题的信息来源的整合能力也应该是信息时代急需探索的课题,笔者正在进行课题实验,初步的情况显示,这个课题具有一定的价值.

学生提问的胆量在于学生的好奇心及批判性意识的增强,因此,教师在教学设计的时候,可以增加这方面内容的训练.例如,有的教师在课堂教学的时候就设立"提问奖",鼓励学生提出更多的数学问题,即使学生所提的数学问题"不搭边",也要采取鼓励的措施,激励学生提问.

【例 2-10】　在学习了面积之后,出示一道练习:求出下列图形的面积.

老师先对不同的求面积的方法进行指导,如图 2-5 所示.

方法(一):补上缺口再减去.

方法(二):移一移、补一补.

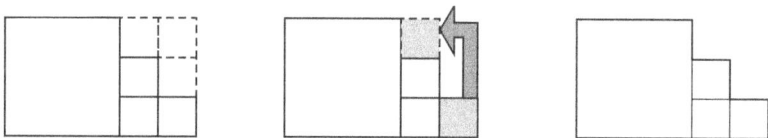

图 2-5　不同的求面积方法

在对这两种解法讨论的基础上,让学生围绕面积、周长这两个概念提出新的问题,经过对比和比较,学生提出了下面几个很有价值的问题:

①周长不变,面积会变大吗?

②周长不变,面积会变小吗?

③面积不变,周长会变大吗?

④面积不变,周长会变小吗?

这些解决方案有很多,图 2-6 是其中几例:

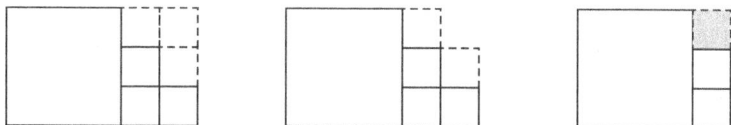

图 2-6　其他解决方案

学生在提问和解决问题过程中,无形中巩固了面积和周长的概念.

三、关于数学课程教材

从某种程度上讲,课程教材是课程标准的细化形式,是国家课程标准的"代言人",但我们教师得清楚,编写教材与课程标准基本上属于"两班人马",目前的"一纲多本"说明不同版本的教材编写者对国家课程标准的解读可能存在差异.因此,教师在课堂教学设计的时候既要注重教材又要关注课程标准,甚至还要参考不同版本的教材,以期更准确地把握课程标准的精神.

(一)关于数学课程教材的权威问题

数学课程教材是国家制订课程标准后组织一批专家、学者根据课程标准的精神编写而成的.我们认为,编写课程教材的理想状态应该是:①撰写教材的专家、学者具有丰富的中小学数学教学经验和很强的数学教育研究能力;②这些专家、学者能够认真解读和领会数学课程标准的精神;③这些专家、学者要充分了解中小学数学教学的实际情况,仔细聆听不同地区中小学数学教师的意见;④要广泛比较国内外不同教材的优劣,扬长避短,充分考虑我国数学教育在以往教材编写上的特色与不足;⑤要有充裕的时间编写教材,包括反复修改和讨论;⑥要选择小范围进行必要的教材使用试验工作,对教材初稿进行必要的评估和修正;⑦把编写教材当做一项影响几代人的数学教育科研工作,少受一些无关因素的干扰,尽量把教材编写得经典而又有特色,符合我国国情.目前的教材编写工作能否按照我们认为的这些"理想状态"的要求来做尚不得而知,但从我们对中小学教师的调查情况来看,中小学老师的意见褒贬不一.针对这种现象,一方面固然能够说明现在的民主意识浓厚了,广大教师能够畅所欲言.但从另一方面来说,教材编写的匆忙和缺乏与第一线教师的沟通及试验工作我们也有所耳闻.有些省份甚至针对国家编写的教材进行整合及取舍,例如,浙江省高中数学自 2006 年开始使用新课标所配套的教材,就拿高中数学的必修课教材的授课顺序而言,浙江省公开宣布授课顺序是:必修①→必修④→必修⑤→必修②→必修③,并非按照顺序(即原作者的意图)进行.另外,浙江省还根据自己省内的教师实际情况,对选修教材也进行了取舍,并认为有些数学选修课程就目前的师资水平无法开设.

根据我们的观点,在中学数学教学中,针对新教材,教师应该避免两个极端的做法:一是无论你教材如何改革,我自"岿然不动",教师自编讲义,依据自己已经习惯了的授课方式进行;二是唯新教材是从,按照教材的意思授课,你教材怎么改我就怎么教,这叫"一切行动听指挥".

我们认为,教师在进行设计的时候,应该充分尊重课程教材的内容,要结合课程标准进行解读,因为课程教材毕竟是一批优秀专家根据课程标准要求通过认真思考后并撰写完成的,并且经过多个专家认真论证,应该认真对待.人民教育出版社高中数学教材副主编章建跃老师在 2006 年的高中数学浙江省新课程培训的时候强调:"应该注意我们新课程每个章节的'开场白',这是新课程的一个亮点."但是,根据我们的了解,有些老师在具体教学设计的时候对此并未真正重视,对章节开头的头一节课设计往往比较吝啬时间而不愿对整章节进行恰当"引语",他们往往基于这样的想法:"如果花时间对整章进行导言,那么第一节课就只剩下半节课的时间了! 第一节课变得不完整,会影响后面的授课."其实,每章节的开场白实际上就是整章的主题思想,是该章宏观思想的体现,如果不重视,往往会使学生在学习的时候出现"只见树木不见森林"的现象,出现了盲目学习的现象.我们认为,每个章节的"开场白"是整章学习的"导航图",马虎不得,该花的时间不能节省,至于后面的每节课设计的完整性问题,教师可以灵活调节.

(二)关于数学课程教材的逻辑问题

值得注意的是,我们现在数学教材的编写属于一种"读本",按照一定的逻辑结构进行编写,呈现给师生"冷冰冰的外在形式",而其实背后的火热思考是需要读者认真体验和领会的,尤其是教师在教学设计的时候,更需要教师把作者火热思考的一面经过自己的认真加工后展示给学生,这方面的工作我们认为还需要加强.例如,我们经常看到教师课件的第一页就是该节课的标题,一副"要你学没得商量"的面孔,我们不知道这样设计的教师,在把第一页呈现给学生之前是否有"引言"或"潜台词".给学生来个开门见山地引出课题固然可以选择,但往往需要一些"过渡词语"作为引言,否则,学生就会觉得很突兀.所以,我们认为,教师的教学设计与课程教材在呈现的逻辑顺序上是有差异的,应该按照思维展示的自然顺序设计教学.一般来说,在教学设计的时候,有这么几个地方需要在逻辑顺序方面"动点脑筋":一是课题的呈现一般应在"过渡词"之后,这些"过渡词"一般可以是数学问题、数学情境、复习提问等方式.二是课本的一些封闭性结论应该先以开放式的方式出现,而后在学生进行尝试、猜想、讨论等方式后,才给出封闭性结论.三是直观语言与抽象语言尽量有意识地"错开",少"同时呈现",这样可以训练学生这两方面的转换能力.例如,有些数学问题往往"图文并茂",教师可以"卖两个关子":"大家看这么一幅图像,你知道我接下去准备提什么问题吗?"及"通过刚才的文字描述,大家可以想象它的图形是什么?"到底"该卖怎样的关子",教师可以根据具体情况灵活掌握.四是在定理、例题等讲解前面都需要在这个逻辑顺序中增加一个过渡环节.五是在适当的时候把需要布置的任务的"权利"交给学生,不要冷冰冰地出现"今天的作业是……",可以与学生"商量":"大家翻开到书本的作业这一页,你认为通过今天的学习,可以完成哪些作业?"或者说:"你凭直觉,哪些作业自己可以完成?"

(三)关于数学课程教材的执行问题

我们认为,新课程改革尚存在一些不完善的地方,具体有以下几点需要我们注意:一是比较新旧课程的差异,仔细体验为什么会出现这样的差异,这些差异或许就是"改革的关键处",此时教师应该反思自己已经习惯的做法或思维方式;二是要领会新课程改革的精神,容忍教材中的一些不足,不能一叶障目,以此对新课程改革"说三道四";三是由于新课程采取"一纲多本"的方式,允许各个地区根据本地区的实际情况选择教材,故教师在条件允许的情况下可以多准备几种不同版本的教材进行比对,对每一节课的内容设计可以根据这些教材进行"择优录取",但不能破坏教材的体系,因为不同教材的作者思路是有差异的,教学设计要特别关注整体的协调性,要做到前后呼应;四是教师之间需要进行必要的交流,谨慎处置,在设计的时候,对新课程的内容不宜随意处理.

四、关于数学教学环境

任何教学设计都不能脱离具体的教学环境,除了教师、教材、学生这三个"关键要素"以外,其余的能够影响数学教学效果的因素我们统称之为"教学环境",如果我们这样界定教学环境,那么,"教学环境"所牵涉的因素显然不少,以下我们重点谈几个方面的因素.

(一)教学媒体

数学教学设计的时候离不开教学媒体这一重要因素,一些条件不具备的农村学校可能没有电脑及投影仪等现代教学设备,那么,教师在设计的时候就得"因地制宜",核心考虑小黑板、幻灯仪(有些学校可能也没有)、教学模具(甚至把整个教室、校园作为"教学道具")、挂图等.当然,有了计算机及多媒体教学环境则更为理想.就我国目前的教学媒体条件而言,沿海一带基本上具备现代化教学手段.对数学而言,主要是使用计算器、计算机(主要使用里面的一些数学教学软件、网络)和一些影音设备,前面我们也谈过,数学教学经常使用的软件有:PPT、几何画板(包括张景中院士开发的超级画板)、Word、Excel、公式编辑器、"画图"工具(Office 办公系统自带)、Flash、Authorware、Spss、Mathematic、Maple 等.其中,最常用的是前面六种软件.这些教学软件的使用,使数学教学"如鱼得水",一些在传统教学根本无法做到的事情在使用多媒体教学的时候就变得简单、易懂.例如,一些空间想象困难的学生通过多媒体的展示就很快解决了这样的困难,有些轨迹问题的探索在几何画板的辅助下很快得到解决并且还能够引发学生的学习兴趣,一些大信息量的文字及图片能够在短时间内展示在学生面前,一些静态的东西能够在计算机的整合下变为动态的信息使学生更加容易理解,等等.总之,计算机时代引导了数学教学手段的"一场革命",现在,绝大多数数学教师的教学已经离不开计算机了!

值得指出的是,现代教学手段尽管给数学教学带来了便利,但同时也带来了一些"负面效应".例如,对计算器的过分依赖导致学生的运算能力下降引发了一些教师的担忧,对计算机的依赖也导致了教师某些传统数学教学技能的退化(如教师的粉笔字、徒手画及尺规作图能力等),课堂教学的大信息量导致学生信息接收困难而出现信息接收心理疲劳现象,教师过分依赖多媒体教学而在上课的时候让自己成了教学课件的"放映员",过分依赖多媒体手段而产生对现实世界"视而不见"出现了"舍近求远"及"舍实求虚"等现象等等.这些缺陷教师在教学设计的时候应该尽量克服.例如,在上多面体和直棱柱的时候,有位老师在引入的时候,把书里的该章封面——香港的维多利亚港照片(浙教版初中教材)扫描在 PPT 上,以此引出现实世界中多种多样的几何体,看着厚实的窗帘布和黑暗的教室配以明亮的 PPT,我们想,假如教师拉开窗帘,让学生观察窗外的都市建筑,这样的引入设计岂不更好?!

(二)参考资料

按理说,教学参考资料是教学的好助手和好伙伴,但是,由于应试教育及市场经济的负面影响,编写教学参考资料成为一些人的重要赚钱手段.于是,一些什么"考试秘籍"、"临考冲刺"、"名师复习导引"、"中考、高考全真模拟"等充斥着市场.说实话,在激烈的市场经济竞争下,有些资料经过大浪淘沙式地竞争,确实质量和口碑都不错,但如果使用不当,还是可能会严重地干扰我们数学的教与学!就我们的理解而言,这些资料基本上是应对中、高考的,而对于刚开始学习的学生,他们的主要任务是理解课本上的基础内容,掌握课本里的数学思想方法精髓,但是,由于这些所谓的复习资料的介入,大量的数学题目取代了课本,使学生在概念、定理、公式等基本知识和数学思想未完全掌握的情况下就"扑通一声"跳进题海了!这是本末倒置的现象.我们也发现,有些教师在备课的时候(进行教学设计的时候),往往先是参考大量的所谓复习资料,钻研与本节课有关的中、高考数学题目,让学生在一开始学习基本概念之前就接触这些问题,对课本数学问题草率行事,使课本被复习用书或习题集所取代.其实,掌握课本的数学基础知识及数学思想方法与灵活解题既有密切的关系但又不是等同的,一些对数学理解深刻的大学数学教师很可能在讲究技巧的考试中败北甚至考不过普通中学生!一个典型的例子是:有一篇题为《高考英语题　外教不及格》的文章①,说北京一份著名期刊曾登载,有 7 位外教参加 2005 年的英语高考,平均得分 71 分(满分 150 分),考后他们问媒体:"这是考英语吗?"尽管这

---

① 罗德宏.高考英语题　外教不及格.北京晨报,2006-05-22.

不是以数学为内容的例子,但假如让我们的数学家参加数学高考或数学竞赛,估计也会弄出类似的笑话.有一篇题为《丘成桐:数学大师陈省身不会做"奥数"题》①,提到丘成桐说的故事:那时陈省身教授还在南开大学任教,有一些孩子手拿着"奥数"的题目来请教他,陈省身看了看说:"不会做."一些学生在高考前夕,把一些学习资料撕掉抛向空中形成"天女散花"的情景②让所有的教育者心寒.根据"常识",这里面数学复习资料所占的比例肯定不少!说到这里,我们不得不提著名数学家华罗庚的读书经验:"从薄到厚,然后再从厚到薄."这就是著名的"读书厚薄说",我们曾经发文③,对此谈了几点看法,认为现在的课本被大量的课外学习资料所代替是对真正的数学学习的干扰,数学教师对此现象应该投以密切关注.

其实,我们现在的一些年轻教师,由于缺乏教学经验,在就教学设计(备课)的时候,往往不认真阅读和钻研课程标准和教材,体会其中的思想意图,而是"博览群书",把一些所谓的复习参考资料通览一遍,然后用大量的数学题目来应付课堂教学,把活生生的数学思想智慧教学变成了题海教学,此谓"理解不够,题目来凑".我们认为,教师在具体教学设计的时候,为避免被一些资料所干扰,可以采取这样的次序进行:首先,可以不看任何资料(包括教材及课程标准),根据自己的理解设计教学内容;其次,是通览教材及课程标准,认真解读,把其与自己的初步设计进行比对,反思其中的差距,找出自己原先的亮点,纠正自己的不足;再次,是与其他老师的教学设计进行比较,寻找可参考的因素;最后,才是参考一些所谓的复习及参考资料.如果长期坚持这样的顺序进行教学设计,我们相信这样做的数学教师的教学水平肯定会提高得更快一些.

(三)同行关系

针对教学环境对教师教学设计的影响,我们这里对教师关系作一个专门的讨论,尤其是对教学经验不足的年轻教师.一般说来,经验不足的年轻教师虚心听从年老教师的指导,尊重老教师的意见,这是我们所提倡的.现在不少学校的教研活动都做得不错,为了节省教师的精力,都进行了集体备课.一般的做法是这样的:先分派每一位教师的任务,某一章节由某位老师主备,然后大家进行集体讨论,最后定稿.这样做,让同一年段的所有老师轻松不少,尤其是年轻教师,

---

① 丘成桐:数学大师陈省身不会做"奥数"题.大洋网,http://www.sina.com.cn,2005-04-04.

② [社会万象]高考前最后的疯狂!天女散花.http://www.tianya.cn/new/Publicforum/Content.asp? strItem=no04&idArticle=799956.

③ 方均斌.华罗庚的读书"厚薄说"给我们的启发.数学通报,2010(7)(人大资料中心《中学数学教与学》全文转载,2010,(12)).

他们可以"少动脑筋",往往"直接执行即可".殊不知,这样做,对年轻教师的成长是不利的!我们认为,年轻教师尽管有老教师的"帮助",他们为了自己的成长,必须一切都"自行设计"然后才可以参考其他老师的设计,这样才能不受老教师的影响而使自己思维创造力得到训练.也就是说,年轻教师最好在集体备课之前有自己的思考或初步的设计,免得集体备课后受到思维定势的负面影响,错失锻炼自己的好机会.

(四)社会评价

社会评价导向显然对教师的教学设计有很大的影响,就我国目前的情况而言,升学率似乎是社会评价数学教育(甚至包括其他所有学科)的主要手段,所影响的方面我们这里罗列几个:一是同一个数学问题的设计方向抉择.例如,一个数学问题如果数据复杂,有的教师因为重大考试不会考复杂数据的处理,故往往将数据简单化甚至用字母来取代这些复杂的数据,使得学生在处理复杂数据方面的能力得不到训练.二是不同数学问题的抉择.面对大量的数学问题,教师的选择往往会向重大考试的试题所接近的数学问题上靠近,有些老师甚至认为课本的内容简单,在学生上新课的时候就回避课本例题,用重大考试(如中、高考)的试题来取代,使得一些教材作者苦心编写的数学问题的教育功能付诸东流.三是教学内容的取舍."考什么教什么,不考就不教(当然谈不上教学设计)"是目前数学应试教育的一大弊端,不少教师的教学内容设计就是针对重大考试来"量体裁衣"的.四是课堂教学的师生互动环节.在有些老师的眼里,学生学习数学的最大成功就是能够顺利地解题,至于什么创新意识、数学实验操作能力、数学猜想、数学建模能力等等都因为重大考试不作要求而遭到教师的冷落.故他们在教学设计的时候往往讲究"练习效率",对学生在一些地方可能存在的好想法预计不足,授课的时候也往往采取搪塞的手法.

第二节　数学教学设计的基本流程

数学教学设计的基本流程我们把其分为三个阶段:一是界定阶段;二是开发阶段;三是评估阶段.这三个阶段都非常重要,下面,我们就这三个阶段进行一些讨论.

一、界定阶段

就一节数学课的教学设计而言,界定阶段是教师在进行数学教学设计时对整节课的定性预设阶段.界定的内容主要有以下几方面:①教学内容的划分;②教学对象的预计;③教学要求的确定;④教学手段与方法的确定;⑤教学整体方案的构思.

(一)教学内容的划分

一节课的教学内容如何定夺是教学设计首先要考虑的内容,一般而言,教师主要考虑以下几个因素:一是以往的教学设计.即:以往对本章节内容的划分是如何的,教学执行的效果如何,有何需要改进的等.二是教学对象的变化.即:现在的学生数学基础与以往的学生相比情况如何,学生的学习习惯与以往相比有何差异,学生的各方面能力是否存在差异等等.三是教学任务的变化.即课程(含课标、教材)是否进行了改革,是否提出了新的要求等.总之,我们认为,教学内容的划分应该遵循以下几个原则:首先是继承性原则,应该充分尊重以往的积极做法,慎重采取大起大落的随意划分做法;其次是灵活性原则,当决定了内容的划分策略,也应该考虑到课堂具体执行时可能存在的种种影响教学进度的因素,要有一定的弹性;再次是基础性原则,内容的划分应该注重基础知识的教学及数学基本思想的落实,不宜为追求功利而盲目侧重应试技巧的比重,否则很可能得不偿失;最后是整体性原则,设计的教学内容应该具有整体的观念,除各个课时的内容划分尽量做到不重不漏外,还要从数学思想的落实、数学能力的培养等角度考虑各个课时的布局.

(二)教学对象的预计

即使课程标准及教材不作任何变化,教学对象也是在变化的,这就是教师的劳动为什么不像工厂里的工人进行流水线加工一样简单的道理.教师所面临着的是活生生的学生,学生的变化要求教师采取创造性劳动来"应对",故教师在教学设计的时候要对学生有一个充分的了解,尽量做到"知彼知己,百战不殆".一般说来,教师在了解学生方面需要做这样几个方面的工作:一是回顾以往学生在学习相应内容时所存在的问题,因为相同年龄的学生在思维习惯及能力方面都有类似的特征;二是通过各种途径对即将学习所设计的教学内容的学生进行了解,了解他们原有的数学基础、数学学习习惯、数学的爱好程度、师生之间的关系(若是借班授课,这个环节更重要)等;三是了解不同学生可能存在的差异,对数学成绩最好的和最差的两种"极端生"进行比对.其实,这里面有一个设计的着眼点问题:以大众教育还是以精英教育为基准? 我们曾经就这个问题和新加坡的李秉彝先生(前国际数学教育委员会副主席,前东南亚数学会主席)讨论过这个问题,主要的观点是要以大众教育为着眼点,"底盘"做大了,精英自然也就出来了.①因此,设计的时候要以"成绩中下端"的学生为主要考虑对象,同时也要考虑两种"极端生"可能存在的问题,对所有的学生也都要"全盘考虑".

(三)教学要求的确定

数学课程标准是指导数学教学的纲要性文件,具体落实到每一课时还得考虑各种复杂的因素并且要求数学教师根据各种具体情况进行细化处理.其实,教师在确定内容的划分及教学对象之时就已经在酝酿教学要求了.教学要求的确定首先要考虑课程标准的刚性要求,认真琢磨"分配"到各个课时的细化工作;其次要求教师根据学生及教学的具体情况灵活"调配";最后是要考虑是否存在其他的"额外教学任务".在确定教学要求的时候一定要防止"眼高手低"的现象,即在制定教学目标的时候把目标定得很高,但在具体设计的时候却不能与之相配套.另外,也要注意把目标"画在墙上"的想法,即把制定教学目标认为是应付形式上的需要而做的,具体落实到教学上"可能是另一回事".其实,教师在制定教学目标的时候,如果认真"入脑"思考,那么,他在具体教学的时候就往往能够做到"运筹帷幄",使得预先设计能够达到预期的目的.

(四)教学手段与方法的确定

数学教师针对教学内容及具体的教学对象、教学环境的情况,选择合适的教学手段和方法,对教学手段和方法有一个初步的界定.界定使用的教学手段和方法除了教学对象及教学内容外,与教师的教学能力及教学观念密切相关.例如,关于棱柱的有关概念(棱柱的高、底面、侧面、侧棱、顶点)完全可以由学生自学,教师而后进行点拨即可,但是,有的教师却正儿八经地做了课件,然后向学生一一作了介绍且要求学生记住,他们生怕自己没有讲过的东西学生不会去掌握.久而久之,学生的自学能力也就削弱了,产生了对老师的严重依赖.还有些老师,尽管他们的教学理念比较前沿,经常使用诸如探究性教学、研究性学习等教学手段,但是,由于受应试教育的负面影响,他们又要讲究教学效率,往往把最需要由学生自己完成的环节给替代了,出现了"四不像"的教学方法.

(五)教学整体方案的构思

在界定完前面的内容后,教师对整节课的实施方案应该有了一个初步的框架和打算,基本上完成对这节课运作的构思界定,至于具体的操作细节需要在后续的开发中深思熟虑.一般说来,整体教学方案的构思应做到这样几点:一是初步界定这节课的类型;二是初步形成授课的逻辑框架;三是对授课过程具有一定的预设或遐想.

---

① 方均斌.李秉彝谈数学精英教育给我们的启发.数学通报,2009(9).

二、开发阶段

开发阶段是整个教学设计的"精雕细琢"阶段,它是继界定阶段之后的深化设计阶段,这个工作主要是在整个教学过程的方案实施细节设计上下工夫.主要有这么几个环节:一是针对设置的整体教学内容、教学对象、教学目标以及根据具体的教学条件等进行细化并落实到教学设计的各个环节;二是细致设计各个教学环节内容及相应的教学手段;三是在细致设计的过程中发现问题,调整教学目标及教学整体方案,进行重新的界定工作,然后进入新的一个循环,直至自认为满意为止;四是教学设计的书面表达工作.

(一)各个教学环节的内容设计开发

就拿函数的单调性引入片段的教学设计内容而言,就有不同的选择.有的老师直接作两个函数图像(见图 2-7 及图 2-8)让学生观察图像的差异,并要求学生根据自己的理解给予描述.

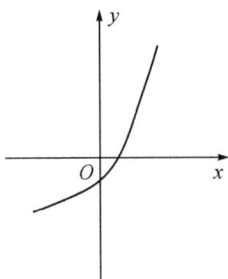
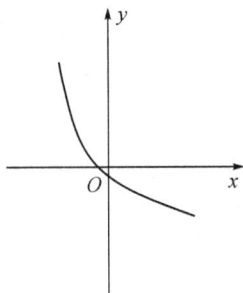

图 2-7   图 2-8

而另一位老师则在此基础上添加了让学生观察另外三个图形(见图 2-9 和图 2-10、图 2-11).

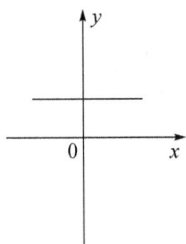
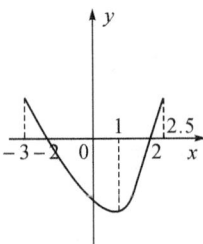
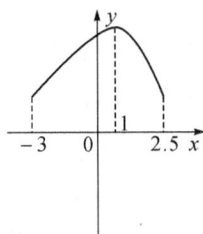

图 2-9   图 2-10   图 2-11

显然,后者在抽象函数单调性的概念上更使学生能够对此性质产生完整的认识,但函数的非单调性就只有图 2-9 的情形吗?这样的设计学生还是不明白为什么要学习函数的单调性.于是,有教师在设计的时候,就采用股票信息曲线图①(诸如图 2-12 等)引入,这样,学生就明白了研究函数的单调性在生活中是有用的.当然,也有教师采取不同的引入内容,有的教师直接引用课本②的例子(见图2-13)引入,这也是一个不错的选择,因为课本毕竟是经过学者认真思考并集体论证的!

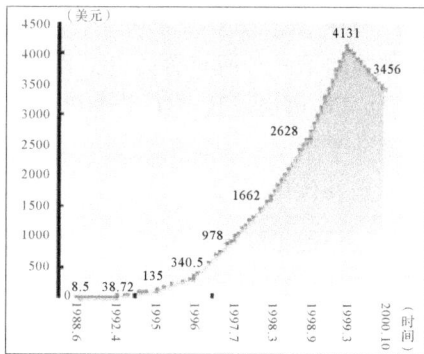

图 2-12 股票信息曲线

同样的引入意图,不同的内容选择,要求教师根据具体情况(包括学生情况、教学环境等)灵活选择.

又拿例题而言,面对浩如烟海的数学问题,如何选择也很有讲究,也需要教师精雕细琢.例如,有位老师在上等差数列求和公式这节课的例题选择上,他在刚推导出等差数列的求和公式后就设计了这么一个例子:

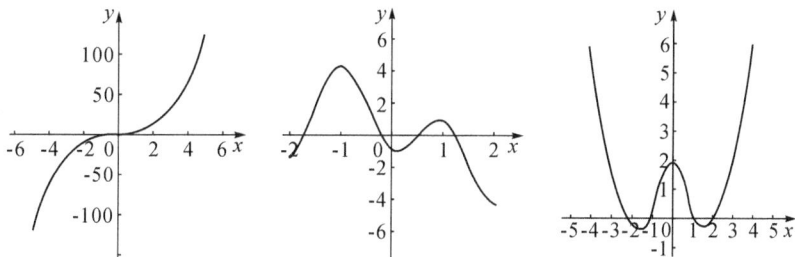

图 2-13 用课文的例子引入

求下列数列的和:

(1)$1+2+3+4+5$

(2)$(1+2+3+4+\cdots+100)-(1+2+3+4+\cdots+99)$

(3)$1+2+3+4+5+6+7+8+9+10+12+13+14+15$

我们为这样的设计拍案叫绝!这些看似简单的问题,在向学生传递着这样一个信息:何时需要利用等差数列的求和公式?是否能够使用等差数列的求和公式?在套用等差数列求和公式时应该注意些什么?

----

① "抠门"抠到了无以复加的程度 谁看懂了戴尔?中国计算机报,http://it.sohu.com/2004/03/08/04/article219340499.shtml

② 高中数学新课标教材电子课本(必修①),http://www.pep.com.cngzsxjszx/xk-bsyjcdzkbbx1/200412/t20041213_144796.htm.

同样,在布置作业的环节上也需要教师认真思考(这个环节的内容往往不受教师的重视),所布置的作业既要让所有的学生都看到自己学习本节课后的收获,又能够通过这些练习达到对整节课大部分内容的回顾,同时,一些问题对大部分学生又有一定的挑战性,能够达到训练技能的目的,与课堂练习具有强化和互补作用.根据这样的要求,布置作业也是不可小觑的环节.

(二)各个教学环节的教学方法设定

同样的教学内容,教学方法的不同选择设计也会让教学效果大相径庭.例如,三角形三个内角的和为180°的教学设计,同样都是为了引导学生知道这一结论,不同教师所使用的方法和策略也各不相同.[①]

设计方法1　教师让学生各画一个三角形,量出其内角并求和或用剪刀剪下三个内角拼成平角,从而得出三角形内角和等于180°.

【点评:该方法能体现引导学生在"做中学"的教学理念,并且"效率高".不是把知识简单地传授给学生,而是让学生通过自己的行动来得出结论,实现数学发现的再创造.但是对实现数学再创造的宏观思维培养缺乏.为什么要对三角形内角进行求和,或怎么知道要将三个内角拼成平角?因此,有学者认为这种教学方法对培养学生的探索能力并没有多少好处,甚至认为是"假探索".】

设计方法2　拿两块三角板,一块是等腰直角三角形三角板,另一块是有一个内角为30°的直角三角形三角板,让学生比较它们的共同特征,引导学生发现它们之中一个共同特征是内角和为180°,从而进一步提出一般的猜想,然后再执行方法1.

【点评:该方法体现出来的教学理念是方法1的进一步整合,即采用从特殊到一般的方法进行探索的理念,培养学生的宏观探索策略.但是对实现数学再创造的宏观思维培养仍然有缺陷.为什么会拿出两块直角三角板进行比较和探索?为什么我们会对三角形内角求和感兴趣,而不对其他问题感兴趣?难道是教师事先已经知道这里有一个结论才引导学生去探索?】

设计方法3　教师让全班学生每个人都画一个三角形,量出三个内角.与学生做一个游戏:要求学生报出自己所量的三个内角中的两个大小,老师就能知道第三个角的大小,激发了学生的好奇心,比较几个三角形的内角后,然后让学生探究其中的奥秘,引导学生通过特殊法发现三角形内角和为180°,再执行方法1.

【点评:教师能抓住学生的好奇心,将娱乐与数学教学有机地结合在一起,提高了学生学习数学的兴趣,同时也注重探索方法的培养.但是,学生如果没有教师的游戏提示,仍然无法注意到三角形内角和的问题上来.】

---

①　叶立军,方均斌,林永伟.现代数学教学论.杭州:浙江大学出版社,2006.

设计方法 4 教师提出问题:如何研究三角形? 然后引导学生采取从特殊到一般的研究策略,即首先画一个很特殊的三角形(一般的学生都会画等边三角形或直角三角形),然后单独研究.结果发现太特殊又缺乏对比,于是又画另一个特殊三角形进行对比研究,比较它们的共同点和不同点,提出更进一步的猜想,三角形内角和为 180° 的猜想是其中之一.在否定或暂且搁置验证其他一些猜想后,将三角形内角和为 180° 首先提到研究日程上来,再执行方法 1.

【点评:更着重培养学生的宏观探索策略,让学生感悟研究问题的科学方法,是教师教学理念整合的进一步升华.但是由于强调探索的宏观和微观思维培养,将数学发现的过程让学生充分体验,可能"浪费时间"且"效率低下",如果每节课都采用此种方式教学,教学进度会跟不上.】

设计方法 5 教师提出问题:如何研究三角形? 然后引导学生观察三角形的结构,即三角形有三个内角和三条边,与学生一起探讨,得出采用分角角关系、边边关系、角边关系三个步骤进行研究.在暂且搁置边边关系、角边关系的情况下,首先研究角角关系.接着提出问题:三角形的三个内角是否存在关系? 即当一个内角发生变化时,其他两个角会不会发生变化? 换句话来说,当一个角变大时,另两个角如何变化? 如果把握另两个角变化有难度时,可以让其中一个角不变.则学生发现当一个角变大时,一个角不变,则第三个角必须变小.进一步引导学生提出猜想:三角形三个内角的和或积会不会发生变化? 在肯定三个内角积会发生变化的情况下,再执行方法 1.

【点评:在注重培养学生的宏观探索策略的同时,让学生体会从数学到数学的研究策略,让学生感悟用运动和联系的观点来研究数学问题的方法策略,是教师把一般学科的教学理念和数学学科教学理念的有机整合.但是有教师认为过于数学化使学生感觉抽象,同时也存在时间效率问题.】

从上面我们可以看出,不同的教学方法背后有不同的教学理念,所使用的教学时间也各不相同.假如我们站在学生终身发展的眼光来看待数学教学设计,应该以培养学生发现问题的敏感性以及体验和反思研究问题的策略及方法为核心来设计我们的数学教学.而这些设计,都需要花费大量时间,假如教师不为应试所影响,久而久之,我们估计,他的学生将来会"前途无量".

(三)各个教学环节的重新界定调整

在教学设计过程中,教师首先根据自己的理解界定整节课的教学任务及内容,并初步设想教学方法,但是,在具体开发的时候发现有些在操作预设上存在种种问题或者与其他教师的教学进行比对的时候发现一些地方存在差距,也可能在设计细节的时候突发灵感而另起炉灶,这往往只有在教师深入思考及广泛对比的时候才可能出现的.也有教师可能这样认为,与其设计好后与别人进行比对,何不先大量参考一些优秀课件,然后才进行设计? 这个问题我们前面已经涉及过,主要是考虑教师自身的成长速度问题,年轻教师应该不为已经现成的优秀设计所定势,充分发挥自己的创造力,有时宁可"浪费时间"而"推倒重来"也不要匆忙参考他人的"作品". 关于教学设计在各个教学环节的重新界定调整问题,我们有这么几点建议:一是不要不经过认真思考就匆忙否定原先的教学设计,有些教学设计可能看似堂皇但它可能只符合设计者自己的学生,现在属于信息时代,网上有很多教学设计,这些设计并不一定具有权威性,往往会出现"以讹传讹"现象,教师应该谨慎参考;二是有些在深入思考时突发灵感的设计也需要谨慎对待,可能的情况下征求老教师的意见,对这些"灵感"要及时记录,很可能就是一笔"教科研财富";三是几种教学方案处于"摇摆不定"的抉择时刻,此时往往"直觉说了算",也可以征求教学经验丰富的老教师意见.

(四)教学设计的书面表达工作

教学设计的书面表达工作属于教学设计的最后一环,这个环节应该注意的事项我们第一章有过讨论,这里不再赘述.

三、评估阶段

教学设计的评估阶段按照时间划分可以分为两种类型:一是设计执行前的评估工作;二是设计执行后的评估工作.

(一)设计执行前的评估工作

对一个数学教学设计的评估可以分为自评和他评. 一般而言,自评的偏多,对自身设计的教学过程当事人很难说有一个"客观的自评",试想,假如当事人能够认为自身的教学设计存在种种问题,那他就不会这样设计了或者他会采取种种措施加以改进,也就是说,能够进行自身评估的教学设计不是"最后的一稿",因此,从某个角度上讲,教师对教学设计的自身评估贯穿于整个数学教学设计的始终,即教师的教学设计是出于一种边设计边自评并且边修改的螺旋形循环状态(见图 2-14),直至执行设计的那一刻为止.

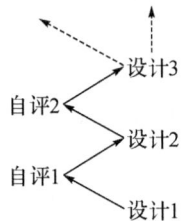

图 2-14　螺旋形循环状态

在教学设计过程中,设计者(尤其对年轻教师)往往出于一种"当局者迷"的状态,需要"旁观者清"来"弥补",具体的做法是:一要在初步完成教学设计后"博览群书",即广泛比对他人的教学设计,查阅相关的材料,以增加自身的自评能力,同时,这也是一个学习他人的好机会;二是将自己的教学设计拿给教学经验丰富的教师审阅,认真听取他人的意见,在条件许可的情况下可以反复修改并反复征求意见;三是多参加一些教学或教学设计、说课、教学课件制作等比赛,在竞争中增加自己的教学设计及自评能力,这些场合新教师尤其要珍惜,因为不仅要和众多高手较量,而且还有好多教学专家或权威给你教诲,在比较中让自己找到"吓一跳"的感觉,这种感觉对自己的成长是最好的促进.

言归正传,如何评价一个尚未执行前的数学教学设计是优秀的还是存在某些不足呢?我们认为,这是一个比较复杂的问题.首先得考虑教学设计的对象及教学具体环境等情况,一些看似"很老土"的数学教学设计,一旦学生适应了,或者适应当时的教学环境,很可能是一份不错的设计答卷.其次,评价一份教学设计还要揣摩设计者的教学意图并设想课堂教学的虚拟情景,适度参考一些"最前沿的教学理论",要着重考虑数学学科的特征,适当参考一些流行的教学设计评价,以下是《温州大学师范生教师职业技能考核评价标准》中的"教学设计要求及评价标准"(见表 2-1),它主要是参照浙江省师范技能比赛而设计的,该表是要求学生在 120 分钟内设计出一份教学设计,并以总分 30 分的评价标准给予评分.

表 2-1 教学设计要求及评价标准

项目	内容	评 价 标 准	等级				得分
			A	B	C	D	
教学目标设计(4分)	目标的表述	教学目标清楚、具体,易于理解,便于实施,行为动词使用正确	2.0	1.5	1.0	0.5	
	目标的要求	符合课程标准要求,符合学科的特点,符合学生的实际状况	1.0	0.8	0.6	0.4	
	目标的宗旨	体现对学生知识、能力、思想与创造性思维等方面的发展要求	1.0	0.8	0.6	0.4	
教学内容分析(3分)	教学内容	教学内容前后知识点关系、地位、作用描述准确,重点、难点分析清楚	3.0	2.5	2.0	1.5	
学情分析(2分)	学生情况	学生学习水平表述,学习习惯和能力分析	2.0	1.5	1.0	0.5	
教学方法、教学过程与环节设计(16分)	教学思路	教学主线描述清晰,教学内容符合课程标准要求,具有较强的系统性和逻辑性	2.0	1.5	1.0	0.5	
	教学重点	重点突出,点面结合,深浅适度	1.0	0.8	0.6	0.4	
	教学难点	难点描述清楚,把握准确,能够化难为易,以简代繁,处理恰当	1.0	0.8	0.6	0.4	

续表

项目	内容	评 价 标 准	等 级				得分
			A	B	C	D	
教学方法、教学过程与环节设计(16分)	教学方法	教学方法描述清晰,选用适当;符合教学对象的要求,有利于教学内容的完成,有利于教学难点的解决,有利于教学重点的突出	2.0	1.5	1.0	0.5	
	教学手段	教学辅助手段准备与使用说明清晰,教具及现代化教学手段运用恰当	2.0	1.5	1.0	0.5	
	教学环节	内容充实精要,适合学生的理解水平;层次与结构合理,过渡自然,步骤清晰,便于操作;能够理论联系实际,注重教学互动,启发学生思考,培养学生分析问题、解决问题的能力	5.0	4.0	3.0	2.0	
	教学评价	注重形成性评价,注重生成性问题的解决和利用	3.0	2.5	2.0	1.5	
课时分配与课后延伸设计(3分)	课时分配	课时分配科学、合理,符合教学目标的要求	0.5	0.4	0.3	0.2	
	章节总结	有完整的章、节及课堂教学小结	1.0	0.8	0.6	0.4	
	作业与答疑	辅导与答疑设置合理,符合学生学习状况;练习、作业、讨论安排符合教学目标,能够强化学生反思能力,加深学生对课业的理解,提高学生分析问题、解决问题的能力	1.5	1.25	1.0	0.75	
文档规范(2分)	排版	文档结构完整,布局合理,格式美观整齐	1.0	0.8	0.6	0.4	
	内容	文字、符号、单位和公式符合国家标准规范;语言清晰、简洁、明了,字体运用适当,图表运用恰当	1.0	0.8	0.6	0.4	

这份表格是对所有学科而设定的,属于一种"放之四海而皆准"的评价,实际上,数学教学设计的评价应该还要体现数学学科的特点,即在体现数学知识、数学技能、数学思想及数学方法的教学效果预测上着重考虑其设计价值.

(二)设计执行后的评估工作

教学设计的评估工作应该根据教学设计与具体课堂教学的"拟合度"及授课效果进行.我们在这里举两个真实的案例.

我们曾经遇到过这样的一位高中数学教师,他基本上没有书面的教学设计材料,一节课经常是在15分钟内把主要知识授课完毕,接下去就是让学生自学,然后他就跑到教室隔壁的办公室里抽烟或者与其他没课的教师侃大山,等下课铃声响后,他跑到教室布置作业并宣布下课,他向学生宣布"你们的作业要自己改".高一、高二阶段他所带的班级平均分均在年级段的最后,有时甚至相差10分,学生及家长很有意见,甚至有些数学老师也看不下去了,但学校对这位老师的教学能力很信任,学生及家长也只能"自认倒霉",但是,到了高三,这位老师采取高密度的知识教学及高强度的训练,他的学生由于在高一、高二阶段受到了自学能力的"强制训练",竟然能够适应这位老师的教学,这位老师的学生在高考中的数学成绩平均分竟然高出其他班级! 到现在,这位老师的教学也是依然"我行我素",学校及家长对其做法也"习以为常"了.这里,我们仅从高考分数的角度来评价这位老师的"整体"教学设计.

另一个案例是:有一位重点中学的物理老师,他的授课水平可谓一流,学生很喜欢听他的课,他能够把历年高考试题一字不差地背下来,但他授课没有书面教案(教学设计),学校每次教学检查对他很是"头疼",于是这位老师为了应付学校检查,就对一位考上大学的女生说:"你考上大学了,你的物理笔记本也没什么用了,就留给我作个纪念吧!"于是,他就把这位女生的笔记拿给学校领导:"这就是我的教案!"学校领导也知道是怎么一回事,于是,就打破常规,对这位老师没有书面教案(教学设计)的做法网开一面!

我们在这里举这两个例子不是想说明教学设计不重要,只是想说,对教师的教学设计评价应该根据具体情况而定,不宜一刀切.一些几乎无书面教学设计的教师,他们往往在具体教学的时候出现"边设计边教学"的情况,一些优秀教师往往能够在事先并无书面设计方案的情况下把课上得淋漓尽致,效果出奇的好! 倒是一些年轻教师课前花了九牛二虎之力认真设计,但授课效果并不理想! 这其中的缘由需要我们认真反思!

思考题

1. 有位数学老师在设计两圆($\odot O_1$,$\odot O_2$)位置关系中的相交情况时,要让学生发现圆心距 d 介于两圆半径(R,r)和及差的绝对值之间,他怕学生发现不了,可能在课堂上浪费时间,于是,当两圆相交时,他就用几何画板作出了图形 2-15,请问,你对此如何评价? 假如让你设计,你会怎么做?

$R = 3.00$厘米　　　$d = 1.50$厘米
$r = 2.00$厘米

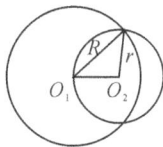

图 2-15　思考题 1

2. 请你谈谈对《温州大学师范生教师职业技能考核评价标准》的看法.

3. 请你谈谈一个数学教学设计应该如何体现数学学科设计的特色,并说明你的理由.

第三章　中小学数学教学设计的基本内容

本章针对中小学数学教学设计的基本内容作一些讨论与研究,这些内容包括教学目标、教学分析、教具准备、教学过程、设计说明等范畴,着重对教学设计的三个要素以及教学设计的呈现形式作一些讨论.

第一节　数学教学设计的内容

数学教学设计到底要完成一些什么内容? 从前面我们知道任何一堂课必须有授课目的,这就是所谓的教学目标.同时我们对整堂课的教学内容及教学方法,以及教学重点的确定和难点的判断是需要进行必要的分析的,这也就是所谓的教学分析.然而,采取什么教学条件来支撑教学,亦即一些必要的教具准备也不可忽视.当然,最重要的设计是整个课堂教学的"运筹帷幄",这是数学教学设计的"主战场".最后,对整堂课的设计如果属于与同行交流,还得作一些必要的说明,即向同行解释为什么要这样设计?

一、教学目标

教育家布鲁姆(Bloom)对教学目标进行了著名的分类.①认知领域:知识、理解、应用、分析、综合、评鉴、创造;②情意领域:接受或注意、反应、价值评定、价值组织、形成人格;③技能领域:知觉、心向、反应(模仿)、机械化、复杂反应、适应、创作.显然,目前的"三维目标"与其不无关系.前面,我们在教学设计的基本内容方面对此作了一些基本的讨论,这里着重讨论如何根据一堂数学课的教学内容来撰写教学目标以及需要注意的事项.

第一,应该判断所设计的数学课堂教学的性质,即所传授的课属于新授课还是复习小结课,倾向于概念教学偏多还是数学命题教学占多数,该节课在整个数学教学中的地位如何等等.不同性质的课其教学目标的撰写是不一样的.

例如,新授课往往倾向于基础知识(概念、性质、法则、公式、公理、定理等)的落实以及基本技能的形成(运算技能、作图技能、逻辑推理技能等),而非在它们的应用上动更多的脑筋.当然,还要为某些基础知识及基本技能的"地位"和"作用"设置不同层次的要求.就拿初中的《函数》概念第一节课来说,函数概念的重要性所有的数学教师都清楚,定为"了解函数的概念"显然要求过低,而定为"掌握函数的概念"对整个教学而言是需要的,但对第一节课而言,显然要求过高,基本上属于无法达到的教学目标,而定为"理解函数的概念"似乎更为恰当一些,但也有教师认为还似乎偏高,谨慎地定为"初步理解函数的概念",我们认为这种"谨小慎微"的做法是教师根据具体情况而定的,无可厚非.

第二,应该结合课堂教学的对象确定教学目标.课堂教学性质、课程标准的要求固然是确定教学目标的重要考虑因素,但学生的学习基础等具体情况在确定教学目标的时候也是不可忽视的.假如学生的学习基础比较好,可以适当提高教学目标的要求,但一般不宜超越课程标准提出的要求;假如学生的学习基础不理想,教师可以根据具体情况适度降低教学要求,但这是一种暂时的调整策略,教师不能一味地迁就学生,盲目地降低教学要求,否则这是一种不负责任的行为.

第三,确定教学目标应该具有整体思想,教师应该具有"通盘意识".就拿数学能力培养而言,它需要经过"知识—技能—能力"的过程,一节课是无法完成这样的教学目标,需要分为不同的课堂教学设计不同层次的教学目标,数学教师在每节课设置教学目标的时候应该具有通盘打算的能力.

第四,在撰写教学目标的时候,现在有一种说法:避免使用"使动词",如:"使学生掌握……"等,理由是:课堂上行为的主体是学生而不是教师了,这与传统观念的教学目标写法是不同的,应该注意.

第五,要对"三维目标"通盘打算,教学目标的设置要具体、明确、易实行,假如把你写的教学目标放在其他节课甚至整个单元、学期、学年上都"适用",那就说明你所撰写的教学目标很空泛,不可取.另外,每一条教学目标列出的学习成果不宜过多,最好是一项.

第六,尽管是我们设置的教学目标,但是,教学目标在具体教学操作的时候,在某些特殊情况下是可以适当变化的,教师不要死盯既定的目标不放,因为数学教学既是一门科学也是一门艺术.

下面两例是两种教学目标表述的常见方式:

【例 3-1】 《口算除法》教学目标①.

1.正确理解除数是整十数的口算除法的算理并正确计算;

———————

① 数学(四年级上册),北京:人民教育出版社,第 5 单元.

2.会应用口算除法的技能进行估算和解决实际问题;

3.培养自主学习的能力和互相交流表达的能力.

【例3-2】《线段、射线和直线》教学目标①.

(1)知识与技能目标

①进一步了解线段、射线和直线的直观图形,并能准确地用字母表示.

②通过探索获得直线的基本性质,并能运用基本性质解答实际问题.

(2)过程与方法目标

形成观察辨别、归纳概括等数学方法,培养学生的思维方法和良好的思维品质.

(3)情感、态度与价值观目标

通过提问、讨论、动手操作等多种教学活动,树立自信、自强、自主感,由此激发学习数学的兴趣,增强学好数学的信心.

二、教学分析

教学分析主要可以分学生情况分析、教学内容与方法分析以及教学重点与难点分析等,以下针对这三个主要方面进行分析.

(一)学生情况分析

就老教师而言,教学设计最大的考虑因素很可能就是学生,学生的变化很可能是课堂教学出"意外"的源头.那么,如何对学生进行情况分析呢?我们在前面提到过,学生的情况分析主要是分析学生的数学知识与技能基础、数学学习的能力、数学学习的情感与态度,主要可以通过这样的几个渠道:一是以往文献调查法,查阅学生以前的相关学习档案(包括学生的作业资料、以往的一些数学测验资料以及教师与学生以往的接触资料等)、查阅对这个年龄段学生的相关研究文献(包括心理学、教育学以及有关的杂志文章等);二是口头调查法(包括小组谈话、个别谈话以及对于学生有直接接触的人员的谈话等);三是设计书面调查法,即为了更好地设计该课教学,教师进行一系列书面调查(包括进行问卷调查、课前测验、重新布置课前练习及作业);四是观察法,包括对学生在无约束条件下的言行举止的观察以及学习综合环境的观察;五是经验分析法,即教师根据自己以往与学生接触的经验进行分析.当然,一般教师往往根据需求采取综合法的手段,包括前面所提的五点.在平时教学过程中,如果没有"特殊需求"或"特殊环境"(例如:借班上课、教学比赛等),教师针对自己班级的学生在平时上课时往往采取经验分析法.

---

① 数学(七年级上册).杭州:浙江教育出版社,§7.2.

(二)教学内容与方法分析

前面我们谈过,教学内容分析可以分为纵向分析和横向分析.其实,就一节课的内容而言,教学内容分析主要有这么几个方法:一是分析本节课的内容特点如是属于概念为主的教学还是命题为主的教学,是属于"承前课"还是"启后课",是属于知识为主的教学还是属于技能为主的教学,是属于"双基"为主的课还是以培养能力为主的教学,是属于"新授课"还是"小结课"或"复习课"、"练习课"等等.根据不同的特点,我们可以采取相应的教学方法.二是分析本节课的内容框架.这是该节课的知识、技能内容的内部关系的一种分析方法.如本节课的各个知识点有何关系,核心知识是什么,需要着重训练的技能又是什么,主、次知识及技能之间的相互关系又是什么等等.需要将本节课的各个知识点及技能之间的关系建立一个清晰的框架,这样的教学才有针对性.三是要联系学生进行分析.单纯分析课本内容是不全面的,同一个知识点针对不同的学生,所采取的教学方法是不一样的,也就是说,本节课的知识、技能分析要与学生本身的认知结构联系起来,为选择合理的教学方法做好铺垫.

值得提出的是,对教学内容的纵向设计思考方面,教师应该把握挖掘的度,一定要根据教学目标控制好设计的深度,因为课本的任何问题似乎都可以变化和挖掘.对此问题,我们曾经撰文,主要的观点有两点[①]:一是"典型、适时、有度"地挖掘,充分调动学生的积极性;二是讲究有策略的挖掘,发展学生的创造潜能.所以,教师在教学设计过程中必须注意要"有所为和有所不为",在控制设计的深度和广度方面运筹帷幄.

在分析学生情况及教学内容后,教师可以开始考虑教学方法了.采取教学方法有这么几个原则:一是铺垫性原则.所谓的铺垫性原则就是要分析学生的认知前提,做好接受新知的铺垫工作.我们教师往往以为学生以前所学过的内容都会记住,所以在教学过程中往往假设学生接受新知的前提已经满足.其实,教师应该关注学生所学知识、技能与前提知识、技能之间的时间距离,要关注"艾宾浩斯遗忘曲线".凯洛夫的教学五环节中的第一个环节就是复习提问,这个环节在现代往往被"创设情境"所取代.我们认为,复习回顾是非常有必要的,但要根据具体情况,我们反对那种无病呻吟式的复习回顾,即把本节课所需要的知识前提都在授课开始前复习个遍,让学生感觉非常突兀,往往引不起他们的积极配合.一般说来,复习刚学习过的内容,学生是明白教师的意图的,配合的积极性也比较高,但对于学生已经学过很长时间的内容,教师突然在授课一开始要求学生回顾,学生往往会摸不着头脑.假如教师在授课过程中,如果有一

[①] 方均斌.对挖掘数学课本知识的实践与思考,数学通报,2004(2).

些环节涉及某些学生已经学过时间较长的内容,此时和学生一起回顾,学生明白了老师的意图,他们也会配合的,这种情况下的复习回顾效果要好一些.因此,我们认为,复习回顾环节可以分布在整个教学过程中,而非一定要单独整出一个时间来进行.二是中间性原则.即采取的教学方法应该以班级处于中间的大多数学生为参照对象.而针对"两头"的"优生"及"差生",也需要采取措施让他们"有事可做".现在有一种情况:一般教师在备课的时候对"两头"的"优生"及"差生"往往缺乏应有的考虑,导致"两头"学生都无事可做.其实,教师在考虑教学方法的时候,应该对两个"极端"的学生有所准备.对差生可以私下订一个较低的目标,哪怕让他们在课堂上自学教师给的内容也可.而针对优秀的学生,教师可以让他们学会"更高级的听课方式",如:课本作者的意图是什么,数学问题的条件变一下结论会如何,数学命题的其他三种形式(逆命题、否命题、逆否命题)是什么,这些形式是否能够成立,这些数学结论能否进行推广等等.三是灵活性原则.教学的预设应该有一定的"宽余",尽管我们教师对各种可能的情况有自己的预设,但在课堂上还往往是"意外不断",如果教学方法没有一定的灵活性,就会使得授课出现被动.

(三)教学重点与难点分析

所谓重点,一般是指地位重要、应用广泛、处于关键和核心地位的知识.教材中有关概念的形式,定义、定理、定律、公式、法则的内容及其推导、应用,各种技能技巧的培养和训练,解题的要领和方法等都可以确定为重点.难点是由学生学习时理解或掌握的难易程度来决定的,不同学生具有不同难点,但多数是有规律可循的.

教学重点与难点的把握是体现一个数学教师是否成熟的很重要"指标",教学重点往往是在课题的"字里行间"中出现的,而教学难点则需要教师根据整节课的内容来确定.一般说来,教学重点与难点出现"重复"或"交叉"的现象比较多,但也有出现教学重点的不一定是难点,也有出现教学难点的不一定是重点的情况.

1. 教学重点分析

确定教学重点一般要综合考虑这样的几个因素:一是课程标准所指定的任务;二是学生的知识薄弱点;三是以前的教学任务完成情况以及以后的教学任务设定;四是整体教学任务特别是单元教学任务的规划情况.传统观念一般是确定整节课的知识和技能重点,其实,能力培养以及促进个性品质的形成也存在侧重点的问题.这一点是我们需要关注的.

2. 教学难点分析

一般说来,教学难点很可能就出现在这些范畴里:一是概念抽象,学生缺乏感性认识的知识,例如小学的分数运算,初中的字母表示数,高中的函数、对数概念;二是容易由思维定势带来的负迁移,例如小学的分数加法与乘法,初中的方程变形与代数式恒等变形,高中的三角恒等式与函数、复数与实数有关运算及性质;三是根据课程标准要求不能或不必作深入阐述的知识,例如小学的面积概念,初中的线面垂直、平行等问题,高中的球面距离、异面直线间的距离等问题;四是概念相近、方法类似的知识,例如积化和差与和差化积,倍角公式与半角公式,函数图像平移与方程图像平移、坐标平移,一个函数的图像对称与两个函数图像的对称;五是教学知识应用方面与学生现行知识缺乏的有关应用方面问题,例如利率、商品折扣等问题.

三、教具准备

教具准备主要包括教具、学具、模型、课件等.这也是一个不可忽视的环节.教具准备应该把握这么几个原则:一是熟悉性原则.所使用的教具最好是学生身边最熟悉的东西,以教育学生要善于观察与思考周围的世界,让他们体会到:原来我们是"熟视无睹"啊! 例如,在讲解"三线八角"的时候,教师可以提出问题:"我们桌面所在四边形的前后两条边是否平行?"以引起学生对"三线八角"的注意.二是适度性原则.教具的使用在于引起学生对数学问题的注意和帮助学生对数学的理解,一旦目的达到就要适可而止,留一些观察和想象空间给学生自己,因为数学教具只是引领学生"学会走路的一根拐杖",不能让学生产生依赖心理.例如:在讲解二面角的时候,教师列举水库堤坝的坡度、课本翻开的程度等例子后,学生只要对二面角及其平面角理解后,可以不需继续举例,让学生自己去观察周围世界.三是趣味性原则.所使用的道具尽量要有趣味性,以更好地引起学生的注意和理解.例如,在研究指数函数的时候,教师拿着一张纸进行对折,问:"我对折了30次,纸的厚度将达到多少?"这比细胞分裂的例子要有趣一些.四是有效性原则.所使用的教具要能够使得数学教学更高效,不能产生转移学生注意力的现象.例如:在讲解几何体的时候,有位老师拿出一盒形状各异的巧克力作为教具,结果一些学生闻到了巧克力的香味而分散了注意力,因为刚好是在早上的第四节课,学生的肚子饿了! 五是参与性原则.我们注意到这么一个现象,有些老师在使用教具演示的时候,往往是自己在讲台上操作,坐在教室后面的一些学生不能很好地观察甚至无法看清教师在干什么.在可能的情况下,应尽量让学生操作教具,给他们足够的观察时间.六是避虚性原则.我们把多媒体课件当做教具,往往使得有些老师懒得拿一些笨重的教具,直接用一些图片的投影来替代,似乎这样更加方便、高效! 其实,这是教具使用的一个误区,实物给学生的感觉与虚拟的投影效果是有差异的甚至很大! 我们曾经看过一段教学视频,美国的一位老师拿着包有篮球运动员鞋子的纸板盒走进教室,当她打开盒子的时候,所有学生一声惊呼,他们被如此大的鞋子所震撼!然后,教师问学生:"这个运动员的身高大概是多少?"显然,学生的积极性被调动起来了!假如教师放的是鞋子的图片投影或者是视频,其震撼效果将完全不同于实物.据了解,美国数学教师很重视实物教具的使用,他们的每位教师都有自己固定的教室,很注意在教室里添置实物教具,这样就不需要搬动笨重的实物教具.美国教师的做法也很值得我们借鉴.

四、教学过程

教学过程的设计是整个教学设计的核心,是前几个环节的具体化措施.在设计的时候,要注意这么几点:一是要与目标制定、学生情况分析、教学方法的确定、重难点的定位、教具的设定等相呼应,避免出现"两张皮"现象;二是要详略得当,具有一定的灵活性,便于有效地指导教学,可操作性强;三是要有科研意识,抓住设计过程中的突发灵感,以及把教学设计过程与真正的实施进行比对,抓住一些能够"让人深思"的信息,形成"教科研产品".按照凯洛夫的教学"五环节"模式的演变,现在的一些新授课设计流程的"流行环节"是:问题情境、知识探究、知识运用、小结作业、板书设计.下面我们就数学教学设计这五个环节作一些讨论,希望读者也作一些探究.

(一)问题情境

有一种理解:把复习旧知也看做一种引出问题的情境.这种理解就把凯洛夫的第一环节"包容进去"了,我们支持这种理解.我们所教学的数学毕竟是内在逻辑紧密的知识系统,而不是一盘散沙,凯洛夫的做法从某种程度上说,是符合人的认知规律的.但我们也反对数学教学对丰富多彩的现实世界视而不见的做法,因为学生将来走向社会后面临着的是活生生的现实世界,他们应该学会观察并灵活地运用不同的眼光来审视这个世界,其中一个就是学会数学的思考,要有一种"触景生情"的意识和能力,这或许就是人们提倡情境教学的初衷.因此,我们提倡问题情境环节的设计应该采取一种"折中"做法,即当我们采取从数学到数学的引入方法后,不要忘了问:"学习这些数学到底有什么用?"而采取从实际例子引出数学问题的时候,也不要忘了问:"我们今天为什么忽然会对这个实际问题感兴趣?"从数学到数学也是很有必要的,因为这样可以让学生学会"如何进行数学的思考",属于数学方法论教育中很重要的一环.就拿平行线的性质教学而言,当学生学会"同位角相等,两直线平行"后,教师在复习回顾的时候,可以问学生:"关于'同位角相等,两直线平行',你们有什么问题要问吗?"以此让学生学会如何进行数学的思考和提问.至于教师重新设置一个涉及两直线平行的性质的现实问题,我们认为这种设计的必要性不大.

我们很自然地提出这样的问题:"什么时候可以采取复习引入或者从数学到数学的引入方法? 什么时候可以采取从实际问题情境引入的方法?"

针对这个问题,我们有以下一些想法:一是前后数学知识联系紧密的内容,完全可以直接采取用数学到数学的引入方式,让学生学会如何进行数学学习及思考,而后在知识运用的时候,可以设置一些实际问题的情境题来"弥补". 二是前后知识联系不紧密的内容,比如某些章节的开头,可以设置一些实际情境,让学生学会如何观察现实世界和建立数学模型来解决一些问题. 三是要注意两者之间互为补充. 也就是我们前面所说的采取从数学到数学引入后,所学的知识到底有何用途,而从实际情境引入后别忘了引导学生反思学习这些数学的缘由. 四是要根据学生的年龄特征,灵活选择问题情境的方法. 一般来说,年龄较小的学生采取实际问题引入的情况要多一些,随着年龄的增长,从数学到数学引入的情景可以逐渐增加. 五是要培养学生的反思能力,经常采取"回马枪"的方式提醒学生进行反思,逐步培养他们形成反思的习惯.

1. 数学情境的创设

数学情境的创设是数学方法论的一种教育手段,从上节课(或以前的数学课)中的数学内容回顾"自然而然"地提出新的数学问题,这种"自然而然"其实就是数学方法论的教育,其中往往是采取命题变化、归纳、类比、抽象、概括等策略,这种教育方法对学生也是非常必要的. 所以,我们认为,从数学到数学的问题情境引入也是非常必要的. 不过,从数学到数学的问题情境引入需要注意这么几点:一是在有意识地导向新课的同时不要忘记由此发散出来的其他命题的处理,学生往往不一定按照教师的意愿而可能得出一系列出乎教师意料的数学命题,教师不能为了符合自己的意图而粗暴干涉学生的不同想法. 例如,我们前面提到的由直线平行的判定命题"同位角相等,两直线平行"想得出两直线平行的性质"两直线平行,同位角相等". 当教师提出"对直线平行的判定定理,你们有什么想法"时,假如有学生提出"若同位角不相等,两直线还能够平行吗"或者"是否还可以通过其他角的相等关系来判断两直线是否平行"等问题时,教师务必耐心处理相关的问题,否则对学生的数学提问的积极性是一种打击. 二是要适时指点学生如何提出数学问题,并给予鼓励,让学生从无意识的提问变成有意识和策略的提问,学会如何进行数学提问和思考. 三是教师要有平和的心态,坦然对待学生由于思维发散而提出的出乎我们数学教师意料之外的数学问题,我们的一些数学教师往往担心由于学生思维发散而提出一些自己根本没有考虑过的数学问题,这些问题要么我们根本无法解决,要么需要花不少的时间,若要当场解决,则影响授课时间,若不解决,偶尔几次尚可,但这种现象多了,怕学生有想法. 我们认为,这种担心完全没有必要,我们教师应该对学生说:"假如你的数学问题把我难倒,说明你有水平,我给你加分!"这样,既可以激发学生提问的积极性,又可以让学生为我们输送源源不断的"题源",是一笔珍贵的科研材料.

2. 实际情境的创设

学生将来走向社会后要有主动运用数学的意识,这种能力和意识需要在学校期间进行培养.实际情境的创设就是基于这方面的考虑.我们认为,由实际情境的创设需要注意这样的几个方面:一是要尽量吻合实际,尽量不要"胡编乱造"甚至闹出一些荒唐的结论;二是要有价值,所涉及的实际情境的数学思考让学生觉得有很大的必要性,激发学生参与的兴趣;三是要讲究趣味性,让学生觉得问题很有趣,也很愿意参与其中的数学建模.

(二)知识探究

知识探究是一种时髦的说法,按照目前的教育理论,知识学习是学生主动建构的过程,教师只是学生学习的引领者,是学生学习的合作伙伴,学生学习数学是他们在教师引领下的探究过程.这种说法我们持部分赞同的意见.人类几千年所积累起来的数学知识,不可能所有的知识都由学生探究,况且,教学时间也不能够保证.我们的观点是:很多数学知识是不需要探究的,只要进行"合理的灌输"即可.我们曾经作过调查,几乎所有学习过函数的人根本不知道"函数"名称的来源,包括一些中学教师甚至高校数学教师,但这不影响他们对函数的学习及研究.因此,我们认为,有些知识是只要知道其内容而并不需要探究其原因的,只要不影响后续内容的学习即可.我们反对那种似乎要把所有要学习的"数学知识"都"探究一遍"的极端做法,但也反对那种不顾学生能否接受的填鸭式灌输.

在数学教学中,我们必须注意知识与过程的"四种状态":一是知识重要,但过程并不重要或不必要知道.比如,有些数学概念(例如:函数、对数、幂以及众多的数学名词)的名称(甚至其形成)来源可以不必知道,而这些概念我们却可以频繁使用.现在中学教材中很多的数学定理或结论都省略了证明过程甚至只列结果让学生认可即可.二是过程重要,而结论似乎并不重要.例如,中学里大量数学习题的结果并非要求学生记住,只要通过过程的训练,达到运用知识、训练技能和形成能力的目的即可.三是知识与过程同样重要.例如,圆周角的定理及其发现过程、证明过程都很重要.四是知识与过程都不那么重要,此类知识应该不纳入师生的视野.关于数学知识的"四种状态",我们后面的知识教学设计意图中还要稍加详细讨论.

所以,我们认为,在数学教学的知识探究环节,对数学知识及其产生过程,教师应该根据需要有侧重点地选择,灵活组织教学.具体应该把握这么几个原则:一是可行性原则.一些数学知识的形成过程比较重要,其探究过程无论对培养学生的各种能力还是提高学生的非智力因素都很重要,那么教师应该根据课时的安排,提供足够的时间进行探究,不能出现表面上需要探究,最后由于时间的不足而草草收场的现象,该花在探究上的时间还得花.二是结合性原则.教师可以结合一些课外读物帮助学生认知,像一些数学知识的产生历史、其名称的由来等,可以提供一些课外读物(包括网站)给学生,以满足学生的好奇心.三是适度性原则.尽管有些教材只罗列一些数学知识,并未说明其过程,教师应该适当进行演示说明,做到让学生觉得这个结论的成立"是自然的"即可,不要很突兀地要求学生"记住"而不分青红皂白.四是迁移性原则.很多数学知识的探究过程,经常出现"暗度陈仓"的手段进行迁移,一些教材中也经常出现诸如"一般地"的字眼进行过渡.例如,从细胞分裂的现象得出函数 $y = 2^x (x \in N^*)$ 后,就来个"一般地":我们称函数 $y = a^x (a > 0 \text{ 且 } a \neq 1)$ 为指数函数,而且就把函数的自变量取值范围就过渡到实数集了!值得指出的是,这种"暗度陈仓"的教学手段是把"双刃剑",一方面能够让学生"自然而然"地学习数学知识,另一方面却丧失了对学生进行严谨性及求真思想培养的机会,但在某种情况下却是一种"不得已而为之"的策略,否则如此多的数学知识教学将举步维艰!

(三)知识运用

"知识运用"与"知识应用"仅一字之差,但从字面上看,内涵存在差异.知识运用一般指创设问题情境,为了解决相关问题将所学知识进行系统化的过程,达到各个知识点的联系而形成网络以巩固所学的知识,是将所学新知识纳入学习者认知结构中的一项举措.知识应用往往指将所学知识应用到实际情境,以解决实际问题为目的的举措,属于知识运用中的一种.我们认为,知识运用大致可以分为这样的三个阶段:一是所学新知识之间的"内在运用",包括新知识的辨析、巩固以及相关的技能训练;二是新知识与原来旧知识的联系训练,这个阶段是将新知识纳入原来认知结构的一个重要举措,是原来认知结构的一种延伸与扩展;三是纳入认知结构后的新知识应用到实际问题中以检验学习者的综合学习效果,属于"知识应用阶段".一般说来,一节课的知识运用阶段设计有这么几点需要注意:一是要考虑所学新知识的容量及难度.假如所学新知识的容量大且难度高,那么第一节课的知识运用应以第一阶段为主,假如所学新知识的容量不大且难度不高,那么在设计的时候可以适度考虑第二阶段甚至是第三阶段的"知识运用"训练.二是假如所设计的内容纯粹属于"知识运用"课,那么,知识回顾环节显然必不可少,同时在运用的设计上应该遵循从简单到复杂,难度也从低到高的过程来进行,要注意循序渐进,密切关注学生的掌握情况,及时调节运用中所涉及的知识容量及难度,使知识运用的效果达到最佳.三是如果属于"知识应用阶段"的教学设计,那么,除了设计回顾所学数学知识环节外,还得有一个让学生对相关的实际问题的情境能够熟悉的教学设计.

(四)小结作业

小结作业环节往往在设计上不受重视,原因有以下三个方面:一是这个环节的时间往往无法得到确切的保证,经常出现"有设计、无执行"的现象,一些教师在授课的结束阶段,由于时间仓促而不得不对这个环节敷衍了事;二是对教学设计或具体教学执行的评价,有些教师在思想上也不是十分重视;三是对新课知识的探究和应用环节往往为了上得"更精彩",不知不觉就挤占了小结这个环节,至于作业布置环节,往往就是"几秒钟的事情".

其实,这个环节也不可小视.一堂课的小结是把所学知识系统化的过程,也是引导学生从"知识、技能的树木丛"中走出见"森林"的过程,缺乏这个环节,所学习的知识及技能很可能在一些学生的脑子中是一盘散沙,我们认为,这个环节与课堂的引入应该"前呼后应",以帮助学生形成完整的知识及技能系统.具体的做法有以下四点建议:一是回顾主要知识点和技能,并将这些内容形成一个框架达到系统化的目的;二是引导学生看清整节课的数学思想方法,感悟所学知识、技能背后的思想方法;三是要引导学生认清本节课的重点和难点,把握知识、技能的关键;四是要适当对所学知识、技能进行延伸,指明今后需要探究的方向和任务,为后续学习打好埋伏.

作业布置也不可忽视,因为它涉及学生课后的大量时间的调配问题.以往我们往往狭义地认为作业布置就是让学生做练习,其实,广义地说,作业布置除了练习外,还要对课后复习、预习的任务进行布置.在布置作业环节方面,我们也有以下几点想法:一是要具体化、明确化.比如:练习的格式要求、必做题与选做题、复习的任务、预习的范围等都要明确.二是要有一定的弹性要求,根据不同学生提出不同的目标.三是要有适当的拓展性.所布置的作业不仅要达到巩固的目的,更要让学生在完成任务的过程中体验知识延伸与拓展的方法.四是要有多样性.不仅作业的内容要多样(除了封闭的数学问题外,还可以是开放题和探究题、实习作业等),而且完成的方式也可以多样,一些作业可以允许学生合作完成,以培养他们的合作精神和意识.

(五)板书设计

板书设计在实际教学过程中往往不会受到真正的重视,不少教师往往处于一种"随意状态",有些老师认为,只要板书不太乱,一般过得去就可以了.其实,真正要上好一堂课,板书的作用不可小觑.温州瑞安市已退休的数学特级教师蒋兴国老师,在公开课上,他的几何图形徒手画和精密的板书震撼了所有的听课教师:不愧为特级教师! 板书其实就是教师思维、气质的展示,是一种无声的教育.一个数学教师,如果有一手漂亮的粉笔字和精确的徒手画,加上每一节课

在黑板上精心构图,将带给学生一种美的享受! 关于板书设计,我们有以下四种想法:

一是要关注板书的逻辑性.温州中学的杨正浩老师撰写过一篇文章[①],就谈到教师运用擦黑板的艺术来展示数学的思维及启发学生思考.举一个简单的例子:教师要求学生证明 $a^2+b^2 \geqslant 2ab$ $(a,b \in \mathbf{R})$.一些不注意板书设计的老师,往往采取直接全部抄写的方式展示给学生,假如我们教师稍加考虑,把问题的板书先以" a^2+b^2, $2ab$ "的方式呈现,再加上辅助语言:" a^2+b^2 与 $2ab$ 哪个大?"显然,这样的做法促使学生思考,他们可以采取特值法、单变元增速分析法等,达到原先所没有的教育目的,其实,我们原先的一些数学封闭题,完全可以采取这种办法进行"改编".我们注意到这样一个现象:很多老师在授课之前就已经把课题写在黑板上,仿佛一副"要你学,没商量"的面孔,尤其是采取 PPT 展示的时候,往往就把课题放在第一张 PPT 上,这种板书的展示直接就反映出教师的教学观念问题.对年轻教师而言,还要注意一些书写的不妥所可能引起的误会,例如, $x^3\sqrt{y}$ 与 $x\sqrt[3]{y}$ 就极易产生误会; $1+2+3+\cdots+(n-1)$ 与 $1+2+3+\cdots+n-1$ 是两码事的书写等等.

二是要关注板书布局的启发性.板书布局既要考虑内容之间布局的启示性,又要考虑一些图形的结构启发性.我们以求和: $1^3+2^3+3^3+\cdots+n^3$ 为例,以下是两个板书的布局,显然有些"细微"的区别!

板书 1:

$1^3=1$　　$1^3+2^3=9$　　$1^3+2^3+3^3=36$　　$1^3+2^3+3^3+4^3=100$　　$\cdots$

板书 2:

$$1^3=1$$
$$1^3+2^3=9$$
$$1^3+2^3+3^3=36$$
$$1^3+2^3+3^3+4^3=100$$
$$\cdots\cdots$$

三是要关注板书布局的系统性.尽管板书是允许擦除的,但一些关键信息(例如一些标题)应该保留,这有助于在复习小结的时候给学生一个完整的内容表象,为本节课的系统化做些铺垫工作.有些老师通过自己的精心设计,整堂课的板书完整保留在黑板上,一些上课偶尔开小差或听不懂的学生,也能够从留下来的板书中得到某种程度的"弥补",教学效果显然要好一些.如果教师把一些关键信息不假思考地擦除,那么,一些对这些信息还没有完全进行加工的学

---

① 杨正浩."擦隐法"的教学实践与思考,数学教学,2007(3).

生可能因此而无法得到延续.另外,教师应该合理使用彩色粉笔,将重要的信息凸显出来,以引起学生注意.

四是要关注板书布局的审美性.漂亮的粉笔字、准确的尺规作图、让人赏心悦目的徒手画、合理的彩色布局、严谨的逻辑结构都能够给人予美感,或许有人说:"这是数学教育之外的一种教育."但我们认为,这也应该算是数学教育分内的事情!

五、设计说明

设计说明是教学设计者将自己设计的思路及设计理念向相关领导及同行说明的过程,一般的教学设计如果仅停留在教师自己使用的基础上,这个环节往往比较淡化甚至缺失.假如还得兼顾学校检查或进行教研交流活动等意图,则这个环节应该是不可缺失的.一般来说,教师首先应该把设计的意图(理念)做一个说明,这个理念往往取自于课程标准、当前流行的教育理论以及教师个人形成的独特的教学观念等,是某个教学设计片段或整个教学设计的宏观思考.教学设计的思路则是依据教学理念为指导的整节课的流程安排思想,其清晰程度也往往决定了整节课的授课效果,教师对这个环节应该给予足够的重视,尤其对年轻教师,更应如此.值得指出的是,设计说明除了说明思路及理念以外,还应该对于一些环节的注意事项(包括操作过程的一些细节问题)做一些必要的说明.设计说明的写法可以采取备注式或者特地留出一栏撰写,可以在每个教学环节设计上给予说明,也可以在整个课堂设计的最后说明,一般情况下,两者都需要.

第二节 教学设计的三个要素

从上节的教学内容分析中我们知道,教学目标的确定、设计意图的形成、教学主线的提炼是数学教学设计中很重要的三个要素.下面,我们就这三个要素展开讨论.

一、教学目标的确定

教学目标的确定在前面我们有过一些论述,但其确定过程我们讨论不多.要确定教学目标,我们觉得教师(尤其是年轻教师)可以从这样的几个步骤进行:首先根据自己对课程标准、教材、对学生的了解以及以往的教学经验"直觉地"撰写教学目标;其次,参阅其他同行所撰写的教学目标,根据自己的教学实际情况调整教学目标;最后,在设计教学过程中审时度势,微调教学目标.我们的观点认为,教学目标并非制定后就不变的,而是允许在设计的过程中根据需要微调教学目标,教师往往在设计以前对教学目标会有"雄心壮志",定调较高,但在具体的设计过程中往往会发现有些目标难以企及,这个时候就不得不进行调节.其实,即使整个设计已经完成,在具体执行的过程中,发现与目标的设定有距离,教师也应该调节教学目标,把目标"上调"或"后移",一切以具体执行的情况为本,这种把目标"上调"或"后移"的"经验"(或"教训")都能为以后的教学提供借鉴.有些年轻教师以为目标既定,就一定要完成,于是,在实际教学过程中,时间已经不够了,还是采取灌输或拖堂等措施让有些教学内容匆忙走过场,实际上是浪费了有些内容的教育功能,让学生吃"夹心饭",为以后教学留下一个难以处理的"后患".

二、设计意图的形成

设计意图应该是教学设计者根据教学目标而设定的在具体教学设计环节的整体或者每一个步骤的意图,应该是整体教学目标的细化落实工作.设计意图可以分为整体的设计意图和各个环节的设计意图,这两个设计意图应该是前后呼应,紧扣教学目标.教学设计意图是教学设计者的创意体现,也是设计教学过程的"幕后台词",是教学理念的具体落实.

(一)整体设计意图

整体的教学设计意图是设计者根据教学总体目标以及本节课的具体目标而对本节课的设计预想.它的形成主要依据以下四个方面:一是课程标准所提出的教学总目标和本节课的具体教学目标;二是设计者已有的教学理念和教学经验;三是本节课的教学任务;四是学生的具体情况.设计者对整节课的知识、技能的分布情况应该有一个清晰的认识,对近现代数学教育理论有一定的了解,能够从教育理论的高度把握整节课的设计意图.

关于整体的设计意图,我们有这么几点想法:一是要有整体的战略思想,把握整体结构的内核,紧扣重点,攻克难点,不为枝根末节所困扰;二是要吻合学生的认知规律,尊重学生的思维起点,问题设计的入口要宽,所设计的问题尽量为所有学生都愿意参与并"多少能够说出个一二"的内容;三是要尽量对学生进行科学方法论的教育,展示人类研究问题的策略与思维过程;四是要关注"动机"、"方法"、"落实"的数学课堂教学设计三要素,前后呼应,一气呵成;五是要留有余地,慎重考虑课堂的意外,预设好基本的对策.

【例 3-3】 整式的引入教学设计.

设计一：

教师：你能用代数式表示下列数量关系吗？

教师：观察代数式 $(1)-3x,2a^2,ab,\dfrac{-3x^3y}{4}$. 想一想，这些代数式是怎样组成的？有什么共同特点？

学生（预设）：都是实数与字母的乘积，不含加减的运算，即使有除运算，分母也不含字母．

教师：观察代数式 $(2)-3x+4y,a^2+3a-2,a^2-b^2+3$. 想一想，这些代数式是怎样组成的？和第(1)题中的代数式相比，有什么特点？

学生（预设）：既有实数与字母或字母与字母的乘积，又含实数与字母或字母与字母的加减运算．

教师：像这样的代数式我们称之为单项式，即由数与字母或字母与字母相乘组成的代数式叫做单项式，单独一个数或一个字母也叫单项式．

……

设计二：

教师：观察代数式 $-3x+4y,a^2+3a-2,-3x,\dfrac{2x+y}{b},2a^2,ab,a^2-b^2+3,\dfrac{-3x^3y}{4},\dfrac{-3x^3y}{5+x}$. 这些代数式纷繁复杂，我们要研究它们，需要整体化零的策略，想一想，你能够给一个标准，把这些代数式分分类吗？

学生（预设）：含除法运算和不含除法运算的，即：$(1)-3x+4y,a^2+3a-2,-3x,2a^2,ab,a^2-b^2+3$ ；$(2)\dfrac{2x+y}{b},\dfrac{-3x^3y}{4},\dfrac{-3x^3y}{5+x}$.

教师（追问）：按照你的分类，$0.5a^2$ 与 $\dfrac{1}{2}a^2,\dfrac{a^2}{2}$ 应该属于不同类的？

学生（预设）：好像这样分类不是很合理，哦，我知道了！应该把 $\dfrac{-3x^3y}{4}$ 看作 $\dfrac{-3}{4}x^3y$ 或者 $-0.75x^3y$ 而列入(1)类！

教师（追问）：按照这样的分类，理由该怎么说？

学生（预设）：不含除法运算或者即使含除法运算，分母也不含字母．

教师：很好，这样的代数式我们称之为整式，另一类自然称之为分式．（而后给出整式、分式的定义）．

教师：我们现在再看(1)类的"庞大家族"：$-3x+4y,a^2+3a-2,-3x,2a^2,ab,a^2-b^2+3,\dfrac{-3x^3y}{4}$. 能否再次分类？说出你的理由．

学生（预设）：应该分"单个"的和"多个"的，即第一类和第二类．

教师(追问):什么是"单个"的和"多个"的? 能够讲得更明白吗?

学生(预设):不含加减运算的算"单个"的,否则称之为"多个"的.

教师:很好! 这样的"单个"我们称之为单项式,其余的整式该怎样称呼?

学生(预设):多项式!

教师:好! 下面我们给出单项式和单项式的正式定义,大家不妨一起来……

从这两种设计我们显然可以看出,后者打破"常规",不是按照教材的安排按序执行,而是先提出整个代数式的分类布局的宏观思想,根据学生的学习情况,先用具体例子提出有理式的分类布局,具有培养学生的宏观思想意图,要"大气"得多! 对采用设计一的教学我们曾经在课后对学生进行采访,绝大部分学生表示并不清楚今天为什么要学习单项式和多项式.我们分析,原因很可能就是老师没有把整体的思想与学生进行交流,导致学生只见树木、不见森林的后果.

关于整体的教学设计意图,我们认为,在每章或每个单元的第一节课的引入设计环节对这个意图要特别关注.另外,要关注章节之间的"衔接"设计,包括每节课的各个环节的设计"衔接"工作,这些"衔接台词"就是宏观思维的具体体现.

(二)过程设计意图

过程设计意图是相对于整体设计意图而言的,理论上说,过程设计意图应该服从于整体设计意图,要为整体教学布局服务.但是,过程设计有时又可以为整体设计提供修正信息,可以影响整体设计意图,甚至推翻整体的设计思路.

1. 课堂引入过程的设计意图

课堂引入就像整体战略序幕的拉开,是培养宏观思维的很好途径之一,也是培养学生捕捉信息敏感性的重要途径,有经验的教师会对这个环节非常重视.这个环节的意图形成主要要考虑这样的两个因素:一是本节课在所在章节的位置及作用,若是该章节的第一节课,则引入环节应该有整章的引入的任务,之后才是本节课的引入.二是本节课内容如果是本章节首节课的"后续课程",则可以依照本章引言的布局来个"前呼后应",从而顺利引出课堂教学内容,巩固学生对整章内容的结构把握.当然,某些课可以创设一些生活情境引入,是为了让学生觉得学习这些数学知识的实用性和重要性,提高学生的数学的应用意识和数学学习兴趣,但不要忘记让学生明白本节课在整章节的"地位"和作用,要"扭紧"本章节的"知识链",来个"一环紧扣一环".其实,课堂引入过程的设计意图不外乎有这么几个:一是引起学生的注意,迅速进入学习状态;二是激发学生的学习动机,提高数学学习的兴趣;三是培养学生的宏观思维,把握研究数学问题的科学方法;四是设立一些必要的情境,提高学生捕捉重要信息的敏锐性.

2. 知识教学过程的设计意图

知识教学过程的设计意图离不开教师的"知识观",知识产生的过程和知识本身的作用不同教师往往就有不同的看法,对这个问题,我们有这么四点"分类式"的想法:

(1)知识产生的过程和知识本身的作用都很重要

例如,圆周角定理的发现、证明以及其本身在后续中的作用都很重要,教师不能犯"重结论、轻过程"或"重过程、轻结论"的毛病,有些教师往往认为该定理的证明过程需要不少的时间,假如三种情况都进行证明,则学生的练习时间就没有了,于是就往往把其证明过程给部分省略了!然后就让学生做有关圆周角定理应用的练习.其实,我们认为,圆周角定理的教学是数学知识教学的"一道大餐",像省略或缩短过程的"大餐不吃吃零食"的教学往往是得不偿失的.就圆周角定理而言,圆周角定理的发现过程教学充满着数学方法论的教育,其证明则涉及思路的剖析及分类等思想的教育,发现过程和结论证明都是数学教育的很好素材.

(2)知识产生的过程暂且不重要但知识本身作为结论的作用则相对要重要

知识产生的过程暂且不重要主要可能是基于知识产生过程的学习超越学生学习能力、教育价值低、可操作性不强、减轻学生学习负担等原因考虑的.几千年的数学知识产生过程都让学生学习显然不现实,我们应该引导学生学习一些具有较大教育意义的知识产生过程,其余的要根据学生的特点,由他们"自助学习".现在新课程的改革,出现了"定理公理化"的现象,即以往老教材作为定理需要证明的,在新教材中往往就简单"演示"一下,学生只要觉得结论是正确的就可以了,这种做法或许就是新课程对知识产生过程的教育价值重新"评估"后的举措.例如,"$\sqrt{2}$ 是无理数"的教学,教师只需要展示 $\sqrt{2}$ 的近似值随精确度是"无限不循环"的"过程"即可,其证明过程若不是"超越了学生的学习能力"则也有"加重学生学习负担"之嫌,我们通过调查发现,绝大部分学生对"$\sqrt{2}$ 是无理数"是深信不疑的.或许,有些老师在担心,一些数学知识只关注其结论,忽视其过程的做法是否对学生培养理性精神是不利的?我们认为,这种担心在某种情况下是有一定道理的,一些知识的产生过程的教育价值也是需要进行"学术界定"的,这个讨论可能还是一个"永恒的课题".

(3)知识产生的过程重要但知识本身作为结论的作用则相对不重要

平面几何中很多证明题都是训练学生对平面几何知识的运用能力,这些证明题的结论本身也是"知识",但这种"知识"作为结论显然就暂时不那么重要了.但在具体教学过程中,一些似乎不那么重要的结论,有些老师则往往把它捡起来成为"学生学习的宝贝",加重了学生的记忆负担!例如,在立方体的平面展开图的教学中,对立方体展开后的各种情况,有些教师采取口诀,要求学生记住:"'一四一''一三二','一'在同层可任意;'三个二',成阶梯,'两个三','日'状连;整体无'田'."在和这些老师的交流中,他们的意思是:"口诀也好记,一旦考试中有这道题,学生就很快解决了!"我们在想:"假如考试考到的是一个无盖的立方体展开图,那会不会学生因为找不到口诀而放弃解题呢? 或者,即使学生记住了,一旦在考试或练习中真的遇到了立方体的展开图,一些记住公式的学生很快就做出来,他们是否在增加记忆负担的同时也失去一次空间想象力培养的训练机会?"我们曾经对来自不同学校的十几个初二学生进行采访,只有一个学校的老师没有进行这方面的"总结",他们也根本不知道有这样的"口诀",倒是老师有要求记住这一口诀的学生都记不住,有几个学生甚至说:"老师要求我记住,我一开始就不以为然,因为我只要想一下就可以了!"

现在有一些观念,认为过程重要,主要指解题模式重要,亦即以往我们所说的题型教学,我们不否认题型教学在目前数学应试教育情况下的作用,但是,数学问题是千变万化的,过于模式化而忽视思维过程的展示教学对学生的思维培养是有害的,因为一旦问题的条件发生微小的变化,很可能问题解决的方式相差甚远,同时也因为学生由于教师给予过多的模式而忽视了思维的锻炼并依赖于对问题解决过程的记忆上.我们这里所说的过程重要是指一些问题的解决过程的教学很能够锻炼我们学生的思维,增进学生的智慧,并不是指过程模式化的重要性.

(4)知识产生的过程和知识本身作为结论的作用都暂且不重要

陈省身在回答梁东元对他的提问时说①:"举个例子,大家也许知道有个拿破仑定理.据说这个定理和拿破仑有点关系.它的意思是说,任何一个三角形,各边上各作等边三角形,接下来将这三个三角形的重心联结起来,那么就必定是一个等边的三角形,各边上的等边三角形也可以朝里面作,于是可以得到两个解.像这样的数学,就不是好的数学,为什么? 因为它难以有进一步的发展."我们认为,凡是数学都需要"人在动脑筋",都具有"训练思维的作用",但对学生而言,他们的时间是宝贵的,应该让他们学习一些对培养他们的思维和能力具有很强迁移效果且结论对后续知识及现实实际都有重大作用的数学.在中小学数学中,针对中学生而言,一些数学知识及形成过程暂且不重要,对他们的影响而言,有"坏"的一面:①结论并不重要,对以后学习并不起多少的平台作用,就像陈省身所说的,"难以有进一步的发展",记住反而加重记忆负担.②过程也不重要,有些甚至使学生对数学产生误解.例如,观察数列的前五项,写出这个数

---

① 追寻"好的数学". http://www.jsdsfx.net/ReadNews.asp? NewsID=2497

列的第六项:61,52,63,94,46,_____.答案是18.理由是把这个数列的每一项数码的个位数与十位数对调:16,25,36,49,64,显然,按照这个规律,显然接下去是81,然后调换个位数与十位数,即得答案.按照现在时髦的语言,这是"脑筋急转弯"! 我们认为,这是"整人的数学",绝对是对数学学习者的误导! 要判定一个数学知识的好坏,我们可以从这样的几个方面考虑:①数学知识的发展性.即该数学知识是否能够成为后续数学学习的好平台,构筑其他有用的数学知识的好基础.②数学知识的教育性.知识本身的形成过程能够起着培养学生各方面的能力、陶冶学生的情操、提高学生的数学学习的兴趣等作用.③数学知识的应用性.除了成为其他数学知识学习的平台或者能够直接教育学生外,有些数学知识是能够在其他学科或者实际生活中起着很好的应用,是解决实际生活的"好工具".④数学知识的文化性.一些数学知识能够在社会文化中起着一定的作用,这些数学知识承载着文化传播的任务,这种数学我们也认为是好数学.说到这里,我们得提一下几何教学改革,布尔巴基学派的代表人物之一狄多涅,在《我们应该讲授新数学吗?》一文中提出过"欧几里得滚蛋"的说法,试图推倒欧氏几何在数学课程中的基础地位.[①]当时,有一种观点认为,一些高深的几何把学生的大量时间耗在其中,而对现实生活急需的数学却在教学中视而不见的做法是不对的.近代数学教学的改革确实把几何学删除了不少,对几何学的作用在学术界中的争议还是很大的,今后估计也可能还有一个漫长的争议时间.

按理说,知识产生的过程和知识本身作为结论的作用都暂且不重要的数学都应该淡出我们数学教学设计的视野,但在实际教学过程中,尤其是在应试教育环境下的我国数学教学,却经常出现数学"使坏"的现象.例如,我们经常在一些初中试卷的试题中看到类似"$\sqrt{81}$ 的算术平方根是_____"的数学测试题.此类问题在考学生的"算术平方根"概念是否清楚的同时,还考学生的"脑筋急转弯",这是何苦呢? 难怪一些学生对数学是敬而远之,充满着厌恶感.

3. 技能训练过程的设计意图

数学技能的训练设计是我国数学教育工作者非常重视的话题,尤其是应试环境下的数学技能的教学设计.由于数学技能训练"肩负"着"巩固数学知识"和"提高数学能力"的"双重衔接身份",这个环节自然受到师生的重视,当然,一些在重大考试中经常用到的技能更是人们关注的话题,也成为一些教师的主要设计意图.关于数学技能的训练过程的设计意图有这么几个话题值得探讨:

---

① 叶中豪. 期待几何学的复兴. http://bbs.cnool.net/topic_show.jsp? id=3383277&oldpage=20&thesisid=494&flag=topic1.

(1)技能训练内容选择的设计意图

哪些内容能够成为学生的训练技能的课题？哪些内容可以暂时不必成为学生训练技能的题材？这个问题不仅是每个老师而且是课程标准制订者和教材的编写者认真思考的话题．例如，韦达定理(即根与系数的关系)、十字相乘法就一直成为课程改革的争议话题，到现在为止尚未有确定的结论．在我国，由于重大考试(如：中考、高考)的指挥作用，一些历年考题所涉及的数学技能自然成为数学教师的关注焦点，这些技能教师只要时间允许，是肯定会花精力去训练学生的，哪怕是训练过度也是"在所不惜"的！因为我们的一些老师坚信：熟能生巧！例如，在高中数学教学中，直线与圆锥曲线相交时的焦点弦长问题，本身在教材中并无列入教学视野，但在历年的高考中屡屡出现，于是，一些求焦点弦长的技能训练成为数学技能训练的重要内容之一，是高考前必备的应试技能．

(2)技能训练过程的环节设计意图

数学技能的训练过程设计一般需要根据学生已有的认知水平、所训练的数学技能的特征、学生的心理状态等来进行．一般说来，数学技能的训练步骤有以下四个：①认知．教师进行必要的知识教学和技能示范，让学生了解所训练技能的内容，先把技能当做"知识"来进行学习．②模仿．依据教师示范来进行模仿，期间，教师进行必要的纠正与指导，尤其是针对后进生群体．③初步学会．学生可以脱离教师的指导，进行独立的练习，并通过校对答案来评价和反思自己进行的技能训练的成果．④学会．学生通过自己的独立练习，具备较高成功率地完成，还可以与其他已经掌握的数学技能进行比较与反思，为灵活性做好准备，试图向能力方向转移．尽管如此，不同教师的设计也有很大的差异性，其意图也是各不相同．例如，有的教师先提出训练目标，自己一开始不进行示范让学生模仿，而是先让学生自己摸索和感悟，教师在一边观察，适时对个别学生进行点拨，然后再针对学生比较困难的地方进行集体点评和示范，这种"半自学型"的技能训练也是一种有益的尝试．又如，有的教师把要训练的技能的宏观思路与学生进行"商量"，然后再把"比较大"的技能分解为几个"小技能"让学生自己训练，甚至让学生自己"命题"来训练自己．一般来说，技能训练设计有两个主要的方向：①"摘香蕉理论"，所提的数学技能目标先比较高一些，然后依据学生的情况降低训练目标，让学生通过努力才能够完成，即让他们"跳一跳，够得着"而最终摘得香蕉．②"跳高理论"，先将技能训练的"门槛"降得很低，学生能够很快完成这些低高度的数学技能，而后再逐步提高技能训练的难度，直至学生完成有困难的情况下，教师再根据具体情况指导学生．这两种的技能训练设计可以根据具体的教学内容灵活选择，教师不妨都尝试一下，以比较教学效果．

(3)技能训练的后续配套设计意图

技能是知识的运用与能力形成的中介,也是问题解决技巧的伏笔.一种数学技能的形成,是为后续的数学能力、数学问题解决的技巧奠定基础的,是否在后续的教学内容中设置与前面的技能训练相配套的相关教学设计,要依据整体的教学目标及教学的具体情况.例如,解二元一次方程组的技能完成后,是否让学生继续"乘胜追击"地学习三元一次方程组、四元一次方程组甚至多元一次方程组? 当然,另外一条后续路径是设计让学生学习二元多次方程组,甚至是多元多次方程组的问题.在数学技能的后续配套教学设计的时候,有这么一种现象很值得我们探究:针对数学技能的"极端"情景,该如何处理? 例如,解一元一次不等式的时候,一般教师的设计是很忌讳出现未知数最后"消失"的情景.例如,解不等式:$x+1 > x-1$.我们曾经对此和一些已经学习完一元一次不等式解法的初一学生进行"试验",结果,有的学生说:"找不到未知数,说明这个不等式无解."也有的学生说:"找不到未知数,说明这不是一元一次不等式."更多的学生是茫然不知所措! 他们不知道该如何下结论! 因为这种现象是他们从来没有见到过的! 我们认为,为了完善学生的认知结构,对于一些学有余力的学生,在数学技能的后续配套设计中应该不失时机地把某些数学技能的"极端"情况让他们接触,以提高他们分析问题和解决问题的能力,更加认清这些数学技能的本质.例如,针对不等式 $x+1 > x-1$,当教师问学生:"什么是不等式的解?"当学生回答出"满足不等式的一切实数称之为不等式的解"的时候,他们很可能会"恍然大悟":原来一切实数都满足该不等式!

4. 例题讲解过程的设计意图

在数学教学设计过程中,针对例题的教学设计往往是一些优秀数学教师最为讲究的主题之一.但对于一些新教师,恐怕不一定有很高的认识.为此,我们在这里做一些讨论.

首先,例题选择的意图必须十分明确,这是例题的讲解及处理的前提.一般说来,例题的选择意图应该突出这样的几个主题:①前面所学的知识(数学概念、公式、法则、定理、公理及思想方法等)的巩固;②为形成或巩固数学技能所做的示范或加强;③提醒学生数学学习中可能存在的某些缺陷;④针对学生各种能力(包括数学应用能力)的培养;⑤进行某些数学思想方法的渗透或教育.值得指出的是,一些教师由于不是十分明确课本所设置的例题意图,往往采取两个极端的做法:一是按部就班,照样画葫芦地完成例题的讲解;二是"推倒重来",另外自己寻找例题.针对这两个极端做法,我们认为需要认真思考.前一种往往是教师"懒惰"或"不自信"所造成的,当然,一些教师"吃透"课本作者的意图也可能会这样做的.后一种往往是教师有些"教学经验"后的做法.我们认为,吃透课本作者的意图,认真完成课本例题的教育功能应该是我们数学教学的"主流"做法,但按部就班,不越雷池半步的做法也很值得商榷.因为我们的教学对象是千差万别的,不同时期的教学任务也不尽相同,适度"调配"(例如,把课本个别例题作为课堂练习等)或补充课本的例题也是允许的,只要能够根据学生及当时的具体情况灵活变化.但是,我们也认为,在对课本例题进行改动的时候,必须慎重又慎重,因为课本作者的权威性也不容忽视,他们的安排往往自有他们的道理!他们在编书的时候也是经过慎重考虑的!至于那些对课本例题视而不见的做法我们认为是不负责任的,不值得提倡.

其次,数学例题一旦选择后,教学设计就得有这样的几个方面考虑:一是如何引出例题;二是如何实现例题的教育功能;三是如何根据课堂的进行实际调配例题的处理时间;四是如何设计例题讲解完毕的后续教育问题.这些方面的意图应该非常明确.例如,新课引出例题一般都是为了巩固刚学知识服务的,一些学生刚学习了新知识,脑子里往往受到了定势,以为老师所举的例题方法肯定是采取刚学习过的方法,所以,往往就按部就班地按照刚学习的内容和方法进行解题.其实,我们有些老师在选择例题的时候也是基于这样考虑的,也往往在举出例题之前讲了类似这样的一句话:"我们刚才学了……下面我们就用它去解决以下的问题……"这些暗示性十足的语言无疑加重了学生的思维定势.其实,在一些基础知识刚讲解完毕后,所举的例子应该有一个甄别何时运用这些知识去解决问题的引出设计.就拿等比数列求和公式的教学而言,在学习等比数列的求和公式后,教师在运用等比数列求和公式的例子之前,可以设置这样的引题:"求下列各式的和:①$1+2+4+8$;②$1+2+4+5+8+16+32+64$."让一些不假思索就套用等比数列求和公式的学生"碰一下壁",使他们懂得:何时才使用等比数列求和公式,用等比数列求和公式应该注意些什么事项等.又如,一个例题的教育功能有多样,是否都需要挖掘?把这个例题的教育功能都发挥得"淋漓尽致"?在有限的教学时间能够办到吗?就拿一题多解、一题多变而言,这个问题很值得我们思考.我们有些老师往往处于一种两难的境界:一方面觉得例题的有些教育功能浪费可惜;另一方面又感觉时间太有限.我们曾经发表一篇文章①,对挖掘课本知识的抉择及策略等问题,提出这样的观点:一是"典型、适时、有度"地挖掘,充分调动学生的积极性:①"挖"得典型,减轻负担;②把握时机,恰到好处;③点到为止,留有余地.二是讲究有策略地挖掘,发展学生的创造潜能:①采用"迫挖术",进行诱挖;②采用"回味术",进行诱挖;③采用"归纳术",进行诱挖;④采用"搭梯术",进行诱挖.其实,对例题教育功能的挖掘

---

① 方均斌.对挖掘数学课本知识的实践与思考,数学通报,2004(2).

问题上,说的可能容易,做起来可能就不那么轻松了!需要教师的经验积累、教学水平的提高以及教学观念的更新.

　　5. 课堂结束过程的设计意图

　　这个问题一些老师在设计的时候或者在具体教学操作时可能不会太重视,即使有时精心设计了但由于在教学操作的时候时间不足而匆忙收尾.我们想在这里强调一下:学生的大部分学习时间以及将来成人后是靠自己自学的,我们数学教师对他们自学的自觉性以及自学能力的培养也负有不可推卸的责任,同时,学生学习的自我监控和元认知能力也是非常重要的,而在数学课堂结束过程的教学设计对这些因素的培养很重要,我们教师不应该忽视这个环节.数学课堂结束过程的设计应该具备这样的几方面意图:一是督促学生自我反思和监控本节课所学习的数学内容:哪些内容是学生自己感到疑惑或质疑的?学生自己是否已经掌握了老师所传授的数学知识和技能?哪些内容还可以继续深入探究?二是将本节课所传授知识和技能进行"思维打包",即将所传授知识和技能结构化或模块化,便于学生系统掌握.三是延伸后续学习的任务,包括要完成的作业、要继续探究和反思的内容、下节课内容的预习任务等.四是后续学习时间的安排指导,即对学生课后的数学学习时间安排提供一个合理化建议.

三、教学主线的提炼

　　教学主线的提炼本质上是教学思路的清晰化过程,这个过程是教师避免过于纠缠细节的一个措施.其实,我们提倡教师的教学设计顺序应该是先宏观后微观,即先设计整个教学的主线,然后按照这个主线进行具体的教学过程设计.但是,教师在备课的时候,一旦进入教学细节的设计,往往忘记整体的设计思路或者觉得整体的设计思路需要变更,即出现了忽略教学主线或需要变更教学主线的现象,这种情况,我们觉得很正常.因此,我们建议,当我们设计好具体的教学细节后,还得重新提炼我们的课堂教学主线,以往的一些老师觉得自己设计课堂教学越详细或越认真,但教学效果并非"成正比"甚至出现"成反比"的现象,可能就是后来没有重新提炼教学主线,使得自己在执行具体教学过程的时候被具体的细节所缠绕而造成的后果.

　　我们想指出的是,我们传统教学设计比较关注的是以知识的框架构建为教学主线,而往往忽略以数学思想方法为主线的教学设计,可能是前者比较显性而后者却比较隐性的缘故.数学思想方法为主线的教学设计是需要教师具备一定的数学功底,因为它需要教师能够看出本节课背后的数学思想方法,看出"冷冰冰"的数学知识后面的"火热思考".因此,以数学思想方法为主线的教学设计说得容易,做起来可能就不那么容易了.我们建议有一定教龄的教师往这方面去改进以往的那些以知识结构为主线的教学设计,这样或许我们教师能够通过把好每节课的数学思想方法的"命脉"来抓住数学课堂教学的本质,提高我们教师的专业水准.

【例 3-2】 一元一次不等式引入环节的教学设计.

设计一:

教师:观察下列等式有何共同特征?

① $x=4$; ② $3x=30$; ③ $\dfrac{2x+1}{3}=\dfrac{x}{2}$; ④ $1.5x+3=0.5x+1$

学生(预设):含有一个未知数且最高次数为 1 的等式.

教师:观察下列不等式,它们又有何共同特征?

① $x>4$; ② $3x\leqslant 30$; ③ $\dfrac{2x+1}{3}<\dfrac{x}{2}$; ④ $1.5x+3>0.5x+1$

学生(预设):含有一个未知数且最高次数为 1 的不等式.

教师:好! 这就是我们今天要学习的一元一次不等式.(板书)定义:不等号的两边都是整式,而且只含有一个未知数,未知数的最高次数是一次,这样的不等式叫做一元一次不等式.

教师:练一练:下列不等式中哪些是一元一次不等式?

① $2x+3>3y+1$;   ② $x^2+10\geqslant 16$;   ③ $\dfrac{3}{x}>10$;

④ $3x=30$;   ⑤ $3x>30$;   ⑥ $x>0$

学生:……

教师:(合作学习)请说出使下列式子成立的未知数的值:

① $3x=30$;   ② $3x>30$;

学生(预设):① $x=10$;   ② $x>10$

教师:①使方程成立的未知数的值叫方程的解;②使不等式成立的未知数的值的全体叫不等式的解集,简称为不等式的解(备注:教师此时解释不等式解集的数轴表示).

教师:[例1]解下列不等式,并把解集在数轴上表示出来:

① $3x>30$;   ② $-\dfrac{3}{5}x>1.2$;   ③ $x+2<1$

学生:……

教师:解一元一次不等式:就是利用不等式的基本性质,把要求解的不等式变形成 $x>a,x<a,x\geqslant a,x\leqslant a$ 的形式(备注:在化简不等式的时候,针对未知数"消失"的情况这里暂时不予考虑).

……

【评述:这种设计采取与一元一次方程类比的方式引出一元一次不等式概念及解法,似乎一气呵成.但背后的数学思想学生不容易体会到,至少学生无法体会到两点:①为什么要学习一元一次不等式?②为什么要解一元一次不等式?】

设计二:

教师:初二(1)班在带队2位老师的带领下要到郊县旅游,班主任联系了两个旅行社.甲旅行社的原价是每人120元,可以打7.5折;乙旅行社的原价和甲相同,但可以免两位老师的旅游费,并且其他同学费用一律打8折;根据的实际情况,要选择哪家旅行社比较省钱?

学生(预设):设初二(1)班共有 x 人,则根据题意得:

$$0.75 \times 120x = 0.8 \times 120x - 2 \times 120$$

解得:$x = 40$

教师:如何下结论?

学生甲:当初二(1)班共有40人时,随便哪个旅行社都可以,而当初二(1)班人数超过40人时,……

教师:到底选哪个?

学生乙:我知道,此时应该选择甲旅行社,因为它打的折较大,人数越多,当然越便宜.

教师:很好! 但是,我采取列方程的办法,即使解出方程了,有时结论还不好下,假如我现在就指定要甲旅行社便宜一些,请问要怎么列?

学生:$0.75 \times 120x < 0.8 \times 120x - 2 \times 120$.

教师:这种含未知数的不等关系我们称之为不等式,它有什么特征?

学生(预设):含有一个未知数且最高次数为1的不等式.

教师:好! 这就是我们今天要学习的一元一次不等式.(板书)定义:不等号的两边都是整式,而且只含有一个未知数,未知数的最高次数是一次,这样的不等式叫做一元一次不等式.

教师:练一练,下列不等式中哪些是一元一次不等式?

① $2x + 3 > 3y + 1$; ② $x^2 + 10 \geqslant 16$; ③ $\frac{3}{x} > 10$;

④ $3x = 30$; ⑤ $3x > 30$;

⑥ $0.75 \times 120x < 0.8 \times 120x - 2 \times 120$

学生(预设):⑤⑥.

教师:下面,我们重新回到不等式 $0.75 \times 120x < 0.8 \times 120x - 2 \times 120$ 上来.我们能够根据不等式马上看出哪些 x 是满足这条不等式的吗?

学生(预设):不能.

教师:那怎么办?

学生(预设):老师,能否像解一元一次方程那样解出一元一次不等式?

教师:很好! 我们不妨从简单的情况入手,(合作学习)请说出使下列式子成立的未知数的值:① $3x = 30$;② $3x > 30$.

学生(预设):① $x = 10$;② $x > 10$.

教师:①使方程成立的未知数的值叫方程的解;②使不等式成立的未知数的值的全体叫不等式的解集,简称为不等式的解.(备注:教师此时解释不等式解集的数轴表示)

教师:[例1]解下列不等式,并把解集在数轴上表示出来:① $3x > 30$;

②$-\dfrac{3}{5}x > 1.2$;　　　　③ $x + 2 < 1$

学生:……

教师:解一元一次不等式:就是利用不等式的基本性质,把要求解的不等式变形成 $x > a, x < a, x \geqslant a, x \leqslant a$ 的形式(备注:在化简不等式的时候,针对未知数"消失"的情况这里暂时不予考虑).

【评述:这种设计从一个实际问题引出,学生至少体会到了两点:①为什么要学习一元一次不等式? ②为什么要解一元一次不等式? 他们还隐约地感受到上节课学习的不等式关系是为本节课"服务"的,也知道一元一次方程也是为本节课做铺垫的.教师的设计意图及设计思路也很清晰,也就是教学主线或设计脉络清晰,数学思想方法在教学设计背后的作用也就显而易见了.】

第三节　教学设计的呈现形式

教学设计有不同的呈现方式,按照目前流行的情况来看,基本上有常规式、图表式和交叉式三种.所谓的常规式就是按照我们传统撰写的方式来进行,前面的整个教学设计按课题、教材、教学目标、重点与难点、教学方法与手段、教学流程等顺序撰写,最后进行教学设计说明.图表式就是把所撰写的教学设计采取表格的方式撰写,一般的情况是把设计意图及情况说明撰写在一列上(靠右的一列上),这种设计由于框架清晰,颇受老师们的青睐.交叉式是指在教学流程中穿插设计说明,每个环节的设计需要说明设计的意图或可能出现的情况及应对措施,这种方式比较灵活,择取前两种方式的优点,是大部分老师喜欢的选择.值得说明的是,说课稿与教学设计是存在着差异的,说课稿主要是撰写教师对教材、学生及教学过程的认识,倾向于理论方面的说明,对教学过程的设计主要谈设计思路及理由;而教学设计则更倾向于对教学过程的细节设计,当然也需要把设计意图撰写出来,由于这两者有交叉,有些老师就把两者混合起来撰写.也就是说,这些老师把本该简要撰写设计过程及思路的说课稿进行细化撰写,而把教学设计中的背后构思及自身的认识也撰写出来了.这种择两者"优点"的撰写方法我们认为,在不影响其他情况下是可以的也是允许的.另外,这三种教学设计的呈现方式比较适合哪些课题,目前还没有统一的说法,每个老师可以根据自己的爱好和感觉进行合理选择.

为了更能直观说明这三种方式撰写的模式,我们这里择取三篇各个省在2006年参加全国比赛的教学设计推荐作品作为附录呈现,我们这里不作任何评述,请读者自己欣赏、学习和反思,我们这里也向以下三位老师表示感谢!

附录1 教学设计的第一种呈现形式:常规式

课题:反比例函数的图像和性质(1)

教材:人教版义务教育课程标准实验教科书八年级§17.1.2

设计者:福州励志中学 陈增

[教学目标]

知识技能:

1. 进一步熟悉用描点法作函数图像的主要步骤,会作反比例函数的图像;

2. 体会函数三种方式的相互转换,对函数进行认知上的整合;

3. 逐步提高从函数图像中获取知识的能力,探索并掌握反比例函数的主要性质.

数学思考:

通过观察反比例函数图像,分析和探究反比例函数的性质,培养学生的探究、归纳及概括能力.在探究过程中渗透分类讨论思想和数形结合的思想.

解决问题:

会画反比例函数图像,并能根据反比例函数图像探究其性质.

情感态度:

1. 积极参与探索活动,注意多和同伴交流看法;

2. 在动手作图的过程中体会乐趣,养成勤于动手、乐于探索的习惯.

[教学重点和难点]

1. 重点:画反比例函数的图像,理解反比例函数的性质;

2. 难点:理解反比例函数的性质,并能灵活应用.

[课型和课时]

1. 课型:本课为新授课

2. 课时:本节"反比例函数的图像和性质"共 2 课时,本课为第 1 课时,待学习了函数的图像和能根据函数图像探究其性质后,在下一课时主要研究如何利用函数图像性质解决数学问题.

[授课方法]合作探究式

[教学手段]多媒体课

[教学结构]

[教学过程]

活动一 情景导入 激发兴趣

复习巩固

1. 什么是反比例函数?

答:形如 $y = \dfrac{k}{x}$(k 为常数,$k \neq 0$)的函数称为反比例函数

2. 作出一次函数 $y = 6x$ 的图像,图像是什么形状? 作图的步骤是什么?

答:一次函数 $y = 6x$ 的图像是一条直线,作图的步骤包括列表、描点、连线.

3. 比一比,你能否找到 2 个数使得他们的乘积是 6? 利用几何画板演示找到的点以及对应的轨迹.

引入课题

4. 由问题 2,猜测:反比例函数 $y = \dfrac{6}{x}$ 的图像会是什么形状呢? 我们可以用什么方法画这个反比例函数的图像?

答:(学生自由猜测,教师引导学生对比反比例函数与一次函数的不同)

活动二 类比联想 探索交流

1. 画出反比例函数 $y = \dfrac{6}{x}$ 与 $y = -\dfrac{6}{x}$ 的图像(见图 3-1).

教师先引导学生思考,示范画出反比例函数 $y = \dfrac{6}{x}$ 的图像,再让学生尝试画出反比例函数 $y = -\dfrac{6}{x}$ 的图像.

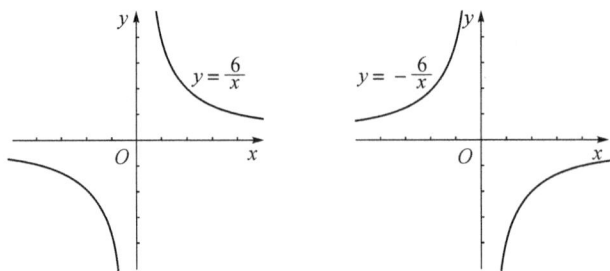

图 3-1　反比例函数 $y=\dfrac{b}{x}$ 与 $y=-\dfrac{b}{x}$ 的图像

在作图过程中,启发学生类比画一次函数的图像的过程;探索反比例函数的图像作图步骤,如图 3-2 所示:

图 3-2　反比例函数作图步骤

教师在活动中应重点关注:

(1)启发学生反比例函数与一次函数的作图基本步骤是一致的.但是在具体的作图过程中又有它自己的特点,和学生一起体会其中的共性和特性.

(2)具体来说:①列表时,关注学生是否注意到自变量的取值应使函数有意义(即 $x\neq 0$).同时,所取的点既要使自变量的取值有一定的代表性,又不至于使自变量或对应的函数值太大或是太小,以便于描点和全面反映图像的特征.②描点时,一般情况下所选的点越多则图像越精细.③连线时,让学生根据已经描好的点先思考:图像有没有可能是直线?学生自主探究发现图像特点后,引导学生用平滑的曲线按照自变量从小到大的顺序连接各点,得到反比例函数的图像.

2.学生分组画出反比例函数 $y=\dfrac{3}{x}$ 与 $y=-\dfrac{3}{x}$ 的图像(见图 3-3).

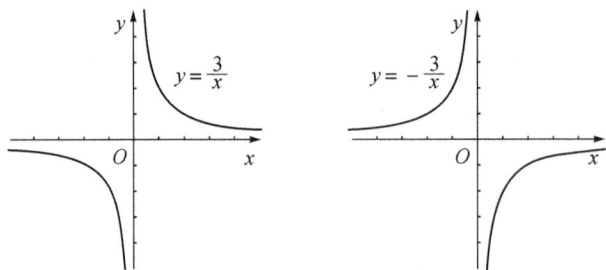

图 3-3　反比例函数 $y=\dfrac{3}{x}$ 和 $y=-\dfrac{3}{x}$ 的图像

教学中,教师可以针对学生作反函数图像常出现的问题(见图 3-4)引发学生思考:

①学生作图时,没有将曲线的两支断开,而是用线段将两支连在一起;

②对于图像的延伸部分,学生容易画成圆的图像的一部分,没有让延伸部分逐渐靠近坐标轴,或者是延伸部分与坐标轴有交点;

③用线段连接图像;

④图像没有画成向两坐标轴不断趋近.

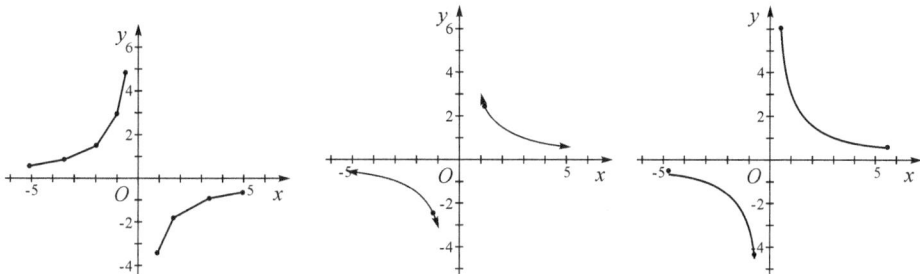

图 3-4　作反比例函数图像的常见问题

3. 学生能否通过观察发现反比例函数的对称性,并利用对称性找到比较快捷的画图方法.

通过充分讨论,师生共同总结:

①反比例函数的图像是双曲线,双曲线的两支是断开的,每一支随着 x 的不断增大(或减小),曲线会越来越接近坐标轴.

②反比例函数的图像是轴对称图形,图像关于一、三象限角平分线,二、四象限角平分线对称.

活动三　探索比较　发现规律

以四人小组为单位做游戏:每人手中拿一种函数的图像,观察函数 $y = \dfrac{6}{x}$ 与 $y = -\dfrac{6}{x}$ 的图像以及 $y = \dfrac{3}{x}$ 与 $y = -\dfrac{3}{x}$ 的图像,找一找它们之中谁和谁可以成为好朋友?

学生讨论分类:

分类一:观察 $y = \dfrac{6}{x}$ 与 $y = \dfrac{3}{x}$ 的图像特征(见图 3-5).

归纳总结 1:当 $k > 0$ 时,双曲线的两支分别位于第一、三象限,在每个象限内 y 随 x 值的增大而减小.

分类二：观察 $y=-\dfrac{6}{x}$ 与 $y=-\dfrac{3}{x}$ 的图像特征（见图 3-6）.

归纳总结 2：当 $k<0$ 时，双曲线的两支分别位于第二、四象限，在每个象限内 y 随 x 值的增大而增大.

分类三：观察 $y=-\dfrac{6}{x}$ 与 $y=\dfrac{6}{x}$ 的图像特征（见图 3-7）.

归纳总结 3：在同一直角坐标系内两个反比例函数的即关于 y 轴对称，也关于 x 轴对称，具有对称关系的两个反比例函数的 k 值互为相反数.

最后，利用几何画板再作出若干个 k 值不同的反比例函数验证观察所得的特征结论.

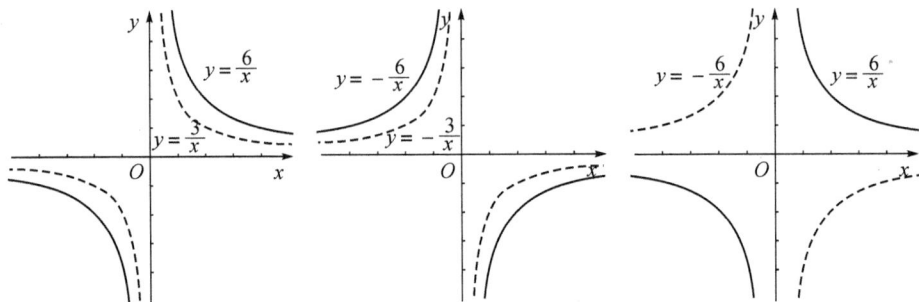

图 3-5　反比例函数 $y=\dfrac{6}{x}$　　图 3-6　反比例函数 $y=-\dfrac{6}{x}$　　图 3-7　反比例函数 $y=\dfrac{-6}{x}$

与 $y=\dfrac{3}{x}$ 的图像特征　　　　与 $y=-\dfrac{3}{x}$ 的图像特征　　　　与 $y=\dfrac{6}{x}$ 的图像特征

活动四　运用新知　拓展训练

问题：

(1)你问我答：请一位同学构造一个反比例函数，他的同桌指出这个反比例函数图像所在的象限，以及函数值随自变量变化的变化情况.

(2)已知反比例函数 $y=\dfrac{4-k}{x}$，分别根据下列条件求出字母 k 的取值范围.

①函数图像位于第一、三象限；

②在第一象限内，y 随 x 值的增大而减小.

(3)在函数 $y=\dfrac{8}{x}$ 的图像上有三点 $(-3,y_1)$，$(-1,y_2)$，$(2,y_3)$，则函数值 y_1,y_2,y_3 的大小关系如何？

(4)反比例函数 $y=\dfrac{6}{x}$ 的图像上有点 $A(1,6)$，分别作 A 点与坐标轴的垂线，试求垂线与坐标轴围成的矩形的面积.用相同方法求一下 $B(2,3)$，$C(-3,$

2)的垂线与坐标轴围成的矩形的面积.

猜测一下:

①对于任意一个在函数 $y = \dfrac{k}{x}$ 图像上的点 M ,它与两坐标轴的垂线与坐标轴围成的矩形的面积有什么规律?

②推广:对于任意一个在 $y = \dfrac{k}{x}$ 图像上的点 M ,它与 x 轴的垂线、原点的连线以及坐标轴围成的三角形的面积有什么规律?

拓展练习是为了让学生灵活地用反比例函数的性质解决问题,学生在研究每一问特点时,能够紧扣性质进行分析,达到理解并掌握性质的目的.

活动五 归纳总结 强化概念

归纳总结 布置作业

1. 本节课你学习了哪些知识? 填写表 3-1.

表 3-1 反比例函数的特征

反比例函数	$y = \dfrac{k}{x}(k$ 为常数,$k \neq 0)$	
k 的符号	$k > 0$	$k < 0$
图像		
所在象限	一、三象限	二、四象限
y 与 x 的变化情况	在每个象限内 y 随 x 值的增大而减小	在每个象限内 y 随 x 值的增大而增大
对称性	当 k 互为相反数时,对应的反比例函数图像既关于 x 轴对称,也关于 y 轴对称	

2. 在知识的运用中要注意什么?

3. 你有什么收获?

布置作业:教科书第 53 页第 3 题.

教案设计说明

本节课的教材安排在学生理解了反比例函数的意义并掌握了用描点法画函数图像的基础上进行教学.本节课既是本章学习的重点,同时也为接下来学习实际问题与反比例函数以及画二次函数的图像奠定基础.

本章内容属于《数学课程标准》中的"数与代数"领域,是在学生已经学习了平面直角坐标系和一次函数的基础上,再一次进入函数范畴的研究,通过本章的学习,让学生进一步理解函数的内涵,对已经学过的函数知识进行整合并感受现实世界存在的各种函数以及如何应用函数解决实际问题.

在数学教学过程中,数学实验和数学游戏是课堂教学中常见的也是有效的教学手段.在对较低学段的学生进行教学时,适当穿插游戏环节可以帮助大多数学生更好地投入课堂教学从而掌握知识、突破难点.

在练习设计与作业布置中都体现了分层次教学的要求,让不同层次的学生都能主动地参与并都能得到充分的发展,同时也遵循了面向全体与因材施教相结合的教学原则.

本节课的教学设计力求在每一个环节上都能以学生为主体,让学生自己完成知识的探索,体会他们的工作是有意义、有科学性、有创造性的.他们在本课的学习活动中始终是主动的探索者、研究者.我们教学的目的,就是要培养具有创新思维的人才,培养学生灵活运用基本理论解决问题的能力,为此给予精心的设计,持之以恒,学生的创新精神和创造能力都将有一个巨大的提高.

附录2 教学设计的第二种呈现形式:图表式(见表3-2)

表 3-2 图表式教学设计

课题	22.8 多边形的内角和与外角和	授课教师	河北省承德师专附中 李焕丽
教材	冀教版义务教育实验教材八年级下册		
教学目标	1. 了解多边形的有关概念;经历探索多边形的内角和与外角和公式的过程;会应用公式解决问题. 2. 培养学生把未知转化为已知进行探究的能力,在探究活动中,进一步发展学生的说理能力与简单的推理能力. 3. 培养学生勇于实践、大胆创新的精神,使学生认识到数学来源于实践,又反过来作用于实践的观点.		
重点	经历探索多边形的内角和与外角和公式的过程.		
难点	1. 推导多边形的内角和与外角和公式. 2. 灵活运用公式解决简单的实际问题.		

教学 环节	教 师 活 动	学 生 活 动
概念 的形 成	1. 引导学生观察实物图片,从一张图片中分离出三角形、四边形及六边形. 提问: 　　(1)这些几何图形有什么共同特点? 　　(2)能否类比三角形的定义给这些图形下个定义? 　　2. 观察思考:下面的两个多边形有什么不同? 并说明我们今后所说的多边形是指凸多边形. 　　3. 教师指出:多边形的边、顶点、内角、外角及对角线的意义与四边形的相同,多边形有几条边就叫做几边形. 　　4. 动画演示正多边形的图形,类比正三角形的概念,你能得出正多边形的概念吗?	1. 学生感受到从现实原形中抽象数学模型的过程. 结合教师提问,小组进行交流. 　　2. 学生通过观察,看出凸多边形总在任何一条边所在直线的同一侧;凹多边形在某一条边所在直线的两侧. 　　3. 学生归纳出概念: 　　(1)由一些不在同一直线上的线段首尾顺次相接组成的平面图形叫做多边形. 　　(2)在平面内,内角都相等、各边都相等的多边形叫做正多边形.
概念 的巩 固与 反馈	练习1. 请举出分别含有多边形和正多边形的实物或实例. 　　练习2. 指出多边形的边、顶点、一个内角、在点 D 处的一个外角、从 A 点引出的对角线以及记法. 	思考、回答. 及时练习,便于学生理解概念,有利于新知识的内化.
公式 的探 索与 推证	一、探索与推证多边形的内角和公式 　　1. 提出问题:我们知道,一个三角形的内角和等于 $180°$,如何用三角形的内角和是 $180°$ 求出四边形、五边形、六边形,……, n 边形的内角和是多少度呢? 	1. 学生分组讨论,自主探索,去寻求解决问题的多种方法.

续表

教学环节	教 师 活 动	学 生 活 动
公式的探索与推证	2. 组织学生分组讨论,对于学生可能说的不同方法要及时鼓励. 3. 教师归纳、整理学生的方法.并指出解决多边形内角和的一般思路:就是将多边形的内角和转化为三角形的内角和,利用三角形的内角和处理. 4.(多媒体演示)如果把点 P 当做一个动点,还可以从多边形外一个点出发,留作课下思考. 5. 多边形的内角和公式揭示了多边形内角和与边数的关系:已知边数求多边形的内角和;已知多边形内角和求边数. 二、探索与推证多边形的外角和公式 1.(多媒体演示)米老鼠沿五边形广场沿逆时针方向跑了一圈,提出问题:(1)米老鼠由一条街道转到下一条街道时,身体转过的是哪个角? (2)当米老鼠跑完一圈后,身体转过的角度之和是多少度? 2. 多媒体演示加强直观效果,得出米老鼠身体转过的角度是五边形的外角,这五个角的和是五边形的外角和.你能给多边形的外角和下个定义吗? 3. 提问三角形的外角和是 $360°$ 的解决思路. 4. 填表: | 多边形	三角形	四边形	五边形	六边形	…
---	---	---	---	---	---
图形					…
外角和					… | 5. 教师从实践的角度加以说明:当米老鼠跑完一圈后,又回到原处,方向和当时出发时一致,不管广场是五边形、六边形还是八边形,身体转过的角度之和都是 $360°$.	2. 每一种方法分别找一名学生代表到黑板前讲解决思路. 3. 学生出现的方法有: (1)从一个顶点出发,将多边形分割为三角形. (2)从边上的一个点出发. (3)从多边形内的一个点出发. 4. 学生探索得出:n 边形的内角和为 $(n-2) \cdot 180°$. 1. 观察、思考、交流. 2. 类比五边形的外角和定义,得到:在一个多边形的每个顶点处取这个多边形的一个外角,它们的和叫做这个多边形的外角和. 3.(1)先求出三个外角与三个内角这六个角的和,为三个平角. (2)再用三个平角减去三角形的内角和,剩下的就是三角形的外角了. 4. 填表计算,并说出推理过程. 5. 验证 n 边形的外角和为: $n \cdot 180° - (n-2) \cdot 180° = n \cdot 180° - n \cdot 180° + 360° = 360°$. 得出: 任意多边形的外角和为 $360°$.与边数无关.
公式的巩固与反馈	例题:已知一个多边形,它的内角和与外角和相等,请说明这个多边形是几边形. 由师生共同分析,引导学生通过列方程求完成此题.并通过多媒体示范性演示解题步骤. 一、基础练习 1. 正八边形的内角和为_____,外角和为_____每个内角度数为_____,每个外角度数为_____. 2. 已知多边形的内角和为 $900°$,则这个多边形的边数为_____. 3. 一个多边形每个内角的度数是 $150°$,则这个多边形的边数为_____.	解:设多边形的边数为 n,则它的内角和等于 $(n-2) \cdot 180°$,外角和等于 $360°$.由 $(n-2) \cdot 180° = 360°$,解得 $n = 4$,所以这个多边形是四边形. 一、为确保学生对所学公式的掌握,完成基础练习. 1.$1080°$;$360°$;$135°$;$45°$. 2.7. 3.12.

教学环节	教　师　活　动	学　生　活　动
公式的巩固与反馈	二、应用发散 1. 如下图所示的模板,按规定,AB,CD 的延长线相交成 $80°$的角,因交点不在板上,不便测量,质检员测得 $\angle BAE = 122°$,$\angle DCF = 155°$. 如果你是质检员,如何知道模板是否合格?为什么? 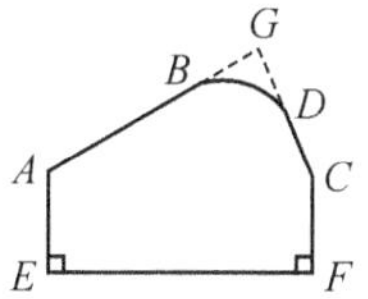 2. 一个正方形瓷砖,截去一个角后: (1)还剩几个角?(2)剩下的多边形的内角和是多少度? 三、拓展延伸 1. 画出下列各多边形的所有对角线,并指出各有多少条对角线?n 边形共有多少条对角线? 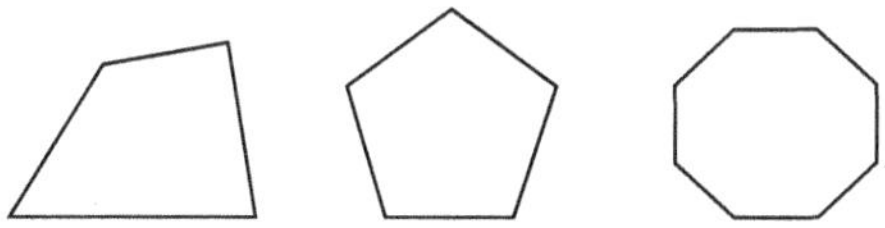 2. 一次会议有八个人参加,规定会议之前每两个人要握一次手,问一共握了多少次手?	二、为培养学生应用数学知识解决实际问题的能力,解答应用发散题组. 1. 因为五边形的内角和为 $540°$所以 $\angle G = 540° - 122° - 155° - 180° = 83° \neq 80°$. 因此,模板不符合规定. 2. 有三种可能: (1)剩 3 个角,内角和为 $180°$. (2)还是 4 个角,内角和为 $360°$. (3)剩 5 个角,内角和为 $540°$. 三、1. 分别为 2 条、5 条、9 条和 20 条. 2.$8 + 20 = 28$.
小结与作业	1. 回顾:本节课学习了多边形的哪些知识? 2. 问题:通过本节课的学习,你在解题思路和方法上有什么收获? 3. 根据本节课的实际,总结达标情况,重在肯定与表扬. 4. 作业:第 95 页第 1 题、第 96 页第 6 题	1. 总结本节课所学的概念、公式. 2. 通过本节课的学习,体会类比、转化的数学思想.

教学设计说明

本节课上的是冀教版八年级下册《多边形的内角和与外角和》这章,本节课教学设计力求培养学生的动手实践能力以及用不同方法解决问题的策略.

在"引入环节"的设计上,较好地体现出"数学教学以学生的生活经验为基础,以现实问题情境为依托"的教学理念,从蜂巢、建筑物、物质的结构等实际图案中抽象出几何图形,使同学们感受到多边形的出现并不是空穴来风,而是有着丰富的实际应用背景和潜在的审美价值.

在探究多边形的内角和公式的过程中,采取开放性的课堂研究形式,遵循着从特殊到一般、从具体到抽象、从简单到复杂的认识规律,着重体现化未知为已知的转化思想,面向全体学生,让学生主动参与,在一连串富有逻辑性问题的引导下,充分调动了学生的自主性和创造性,逐层深入,最终使问题得到解决.用米老鼠的动画引出多边形外角和激发学生的学习兴趣,自然进入下一个教学情境,力求使数学问题生活化.

精心设计的开放性习题和探索性习题,始终关注数学与生活的紧密联系,较好地训练了学生的发现思维和求异思维.拓展习题提出的八个人握手的问题,使学生对抽象问题有了直观的解释,较好地培养学生的数学情感以及不断探索的学习精神.

课堂小结是知识和方法的归纳总结,是这节课的画龙点睛之笔.

本节课的设计体现了数学课程与信息技术的整合,充分地创造了一个图文并茂、有声有色、生动逼真的现代教学环境.独具匠心的问题设计,给学生提供了广阔的思维空间和展示舞台;多方位体现了以学生为主的开放式教学,给人以耳目一新的感觉.

附录3　教学设计的第三种呈现形式:交叉式

课题:生活中的旋转

教材:北师大版义务教育课程标准实验教科书八年级(上册)第三章第3节

设计者:安徽省铜陵市第十五中学　徐欣

一、教学目标

1. 经历对生活中与旋转现象有关的图形进行观察、分析、欣赏以及动手操作、画图等过程,掌握有关画图的基础操作技能,学会分析图形中的旋转现象,发展初步的审美能力,增强对图形欣赏的意识.

2. 通过具体事例认识旋转,理解旋转前后两个图形对应点到旋转中心的距离相等、对应点与旋转中心的连线所成的角彼此相等的性质.

3. 引导学生用数学的眼光看待生活中有关问题,发展学生的数学观,学到贴近生活的活生生的数学.

二、教学重点、难点

教学重点:

1. 区别平移与旋转的异同,理解旋转的基本含义.

2. 初步学会分析图形中的旋转现象,确定旋转中心和旋转角.

教学难点:

1. 旋转不改变图形形状、大小等几何性质.

2. 找旋转中心、旋转角.

3. 揭示旋转的性质.

三、教学方法与措施

1. 遵循学生是学习的主人的原则,在为学生创设实际情境的基础上,引导学生自主思考、交流、讨论、归纳、学习,通过"问题情景—自主探究—拓展应用"的模式展开.

2. 采用多媒体课件辅助教学.

四、教学过程

(一)创设问题情景,引入新知概念

1. 图形在做什么运动(见图 3-8)? 学生回答:平移(多媒体展示)

图 3-8　平移运动

生活中有许多平移(演示一组运动图片),其中有我们刚刚认识的平移运动,还有一种不同的运动,你能找出来吗? 这种运动在我们的生活中常见吗? 它和平移运动相比有什么不同之处?

引导学生列举出一些具有旋转现象的生活实例.

2. 具体展示生活中几种常见的转动现象,它们有什么共同特征?

通过学生描述、总结、归纳出旋转的定义,关键是指明绕中心作旋转运动. 投影给出定义:

在平面内,将一个图形绕一个定点沿某个方向转动一个角度,这样的图形运动称为旋转. 这个定点称为旋转中心. 转动的角称为旋转角.

3. 这些物体在转动过程中,其形状、大小、位置是否发生改变?

学生交流感知并达成共识:旋转不改变图形的大小和形状.

【设计意图:借助图片复习有关平移的知识要点,区别引出旋转现象,引导学生发现生活中的旋转,并总结旋转的定义,加深印象;连续几个问题的逐层深入,激发学生探询新知的欲望,引导学生自己用数学语言描述、概括新知识.】

(二)议一议,亲身感受新知,探索旋转的基本规律

1. 建立新知模型(学生准备的模具结合多媒体图片展示)

如图 3-9 所示,如果把钟表的指针看做四边形 $AOBC$,它绕 O 点按顺时针方向旋转得到四边形 $DOEF$.

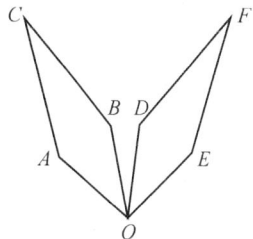

图 3-9　图形 $AOBC$ 的旋转

111

让学生通过实际操作和观察再次体会旋转的概念.

2. 实践探究旋转的性质

引问:四边形 $AOBC$ 在旋转过程中,四个顶点哪个顶点位置不变,其他点转动到了哪里? 四条边分别转动到了哪里? 有哪些线段相等、角相等? 旋转究竟有些怎样的规律呢? 让我们带着疑惑,围绕着以下四个问题一起去寻找答案吧!

【问题1】旋转中心是什么? 旋转角是什么?

【问题2】经过旋转,点 A,B 分别移动到什么位置?

【问题3】AO 与 DO 的长有什么关系? BO 与 EO 呢?

【问题4】$\angle AOD$ 与 $\angle BOE$ 有什么大小关系?

让学生带着问题观察,围绕中心问题进行交流、合作、讨论.教师演示旋转的过程(根据学生的认知能力可多次演示,方便学生解决问题),分组讨论揭示规律:

---

(1)旋转不改变图形的大小和形状.

(2)图形上的每一点都绕旋转中心沿相同方向转动了相同的角度.

(3)任意一对对应点与旋转中心的连线所成的角度都是旋转角.

(4)对应点到旋转中心的距离相等.

【设计意图:"议一议"应该是本节课的目的所在,通过动手操作、观看动画,帮助学生观察,让学生再次体会旋转的概念;围绕"议一议"的四个问题,让学生带着疑问进行讨论.由形到点,由点到线,由线到角,通过引导学生合作交流,进一步归纳"旋转"的基本规律.】

(三)拓展应用,巩固提高

1. 试试你的判断能力:一个图形经过旋转

①图形上的每一个点到旋转中心的距离相等.   (   )

②图形上可能存在不动点.   (   )

③图形上任意两点的连线与其对应点的连线相等.   (   )

【设计意图:让学生进一步理解"旋转"中的旋转角及其角度,同时发现旋转中的特殊点.】

2. 钟表上的分针匀速旋转一周需要 60 分钟

①分针的旋转中心在哪儿? 每分钟旋转角是多少度? 时针呢?

②经过 20 分钟,分针旋转多少度?

③分针旋转 150°最少需要多少时间?(根据学生课堂的认知程度对此问题进行选择性提问)

解:① 旋转中心是钟表的轴心;360°÷60＝6°;30°÷60＝0.5°.

② 6°×20＝120°.

③150°÷6°＝25 分钟.

【设计意图:通过从钟表分针旋转时间来计算分针所旋转的角度,让学生学以致用.问题③扩展逆向思维,根据课堂实际效果提升学生的认知水平.】

3. 你能用今天所学的知识来描述一下图 3-10 中可以看做一个菱形通过几次旋转得到的? 每次旋转了多少度?

解答:该图案可看做是以一个菱形为基本图案依次顺时针旋转 60°、120°、180°、240°、300°而得到的.

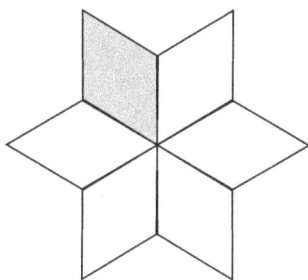

图 3-10　菱形的几次旋转　　　图 3-11　基本图形的旋转

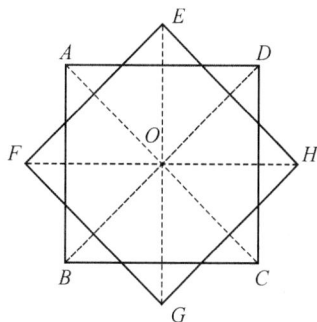

4. 做一做:观察图 3-11 的图案,它可以看作是什么基本图案通过旋转而得到的? 旋转中心、旋转角分别是什么?(学生动手画图分析,然后展示不同的解法)

【设计意图:例 3 是为了加深学生对旋转角的正确理解,应当是所选择的基本图案每一次旋转的角度,而不是两个菱形之间的夹角.在端正认识后,通过例 4"做一做"让学生进一步了解"旋转"中的"基本图案",理解"基本图案"的多样性和相对应的旋转角度的多样性.】

5. 图案欣赏,美育激趣(课件展示,师生互动评析)

①著名汽车标志;

②国旗、区旗;

③旋转在其他领域内的应用.

【设计意图:在学生从数学的角度认识和理解了旋转的意义后,让学生欣赏旋转的生活之美,发展初步的审美能力,引导学生用数学的眼光看待生活中的有关问题,学到贴近生活的活生生的数学.】

(四)课时小结

1. 谈一谈本节课你有哪些收获?(学生回答后,投影给出)

①旋转的概念;

②旋转的性质;

③学习中要培养一题多解的思维习惯.

2. 生活中处处都有数学,我们要学会用数学的眼光来发现生活中的美,更要学会用数学的方法来创造美.

【设计意图:通过学生的归纳、教师的总结体现教学的互动性和学生的主体地位,培养学生概括知识的能力,有助于学生主动的反思学习过程,理清学习思路,便于课后有条理地消化当天所学的新知识.】

(五)课后练习,巩固新知

必做题:课本第69页习题3、4;

选做思考题:课本第69页"试一试";

应用实践题:应用目前我们学习过的轴对称、平移、旋转的知识,为自己设计一个喜欢的图案,并简单介绍图案的意义.(一周后交)

【设计意图:作业的分类设置可以满足不同层次学生的认知需要,既有常规书面作业,也有创新实践作业,充分体现数学的基础性、普及性和实用性.】

教学设计说明

一、整体构思设计

"图形的旋转"是数学课程标准《空间和图形》中的内容.在本课的设计过程中,突出数学的实用性.首先从生活实例入手,通过回顾显示生活中的一些生活背景,以平移运动作为对比,提出问题,激发学生探究问题、解决问题的兴趣;再让学生动手操作结合观察分析,将生活实例转换成数学模型从而探寻旋转的性质;最后利用分层递进的练习加深学生对知识的理解和应用,同时渗透图案设计的美学思想.

整节课力求体现数学从哪里来还要回到哪里去的总体构思:即从生活中来,但是经过课上探究、提炼、升华后,最终形成自己的知识积累而回到生活中去.

二、教学特色设计

首先是形象性、生活化.生活是数学的源泉.教学中选取了大量生活中的实例,利用多媒体课件形象生动地展示出来,抓住了学生的兴趣,将学生的生活经验、教师的生活经验转变为数学现实,使学生真切地感受到旋转的来源、价值,感受数学在生活中的广泛应用.

其次是实践性.通过让学生动手操作时钟指针的旋转,直观地得出旋转的概念和旋转不变性,再借助课件的旋转演示帮助学生加深对旋转基本性质的理解与应用.这一实践过程将学生的认知从静态空间认知过渡到了动态的空间认知.

最后是自主性、生成性.本节课把学习的权利真正给了学生,教师的引导自然生成了学生的思考,让学生去看、去想、去说,在交流碰撞中积累关于旋转的感性认识,学生在交流中互帮互学,在互动中提升形成理性认识.使学生在掌握知识、形成技能的同时能用数学的眼光审视生活中常见的物体和现象,密切数学与现实生活的联系,发展空间运动观念,提高数学生活素养.

思考题

1. 针对我们为了说明教学设计的格式所提供的 2006 年全国教学设计比赛的三个教学设计,请你谈谈自己的想法,并作简要的评述.

2. 请你谈谈对数学知识与过程的关系,并谈谈如何针对二者之间的关系灵活进行教学设计.

3. 请你根据自己的兴趣,选择一个课题,仿照我们所提供的设计模式,设计一堂数学课的教学过程,格式不限.

第四章 中小学数学基本类型的教学设计(一)

——数学概念及命题的教学设计

前面我们针对一般教学设计的理论及总体框架与过程等作了一些讨论,这些讨论必须针对数学教学内容的不同情况进行"落实",本章和下章,我们准备对在中小学数学中我们认为最重要的数学基本类型的教学设计进行一些探究,主要有这么几个方面:①数学概念的教学设计;②数学命题的教学设计;③数学问题的教学设计;④数学应用的教学设计;⑤数学巩固的教学设计.本章对前两个问题进行讨论,后三个问题留待下一章继续讨论.

第一节 数学概念的教学设计

概念是思维的基本形式之一,反映客观事物的一般的、本质的特征.数学概念是数学的细胞和脚手架,是数学的基本单位,一般教师都会非常重视.数学概念的教学设计一直都是我们数学教师乐于讨论和研究的话题,是一个"长盛不衰"的话题.

一、概念教学的设计流程

一个数学概念是如何形成的,它是属于哪种类型的数学概念,它在所要学习的数学中起着怎样的地位和作用等等,这些是教师在概念教学设计前必须清楚的内容,然后才能有针对性地进行设计.本节就概念的类型作一些简单分析,然后就概念教学的设计流程作一些探究.

(一)概念给出的类型及简析

数学概念各种各样,根据我们的理解,概念给出的类型大致可以分成三种类型:元概念型、外延式定义型和内涵式定义型.

元概念型概念是不加以定义的一类概念,属于通过所涉及概念的对象的观察与抽象直接得出的概念,此类概念往往在人们头脑中具备一定的经验积累,而后在教师、他人及或某种情境"刺激"下产生的.例如,点、直线、平面、集合等,往往属于概念教学双方"只可意会不可言传"的内容,教师只能通过列举大量的实例帮助学生进行"语言上的旁敲侧击型描述和抽象",以让学生在脑中正确形成概念图.

外延式定义型概念的给出与元概念型概念有些类似,属于对概念所涉及的一些对象进行描述,而后进行抽象的过程.此类概念与元概念型概念有些不同,它们可以通过内涵的描述而得以确定,只不过内涵的描述繁琐、抽象严谨而过分倾向于"咬文嚼字"因而给学生增加学习上的困难而采取的方式,例如棱柱的概念.一些小学、初中教材就采取这种方式让学生形成棱柱的概念.高中阶段的教材才给出棱柱的概念,但给出的方式也不同.例如:现行高中教材(A 版)[①]是这样给出定义的:"一般地,有两个面互相平行,其余各面都是四边形,并且相邻两个四边形的公共边都互相平行,由这些面所围成的多面体叫做棱柱(prism)."而现行高中教材(B 版)[②]是这样给出的:"棱柱可以看成一个多边形(包括图形围成的平面部分)上各点都沿着同一个方向移动相同的距离所经过的空间部分.如果多边形水平放置,则移动后得到的多边形也水平放置."但这是否是"严格的定义",教材没有明确指出.外延式定义型概念的给出是数学教学的一种"技巧",并非概念不严谨.

内涵式定义型的概念一般是比较"严谨的",当然,它们一般也是需要经过一个从具体到抽象的过程,所采取的言辞也是一般学生能够接受的,这是一个引领学生从"学科"到"科学"的一种手段.例如,初中教材中的"圆周角"概念,教师给出了严谨的定义:"一个角的顶点在圆周上,两边都与圆相交,这样的角称之为圆周角."然后,教师为了帮助学生正确把握圆周角的定义,给出了不同的图形(见图 4-1),让学生辨析这些角是否是圆周角.

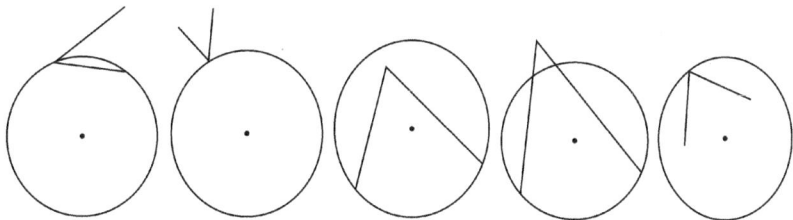

图 4-1　不同图形中的这些角是否是圆周角

---

①　王申怀.高中数学②(A 版).北京:人民教育出版社,2006.
②　高存明.高中数学②(B 版).北京:人民教育出版社,2004.

一般说来,内涵式定义型的概念所使用的言辞是建立在学生已经具备的概念之上的,这种"概念"很可能属于一种"生活常识"或"外延式定义的概念",因此,内涵式定义型的概念是属于严谨的,但由于其"基础"的"不严谨"很可能导致这些"内涵式定义型的概念"的"不严谨".例如,方程的定义是"含有未知数的等式".但是,由于"未知数"并未严格定义,导致两个老师对"$x=1$是否是方程"的争议①,因为有一位老师认为"x已经知道是1,所以它不是未知数".因此,在中小学教材中,一些看似"内涵式定义型的概念"其实有很多"漏洞",教师可"不必太过于认真",要注意"学科"与"科学"的差异.

(二)概念教学的设计流程

概念教学可以使学生的很多能力得到培养,一般教师都会注重其教学的设计过程,根据一般的设计流程,概念教学应该有这么几个环节:①创设情境;②形成概念;③巩固概念;④运用概念.由于数学概念有不同的类型,其教学手段也有一些差异,下面,我们就这四个方面进行一些讨论.

1. 创设情境

概念教学一般需要经历"情境—注意—抽象"的过程,这个过程需要教师创设一定的情境,然后在这个情境中引发学生的注意,最后对概念进行必要的抽象,使学生形成正确的概念.

一般说来,概念情境的创设主要有这几点:一是列举大量的欲形成的概念相关对象,引导学生从无意注意到有意注意;二是在引起学生对概念所涉及的对象注意后进一步产生对概念的形成的需要;三是要关注学生对概念认识的"原始想法",实现概念的"再形成"意识.

【例 4-1】《等差数列》第一课时的引入片段设计.

　　教师:同学们,上节课我们一起学习了数列的一般概念和其他相关的知识,今天,我们要开始研究一些特殊的数列.下面,请大家随意地写出一些数列(至少 5 个),并说明你写的理由.然后,我请三位同学上来把自己所写的数列抄在黑板上.

　　学生(预设:每个学生都在构思和撰写)……

　　教师(预设:巡视,发现张三写的数列似乎毫无目的;而李四似乎预习过,专门写等差数列;王五似乎写的有等差数列,也有等比数列,也有摆动数列):张三、李四、王五,请你们上来把自己写的数列抄在黑板上,并说明你的理由.

　　张三(预设:照办,把自己写的数列抄在黑板上):老师,我是随意写的,

---

① 方均斌.数学教学个案研究.成都:四川大学出版社,2006.

也没有什么想法.

李四(预设:照办,把自己写的数列抄在黑板上):老师,我是预习过的,也没有什么想法.

王五(预设:照办,把自己写的数列抄在黑板上):老师,我写的 $1,2,3,4,5,\cdots$ 是平时我们经常在数数的时候用到的,而写的 $1,2,4,8,\cdots$ 是在前面那个数列的第一项基础上都翻番,而我写的 $1,2,1,2,\cdots$ 是觉得有点意思,随便写的.

教师:我们的时间很有限,我们的劳动应该有价值,大家说说看,我们应该研究一些什么样的数列?

学生甲(议论后,预设):老师,我觉得应该研究一些比较实用的数列,比如王五写的 $1,2,3,4,5,\cdots$ 李四尽管看过书,我觉得书上写的是经过挑选的,把它们叫做等差数列,而王五写的第二个数列 $1,2,4,8,\cdots$,书上好像也有,叫什么"等比数列".

教师:很好,我们要挑选进行研究的数列一般是有这么几个标准:一是实用;二是有规律;三是很美.按照这样的想法,请大家一起选择你所感兴趣的数列.

学生乙(预设):我觉得数列 $1,2,1,2,1,2,\cdots$ 也蛮有意思的,好像课本里没有.

教师:你提的问题很好,其实,课本是挑选了实用性最强的两个数列进行专门的研究,其余的数列,有的可以进行转化,有的则可以放在以后研究.下面,我们不妨先就开始顺着课本的意思研究那些叫做等差数列的数列,请大家观察,李四写的数列,有什么共同特征?

……

【例 4-2】　"认识直棱柱"①的教学引入设计片段.

教师:空间几何体五花八门,有些似乎杂乱无章,如果我们现在要开始研究,请问,要从哪里开始?

学生甲(预设):从简单的开始.

教师:很好,这是我们研究问题的一个策略,那么,你认为什么是简单的?

学生乙(预设):最简单的是一个点.

教师:非常好! 前面我们的几何就是沿着这样的一个策略开始的:先是一个点,然后是研究直线,接着是研究的是由点和线组成的诸如三角形、

①　数学(八年级上册).杭州:浙江教育出版社,2010.

四边形等平面图形,现在,我们要向空间"出发"了!你认为最简单的是立体图形是什么?

学生乙(预设):立方体.好像球也很简单.

教师:非常好!你觉得立方体和球有什么区别?

学生丙(预设):我觉得它们的表面有差异,立方体的表面是平的,而球的表面是曲的.

教师:很好!你觉得曲的和平的哪个复杂一些?

学生(预设):应该是曲的.

教师:好,我们就从平的开始研究,刚才有同学推荐了立方体是最简单的几何体,研究它似乎视野太狭窄了一些,能不能把范围再扩大一下?

学生(预设):长方体.

教师:很好,能不能再扩大一些?

学生(在议论):…….

教师:我们观察一下长方体,它的底面是长方形,如果改为一般四边形,甚至改为三角形、四边形、五边形……

上面我们提供的两个教学设计案例是我们的"遐想作品",这种设计我们认为,教师并非一开始就把学生引向微观的概念学习,而是从概念的外围出发采取"逐步包围、步步逼近"的方式接近概念的外延,避免学生在学习概念的时候出现"只见树木,不见森林"的现象.把概念的学习紧紧地"附着"在"概念群"中,有利于学生的认知结构的完善,同时,也让学生明白研究数学问题的基本策略,是集宏观与微观思维培养的一个尝试.

【例 4-3】 对数概念的情境创设.

教师:前面,我们学习了指数的概念,请大家在括号中填空:$2^{(\ \ )}=2$;$2^{(\ \ )}=4$.

学生:$2^1=2$;$2^2=4$.

教师:很好!那么该如何填空 $2^{(\ \ )}=3$?

学生:……

教师:我们姑且不要急于填空,首先,满足这样条件的数是否存在?

学生:存在.

教师:为什么?有几个?

学生甲:函数 $y=2^x$ 与直线 $y=2$ 有交点而且只有一个,因此所填的数有且只有一个.

教师:很好,那么,怎么填这个数呢?

学生乙:老师,我知道了!画出准确图像,求出近似解.

学生丁:我觉得可以用计算器求近似解.

教师:都很好,但我们有时在研究问题的时候,一开始并不想急于求出近似解,但只想采取一种方法把这个数"暂时表示出来",大家觉得这个数应该怎么表示?

学生:肯定与2,3有关,而且是2与3唯一决定的,并且还与它们的顺序有关.

教师:很好! 为了便于记忆及和谐,我们应该把2放"低一些",3放得"高一些",这就是我们今天要学习的对数.

......

这种设计是教师在原有的概念基础上设置认知需求,激发学生的求知欲,即激发他们产生对新概念"创造"的需求,紧紧地把将学习的概念附着在学生的已有认知结构上,我们认为,这种情景的创设也是一种不错的选择.

【例 4-4】 圆周角概念的引入设计.

教师:我们在前面学习了圆心角的概念,假如我们挪动圆心角的顶点,会发生什么现象?

学生:大小会发生变化.

教师:你能不能根据顶点的位置给不同的角度分分类?

学生:可以分为顶点在圆内、圆上和圆外三类?

教师(依据学生的回答,作出图 4-2):既然它们大小会发生变化,那么,变化范围你能够确定吗?

学生:好像(顶点在)圆内的角有个范围,不能很小.(顶点在)圆外的角可以很小,好像都要比(顶点在)圆内的角要小,顶点在圆上的角不太清楚.

图 4-2 例 4-4

教师:那,我们用几何画板来试验一下.(教师拖动∠3的顶点)

学生:嘿! 奇怪! 没有变化!

教师:和圆心角∠1有什么关系?

学生:(圆心角)是它(指∠1)的一半! 这更奇怪了!

教师:好的,你们想知道这是为什么吗? 今天我们就来学习一个新的概念——圆周角.

......

前面,我们多次提到过圆周角的设计问题,其实,很多概念的给出是因为我们发现了一些数学结论才涉及的,并非是先给概念后发现结论的,这种利用先发现结论后给概念的设计方式是吻合数学的发现规律的.其实,任何数学概念

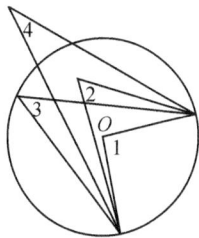

都源自我们研究的需要而形成的,这种"需要"就是需要教师创设情境,激发学生的学习动机,让学生更好地理解和掌握概念,将这些概念紧紧地附着在学生的"认知结构上".

2. 形成概念

在有效创设情境后,让学生正确形成概念也是需要教师精心设计的,其中,观察、分析、抽象、概括、归纳、描述、精确定义到最后的概念图的正确形成是形成概念所经常使用的手段.由于不同的概念及不同的教学要求,教师的设计方法也是有差异的.

【例4-5】 梯形概念的教学设计片段(前提:梯形概念的情境引入后).

教师:刚才我们注意到了,诸如楼梯、一些皮包的外形等都是一些特殊四边形,这些四边形的特殊之处在哪里?

学生:有一组对边平行,另一组对边不平行.

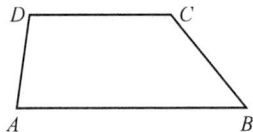

教师:好的,我们把符合这样条件的四边形称之为梯形(作出图4-3).图4-3摆放的梯形与我们人站立情形相类比,把不平行的两边 AD、BC 称之为梯形的腰,把平行的两边 CD、AB 分别称之为上、下底.那么,请大家指出下列梯形的上下底和腰(图4-4(1)、4-4(2)、4-4(3)).

图4-3 例4-5(1)

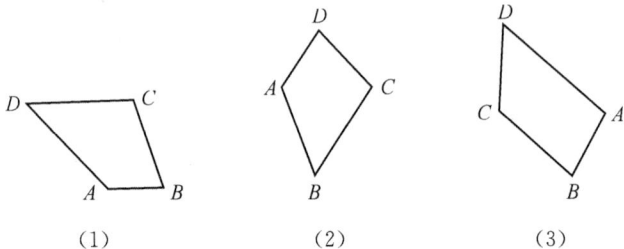

图4-4 例4-5(2)

学生甲(预设):图4-4(1)中,CD 是上底,AB 是下底,AD、BC 为梯形的腰;图4-4(2)中,AD 是上底,BC 是下底,AB、CD 为梯形的腰;图4-4(3)中,AD 是上底,BC 是下底,AB、CD 为梯形的腰.

教师:大家说,对吗?

学生乙(预设):不全对,他把腰说对了,但上底应该是短一点的,下底是长一点的,因此,图4-4(1)中,AB 是上底,CD 是下底;图4-4(2)中,AD 是上底,BC 是下底;图4-4(3)中,BC 是上底,AD 是下底.

教师:很好!我们不能把放在上面的叫上底,放在下面的叫下底,而腰则是专门指不平行的两条边.下面我们严格地叙述一下梯形的定义.

......

在数学概念中,有一些概念的描述是与生活用语含义相近的,但有时不完全相同,教师必须让学生在这些概念形成中不要"望文生义",以免对概念产生误解.另外,正确的概念图是学生形成概念的一个重要标志,教师必须在学生一开始学习概念的时候注意概念的外延进行变式,防止学生形成不正确的概念图,例如图 4-4(1)、4-4(2)、4-4(3)就是一种做法.

【例 4-6】 棱柱的概念的形成(高中).

教师:我手里拿着一个棱柱(见图 4-5),你能够描述一下棱柱的概念吗?

学生甲:有两个面平行,其余各面都是平行四边形,由这些面所围成的几何体称之为棱柱.

教师:大家说,对吗?

学生(议论):......

学生乙:应该是对的.

教师:请大家看(见图 4-6),它符合刚才同学说的定义吗?

学生丙:符合,但不是棱柱.

教师:很好! 我们有时不能以这些对象所符合的一些特征来定义这些概念,下面,我们给出一般棱柱的定义.

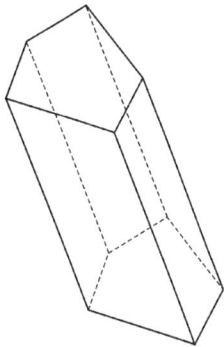

图 4-5 例 4-6(1)

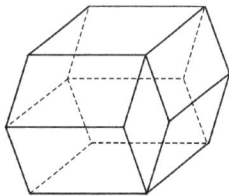

图 4-6 例 4-6(2)

......

学生在形成概念的时候,往往自己对概念所满足的某些特征进行描述,经常是对概念满足的必要或充分条件的描述,有时描述的往往采取一些不严格甚至是一些生活化的语言,例如:小学生在描述正方形的时候往往采取"方方正正的图形叫正方形".教师通过这些概念的教学达到培养学生严谨的思维习惯,训练他们的数学思维能力.

【例 4-7】 二次方根的概念.

教师:小张买来了一块正方形地毯用于装饰,小张只记得面积是 1.44 平方米,问:这块地毯的边长是多少?

学生:1.2 米.

教师:还有别的答案吗?

学生:不可能,因为边长越大,面积也越大.同样,边长越小,面积也越小.

教师:很好.假如我问一个数的平方为 1.44,请问:这个数是什么?

学生甲:1.2.

教师:是吗?

学生乙(补充):不全对,还有一1.2.

教师:很好! 还有吗?

学生(陷入沉思):……

教师:我们前面讲过,当这个数为正数的时候,有几个?

学生:一个.

教师:那么,当这个数为负数的时候,有几个?

学生乙:我知道了! 一个负数越大,它的平方数越小;一个负数越小,它的平方数越大,同理,这个负数也只有一个.

教师:很好.一个数的平方等于 a,我们就把这个数叫做 a 的平方根,也叫做二次方根.例如:$1.2^2=1.44$,$(-1.2)^2=1.44$,所以:1.2 和一1.2 都是 1.44 的平方根.刚才,我们已经讨论了,1.44 的平方根也只有两个.从这里,我们得到了什么结论?

学生:一个正数的平方根有两个.

教师:很好,我刚才告诉大家小张买来了一块正方形地毯面积恰好是 1.44 平方米,我想问一下:这块正方形地毯面积有没有可能是 2 平方米的情况?

学生:……

教师:这块正方形地毯面积有没有可能是 4 平方米的情况?

学生:当然有! 边长为 2 就可以了!

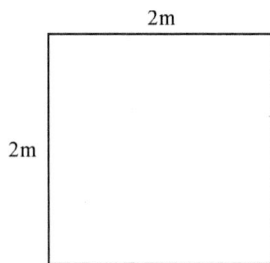

图 4-7 例 4-7(1)

教师:我们能不能在这块地毯是剪出一块面积为 2 平方米的正方形地毯?(见图 4-7)

(学生通过合作、动手尝试)

学生丙:可以! 把各条边的中点依次连接(见图 4-8)就行了!

教师:很好! 我们已经找到了面积是 2 平方米的正方形地毯,那么,它的边长是多少呢?

学生:量一下就可以了!

教师:大家不妨都画一个边长为 2 厘米的正方形,按照这个方法,量一下.

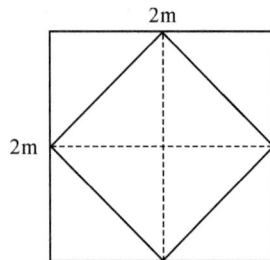

图 4-8 例 4-7(2)

学生丁:我量出来的是1.4厘米.

教师:你把这条边长平方一下,应该是它的面积.

学生丁:它(边长)的平方是1.96平方厘米,好像少了一些!

教师:大家把自己量的结果都平方一下,看结果如何?

(结果,所有学生都照办了,没有一个学生把自己所量的数的平方是2,有的学生干脆不量了,而是在那里用计算器猜测和调整,但还是不能成功!)

教师:我们现在遇到了一个"神秘的数",它不是一个有理数,也就是我们下节课要学习的内容——无理数.当我们遇到一个新的数的时候,当它们无法用已有的符号表示的时候,总是要引进一些记号.比如:2的平方根有两个,我们用"$\sqrt{2}$"来表示2的正平方根,读成"根号2"那么,2的负平方根要不要重新用别的符号?

学生:不用,在$\sqrt{2}$前面添一个负号就可以了!

教师:很好! 我们把它读成"负根号2",一般地,……

有不少的概念在引入的时候,需要引进新的符号.教师在引入的时候应该设计这样的几个环节:一是为什么要引进这些符号;二是这些符号的具体含义是什么,是唯一确定的吗;三是如何正确书写这些符号;四是要注意符号语言与文字语言的联系、差异、重叠的处理;五是采取适度措施巩固符号语言.以往我们的一些老师在符号语言的处理上往往对书写、重叠等环节不够重视,导致学生书写或认识混乱.

由于中小学数学概念各种各样,教学要求也不尽相同,因此,概念的形成过程教师就要灵活掌握.

3. 巩固概念

概念巩固是一个值得研究的话题.好多概念在学习起始阶段,教师通过辨析等方式让学生巩固这些概念,但是,时间一长,学生又忘记了.举一个简单的例子:我们在20世纪90年代末,遇到一个数学师范本科班,不少的学生认为同位角就是相等的.因为在他们的脑子里印象最深刻的是:"同位角相等,两直线平行"、"两直线平行,同位角相等"把"同位角"的概念与命题"两直线平行"这两个不同层面的内容"捆绑"起来记忆,导致对同位角概念认识的模糊.是什么原因导致这些数学系的本科生对如此基本的概念认识模糊呢?我们认为,这里面有对概念巩固认识的误区,以为通过后续的练习及应用就可以达到巩固概念的目的.其实,要真正巩固一个概念,需要"全程教学"的前后配合.以下是我们的几点想法,供参考.

一是从创设情境开始就为巩固概念打好基础.所谓"创设情境"就是让学生

明白为什么要学习这些（个）概念，这是构建概念的前提，给学生留下的是"概念的第一印象"，这很重要．

二是数学概念的形成过程．一个概念得到容易可能忘得也快，应该充分展示数学概念的形成过程，剖析概念的本质，这样，让学生深刻体会数学概念的形成，为后续巩固打下良好的基础．

三是概念的表述．尤其是那些表述概念内涵的关键词语，教师必须明确而不含糊地指出，有时可以采取一些辨析来进行．但要注意的是，有些概念是有外延的方式来"定义"的，刚开始采取辨析的方式就不同适宜了．比如：学生学习了对数函数概念后（目前教材是这样定义的：一般地，我们把函数 $y = \log_a x$（ $a > 0$ 且 $a \neq 1$ ）叫做对数函数），如果教师让学生辨析： $y = 2\log_4 x$ 及 $y = \log_4 (2x)$ 是否是对数函数？恐怕就不太合适了！因为教师"讲不清楚"．就像"人"这个概念，它是形形色色的人这些"外延"在人脑中的"抽象"所形成的概念，但"人"这个概念的内涵就有不同的解读，我们经常听到两个人打骂的时候，指责对方："你不是人！"道理就在于此．

四是概念的整理．一个概念引进后必须与学生已有的概念进行合理的整理，让学生更好地同化这些概念．主要从两个方面着手：一是整理它们的联系与区别；二是按照一定的逻辑链形成系统化，使新概念成为学生认知结构中的"一个有机组成部分"．

五是概念的回顾．一些概念学习时间长了以后，学生可能淡忘．教师应该具有系统的观点，经常在平时教学过程中提及所传授内容涉及的以往概念，不断通过周期性或非周期性地反复，达到唤醒记忆以巩固概念之目的．

4. 运用概念

运用概念有巩固概念的一面，但如果仅停留在这个层面，是对概念教学的曲解．运用概念的本质是"搭建数学大厦"的方法教育．

【例 4-8】 将式子 $x^2 + \dfrac{4}{x^2}$ 因式分解．

本题的"分解"是 $x^2 + \dfrac{4}{x^2} = \left(x + \dfrac{2}{x}\right)^2 - 4 = \left(x + \dfrac{2}{x} - 2\right)\left(x + \dfrac{2}{x} + 2\right)$ ．

这让一些"概念清晰"的老师很是"不快"：连什么是"因式分解"都没有弄清楚，还做什么因式分解?！我们知道，一般地，把一个多项式化成几个整式的积的形式，叫做因式分解．[①]这样，因式分解的思想就被禁锢在"整式区域"．那么，假如教师能够把握因式分解的本质：它是代数式乘法运算的逆运算，在很多场合都

---

① 范良火.义务教育课程标准实验教科书·数学（七年级下册）.杭州：浙江教育出版社，2006．

有其应用.即,将因式分解的概念适度"推广":提取其分解思想!就能够在因式分解的应用中把握其本质而不会"因循守旧".但必须指出的是,教师应该明确地向学生表明概念的"界定范畴",有意识地渗透概念建立起来的"思想".例如,本题的表述明显有使学生对因式分解概念产生误导的倾向,可以改写成:"你能够仿照因式分解的做法把代数式 $x^2+\dfrac{4}{x^2}$ 分解成两个代数式的乘积吗?"这样,既提取因式分解概念的"思想精华"又不使概念混淆.值得指出的是,假如学生有诸如将 x^2-16 分解为 $(\sqrt{x}-2)(\sqrt{x}+2)(x+4)$ 的错误时,教师不宜以"概念不清"为由对学生进行"批评教育",而应该积极引导,因为数学代数式变形有时确实需要类似的做法.而应该说:"你的做法在某个方面确实把握了因式分解的思想,但应该看问题的需要.你想一下,按照这样的做法,我们还可以做下去:继续将 $\sqrt{x}-2$ 分解为 $(\sqrt[4]{x}-\sqrt{2})(\sqrt[4]{x}+\sqrt{2})$,而 $\sqrt[4]{x}-\sqrt{2}$ 还可以分解,你看这样下去,有个完吗?"学生可能悟出来了:因式分解要求在多项式中进行.

实事求是地说:教师首先自己不能概念模糊,就拿本题而言,教师的命题就有可能对学生有误导之嫌.因为所给的代数式不是多项式而是分式.前提有误,随后的做法可能导致争议随之而来,如: $x^2+\dfrac{4}{x^2}=\dfrac{x^4+4}{x^2}=\dfrac{(x^2-2x+2)(x^2+2x+2)}{x^2}$ 这个变形过程算不算因式分解等.其次,在学生运用概念出错的时候要对其错误进行必要的分析,注意是否蕴含其中的合理因素.

【例 4-9】 解一元一次不等式: $2(x+3)\geqslant 2x-3$.

一般教材给学生解一元一次不等式都能够得到诸如 $x>a,x<a,x\geqslant a$, $x\leqslant a$ 之类的解,回避了通过化简而出现"找不到未知数 x "的情景.我们给出这个问题,当学生按照老师传授的方法对该不等式化简得到: $9\geqslant 0$.他们不知所措:有的认为这种不等式不存在;也有的认为这种不是一元一次不等式;有的则认为不等式无解,因为 $9>0$ 不可能 $9=0$.从这个"非常规一元一次不等式"中我们可以看出一些学生对"一元一次不等式"、"不等式的解"、"不等号' $\geqslant$ '"等概念不清楚,此类不等式尽管不是一元一次不等式教学的重点,但在解的过程中可以帮助学生澄清相关的概念,尽管教材没有出现类似的问题,但是我们认为,教师可以让学生接触,可以加深学生对相关概念的理解,采取回避的策略恐有不妥.

【例 4-10】 求证:两平行直线与同一个平面所成的角相等.

这个问题源自老教材的一道习题,对一些概念不清的学生有三个考验:一是线面不同位置关系而导致它们所成角的不同情形的分类;二是分类讨论的方法；三是线面角的概念.尽管该问题有些难,但教师通过一定的"分解"(例如把问题改为"两平行直线若是同一个平面的两条斜线,求证:它们与该平面所成的角相等"),也可以达到一定的"教育目的".

在概念的具体应用教学中,如果问题解决的关键集中在某个概念上,一些学生经常由于概念不清出现了一"念"之差而导致"全盘皆输"的现象,这样的问题就很值得我们的教师关注,它在平时教学过程中的"教育意义"可能会更大一些.

二、概念教学中的注意点

针对数学概念的一些基本教学方法及策略,尽管一般教师可能都有一定的理论修养和实践的经验,可是我们认为,数学概念教学过程中还普遍存在一些问题,以下就我们可能不太注意的环节进行探究,供参考.

(一)概念教学中存在的几个问题

1. 概念形成的选择问题

数学概念是数学大厦的基石或脚手架,选择什么概念来建立数学大厦就有一个抉择的问题,这里就需要宏观把握.以往我们数学教学都是课本中具有什么概念我们就引导学生学习什么概念,至于为什么要学习这些概念而回避别的概念恐怕就很少提到,有些教师在设计的时候往往使用的口头禅是"为了学习……我们首先学习(明确)以下的几个概念……",这种引入概念教学的方式或许我们可能认为没有什么问题,相当于我们在造高楼大厦时,为学生指明了应该选择什么材料的问题,其实不利于学生创新能力的培养.因为学生将来在开拓新领域的时候就需要这种选择"原材料"的能力.教师在教学过程中应该解决选择概念的"动机问题",我们不能用所谓的"课本""教学大纲"没有提到来进行搪塞,否则就是一种不负责任的行为.

【例 4-11】 等差数列、等比数列的教学.

传统的教学方法(历年来我国一些权威教材的描写也是如此)是教师写出一系列(或"创造背景",专门挑一些涉及这两个数列的实际问题提出)等差数列(或等比数列),让学生进行观察和抽象这些数列的本质特征,然后教师和学生一起得到这两个概念,接着就对它们的通项公式、求和公式等内容进行研究.一般学生如果抱着"老师教什么,我们学什么"的心态学习数学,他们不会提什么疑问,可一些好奇心强的学生可能会质疑:"为什么要学习等差数列、等比数列?难道没有等和数列、等积数列吗?"

其实,我们这种传统做法隐去了数学创造的一个层面:具体数列研究的优化选择问题.不管我们是有意还是无意,这种做法在培养创造意识方面是有欠缺的.为何我们不让全班学生自己凭感觉写一些数列,然后每个学生挑选自己"感兴趣的数列",再集中所有学生的意见? 教师完全可以通过人类的审美追求和实用选择等"固有天性"的驱使手段达到选择这两个数列的目的,如果我们连"等差数列、等比数列是我们用到最多的两个数列"都"懒得讲",那我们不能不说是一个遗憾!

在中小学数学中,类似这样的概念选择问题非常多.据笔者观察,"选择回避"的教师也不少! 如:①内错角、同位角、同旁内角的概念教学.学生可能会问:"为什么没有外错角、异位角、异旁内角、同旁外角?"②三角形四心(重心、垂心、内心、外心)的教学.学生可能会问:"四边形有四心吗?"③多面体、旋转体的教学.学生可能问:"现实空间的几何图形五花八门,为什么只研究多面体、旋转体?"④圆周角、圆心角的教学.学生可能问:"是否有圆内角、圆外角的概念? 我们为什么不去研究?"等等.

既然如此,我们很自然就会遇到两个问题:一是:"一些概念的选择需不需要都与学生进行交流?"二是:"我们是否将所有的概念教学都进行这样处理?"我们认为答案也是否定的.因为根据目前的我国教学状况,教学时间也不允许这样做.以下是笔者的三点建议:一是做好"宏观篇".这个"宏观篇"往往是在"章""节"的引言中进行,根据我们的观察,教师在这个环节往往比较"吝啬时间",经常"直奔主题",似乎"效率很高".实际上,这样做往往使得学生"只见树木,不见森林",缺乏一种宏观的思路把握.二是做好"抉择篇".抉择一些概念作为数学大厦的基石也是培养学生能力的重要环节.例如,如何暂时"回避"或"抛弃"一些概念(或知识)的能力也很重要(如繁琐、用途不大、等价、超越能力和要求的内容我们可以选择暂时回避).三是做好"回味篇".并非所有的概念抉择都能够由学生来进行的,一些概念的教学往往需要"先斩后奏".据我们观察,对于一些概念教学我们的一些教师往往"先斩"但没有"后奏".实际上,反思能力对于创造性人才的培养也很重要.例如,我们前面所举的一些教师的口头禅是"为了学习……我们首先学习(明确)以下的几个概念……",如果能够在适当的时间引导学生回味:"大家是否意识到,所学习的某某概念在本节(章)的作用是什么?"那也是一个不错的教学设计(也许是一种"补救措施").

2. 概念形成的表述问题

可以这样认为,概念是客观事物的一般的、本质的特征在人们头脑中的反映,而刻画这种本质属性是否采用精确、严谨的数学语言是值得我们思考的话题.受欧几里得思想的影响,以往我们有个习惯,在教材中总需要把一些数学概念采用精确的定义(语言)方式给出,似乎只有这样才能说明学生的概念明确,而现在的新教材却出现了对一些概念没有采用明确的语言给予定义的方式,一些教师感觉非常不适应.我们得思考这样的一个问题:能够采用准确的文字表述某个概念是否是衡量学生对这个概念掌握的标志?

3. 概念形成的效率问题

"讲究效率"是我国数学教育的一个重要特征,但是这种"讲究效率"往往又是我们培养创新人才的"致命伤".这种所谓的"效率"往往夹带着较多的"教"的成分(讲得难听一点就是"塞"的成分偏多).一些概念的学习基本上属于"接受型"学习模式,省掉了学生的思考和选择时间.

【例4-12】 任意角的三角函数教学.

我们比较了人教社的最新高中教材和以往几个版本对任意角的三角函数概念的描写方法,发现教材的基本观点是切中主题讲究效率.其实,任意大小角的出现是否有必要定义其三角函数值是需要与学生"商量"的,在人教社的最新高中教材(A版)中对任意角的出现动机描写是很清楚的:"过去我们研究过$0°\sim360°$范围的角,但现实中还有其他角."但在任意角出现后是否一定要定义它们的三角函数值?在数学研究中我们完全有三个策略:一是只规定锐角三角函数值而回避其他角的三角函数值,正如我们只规定正数为真数的对数、非负数有平方根一样的处理方式;二是将任意角的三角函数值纯粹依据原来构造直角三角形的模型来解决(在角终边上任取一点作x轴的垂线,构造直角三角形);三是重新构造或对原先模型进行推广(当角为锐角时应与原来的定义不矛盾).我们教师应该创设背景让学生产生定义任意角三角函数的需要,同时逐步探索最佳数学模型.

在中小学数学的不少概念教学中,我们的一些"追求效率"的做法主要体现在:一是除了我们缺乏让学生形成概念的动机教育外,我们不是花时间创设背景让学生自己去选择概念,而是一厢情愿地剥夺了学生的选择概念权利.二是我们缺乏让学生形成概念的方法教育.即我们替代了学生选择"数学大厦的最佳基石"的工作,使得学生缺乏选择概念的能力.一些教师考虑学生的年龄特征及教学任务的做法可能有一定的道理,但从现代社会发展的创新角度上看是值得商榷的.首先,任何新学科的建立及研究往往需要构建一些新概念,而这些新概念的构建者必须根据需要进行取舍,这方面的能力及意识应该从小开始培养;其次,学生就学期间如果能够在老师的引导下,针对某些概念的筛选及形成工作,他们往往能够以研究者的身份进行学习,加强了他们的学习主动性.

4. 概念形成的夯实问题

概念的巩固一直是我们数学教师关注的问题,我们特别烦恼的是一些学生概念不清,甚至我们将"概念不清"列为"思维混乱"的一个重要"指标".是什么原因造成学生的"概念不清"呢?根据我们的观察,除了时间因素外,有三个环节是需要注意的:一是概念形成过程中教师"塞"的成分偏多,学生"轻而易举"地就"获得"某个概念;二是概念辨析、整理工作缺乏;三是概念的应用偏少.

【例 4-13】 平行线概念.

我们曾经让本科师范生证明命题:"两平行直线确定一个平面",几乎所有学生在证明存在性的时候不是根据平行线的定义,而是在两平行线上找不共线的三点,试图通过这三点确定的平面来证明存在性的问题,当他们绞尽脑汁却不得其解时,我们提示他们回顾平行直线的概念的时候,他们"恍然大悟"并"哑然失笑"! 其实,我们也曾经对高中生做过类似的"实验",情况基本相同.是什么原因导致这种现象呢? 我们认为,学生在初中得到平行线的概念的基础是他们所研究的几何对象基本上是在平面上的,缺乏适当的辨析工作,他们就这样"轻而易举"地获得了平行线概念,加上时间的长久,平行线在学生脑中仅剩下一个"表象",与直线概念处于"同等地位",即学生把平行线当做"元概念"或"元名词"了.

(二)对数学概念教学的几点思考

对如何能够让学生踏实地学好一些数学概念的问题,在一些数学教育学相关书籍中一般都有过专门的论述.笔者根据目前我国教材的编写及教学现状,认为要达到理想的概念教学要求,以下几点需要我们数学教师注意.

1. 以探究的心态进行概念教学

以探究的心态进行概念教学是指教师克服思维定势,通过多种方法探究学生学习的"最近发展区",在此基础上进行概念教学的设计;还有一层意思是指站在学生的角度审视概念教学,教师当作对相关概念"一无所知",尽量遐想自己与学生站在同一起跑线,采用充满好奇的口吻与学生共同"形成"相关概念.

【例 4-14】 圆柱的认识.

《圆柱的认识》是小学数学立体几何最后一个阶段的学习内容,大部分教师一般认为学生对圆柱都是似有似无的认知,所以学习活动还是按照常规的概念教学模式进行设计,结果《圆柱》一课的教学有如"鸡肋",食之无味,弃之可惜.杭州市学军小学特级教师袁晓萍在进行《圆柱的认识》教学设计之前对学生进行了问卷调查,其中一个问题是:下面立体图形中是圆柱的请打"√",不是圆柱的请在( )旁说明理由(见图 4-9).

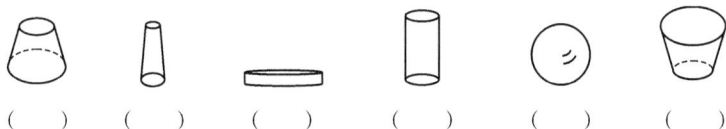

图 4-9 例 4-14

调查结果惊奇地发现能正确判断并准确阐述理由居然有 79 人（80 份问卷），仅有 1 人认为不是圆柱,是因为没有看清图所表达的立体,把它看作了一个长方形.这个调查结果并不是偶然的,事实上学生在人教版一年级的《立体图形》的学习中就已经初步接触了圆柱,再加上生活中丰富的现实经验,早已超越了老师习惯性在课堂上"呈现图形,让学生来判断"的认知层次,教学自然需要跳出常规的概念教学模式才行.

2. 以合理的手段促进概念形成

在时间允许的条件下与学生采用探究的手段学习概念固然是一个很好的选择,但在有限的时间内,要让学生学习很多的概念,或一些概念本身"身份复杂",不是能够一言半语能够"探究"清楚的,在这种情况下,来一个"先斩后奏"的教学方法也是一个不错的选择,关键是"先斩"别忘了"后奏"！即在向学生引进某个概念后,让学生进行反思:为什么要学习这个（些）概念？有什么好处？等等.实际上,学生在学习一些"缘由复杂"的概念时,有时不得不采用接受型的学习方式,但教师不能忘记提醒学生进行一些必要的反思.

【例 4-15】 球面距离.

球面距离的概念是数学家通过"千辛万苦"的研究得到的,教师完全可以通过创设如何求地球上两个地方的路线长短问题引出探索球面距离的需要,但"以经过球面上两点的大圆的劣弧长"来定义球面距离恐怕只能向学生解释前人的工作,然后作简单的说明（甚至证明）,并且请学生进行反思其定义的来源及合理性.也就是说,球面距离的概念可以采用接受性学习方式进行教学.

到底什么时候让学生采用接受性学习概念、什么时候采用与学生共同探究概念的形成？一般我们需要考虑这样的几个因素:一是学生的年龄特征;二是概念本身的产生难度;三是课程标准的教学要求及每节课的教学任务;四是时间因素.一般而言,针对小学生、初中生,一些概念能够让学生形成样例的表征方式即可,即教师需要引导学生观察足够的概念所涉及的样本,能够创设情景使学生从无意注意到有意注意,在学生的头脑中形成正确概念的样本表征即可,而针对高中学生,相当一部分概念恐怕需要形成语义表征了,这对学生的概念学习的要求有一个质的飞跃,教师在具体教学过程中的"辅助"作用就必不可少了.概念产生的原始背景往往有三个方面:一是生活模型的直接抽象;二是数学模型的进一步抽象;三是数学进一步研究所产生的需要.前两个方面教师应该有一个任务,即创设背景让学生从无意注意到有意注意,而第三方面则教师必须尽量展示数学研究的过程,"诱发"学生产生某个概念的心理倾向.根据笔者观察,部分教师对这些概念形成的"启动工程"缺乏足够的重视.

3. 以恰当的要求实现概念巩固

样例表征下的概念往往不稳定,容易受样例外的特征的影响.尽管如此,由于教学对象的年龄特征及教学具体的要求的影响,针对较低教学要求的概念,我们还是无须让学生产生精确的概念语义表征.此时,教师在引导学生有意注意概念所涉及的样例后,只要提供适当的样本和适度的正反例对比即可.但针对较高要求的概念,我们则必须帮助学生正确表述,产生精确的语义表征,并且对表述概念的语言逻辑具有极其高的要求.

【例 4-16】 函数概念教学.

针对初中学生而言,教师可以从现实世界中提供足够多的两个变量之间的函数关系的实例,采用带有"运动"味道的语言进行描述(或定义)函数的"概念",在学生的脑中只要有"一次函数、二次函数、正比例函数、反比例函数等"的样例表征即可,无须在函数概念的语言表述上"纠缠不清".但在高中,尽管需要提供更多的函数样例,但这一切都是为了让学生能够正确形成函数的语义表征服务的,教师在函数定义上"咬文嚼字"的做法却一点也不过分.尽管如此,教师考虑到学生的年龄特征,目前仍然不提诸如"单射、满射"等字眼来"辅助"定义函数的概念.

一般说来,所谓的"以恰当的要求实现概念巩固"主要还是考虑学生的年龄特征和教学任务的要求,教师应该适当把握这个度.

第二节　数学命题的教学设计

数学命题属于数学概念之间关系的一种判断,只有学生在明确一些相关的基本概念的基础上才能进行一些数学命题的发现与探索、学习.一般地说,一个数学命题离不开提出、证明与推导及运用与系统化过程,数学命题的教学直接涉及培养学生的发现、探索欲望和能力,有趣的数学命题往往能够激发学生学习数学的兴趣.所以,数学命题的教学设计意义非同小可.

一、命题教学的设计流程

(一)设计流程简述

命题教学设计的完整流程一般分为:①情境;②定向;③提出;④判断;⑤证明;⑥反思;⑦巩固;⑧升华等几个环节.不同的环节所体现出来的价值和意义各不相同,设计的手段自然差异很大.但是,它们相互之间又是有联系的.

1. 数学命题的情境设计

数学命题的提出可以设置一定的情境,当然,也可很"唐突"地给出.例如,我们教材中的习题(尤其是证明题)的给出方式一般都很唐突,如果没有采取这样的方式给出,一般情况下学生是很难提出类似的命题的,除非有教师的引导.教师设置情境的主要意图是让学生"触景生情",能够用"数学的眼光"来审视周围的一切.

2. 数学命题的定向设计

当教师设置一定的情境后,如果没有一定的定向引导,学生也很难提出一些有价值的数学命题,或者一些学生毫无目的地提出一些数学命题令教师难以有效地组织数学教学,既浪费时间又给教学带来一定的负面效应.当然,一定的思维发散后再进行必要的整理定向是必需的,有时也是可行的.

3. 数学命题的提出设计

数学命题当然完全可以由教师自己提出,但是,这样提出的方法和策略对学生的教育意义不大.教师通过一定的情境、定向和引导,让学生提出一些数学命题,然后在教师引导下得出一些"有价值"的数学命题.从这个过程中,学生可以体会数学研究的科学方法以及培养自己的直觉与猜想能力,为将来成为具有创新意识与精神、能够掌握一些基本的研究问题的科学方法人才打好基础.

4. 数学命题的判断设计

当学生提出一个数学命题后,其真假性的判断也从一定层面上训练学生的直觉与猜想能力,教师可以通过这个渠道教育学生在研究问题中的策略与科学方法.

5. 数学命题的证明设计

数学命题的证明是寻求沟通数学命题条件与结论的逻辑通道的过程,是对学生已有的数学知识和命题掌握情况、数学思想方法及思维灵活性的综合考验,是训练学生逻辑思维能力的一个有效途径.

6. 数学命题的反思设计

一个数学命题证明真伪后,对提出、发现及证明过程的反思与总结,对数学命题结论的信息捕捉能力是数学命题教学的重要收获阶段,这个环节教师应该注意把握和认真设计.学生对这个环节的意识很是薄弱,因为他们以为当完成命题证明后,命题学习的"历史使命"已经告一个段落,往往就"洗手不干"了.

7. 数学命题的巩固设计

数学命题的发现、提出、证明、结论除了反思外,是否再通过类似的变式及命题的变化重复训练以巩固这些重要的内容是很值得教师思考的话题.

8. 数学命题的升华设计

一个命题通过前 7 个环节的教学,如果缺乏思想方法的升华及与其他学科方法的联系,那么,数学教育的层次也会受到一定的局限性.

值得指出的是,并非所有的命题都需要通过上述 8 个环节,要根据教学的需求具体确定.

(二)一个命题教学的设计样例

案例:正弦定理的教学设计(见表 4-1)[①]

表 4-1　正弦定理的教学设计

设计环节	教师提问(设计)	学生回答(预设)	意图解析
情境	如何测量用皮尺之类难以企及的两个目标之间的距离? 例如:(1)如何测量在航行途中海上两个岛屿之间的距离;(2)如何测量珠穆朗玛峰的高度等.	利用测角仪等工具,然后进行必要的计算.	设置这样的情境,目的是让学生明白本节课的整体意图.
定向	很好! 本章我们学习了三角形的边、角关系后,就可以解决这些问题了.		把学生的思路引向探索三角形的边角关系上.
提出	我们前面曾经学过,任意三角形的大边对大角,小边对小角,你有什么想法吗?	不知道每条边和它的对角的比值是否会是定值?	从学生原有的知识结构出发,通过特殊三角形猜想、试验等手段提出数学问题.
	这个猜想很好,我们不妨拿特殊三角形尝试一下.你准备拿什么特殊三角形?	等边三角形显然成立,不,应该拿直角三角形试验(学生尝试后,发现结论并不成立).	
	刚才我们通过试验,发现一个三角形的每一条边与对角的比值一般不相等,那么,我们能否从刚才的直角三角形(Rt$\triangle ABC$,$\angle A$,$\angle B$,$\angle C$ 的对边分别为 a,b,c)发现边与对角之间的一些关系?	$\sin A = \dfrac{a}{c}$ $\sin B = \dfrac{b}{c}$ 哦! $\dfrac{a}{\sin A} = \dfrac{b}{\sin B} = c$	
	好像有点不对称,能否再改造一下?	因为 $\sin C = 1$,所以 $\dfrac{a}{\sin A} = \dfrac{b}{\sin B} = \dfrac{c}{\sin C}$	
判断	这倒很有趣! 我们得不到 $\dfrac{a}{A} = \dfrac{b}{B}$ $= \dfrac{c}{C}$,但是我们得到 $\dfrac{a}{\sin A} = \dfrac{b}{\sin B}$ $= \dfrac{c}{\sin C}$! 这个结论难道只对直角三角形成立吗?	等边三角形这个结论显然成立,一般三角形不清楚是否成立.	当一个数学命题提出后,是否成立一般需要通过特殊化手段进行试验,然后再确定是否继续进行证明.

[①]　人民教育出版社课程教材研究所、中学数学课程教材研究开发中心.普通高中课程标准实验教科书(数学⑤ A 版).北京:人民教育出版社,2004.

续表

设计环节	教师提问（设计）	学生回答（预设）	意图解析
判断	（作图、测量、计算后）成立！	请随便画一个三角形，测量一下，成立吗？	
	既然全班同学所画的三角形都各不相同，且都验证了结论的正确性，我们就有理由相信这个结论成立的可能性很大，我们能否给予证明呢？	试一下吧！	
证明	直角三角形中我们已经证明了结论的正确性，那么，一般三角形如何证明？	转化为直角三角形，即作三角形的高线，把一个直角三角形分割为两个直角三角形．	通过非直角三角形转化为直角三角形的策略让学生明白数学问题解决的一般策略：将未知或生疏的情境转化为已知或熟悉的情境．
	好的，现在我们开始证明：……（略）	（观察教师的证明）	
反思	这个结论我们称之为正弦定理．通过刚才我们做的一切，你有什么收获？	我们通过自己的观察和猜想（利用特殊三角形）得到了这个漂亮的结论！同时，我们还采取把非特殊的情形转化为特殊的情形来进行证明．	这个过程属于命题发现及证明后思想总结、提升的很重要阶段，是思维概括化的过程，为后面命题巩固打下基础．
	这个结论很漂亮，同时，肯定也很有用，因为课本把它拿来做定理使用．你能够根据这个定理的特征思考它有什么用吗？	拿等式 $\dfrac{a}{\sin A} = \dfrac{b}{\sin B}$ 来说，知道三个量就可以求第四个量．	
巩固	很好！我们清楚其发现及证明，你能够记住这个定理吗？	当然，这个结论很好记，因为它很漂亮！	通过反思、记忆、练习、评价、总结等反复循环的过程达到巩固命题的目的．
	好的，下面我们就来看这么一个例题：……	……	
	从这几个例题的解决中，你有什么体会？	……	
	好的，我们下面做几个练习．	…	
	从这几个练习的解决中，你有什么体会？应该注意些什么？	……	
	本节课所学的正弦定理主要是解决……，应该注意……	……	

设计环节	教师提问(设计)	学生回答(预设)	意图解析
升华	正弦定理是解决三角形中边角关系的一个非常有用的命题.(1)它与以前学过的三角形边角关系命题有何联系?(2)它在应用的时候有何局限性?(3)是否还有别的三角形边角关系命题?(4)正弦定理能否推广?(5)正弦定理的发现及证明过程给我们有什么启发?		命题的升华工作一般是指:(1)所得到的命题与以往命题有何关系?(2)所得到的命题本身作为结论有何作用?(3)是否还有别的类似命题?(4)这个命题的发现及证明过程给我们有什么启发?(5)所得到的命题能否通过变化得到别的命题?等等.

二、命题的提出、证明与推导

前面,我们就命题的设计提出了 8 个环节并就设计流程作了简要分析.这 8 个环节并非是一般命题都需要经历的,要看具体的教学需要.然而,命题的提出、证明与推导是命题教学的内核,一般是不宜回避的,下面,我们就这两个重要环节的教学设计作一些探索.

(一)命题的提出设计

如何在学生面前提出一个数学命题?这需要我们教师根据教学的意图精心设计.如果仅仅是为了沟通命题条件与结论之间的逻辑通道训练,纯粹以培养学生的逻辑思维能力为目的的,我们完全可以直接提出.例如,课本练习中的证明题大部分就是这种情景.但是,如果我们提出数学命题是为了帮助学生将来如何提出有价值的数学命题,以培养学生的数学发现能力,那么,在提出环节的设计上就要另当别论了.以下,我们就根据命题的特点及教育意图进行一些探索.

1. 带有方法论指导意义的命题提出设计

很多数学命题都是由其他命题通过类比、归纳、演绎化得到的,这种变化教师应该让学生学会.

【例 4-17】 过平面内的不同点可以作的圆个数设计(见表 4-2)①.

表 4-2 过平面内不同点可以作的圆个数设计

命题提出(设计)	学生回答(预设)	设计意图
我们知道,一个圆可以由圆心和半径唯一确定.圆上的点可以有无数个,那么,随便取若干个点,是否有一个圆经过它们?	不一定,要看点的个数.	让学生懂得逆命题的提法.
几个点?	比如:1 个点,经过它就可以画无数个圆.	让学生懂得从简单入手提出命题的策略.
那么,经过两个点呢?	也可以画无数个圆.	让学生懂得从简单到复杂提出命题的策略.
这些圆有什么特征吗?	(通过作图观察)我们发现这些圆的圆心都在一条直线上.	让学生通过观察发现命题.
为什么?	平面内与两个定点距离相等的点在这两个定点连线段的中垂线上.	让学生通过理性思考探究命题的正确性.
那么,经过平面内的不同的三个点可以作几个圆?	(通过探究发现)一个.	让学生动手操作,也可以让他们采取合作学习发现命题.同时也考验他们思维严谨性.
是吗?对这三个点有什么要求吗?	(通过认真思考发现)哦!三个点在一条直线的时候无法作出(经过这三点的圆),如果三个点不共线,可以作出唯一的一个圆.	当学生无法思考严谨的时候,教师可以提示和做铺垫.
你们知道我接下去要问什么吗?	经过平面内的四个点,可以作几个圆?	让学生懂得归纳得出命题的方法.
很好!(经过平面内的四个点)可以作几个(经过这四个点的圆)?	(学生有了"前车之鉴"后,"学乖了")不一定,如果四个点都在一条直线上的话……	让学生体会到命题探究的前后依存关系.
是这样的吗?	(深思)哦!只要其中有三个点在一条直线上就不可以作出(经过这四个点的圆)	培养学生的思维严谨性.
你们知道,我接下去要问什么吗?	假如在同一个平面内,这四个点没有任意三点共线,(通过这四个点)可以作出一个圆吗?	借学生的口提出命题,让学生体会提出数学命题的科学方法.

---

① 范良火.义务教育课程标准实验教科书·数学(九年级上册).杭州:浙江教育出版社,2005.2

命题提出(设计)	学生回答(预设)	设计意图
很好!你们觉得可以作吗?	(犹豫)应……该……能,(思考)哦!不一定.因为经过其中的(不共线)三个点可以作唯一的一个圆,那么,第四个点不一定在这个圆上	让学生懂得类比是需要严谨推理的,类比的方法不一定可靠.
假如在同一个平面内,有五个点没有任意三点共线,(通过这五个点)可以作出一个圆吗?	哦,老师,我们知道了!(平面)四个点及以上的结论基本类似:不一定.	让学生懂得归纳过程中命题之间的关系.

2. 带有欣赏、反思意图的命题提出设计

在中小学数学教学中,不少的命题是通过数学家长期摸索或采取独特的眼光而发现的,此类命题往往都是很著名的定理,有些甚至连发现者自己都讲不清楚是如何发现的,这些发现往往需要"灵感"来支撑,数学尽管讲究的是理性,但是,也必须尊重灵感,可以带领学生用欣赏的眼光来审视前人的劳动,也可以采取像诸如诗歌欣赏这样的教学设计手段来进行,然后再引导学生进行反思.

【例 4-18】 勾股定理的教学设计(见表 4-3).

表 4-3　勾股定理的教学设计

命题提出(设计)	学生回答(预设)	设计意图
设有一个直角三角形 $\triangle ABC$,($\angle C = 90°$,$\angle A$,$\angle B$,$\angle C$ 的对边分别为 a,b,c)我们来探究这个直角三角形的三边具有的关系.以前,针对任意三角形,它们存在怎样的关系?	任意两边的和大于第三边.对这个直角三角形,显然有 $a+b>c(a+c>b$ 及 $b+c>a$ 显然成立).	把即将要学习的内容"链"在学生的原有认知结构上.
假如我把 $a+b>c$ 写成 $a^1+b^1>c^1$,你有什么想法?	把 $a^1+b^1>c^1$ 中的1次改成 2 次、3 次、4 次……,不知道是否可以成立?	让学生懂得归纳提出命题的策略.
很好!我们今天就来探究一个著名的定理——勾股定理.我们不妨先来比较 a^2+b^2 与 c^2 的大小关系.请大家随意画出一个直角三角形,量出三边的长度,比较两直角边的平方和(a^2+b^2)与斜边的平方(c^2)的关系.	(通过测量发现 a^2+b^2 与 c^2 的大小很接近,有的还发现恰好相等)提出猜想:$a^2+b^2=c^2$.	让学生通过操作,由于全班学生所画的直角三角形各不相同,得出的结论几乎一致,大大增加了学生对结论($a^2+b^2=c^2$)成立的"信度".

续表

命题提出（设计）	学生回答（预设）	设计意图
很好！你们刚才做了一个伟大的"创举"——发现了"勾股定理"！ 　　我国最早的一部数学著作——《周髀算经》的第一章，就有这条定理的相关内容，周公问："窃闻乎大夫善数也，请问古者包牺立周天历度。夫天不可阶而升，地不可得尺寸而度，请问数安从出？"商高答："数之法出于圆方，圆出于方，方出于矩，矩出九九八十一，故折矩以为勾广三，股修四，径隅五。既方其外，半之一矩，环而共盘。得成三、四、五，两矩共长二十有五，是谓积矩。故禹之所以治天下者，此数之所由生也。"就是说，矩形以其对角相折所称的直角三角形，如果勾（短直角边）为 3，股（长直角边）为 4，那么弦（斜边）必定是 5。从上面所引的这段对话中，我们可以清楚地看到，我国古代的人民早在几千年以前就已经发现并应用勾股定理这一重要的数学原理了。 　　勾股定理又叫商高定理、毕氏定理，或称毕达哥拉斯定理(Pythagoras Theorem)。 　　在西方有文字记载的最早的证明是毕达哥拉斯给出的。据说当他证明了勾股定理以后，欣喜若狂，杀牛百头，以示庆贺。故西方亦称勾股定理为"百牛定理"。遗憾的是，毕达哥拉斯的证明方法早已失传，我们无从知道他的证法。你们还可以在网上寻找关于毕达哥拉斯发现并证明勾股定理的传说。今天课后有一个任务：上网查阅与勾股定理相关的资料，并谈你的看法。	（带着满足、好奇的心情在聆听老师的讲解）。	让学生带着敬仰的心情去欣赏人类的辛勤劳动和聪明智慧。
你们从我刚才的介绍中得到什么启发？	只要我们勤劳且肯动脑筋，还是可以发现一些重要的结论的。	让学生通过前人劳动成果的欣赏和自己的反思，鼓励和启发学生只要勇于探索，善动脑筋，将来肯定有出息。

命题提出(设计)	学生回答(预设)	设计意图
很好!其实,刚才我们把 $a^1+b^1>c^1$ 中的1次改成2次就"轻易"发现了勾股定理!确实在平时的学习中(包括在你们将来的工作中)只要肯动脑筋,就会发现一些有价值的东西,数学家、科学家的发现就是这样产生的.	老师,不知道 a^3+b^3 与 c^3 的大小关系如何?	在教师的表扬和鼓励下,学生"应该"提出对这个命题的探究兴趣.
很好!你们终于有所作为了!我们今天先熟悉勾股定理,至于 a^n+b^n 与 c^n 的大小关系($n\geqslant 3$)你们可以自己去探究.	(学生若有所思,把学习的兴趣点暂时转到勾股定理上.)	学生的思维发散是无止境的,教师在必要的时候进行引导.
……	……	……

(二)命题的证明与推导

一些数学命题一旦提出后,其真伪应该得到确认.但根据教学要求及学生的具体情况,确认的手段设计方法也各不相同.

1. 暗度陈仓式的命题确认方式

在中小学数学中,不少数学命题的确认方式往往是根据学生的年龄特征及具体的教学任务而采取"暗度陈仓"的方式让学生"确认"命题的真实性.例如:"$\sqrt{2}$ 是无理数"、"等差数列 $\{a_n\}$ 的通项公式 $a_n=a_1+(n-1)d(d$ 为等差数列数列 $\{a_n\}$ 的公差)"、"圆锥侧面可以展开成为一个扇形"、"过一点有且只有一条直线与已知平面垂直"等命题都是采取这种方式让学生确认命题的正确性的.实践证明,只要教师运用得当,对学生的"求真精神"并无产生负面的影响.例如,一些采取归纳法得到的命题初中生和小学生(甚至是高中生)往往是深信不疑的,教师完全可以"顺水推舟"地继续下一个环节的教学,不必再"嚼舌头"了!例如,平面内凸 $n(n\geqslant 3)$ 边形的内角和为 $(n-2)\times 180°$ 等.当然,有些通过实验等手段得到的结论有时也可以"暗度陈仓"地让学生确认.例如,三角形的内角和为 $180°$ 就可以采取这种手段.值得指出的是,现在初中教材有一种叫做"说理式"的命题确认方式,这种"说理式"的命题确认方式并非要求采取严格的形式化数学语言来进行证明,是把学生引向严格证明的一种过渡性教学手段,尽管采取的是非严格形式化数学语言来进行"说理",但在一定程度上还是具有严格性的,教师在教学过程中尤其要注意.

随着课程改革的深入进行,一些以前都需要进行证明的数学命题都降低了要求,改成归纳、类比、实验等手段让学生确认即可(要求稍高一点的是采取"说理"方式)有些甚至"很野蛮"地来个"一般地,我们有……",也不讲其中的道理,或者有些道理似乎含糊其辞.例如,高中教材关于线面垂直的判定定理是这样阐述的[①]:"用直线与平面垂直的定义,直接检验直线是否与平面垂直是困难的.想想看,判断直线与平面垂直是否有容易操作又比较简单的方法?我们已经知道,一个平面被它所含的两条相交直线完全确定.实际上只要检验这条直线与平面内的两条相交直线是否垂直就可以了,如果都垂直,则这条直线就与平面垂直.当这两条相交直线不都经过这条直线与平面的交点时,可以把它们平行移动到交点后进行研究.由以上分析,我们归纳出直线与平面垂直的判定定理:定理 如果一条直线与平面内的两条相交直线垂直,则这条直线与这个平面垂直."其中的道理很牵强,试想一下,按照这种解释,我们如果能够找到一条直线与平面内两条相交直线都成 60°角,那么,这条直线与平面也成 60°角吗?

我们认为,即使是"暗度陈仓"式的命题确认方式,也不能对学生产生逻辑上的误导,教师在处理教材的时候尤其要很好地把握其中的"度".由于新课改"雷厉风行",一些教材在编写的时候过于匆忙,我们教师应该有一个清醒的头脑和清晰的思路,尤其是针对命题确认方式的设计上要谨小慎微,不能犯逻辑上的错误.

2.严格推理式的命题确认方式

严格推理式的命题确认方式就是我们平时所说的"证明",它是采取严格的形式化语言给予命题的论证,是培养学生逻辑思维能力的一个很好途径.这种形式化语言首先必须让学生领会其背后所蕴含的"火热的思考"并且养成严格使用这种形式化语言的习惯.在具体教学设计的时候,有这么几个环节需要注意.

一是过好"两难关":使用形式化语言难及领会背后的思想难.在中小学的数学证明中,主要有综合法、分析法、反证法及数学归纳法.

(1)综合法

综合法是运用三段论的演绎方式进行的推理证明,它的形式是"由因至果",即:"因为……所以……"它的推理论证方式是中学阶段最常用的方式.一些稍加复杂的综合法推理证明往往需要采取思路分析为前奏,然后在论证的时候采取演绎推理的方式进行,由于综合法证明的格式要严谨.理由要充分,一些刚开始学习的学生很不习惯,教师可以采取"分解设计"的办法来组织教学.

---

① 高存明.高中数学②(B版).北京:人民教育出版社,2004.

【例 4-19】^①　如图 4-10,在四边形 $ABCD$ 中,$AB = CD$,$AD = CB$,则 $\angle A = \angle C$,请说明理由.

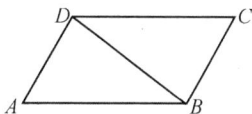

图 4-10　例 4-19

解　在 $\triangle ABD$ 和 $\triangle CDB$ 中

$$\begin{cases} AB = CD & (已知) \\ AD = CB & (已知) \\ BD = DB & (公共边) \end{cases}$$

$\therefore$ $\triangle ABD \cong \triangle CBD(SSS)$

$\therefore$ 　$\angle A = \angle C$(根据什么?)

在初中数学教材中,把演绎证明分为两个阶段来进行.首先是采取"说理"的方式来进行,实际上这就是综合法证明的"前奏".其次,在先介绍"定义与命题"后,介绍"证明"的含义,然后举例说明证明的步骤及格式要求.

【例 4-20】^②　已知:如图 4-11,AC 与 BD 交于点 O,$AO = CO$,$BO = DO$.

求证:$AB \parallel CD$.

证明:$\because AO = CO$(已知),

$\qquad BO = DO$(已知),

$\qquad \angle AOB = \angle COD$(对顶角相等).

$\therefore \triangle AOB \cong \triangle COD$(SAS).

$\therefore \angle A = \angle C$(全等三角形的对应角相等).

$\therefore AB \parallel CD$(内错角相等,两直线平行).

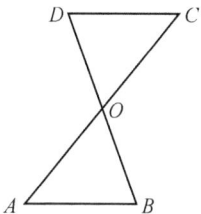

图 4-11　例 4-20

在具体设计的时候,教师并非把证明条件及内容按部就班地逐步填上,而是先分析证明的思路,然后引导学生组织适当的证明语言.有的老师甚至把后面的理由都"空白",然后要求学生填写理由.也有的老师把理由写上,而前面都是空白,让学生填写.当然,也有老师采取让学生把"混合"留下空白的相关的内容填上.通过这样的方式,让学生逐步熟悉综合法证明的格式及步骤要求.

(2)分析法

分析法是数学命题证明思路寻求的最常见形式,它的特点是寻求命题成立的充分条件而非充要或必要条件,其顺序是"执果索因",这种思维方式无论是哪种证明都很需要,但作为一种严格的证明形式化语言(要证……,只要证……)对中学生要求偏高一些,一般学生经常表述不当而把它与综合法混淆.在初中,分析法只是作为一种命题证明思路寻求的手段,最后还是要求采取综合法来表达证明方式的.而在高中,分析法的严格形式化语言也仅在新课程中的一处出现.

【例 4-21】 用分析法证明不等式 $\sqrt{ab} \leqslant \dfrac{a+b}{2}$ $(a>0,b>0)$ ……(*)

证明[①]:要证 $\dfrac{a+b}{2} \geqslant \sqrt{ab}$ …………①

　　只要证 $a+b \geqslant$ ＿＿＿＿ …………②
　　要证②,只要证 $a+b-$ ＿＿＿＿ $\geqslant 0$ …………③
　　要证③,只要证$($ ＿＿ $-$ ＿＿ $)^2 \geqslant 0$ …………④
　　显然,④是成立的,当且仅当 $a=b$ 时,④中的等号成立.
　　这样就又一次得到了基本不等式(*).

教材的这种表达显得有点羞羞答答,像是思路分析(因为课本并未出现"证明"字样,而是采取一种似乎是描述的方式,中间部分内容又是让学生填空)又像是分析法的严格格式,让有些教师(特别是年轻教师)很难处理.

【例 4-22】[②]　求证:$ac+bd \leqslant \sqrt{a^2+b^2} \cdot \sqrt{c^2+d^2}$ $(a,b,c,d \in \mathbf{R})$.
有一个学生的证明如下:

要证 $ac+bd \leqslant \sqrt{a^2+b^2} \cdot \sqrt{c^2+d^2}$

只需证 $(ac+bd)^2 \leqslant (\sqrt{a^2+b^2})^2 \cdot (\sqrt{c^2+d^2})^2$

即证 $2abcd \leqslant a^2d^2+b^2c^2$,　　即 $(ad-bc)^2 \geqslant 0$,

∵ $(ad-bc)^2 \geqslant 0$ 成立,

∴ $ac+bd \leqslant \sqrt{a^2+b^2} \cdot \sqrt{c^2+d^2}$ $(a,b,c,d \in \mathbf{R})$ 成立

当有教师在"要证 $ac+bd \leqslant \sqrt{a^2+b^2} \cdot \sqrt{c^2+d^2}$,只需证 $(ac+bd)^2 \leqslant$ $(\sqrt{a^2+b^2})^2 \cdot (\sqrt{c^2+d^2})^2$ "的后面打上"?"时,学生"恍然大悟",分别将 $ac+$ bd 分为 $ac+bd \geqslant 0$ 和 $ac+bd < 0$ 两种情况加以论证.此例在处理的整个过程中,暴露出学生在分析法证明过程中,是找使命题成立的充分条件还是必要条件还没有搞清楚.从这里说明,一些学生对分析法证明的形式化语言还是不熟悉的.于是,一些老师宁可让学生先用分析法分析证明思路,然后多浪费一些时间采取综合法表达证明过程,不让学生一开始就采取分析法的格式撰写.

　　根据学生目前的具体情况,我们建议,教师在教学设计的时候应该侧重分析法的思路运用,而对分析法的形式化语言的证明过程可以降低一些要求,以

---

①　高存明.高中数学⑤(B版).北京:人民教育出版社,2006.111.

②　方均斌.中学数学教学论.成都:四川大学出版社,2005.

免增加学生的学习难度.

(3)反证法

人类接受反证法还是有一个过程的,不少数学家早期是不承认由反证法得到的数学结论的,从这里可以看出反证法对中学生学习是有一定难度的.

反证法是指"证明某个命题时,现假设它的结论的否定成立,然后从这个假设出发,根据命题的条件和已知的真命题,经过推理,得出与已知事实(条件、公理、定义、定理、法则、公式等)相矛盾的结果.这样,就证明了结论的否定不成立,从而间接地肯定了原命题的结论成立."这种证明的方法,叫做反证法.简言之,反证法的证明方式就是"否定结论,得出矛盾".

反证法对中学生学习而言,有两个难点:一是如何否定结论,即要准确写出数学命题的否定形式;二是如何得出矛盾,由于要得出的"矛盾对象"不很明确,因此,采取反证法证明数学命题的时候目标有些茫然,这就是反证法的另一个难点.在中学教材中,对反证法的要求是"零散"的,从初中教材的"反例与证明"、"反证法"两节①开始,学生接触了反证法,到后面的运用,基本上属于一种"游离"状态,教学要求并不十分明确.但反证法这种数学思维训练方式能够有效地培养一个人的思维素养,很多教师还是很愿意在恰当的时候运用其证明一些命题的.

【例 4-23】　求证:在同一平面内,如果一条直线和两条平行直线中的一条相交,那么和另一条直线也相交.

已知:直线 l_1,l_2,l_3 在同一平面上,且 $l_1 \parallel l_2$,l_3 与 l_1 相交于点 P(见图 4-12).

求证:l_3 与 l_2 相交.

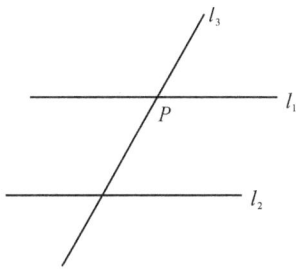

图 4-12　例 4-23

这个问题属于课本的一道例题,教师在教学设计的时候,应该解决两个问题:一是为什么要使用反证法? 这种情况可能好解释:因为要证明 l_3 与 l_2 相交的直接证法是找到它们的交点,这种情况不太好办,故采取"反面"说明,即不妨假设 l_3 与 l_2 不相交,看能否得到什么矛盾;二是当假设 l_3 与 l_2 不相交后,到底将得到什么样的矛盾? 此时的目标显然不很明确,只能走一步看一步,摸着石子过河.例如,有学生在否定 l_3 与 l_2 相交而得到 $l_3 \parallel l_2$ 后,认为由 $l_1 \parallel l_2$,因此得到 $l_3 \parallel l_1$,由此得到与已知矛盾的结论.其实,学生运用了"平行于同一

①　范良火.义务教育课程标准实验教科书·数学(八年级下册).杭州:浙江教育出版社,2005.84—87.

直线的两条直线平行"这一尚未证明的结论.

尽管在重大考试中反证法的考察要求不高,但反证法的思维方式能够有效地培养学生的逻辑思维能力,因此,我们建议教师在具体的命题设计的时候,不妨给反证法留一块"自留地",哪怕很多命题能够采取直接证明的方法得证.

(4)数学归纳法

归纳法学生在小学就开始接触了,学生对这种方法应该不陌生.但数学归纳法是数学中的一种特殊方法,学生到高中才接触.数学归纳法的理论依据[①]是自然数的归纳公理.所谓自然数的归纳公理,是意大利数学家皮亚诺(G. Peano, 1858—1932)在1889年创立的自然数系的公理化定义中的第5条公理.这条公理通常表达为:归纳公理:设 M 是自然数集 N 的一个子集,若 M 满足"(1)1 $\in$ M;(2)若 $K \in M$,则 $K+1 \in M$"则 $M = N$,即 M 包含了所有的自然数.自然数集还有另一个重要性质是"最小数原理":设 M 是自然数集 N 的一个非空子集,则必存在一个自然数 $m \in N$,对一切 $n \in M$ 都有 $m \leqslant n$,即 m 是 M 中的最小数.

一些学生尽管利用数学归纳法证明了一个又一个数学命题,但他们不一定对数学归纳法原理能够完全理解.

【例 4-24】 用数学归纳法证明:

$$1^2 + 2^2 + 3^2 + \cdots + n^2 = \frac{n(n+1)(2n+1)}{6}.$$

有一个学生的证明如下:

证明:当 $n = 1$ 时,左边=1,右边=1,左边=右边,等式成立.

假设 $n = k(k > 1)$ 时,等式成立,即

$$1^2 + 2^2 + 3^2 + \cdots + k^2 = \frac{k(k+1)(2k+1)}{6}$$

那么 $n = k+1$ 时

$$左边 = 1^2 + 2^2 + 3^2 + \cdots + k^2 + (k+1)^2 = \frac{k(k+1)(2k+1)}{6} + (k+1)^2$$

$$= \frac{(k+1)[(k+1)+1][2(k+1)+1]}{6} = 右边$$

故 $n = k+1$ 时,等式成立.

综上所述,等式对一切自然数 n 都成立.

该学生主要有以下三个认识误区:首先,对 $n = 1$ 时,认为既然左边为1,那么右边一定为1,因此对右边没有真正代入验证,就敷衍了事,认为右边一定为

---

① 张盛虞.最小数原理与数学归纳法,黔东南民族师范高等专科学校学报,1998(1).

1(或者有验证,但认为太简单而无须写出验证过程),对整个命题的正确性的最重要环节缺乏足够的认识.其实,在数学归纳法证明过程中,$n=n_0$ 的验证是整个命题成立的基础.其次,该学生在归纳假设中的 $n=k$ 时,特别注明 $k>1$,认为既然 $n=1$ 已经验证,是一个既成事实,因此在假设中就没必要再"假设"了,对数学归纳法中的命题传递性认识模糊.再次,由 $n=k$ 推出 $n=k+1$ 的过程:

$$\text{"左边} = 1^2 + 2^2 + 3^2 + \cdots + k^2 + (k+1)^2 = \frac{k(k+1)(2k+1)}{6} + (k+1)^2$$

$$= \frac{(k+1)[(k+1)+1][2(k+1)+1]}{6} = \text{右边."}$$

认为左边最后化的结果肯定是右边的式子 $\frac{(k+1)[(k+1)+1][2(k+1)+1]}{6}$,因此推理过程无须多写.显然,该学生对"由 $n=k$ 命题的正确性推出 $n=k+1$ 时命题也正确"的要求缺乏认识.

从上述的两个例子可以看出,数学证明格式都有一定的逻辑基础和要求,教师在设计让学生掌握数学归纳法的推理格式的同时,要让学生理解其意义.例如,有的老师采取多米诺骨牌游戏或者烽火台等作为例子,让学生理解数学归纳法原理就是一种有益的尝试.

二是设计"分析关":在学生已经掌握一些基本的命题证明推理格式后,要寻求合理的证明方法,需要教师进行必要的思路分析设计.

美国著名数学教育家波利亚把问题解决归纳为四个步骤[①]:"第一步:你必须弄清问题.①已知是什么? 未知是什么? 要确定未知数,条件是否充分? ②画张图,将已知标上.③引入适当的符号.④把条件的各个部分分开.第二步:找出已知与未知的联系.①你能否转化成一个相似的、熟悉的问题? ②你能否用自己的语言重新叙述这个问题? ③回到定义去.④你能否解决问题的一部分? ⑤你是否利用了所有的条件? 第三步:写出你的想法.①勇敢地写出你的方法.②你能否说出你所写的每一步的理由? 第四步:回顾.①你能否一眼就看出结论? ②你能否用别的方法导出这个结论? ③你能否把这个题目或这种方法用于解决其他的问题?"

波利亚关于解题的经典概括给我们教师在命题证明的教学设计上指引了明确的方向,教师在具体设计的时候应该将其灵活渗透.中学数学中的命题证明分析方法也不少,下面,我们以一个命题为例,重点介绍以下四种常见的分析方法.

---

① [美]波利亚.怎样解题.上海:上海科技教育出版社,2007.

【例 4-25】 求证：$\mid \sqrt{1+a^2} - \sqrt{1+b^2} \mid \leqslant \mid a-b \mid \ (a,b \in \mathbf{R})$

（1）联想分析法

联想分析法是根据数学问题中的条件及结论信息进行充分联想，寻找问题解决者以往熟悉的信息，往往能够找到问题解决的蛛丝马迹.

这个问题学生对 $\sqrt{1+a^2}$ 与 $\sqrt{1+b^2}$ 若有诸多联想，往往能够找到问题的解决思路.

①对 $\sqrt{1+a^2}$ 与 $\sqrt{1+b^2}$ 联想勾股定理，即可找到构图证明思路（见图 4-13）；

②对 $\sqrt{1+a^2}$ 与 $\sqrt{1+b^2}$ 联想到复数的模，即可令 $z_1 = 1 + ai, z_2 = 1 + bi$，由 $\mid \mid z_1 \mid - \mid z_2 \mid \mid \leqslant \mid z_1 - z_2 \mid$ 即可得证；

③若对 $\sqrt{1+a^2}$ 与 $\sqrt{1+b^2}$ 想到两点间的距离公式（设 $P(1, a)$，$Q(1, b)$，由 $\mid \mid OP \mid - \mid OQ \mid \mid \leqslant \mid PQ \mid$ 即可得证），也可以找到问题的解决方案；

图 4-13　例 4-25

④若学生联想到公式 $\sqrt{1+\tan^2\alpha} = \sec\alpha \ \left(-\dfrac{\pi}{2} < \alpha < \dfrac{\pi}{2}\right)$，也可以找到问题的解决方案.

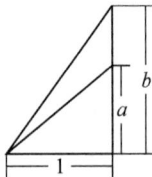

联想分析法实际上是一种问题信息的转换刺激，例如，利用数学上常用的三类信息：文字语言、符号语言、图形语言的相互转换，找到问题解决的方案. 数形结合就是在数学上典型的联系分析法的命题解决策略.

教师在教学设计的时候可以有这样的三个环节：①你对本题中相关的概念都清楚了吗？②你对本题中所涉及的相关内容有何联想？③本题的解决与作图有关吗？

（2）执果索因法

执果索因法属于典型的分析法，即根据命题的结论去探求其成立的充分条件（有时经常是充要条件），本题的分析法就是：

$\mid \sqrt{1+a^2} - \sqrt{1+b^2} \mid \leqslant \mid a-b \mid \Leftrightarrow (\sqrt{1+a^2} - \sqrt{1+b^2})^2 \leqslant (a-b)^2$

$\Leftrightarrow 1 + a^2 + 1 + b^2 - 2\sqrt{1+a^2}\sqrt{1+b^2} \leqslant a^2 - 2ab + b^2$

$\Leftrightarrow 1 + ab \leqslant \sqrt{1+a^2}\sqrt{1+b^2} \Leftarrow \mid 1 + ab \mid \leqslant \sqrt{1+a^2}\sqrt{1+b^2}$

$\Leftrightarrow (1+ab)^2 \leqslant (1+a^2)(1+b^2) \Leftrightarrow 2ab \leqslant a^2 + b^2 \Leftrightarrow (a-b)^2 \geqslant 0$

在联想分析法的基础上，教师可以继续设计：根据本题欲证明的结论，我们能够找到其证明的蛛丝马迹吗？

（3）命题转换法

命题转换法是在直接联想分析法的基础上对所要证明的命题进行必要的

整理,属于"间接联想分析法".例如,我们可以对代数式变形后进行联想.例如,本例我们可以对欲证明的结论进行变形(条件是 $a \neq b$,对 $a = b$ 的情形,结论显然成立):$\left| \dfrac{\sqrt{1+a^2} - \sqrt{1+b^2}}{a-b} \right| \leqslant 1$. 这样的结构容易进行联想:构造函数 $f(x) = \sqrt{1+x^2}$,把命题转化为:$\forall \xi \in (\min\{a,b\}, \max\{a,b\})$,只要证明 $|f'(\xi)| \leqslant 1$ 即可.立马就想到了中值定理.

在教学设计的时候,教师觉得学生直接对所要证明的结论联想有可能的时候,可以提示设计:我们能否对所要证明的命题进行适当的变形,然后在变形的过程中进行必要的联想?

(4)演绎试推法

与执果索因法相反,演绎试推法实际上属于"由因导果"的尝试过程,此类方法也属于分析法中的一种,这种方法在不等式证明过程中经常被采用,放缩法就是其中的一种.本例采取的放缩法证明是这样的:

$$|\sqrt{1+a^2} - \sqrt{1+b^2}| = \frac{|(1+a^2) - (1+b^2)|}{\sqrt{1+a^2} + \sqrt{1+b^2}} = \frac{|a-b||a+b|}{\sqrt{1+a^2} + \sqrt{1+b^2}}$$

$$\leqslant \frac{|a-b||a+b|}{\sqrt{a^2} + \sqrt{b^2}} \leqslant |a-b|.$$

放缩法证明不等式经常出现放缩"过头"的现象,那就需要不断地调整过程.教师在教学设计的时候,要适度地提示学生:我们如果对所要证明的命题的结构不很熟悉,不妨根据已知条件进行推理尝试,但要对准目标,不能盲目推演.

在演绎试推法中,有一种"急功近利"的做法:配凑法,即直接对准目标进行配凑.例如,本例中,当 $a \neq b$ 的时候,我们就可以对准目标进行配凑:

$$|\sqrt{1+a^2} - \sqrt{1+b^2}| = |\frac{\sqrt{1+a^2} - \sqrt{1+b^2}}{a-b}| \cdot |a-b| = |f'(\xi)| \cdot |a-b|$$

其中 $\xi \in (\min\{a,b\}, \max\{a,b\})$.

这样也可以找到证明的思路.

因此,在设计命题证明思路的时候,教师应该设计出引导学生进行多向思考的策略,具体的做法步骤如图 4-14 所示:

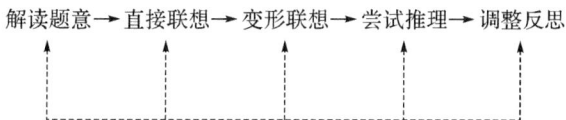

解读题意 → 直接联想 → 变形联想 → 尝试推理 → 调整反思

图 4-14 设计命题证明思路的具体步骤

三是严控"表达关":在分析思路后,如果能够打通命题证明的逻辑通道,还需要设计一个证明表达过程.

学生刚开始学习一种证明方法时要重视推理格式的表达及书写,教师在平时教学过程中,应该根据学生的具体情况重视对命题证明过程的表达训练. 在平时教学过程中,一些教师往往比较重视命题证明思路的分析,一些表达由于板书时间比较费时,因而就往往要求学生"自己回去完成".实际上,很多学生也有这方面的"偏好":重思路,轻表达,往往在命题证明的时候出现了"眼高手低"的现象.

因此,我们要求教师在具体的命题证明设计的时候,在设计思路分析的基础上还要做到以下几点:①根据学生表达的薄弱环节,确定哪些思路的证明方法需要进行表达演示和训练;②要根据教学任务定夺表达演示和训练;③根据教学具体操作的时间定夺表达演示和训练;④确定课后命题证明的表达监督要求.

四是做好"反思关":在一个命题的提出、证明后,还要设计一个反思的环节.

这个环节是命题教学的"收获阶段",马虎不得! 具体的设计做法有这么几个思考方向:①是否要求学生记住命题? 如何帮助学生记住命题? 如何提示学生认识本命题的重要性?②是否需要提醒学生对命题的发现及证明过程进行反思? ③是否需要对命题进行变化? ④是否需要把该命题与其他已知命题进行联系和比较? 等等.

3. 滞后待续式的命题确认方式

并非中小学中的所有命题教师都可以采取严格证明或"暗度陈仓"进行"搪塞"的,为了培养学生的求真精神,教师应该在命题的真伪方面对学生有个明确的交代. 即使目前暂时证明不了或者无法清晰地解释,教师在设计教学的时候,应该考虑向学生说明:这些命题的真伪以及在哪个阶段将得到完美的解决等. 我们姑且把这种命题的处理方式称之为"滞后待续式的命题确认方式",它完全依赖于教师在学生面前所树立起来的"权威"以及学生对数学学科的信念. 例如,高中教材中关于"异面直线上两点距离最短是它们的公垂线段"这个命题在高中阶段并未证明过,教师只要采取:"我们可以证明……"就"带过去"了,实践证明,绝大多数学生是"深信不疑"的,至于有些好"刨根问底"的学生,教师可以在课后与他们讨论. 在中小学数学中,确实有不少学生喜欢刨根问底,教师在采取"滞后待续式的命题确认方式"的时候,不能挫伤这些学生的好奇心和积极探究的心理,可以通过帮助他们上网查阅、提供参考资料或阅读材料、和他们一起探究证明、合作学习或集体讨论等方式来解决.

值得提出的是,"滞后待续式的命题确认方式"对学生的"教育方式"往往带有一定的"消极因素",教师必须灵活处理,尽量不要含糊搪塞,因为这个地方的教育意义"非常敏感",属于教师的"两难数学教育话题".一方面,这些命题真伪性教师自己可能心中也没有底,讨论下去既浪费时间又解决不了,学生的好奇心得不到应有的满足感;另一方面,有些命题的证明完全超越学生的能力,即使教师能够讲解,学生可能也听不懂,讲了——"可能会白讲"——做无用功,不讲的话——又怕打击学生的积极性.教师在平时教学过程中,经常遇到一些学生由于好奇而提出了一些命题,其真伪判断以及证明很可能超越教师的能力,针对这种情况,我们有这么三点建议:①转变观念,营造氛围.要鼓励学生提出自己的猜想和质疑,坦然向学生说明教师自己对有些问题的解决存在着一定的能力局限性和困惑,这样反而会激发学生解决问题的斗志.②出谋划策,注意积累.一些数学命题提出后,除了教师及所授班级一起解决外,还可以向外界求助(包括上网讨论),同时,可以在班级里建立一个"难题集",让全班学生及老师在"有空的时候想想",尤其是对经过一段时间思考终于解决的难题,教师除了表扬学生外,也可以作为一种教学科研素材进行利用.③认真钻研,提高素养.教师应该在平时教学的时候继续钻研,努力提高自己的业务水平,不能靠吃老本.

(三)命题的运用与系统化

数学命题多如牛毛,在经历提出、判定真伪、筛选后,还有两件很重要的事情要做:一是将这些命题进行合理的运用;二是将这些命题系统化,以完善学生的"认知结构",更好地学习数学.

1. 命题的运用

数学命题经历提出、判定真伪后,还需要经过筛选工作.一般说来,一个命题的重要性需要考虑两个因素:一是提出及判定、证明过程的数学思维训练价值;二是命题作为结论的应用价值.在教材中,往往把具有广泛应用价值的重要数学真命题称之为公理、定理、公式等,并用明确标记(或加重号)指出.

(1)加强命题条件的记忆教学设计

不少数学真命题(公理、定理、公式等)都是有条件的,但随着时间的推移,学生往往会忽视一些命题的前提条件,经常出现张冠李戴或生搬硬套的现象.因此,教师在教学设计的时候,务必关注学生这方面的弱点纠正.

【例 4-26】 等比数列 $\{a_n\}$ 中,前三项的和为 $\frac{3}{2}$,首项为 $\frac{1}{2}$,求该数列的通项公式.

一些学生可能这样解:

设等比数列 $\{a_n\}$ 的公比为 q,

由已知得到：$\dfrac{\frac{1}{2}(1-q^3)}{1-q}=\dfrac{3}{2}$，整理得 $q^2+q-2=0\,(q\neq 1)$.

解得 $q=-2$，所以数列 $\{a_n\}$ 的通项公式为 $a_n=\dfrac{1}{2}\cdot(-2)^{n-1}$.

在等比数列的求和公式教学中，一些学生经常遗忘公比 $q=1$ 的情形.学生在学习一些重要命题(公理、定理、公式等)的时候，往往出现"重结论轻条件"的现象，教师在这些命题的具体运用的时候，有必要设计一些学生的易错题，为学生牢靠掌握这些命题创造条件.

(2)关注命题结论的联想教学设计

一些重要命题(公理、定理、公式等)都有一些重要的特征，教师在教学过程中应该有意识地针对这些特征在具体运用的时候进行合理设计，以便使学生将来解决问题的时候进行合理的"联想".

【例 4-27】 已知 $a,b,c\in \mathbf{R}^+$，求证：$\sqrt{a^2+b^2-ab}+\sqrt{c^2+b^2-cb}\geqslant \sqrt{c^2+a^2-ca}$.

这个命题的证明设计主要的意图是让学生对不等式两边进行充分的联想："两正数之和大于第三个整数，这种情况在哪个数学命题中遇到过？""针对 a^2+b^2-ab 之类的三个代数式，你有何联想？"等.其实，在一些命题的运用设计时，教师可以设计一些诸如以下的联想提示："要证明两直线平行，我经常使用什么方法？""要证明两个角相等，我们经常使用什么方法？"等等.这些设计的主要目的是发散学生的数学思维，不断地巩固相关的重要数学命题，使学生能够迅速、合理地寻求问题解决的思路.

(3)注重不同命题的比较教学设计

不同的命题，其适用的范畴是有所差异的，教师在命题运用设计的时候，应该针对具体的问题，让学生在运用相关命题的时候进行必要的比较，以免学生混淆.

【例 4-28】 计算：

(1)$\dfrac{1}{2}+\dfrac{2}{3}$；　　　　　　　　　(2)$\dfrac{1}{2}\times\dfrac{2}{3}$.

在小学数学中，分数的加法法则与乘法法则是一些学生经常搞混的，教师有必要进行一些这些法则运用的比较设计.类似的，在初中有诸如同底数的幂相乘及相加、平行四边形的判定与性质的应用、梯形的性质与平行四边形的性质应用等；高中的有对数的加法与乘法、正弦定理及余弦定理的应用、等差数列及等比数列的求和公式的运用等.

2.命题的系统化

命题的系统化工作是帮助学生掌握数学知识、完善他们认知结构的一项很重要的设计,命题与命题之间的相关性设计是数学教学设计中很重要的一环.

(1)相同结论之间的命题系统化设计

很多命题往往具有"殊途同归"的"命运",这些命题得到的是同一个结论,这就为学生将来要解决与这些命题同一个结论时提供了多种的解决思路的抉择,例如,一些判定定理就是如此.因此,相同结论之间的命题系统化设计很有必要,是提高学生解决问题能力和系统掌握数学知识的很重要一环工作.

【例 4-29】 (初中)两直线垂直的判定教学设计.

在初中数学中,哪些命题能够得出两直线垂直这一结论? 教师就可以连同定义开始进行整理设计:①两直线垂直的定义;②勾股定理的逆定理;③平面内如果有一条直线垂直于平面内两平行直线的其中一条,那么,它也和另一条直线垂直;④如果三角形的两个内角之和为 $90°$,那么它们所对的两边互相垂直;⑤半圆所对的圆周角的两边互相垂直;⑥等腰三角形的顶角平分线垂直于底边;⑦对角线相等的平行四边形的两邻边互相垂直等.

(2)类似结论之间的命题甄别性设计

在中学数学教学中,类似结论之间的命题甄别性设计也是命题系统化工作的重要一环,由于一些命题结论有些类似,学生很容易搞混,因此,在教学过程中有必要进行甄别设计.

【例 4-30】 一元一次不等式的教学设计.

在中学数学中,方程与不等式的性质学生经常混淆,教师在教学过程中需要特别进行整理与系统化.例如,我们可以把一元一次方程与一元一次不等式用表 4-4 来进行整理.

表 4-4　一元一次方程与一元一次不等式的性质

条件＼类别	方程 $ax=b$		不等式 $ax>b$		不等式 $ax\neq b$	
$a=0$	$b=0$	解为一切实数	$b\geqslant 0$	无解	$b=0$	无解
	$b\neq 0$	无解	$b<0$	解为一切实数	$b\neq 0$	解为一切实数
$a\neq 0$	解为 $x=\dfrac{b}{a}$		$a>0$	解为 $x>\dfrac{b}{a}$	解为 $x\neq\dfrac{b}{a}$	
			$a<0$	解为 $x<\dfrac{b}{a}$		

另外,还有诸如 $ax<b,ax\geqslant b,ax\leqslant b$ 等由学生作为练习自行模仿整理.

【例 4-31】 抽象函数的性质整理.

在高中数学中,抽象函数是学生比较薄弱的环节,有必要对一些抽象条件进行整理,使学生将一些与抽象函数所具备的性质(即一些关于抽象函数的命

153

题)进行必要的整理.例如,表 4-5 是我们对一些抽象函数($x,y \in \mathbf{R}$, $f(x)$ 为非常数函数)的整理表格之一(只列部分结论作为示例).

表 4-5　抽象函数的性质函数

结论 ＼ 抽象条件	$f(x+y) = f(x) + f(y)$	$f(x+y) = f(x)f(y)$	$f(xy) = f(x) + f(y)$	$f(xy) = f(x)f(y)$
满足条件的具体函数	$f(x) = kx$	$f(x) = a^x(a>0$ 且 $a \neq 1)$	$f(x) = \log_a x(a > 0$ 且 $a \neq 1)$	$f(x) = x^a$
可以得到的结论	$f(kx) = kf(x)(k$ 为有理数)	$f(kx) = [f(x)]^k(k$ 为有理数)	$f(x^k) = kf(x)(k$ 为有理数)	$f(x^k) = [f(x)]^k(k$ 为有理数)

（3）相同条件之间的命题系统化设计

同一个条件,可以得到很多的结论,这方面的整理设计也是很有必要的,一些性质定理就是如此.

【例 4-32】　平行四边形的性质定理.

同一个平行四边形的条件,由这个条件可以得到平行四边形的一系列性质,如:①平行四边形的对边相等,对角也相等;②平行四边形的两组对边互相平行;③平行四边形的对角线互相平分;④平行四边形的一条对角线将其分成两个全等的三角形等.

（4）类似条件之间的命题甄别性设计

类似概念之间的各自相关命题的比较设计也是命题系统化设计所需要考虑的.例如,高中的等差数列与等比数列的相关命题、初中数学中的全等三角形与相似三角形的判定方法等等,教师就有必要将这些命题进行甄别性整理设计.

【例 4-33】　全等三角形与相似三角形的判定方法(见表 4-6).

表 4-6　全等三角形与相似三角形判定方法与性质比较

	全等三角形	相似三角形
定义	能够重合的两个三角形	对应角相等,对应边成比例的两个三角形
判定	①三边对应相等的两个三角形全等;②有一个角和夹这个角的两边对应相等的两个三角形全等;③有两个角和这两个角的夹边对应相等的两个三角形全等.	①平行于三角形一边的直线和其他两边(或延长线)相交,所构成的三角形与原三角形相似;②有两个角对应相等的两个三角形相似;③两边对应成比例,且夹角相等的两个三角形相似.
性质	全等三角形的对应边相等,对应角相等.	①相似三角形的对应角相等,对应边比例;②相似三角形的周长之比等于相似比;③相似三角形的面积之比等于相似比的平方.

命题的系统化整理设计除了我们这里指出的内容外,还有分类法、类比法、归纳法、化归法、等价转化法等等.这里我们限于篇幅就不再介绍,望读者能够自行探索.总之,命题系统化的教学设计工作可以帮助学生将知识进行系统整理,有利于他们认知结构的完善,教师在这方面的工作马虎不得,否则学生很可能会出现知识混乱和负迁移等现象,不利于他们的有效学习.

思考题

1. 请选择一个相对重要的概念(小学、初中、高中不限),设计一个教学片段,并说明你的设计思路和理由.

2. 请选择一个重要的数学命题(小学、初中、高中不限),针对它设计一个教学片段,并说明你的设计思路和理由.

第五章 中小学数学基本类型的教学设计(二)

——数学问题、应用及巩固的教学设计

第一节 数学问题的教学设计

"问题是数学的心脏."因此,数学问题的教学设计是数学教学的非常重要的一环,数学问题的教学设计涵盖范围很广,限于篇幅,本节就问题教学的若干问题进行探究,寄希望于通过抛砖引玉的方法引起读者的积极讨论.

一、数学问题教学的设计流程

数学问题教学的设计流程一般是创设问题情境、处理所提问题(包括提出问题、分析问题、解决问题、问题反思与变化)、进入新的问题情境这样的一个循环过程.

(一)创设数学问题的情境

提出问题有时比解决一个问题更重要,而创设数学问题的情境的设计正是诱发学生提出高质量数学问题的很重要步骤,而且好的数学问题的情境还能够提高学生的提问兴趣.

1. 合理选择问题情境

问题情境可以从一个实际情境出发也可以从一个数学问题出发,如何选择应该根据具体的情况而定.值得指出的是,目前从实际情境引出问题似乎是一个流行的趋势,但不可勉强.我们认为,从实际情境引出问题固然可以培养学生从现实情境中提出数学问题,加强学生用数学眼光审视世界的意识,但是,从数学情境引出数学问题可以教育学生如何提出数学问题,加深学生学会数学研究方法的体会.

【例 5-1】　基本不等式：$\sqrt{ab} \leqslant \dfrac{a+b}{2}$ 的问题情境.

高中教材[①]设置了这样实际情境:图 5-1 是在北京召开的第 24 届国际数学家大会的会标,会标是根据中国古代数学家赵爽的弦图设计的,颜色的明暗使它看上去像一个风车,代表中国人民热情好客,你能在这个图中找出一些相等关系或不等关系吗?

这个问题情境我们觉得有这么几个优点:一是对学生进行爱国主义教育;二是提高学生对数学问题的兴趣,教育学生要注意观察周围的世界;三是教育学生要善于用不同眼光来观察世界,本题还可以得出勾股定理这一结论.但教师如果设计不当,很可能会让学生模糊:奇怪! 今天这位老师为什么会对这个问题忽然感兴趣?

图 5-1　第 24 届国际数学家大会会标

因为前节课刚学习完简单的线性规划问题! 假如我们老师能够配以数学逻辑链接:"前面我们学习了简单的线性规划问题,其实,很多规划是非线性的,而不少简单的非线性规划问题与一个很重要的不等式有关,下面我们先来看这样的一个问题."这样的问题情境就"趋于完美了".与以往我们过于强调数学问题的逻辑链产生的问题情境相比,现在关注实际问题情境的创设或许是一种进步或改良,但现在出现了不关注数学问题之间的链接是值得我们警惕的,因为这样不利于学生数学的高效学习,因为过度强调实际问题情境,很可能使数学教学成为"一盘散沙".

2. 关注学生的兴趣点

学生的兴趣点是教师不得不考虑的情境设置因素.一般学生比较感兴趣的是听故事、追求流行的音乐、喜欢(电影、体育)明星、时事新闻和网络相关内容等,教师所设计的情境如果与这些内容有关,那么,就往往能够吸引学生的注意力,提出相关的感兴趣问题.

【例 5-2】　世界杯比赛场次问题.

为了引出组合数问题,教师可以以最近的一届世界杯足球赛为例,这样的情境肯定能够引起学生讨论比赛场数的问题.比如,教师提出这个问题情境:"2010 年世界杯,共有 8 个小组(A 组:南非、墨西哥、乌拉圭、法国;B 组:阿根廷、尼日利亚 、韩国、希腊;C 组:英格兰、美国、阿尔及利亚、斯洛文尼亚;D 组:德国、澳大利亚、塞尔维亚、加纳;E 组:荷兰、丹麦、日本、喀麦隆;F 组:意大利、

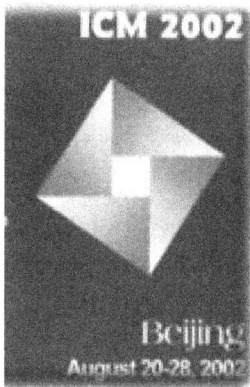

①　人民教育出版社课程教材研究所、中学数学课程教材研究开发中心.普通高中课程标准实验教科书(A 版 数学⑤).北京:人民教育出版社,2004.

巴拉圭、新西兰、斯洛伐克；G组：巴西、朝鲜、科特迪瓦、葡萄牙；H组：西班牙、瑞士、洪都拉斯、智利)参加，你要观摩所有的比赛，你会关心哪些问题？"

设计这样的问题情境，教师应该时刻关注学生的思想情况，经常和学生沟通，这样，才能有的放矢地把握学生的心理状态，顺利完成教学任务，达到应有的教学效果.

3. 注意问题梯度策略

一个问题情境设置后，学生会提出不同的数学问题，教师应该注意问题的难度及设置有梯度的问题，使得学生能够在循序渐进地接触相关问题中逐步靠近问题设置的目标.

【例5-3】 相似三角形的问题情境设计.

相似三角形是研究空间图形相似变换的最基础图形之一，以下是我们的一个设计(学生的回答均为预设)，供参考.

教师：前面，我们学习了比例线段，一些线段之间按照一定的比例构成了一个个符合人们审美观点的图形，其实，不同图形之间的关系也很值得我们研究. 请大家观察图5-2(甲)、图5-2(乙)，大家有什么想法吗？

| (甲) | (乙) | (丙) | (丁) |

图5-2　例5-3(1)

学生甲(预设)：两张图片是相似的图形.

教师：什么是相似关系？

学生甲：大小成比例关系.

教师：什么是大小成比例关系？

学生乙：两张图片长之比等于宽之比.

教师：那么，图5-2(丙)与图5-2(乙)外形尺寸一样，图5-2(丙)与图5-2(甲)相似吗？

学生丙：不是的，因为它们的内容不一样.

教师：图5-2(丁)与图5-2(甲)相似吗？

(学生议论，有的说相似，有的说不相似)

学生丁:好像不是的,因为尽管它们的内容一样,但比例好像失调.

教师:什么是比例失调?

学生丁:两张图片长之比不等于宽之比.

教师:很好!大家已经注意到了图片的外形,至于图片的内容所涉及的问题比较复杂,我们以后再研究,其实,平面封闭图形简单的除了刚才我们注意到的矩形外,最简单还有什么?

学生戊:三角形.

教师:很好!今天我们就来开始研究最简单的两个平面相似图形——相似三角形.请大家观察图 5-3(甲)、(乙)、(丙)、(丁)中的三角形,哪些是相似三角形?凭你自己的直觉进行判断.并说明你的理由.

学生:……

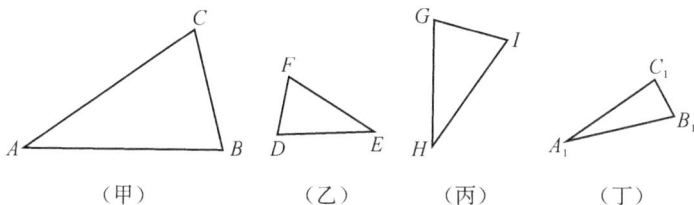

(甲)　　　　(乙)　　　　(丙)　　　　(丁)

图 5-3 例 5-3(2)

以上的设计表面上拐弯抹角,实际上是设置问题情境,从复杂情境出发,启发学生懂得研究数学问题的基本策略.

4.设计激问的好手段

精心设计问题情境固然是很重要的,但是,没有一整套激励学生提问以及配合教师的研究并提出自己的困惑意识,有时也是很难组织教学的.我国学生普遍存在不敢问、不愿问和不会问的现象,有学者指出①:"我们的中小学教育中严重地忽略了提问能力的培养,并且直接延续到本科教育和研究生教育中.这也是当前大学教育中亟待解决的问题."教师应该有一整套鼓励学生提出问题的好手段,着力提高学生提问的意识和能力.为此,我们有六点建议:一是把鼓励学生提问成为教师教学的"常规行为";二是积极提取学生提问的合理因素,不宜以学生所提的问题是否"吻合"教师的教学意图为评价标准;三是教师设计的问题情境要明确,让学生明白教师所设置情境的意图;四是在适当的时候教师可以做示范,让学生懂得一些数学提问的好方法;五是抓住学生的心理,把问

---

① 代钦.陈建功数学教育思想的现代意义——以"数学讨论班"教学模式为中心,数学通报,2010(10):23—27.

题情境的设问对象从全体到局部再到个体的这样一个顺序来体现提问策略,所设的情境也是从大范围再逐步缩小,情境的"清晰度"也是从"模糊"逐步到"清晰"的过程;六是所设置的情境应该从学生相对比较熟悉和感兴趣的开始,再逐步引向教师所需问题情境.

(二)处理问题的教学设计

1. 提出问题的引导设计

一些问题情境设置后,学生如果提问气氛热烈,所提的问题很多可能"不合老师的意",需要教师进行必要的整理与引导,尽管这些问题属于"课堂生成",教师事先可能无法预料,但在教学预设(设计)的时候教师应该针对可能遇到的意外生成的处理有所设计.我们提这么几点建议:一是对问题情境所导致的学生提问处理有所设计,可以将学生所提的问题进行归类预设,可以建立"问题档案",在课堂小结的时候,增加一个诸如"今天最有价值的提问"评选环节.二是教师要更新观念,坦然面对学生的提问,然后进行"分类处理".三是教师要在课堂上灵活应对,最好能够携带录音笔来捕捉一些学生的提问,课后整理有价值的信息,使学生的提问成为"科研产品".尽管教师精心设计,但"课堂意外"还是不少的,这些意外很可能是促进教师成长的"有效生成",教师不宜过分相信自己的记忆力,一定要珍惜学生的提问.四是针对学生可能"偏离主题"的提问,教师需要有一定的耐心并适时引导,不要粗暴打断学生的提问,当然,这需要以教师良好的"教学感觉"为前提.

【例 5-4】 相似三角形的问题引导设计

前面我们利用图 5-2(甲)、(乙)、(丙)、(丁)作为问题情境,引发学生对相似图形的讨论,很可能导致学生提出图 5-2(甲)与图 5-2(丁)是相似的问题.这就需要教师的引导,由于学生尚未形成"相似"的数学概念,往往把它与"类似"、"相同内容"、"一样"等生活化语言混淆,教师应该合理引导.值得提出的是:教师如果认为这两个图形不是我们数学上相似的概念,或许不影响我们的教学,

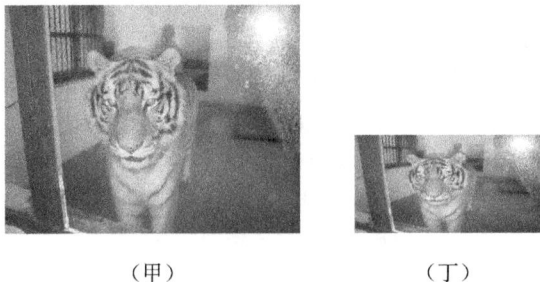

(甲)   (丁)

图 5-2 例 5-4

但很可能影响学生的探究心理"我们是否有必要建立一个数学模型或概念,以此来研究 5-2(甲)与图 5-2(丁)存在某种关系的问题",把学生早期的"拓扑思想"的萌发给"扼杀"了!很是遗憾!

为此,我们认为,教师在引导学生由于好奇而提出各种各样的问题时,一方面不宜粗暴打断学生的设想,要弄清楚学生的真正意图,及时作出合理的引导,以不打断学生的好奇心为前提;另一方面,教师应该提高自己的眼界,努力提高自己的专业水平,以应对学生由于好奇所提出的各种各样数学问题.

2. 问题分析的教学设计

一个数学问题如果成为数学命题,那么处理的方式就如我们前面所阐述的方式,下面,我们简单讨论一下当问题"成为命题之前"教师的设计工作.

应该说,一个问题在教师引导筛选后成为师生之间要讨论的内容,教师应该在设计的时候,关注这样的几个方面:一是要求学生仔细思考问题所涉及的概念;二是要关注学生的直觉思维或灵感的培养,一开始应该征求学生的意见,比如:"大家对这个问题的直觉是什么?""你们凭感觉,这个问题是否成立?"三是利用适当的时间让学生相互探讨问题是否可能成立;四是教师在一定的时间探讨后,适度改造命题使之成为可以解决的问题或学生今后需要继续探讨的命题;五是教师应该以民主的态度和学生探索,尽量避免担当权威的角色.

【例 5-5】 基本不等式 $\sqrt{ab} \leqslant \dfrac{a+b}{2}$ 的教学.

为了从重要不等式 $a^2+b^2 \geqslant 2ab$ 中引出基本不等式 $\sqrt{ab} \leqslant \dfrac{a+b}{2}$,教师设问:"针对不等式 $a^2+b^2 \geqslant 2ab$,你有何想法?"学生提出三个主要问题:"(1)$a^3+b^3 \geqslant 3ab$ $(a,b \in \mathbf{R})$是否可以成立?(2)$a^2+b^2+c^2 \geqslant 2abc$ $(a,b,c \in \mathbf{R})$是否可以成立?(3)$a+b \geqslant 2\sqrt{ab}$ $(a,b \in \mathbf{R})$是否可以成立?"问题(3)只要纠正条件 a,$b \in \mathbf{R}$ 成为 $a,b \in \mathbf{R}^+$ 就可以顺利进行下个环节的教学.其实,问题(1)和(2)教师可以"反驳":"取特殊值法,如:对问题(1),令 $a=b=1$ 就可以了;对问题(2),令 $a=b=c=2$ 即可."但,随之而来的问题是:"什么情况下成立?"教师要不要和学生一起探究?我们想,这些暂时尚未解决的问题可以成为一个"问题集"让有些感兴趣的学生"有空的时候想想".其实,学生的思维一旦"发散下去",接踵而来的问题可能越来越难:(1)$a^n+b^n \geqslant nab$;(2)$a_1^2+a_2^2+\cdots+a_n^2 \geqslant 2a_1 a_2 \cdots a_n$($a_i \in \mathbf{R}$,$i=1,2,\cdots,n$)何时成立? 如果学生能够提出这些问题,应该是教师值得高兴的事情!不宜阻止或打击学生的积极性,可以通过表扬及继续丰富"问题集"的策略来应对学生的提问.

问题分析是决定是否继续研究及分流的一个重要手段,这个过程教师的工作固然很重要,但是,给学生一定的时间自行定夺还是很有必要的,不少老师为了尽快进入所要研究的话题,往往作出更多的干预,实际上,这个环节是培养学生捕捉数学信息敏感性的很好机会,要尽量利用.

3. 设计解决问题的方法

设计解决问题的方法比设计解决命题的方法含义更广一些,从某个角度上讲,确定真假及价值后的数学命题是比较"成熟的数学问题",设计解决问题方法比设计解决命题的方法要"多一些环节",就是经历"从不确定真假的命题"到"确定真假的命题"这样的一个环节的设计或"从未知其价值的数学问题"到"确定价值的数学问题"这样的一个环节的设计.

【例 5-6】 二次函数的问题解决.

学生在学习了一次函数、反比例函数后,已经初步具备了研究函数的价值观判断及基本方法和策略,教师要引起学生对二次函数问题的注意及参与相关问题的解决,应该做到两件事情:一是要让学生明白二次函数应用的广泛性;二是要让学生回顾以往研究函数的基本方法及策略.

教师:前面我们学习了一次函数及反比例函数,说明我们对有价值的函数还是比较注意研究的,下面请大家观察这样的一些问题:①设圆的半径为 x,它的面积为 y,试把面积 y 表示为半径 x 的函数;②把长为 12 米铝框做成一个中间有横档的矩形门框(见图 5-4),要使得门的采光度最好,应该如何设置横档的宽度(设为 x)(假设暂时不考虑审美等因素);③一个铅球运动员最关心的是如何选择一定的角度抛出铅球,使得铅球被抛得最远. 我们必须研究铅球的运行轨迹,那么,铅球斜抛的轨迹是什么样的图像呢?

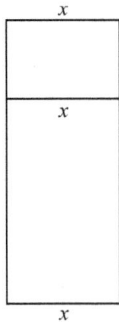

图 5-4

例 5-6

学生:①圆面积 y 表示为半径 x 的函数为: $y = \pi x^2$;②要使得门的采光度最好,面积 y 应该最大,面积 y 与横档的宽度 x 的关系应该为 $y = \dfrac{x \cdot 12 - 3x}{2}$;③由于没有具体数据,所以不太清楚.

教师:请大家观察①和②,这两个函数有什么特点?

学生:函数表达式是自变量最高次数为 2 的整式.

教师:很好! 这类函数统一可以表示为 $y = ax^2 + bx + c \, (a \neq 0)$ 的形式,我们称之为二次函数.

学生甲:老师,第三种也应该是与二次函数有关的吧?

教师:你猜得很对! 在自由落体的情况下,物体在空中的运动与二次函数密切相关,具体的函数关系我们后面会见到. 大家说,物体在空中的运动的情况是不是很普遍?

学生:是的.

教师：这说明二次函数也是我们很值得研究的，根据以往的研究经验，大家觉得我们应该如何研究二次函数？

学生：应该从熟悉解析式开始，然后研究它的图像和性质，最后再研究它的应用．

教师：很好！说明大家有这方面的研究策略和经验了！下面我们先开始熟悉二次函数的解析式．

……

教师要设计解决问题的方法主要从这样的几个方面入手：一是设计研究问题的动机激发环节；二是设计解决问题的方法教育环节，让学生除了知道如何提出一个有价值的数学问题外，还要懂得如何积累解决问题的经验，至于一些学生以前都未接触到的数学方法，教师更应该从思想上进行启发和剖析，让他们懂得新方法并学会运用这些新方法去解决问题；三是设计解决问题的提问方法，教师可以采取旁敲侧击的方法启发学生寻找问题的解决方法，及时发现学生寻找问题解决的闪光点，从而顺利达到学习问题解决方法的教育目的．

4. 设计问题反思与变化

一些数学问题可能因暂时找不到思路继续研究而"半路夭折"，有些问题则成功找到思路后解决了，无论是哪种情况，教师有意识地设计数学问题的反思和变化是必要的．教师应该综合考虑教学进程等各种因素，在设计问题反思与变化上多动一些脑筋．值得指出的是，目前问题反思与变化这个环节非常薄弱，教师应该密切注意．

【例 5-7】　点 $P(x_0, y_0)$ 为圆 $O: x^2 + y^2 = r^2(r > 0)$ 外一点，过 P 引圆的两条切线 PA、PB，切点分别为 A、B，求直线 AB 的方程．

这是一道现在教材似乎见不到的"老题"，我们"老生常谈"一下．该题有一个漂亮的解法：设 $A(x_1, y_1)$，$B(x_2, y_2)$，则 $PA: x_1 x + y_1 y = r^2$，$PB: x_2 x + y_2 y = r^2$．于是有 $x_1 x_0 + y_1 y_0 = r^2$ 和 $x_2 x_0 + y_2 y_0 = r^2$ 成立，从而直线 $l: x_0 x + y_0 y = r^2$ 经过点 A, B．而经过 A、B 的直线方程有且只有一条，因此，AB 的方程为 $l: x_0 x + y_0 y = r^2$．如果教师仅仅做到让学生发现漂亮的解法对本题的教育任务还只达到一半，因为该题的结果"AB 的方程为 $x_0 x + y_0 y = r^2$"的形式与 $P(x_0, y_0)$ 为圆 $x^2 + y^2 = r^2$ 上一点情形时的切线方程的形式相同！如此漂亮的结果难道是巧合吗？这样的结果教师应该引导学生进行必要的反思：若 $P(x_0, y_0)$ 为圆 $x^2 + y^2 = r^2(r > 0)$ 内部一点，那么方程 $x_0 x + y_0 y = r^2$ 表示的直线与圆 $x^2 + y^2 = r^2$ 的位置关系如何？针对椭圆、双曲线、抛物线而言，是否还有类似的结论等等．这些疑问如果学生能够自然提出，说明学生的问题解决的反思意识得到了应有的加强．

　　在和学生一起探讨问题时,假如遇到问题解决受阻,就得考虑"进"、"改"、"弃"、"留"的"四字"处理.

　　所谓的"进",就是指一个问题的解决思路是否存在问题,想方设法把问题解决,包括合作学习、师生讨论、教师研究、查阅资料(包括上网查询)等手段,有一股"誓不罢休"的"问题解决气势",这方面的"问题解决气势"培养很需要我们教师有意识地进行,学生容易放弃的原因是他们"遇到的问题太多了",没有"更多的时间去坚持".

　　所谓的"改",就是改变问题的条件或者降低问题的求解要求,采取逐步靠近问题的目标策略,著名的哥德巴赫猜想的证明人类就是采取这样的策略,尽管目前还不能证明任何一个大于或等于4的偶数都能够写成两个素数的和,但到目前为止,陈景润已经证明了:任何充分大的偶数都是两个质数的乘积与一个质数之和. 对现在的学生而言,有时"改"是问题解决的一种"以退为进"的策略. 例如,对一个一般的一元二次方程 $ax^2 + bx + c = 0\ (a \neq 0)$ 而言,学生刚开始是一下子找不到解决的思路的,假如教师提出:"请你写出一些自己能够解决求根问题的一元二次方程"的这种"退一步"的做法,学生很可能会找到解决一般的一元二次方程求根问题.

　　而"弃"是问题解决不了的同时对问题解决的价值判断为"解决的意义不大"后所作出的放弃处理,"要舍得放弃"或许也是问题解决的"一种策略",这种"放弃"的策略也是需要问题解决的"感觉"的,有些学生即将到达问题解决的"顶峰"了,往往"一念之差"下就放弃了,很是可惜! 而有的学生对一道数学问题念念不忘,花费了很多的时间还是不愿放弃,尽管这种问题解决的"精神可嘉",但还是白白浪费了时间,数学史上就有不少的人有过这样的经历. 例如,16世纪德国数学家鲁道夫花了毕生的精力,把圆周率计算到小数后35位. 最近,我们还遇到过两位数学兴趣爱好者(2009年5月遇到的是一位在温州打工的外地农民,2010年12月遇到的是一位70来岁的温州农民),他们说自己已经成功地用尺规将任意角三等分,事前他们都知道已经得到证明是不可能的,但他们仍然愿意花精力去干这活,这从另一个方面说明了"数学的魅力". 不过,现在的学生不经过深思熟虑就放弃数学问题的现象很普遍,有些学生甚至说:"我一个晚上要是记忆英语单词就可以记很多,但做数学题却没有几个,有时甚至一个都没有解决!"这些学生在平时必须认真引导,否则他们是很难在学习数学上有所建树的.

　　所谓的"留",就是在数学问题解决有困难的时候,教师或学生不是简单放弃,而是将其列入问题解决的"档案"中,有空的时候"想想",这种策略我们觉得应该提倡,但需要问题解决的"感觉支撑"为前提. 笔者自己最有体会的是,在一些平面几何问题上,经常采取这种策略而得到解决.

(三)设计新数学问题情境

当一个问题解决后,是否需要进入下一个问题情境,使前一个问题解决过程成为下一个新问题的情境? 在数学教学过程中我们教师也是经常采取这种方式来设计新数学问题情境的.例如,高中数学在教师引导学生研究了等差数列后,就为研究等比数列建立了问题研究的"新情境",有的老师就从等差数列的定义出发设问:"我们假如把等差数列定义中的'差'运算修改为其他三种运算,这样的数列现实中是否存在?"于是,学生就被引入了新的问题情境:我们是否可以研究"等比数列"、"等积数列"、"等和数列"? 类似这样的做法在中小学数学中比比皆是,限于篇幅,我们这里不再赘述,建议读者进行必要的研究.

二、数学问题教学的设计误区

现代数学教学越来越重视知识的产生过程,其意图在于培养学生的创新意识和发现问题的能力,数学问题的发现教学自然受到广大数学教师的重视.在教学设计的环节中,一些教师巧妙构思,设计出令人耳目一新的教学方案,同时在执行的过程中能够灵活处理,有效地培养学生的创新意识和能力.随着教学观念的更新和教学先进理论的进一步推广,以人为本和以创新为目标的教学宗旨越来越为广大数学教师所接受,这是一个可喜的现象.但据笔者观察,我国目前的数学教育理论的推广模式基本上是由外向内(即由国外向国内引进)、由上到下(即由上一级教育行政部门向基础教育部门推广).在外界的驱使下,教师的教学颇感被动,于是出现领会不彻底导致机械地套用一些"流行理论"的现象,不能把一些理论与具体实践有效地进行批判性整合,这在数学问题发现的教学设计过程中是非常明显的,以下笔者罗列五个误区并就教学设计谈几点想法与大家一起探讨.

误区一:构思程序,取代创造

知识强行灌输的负面效应已为广大数学教师所知,引导学生进行再发现式的学习,特别是数学问题的发现教学备受大家关注.在教学设计过程中,一些教师非常重视数学问题发现过程的设计,但往往忘记了重要数学问题的发现是在自由状态下出现且需要时间的,这一点与目前在课程标准(纲)下的大班化教学经常出现冲突,现代教育尽管重视数学发现的教学但让学生在较短的时间内掌握大量的知识的效率观念改变是困难的.如何解决这个矛盾? 部分教师在具体执行的时候不知不觉地"越俎代庖"而出现了程序式设计方式,在关键环节的教学中教师行为取代了学生行为,"假发现"的设计方式也就出现了.

【例5-8】 勾股定理的教学设计.

笔者翻阅了不同版本的初中数学教材,同时也查阅了一些教师的教学设计

（包括在网上流传的上课课件），发现教师基本上想引导学生去发现勾股定理，这个理念显然不错，可是却在关键点上无法"突破"。为了能够说明问题，笔者将浙江版新教材的探索勾股定理开始片段摘录如下：

合作学习：

（1）做三个直角三角形，使其两条直角边长分别为 3cm 和 4cm，6cm 和 8cm，5cm 和 12cm；

（2）分别测量这三个直角三角形斜边的长；

（3）根据所测得的结果填写表 5-1：

表 5-1　测量结果

a	b	c	a^2+b^2	c^2
3	4			
6	8			
5	12			

该教材然后总结得到一般直角三角形满足勾股定理。

显然，作者是费了不少心思的，为了让学生更快发现勾股定理，将"样本"的数据取得特殊，以此提高效率。但怎样让学生注意到两直角边的平方和与斜边的平方的比较，作者也"无可奈何"地"越俎代庖"了！一些教师对这种"越俎代庖"式的设计很不满意，认为需要想个办法让学生注意到 a^2+b^2 与 c^2 的比较。有教师让学生画边长分别为 3cm，4cm，5cm；6cm，8cm，10cm；5cm，12cm，13cm 的三个三角形，引导学生发现所画的三角形都是直角三角形，并且发现所给的三边数据满足"两小边的平方和等于最大边的平方"，从而得出一般直角三角形满足勾股定理。其实这种设计也是"异曲同工"：为什么教师恰好给出了这些数据？

可以这样认为，教师想引导学生发现勾股定理以此来培养学生捕捉信息的敏感性的愿望值得提倡，相对于我国传统的填鸭式教学是一种很大的进步，这种教师预先程序性设置好数据在一定的程度上培养了学生的观察能力。笔者认为，实现再创造的教学是需要条件的，应该是贯穿于整个教学过程的一种意识而非一种绝对行为，再创造教学应该是一种教师引导下的一种虚拟发现的教学过程，这种程序性设计方法无法对学生的创造力培养起积极作用，学生只能按部就班地被教师牵着鼻子走。其实，人类创造能力培养的一种措施是从他人的创造性劳动中得到启发。笔者认为，勾股定理的发现的教学设计可以另辟蹊径，将历史学科与数学学科的教育方式进行有机的结合，可以采用这样的方式教学："人类在生产实践中对几何图形进行观察（如古埃及尼罗河的每年一度的河水泛滥导致退潮后土地需要重新度量）并有很多新的发现，特别是今天我们要向大家介绍的著名定理:勾股定理(教师给出).根据人们猜测,他们很可能是这么发现的(接着,可以进行课本所进行的程序性设计)……大家从我们的先辈工作中,有什么体会?"在学生谈体会时,以下的内容就属于我们教师需要做到的(教育时机需要教师把握):一是崇尚人类祖先的智慧,教育学生在做任何事情的时候要注意观察,处处留心皆学问;二是介绍我国在这方面的成就,培养民族自信心;三是引导学生学会"站在巨人"的肩膀上继续探究,如:"非直角三角形不满足勾股定理,那么两小边的平方和与最大边的平方的大小关系能否确定?""我们知道,直角三角形两小边的和大于最大边,两小边的平方和等于最大边的平方,那么我们能否确定两小边的立方与等于最大边的立方的大小关系?"等等.

人类在初等数学中的很多发现原因已经无从考究,一些结论的发现探究我们教师想实现再创造的过程有时也只能"枉费心机",与其不得不越俎代庖地设计成程序式的"以验证代替发现",还不如"实事求是"地将发现过程以介绍性的方式进行"教学".因为,选择知识平台策略(承认某些事实)也是数学研究的一种不可缺少的手段(如公理化思想),教师不应对此"视而不见".不过,数学上很多发现还是"有章可循"的,相当部分内容教师如果不进行再创造式的教学,那也就错过教育良机了.至于哪些内容可以采用再创造式的教学,哪些内容可以采用"反哺式的教学"(即先接受后反思),则需要教师的经验积累和灵感.一般地说,当教师"绞尽脑汁"仍然无法实现"再创造"的过程,"反刍式教学"(即:先接受后消化)往往可以借鉴.

误区二:推崇理性,冷落灵感

崇尚理性思维是数学教学的一大特色:一是由于该学科的特点对培养人的理性思维比较有效;二是长期的理性思维培养影响了一些数学教师的教学观念,使得他们认为理性教育是数学学科的重要任务.因此,在潜意识中一些数学教师往往会拒绝一些感性的东西,如直觉、灵感、实验等手段.尽管新课程改革一而再、再而三地强调数学教学除了培养逻辑思维这一特色外还有其他思维培养的任务,但一些教师还是不够重视.一般数学教师是不会出诸如:"请采用抛物线、圆、双曲线、椭圆、线段构造一个美丽的花园图案"的问题,因为他们无法评判设计者的成果优劣,对美术教师竟然在一幅美术作品上能够打一个确切的分数(如78分)数学教师是很不以为然的:你的评价标准是什么?同样,数学教师这一思维方式也会影响到数学教学设计上.他们往往坚信:任何精巧的证明总能够显示出其思路来源的蛛丝马迹,因此在教学设计的时候总想创设情景使得学生能够找到问题的证明思路.在初等数学教学过程中确实有不少的教师设计出精彩的教学情景,使得学生能够"合理地得到"证明思路,并从中得到启发.

但很多数学结论发现和证明思路连发现及证明提供者也无法说清楚其原因（只能用灵感作解释），可一到教育者的手中却能够头头是道地剖析，好像一切都很自然似的.

【例 5-9】 多面体欧拉公式的发现

笔者见过不少的教学设计，可能受到教材的影响，与误区一罗列的程序式设计一样，基本上都是让学生观察若干个简单多面体的顶点数、面数、棱数，然后让学生观察它们之间有什么关系.尽管这种设计对培养学生的观察力有一定的积极作用，但笔者认为：在研究三个量的关系时，这种设计忽略了中间有一个环节：任何两个量之间是否具有必然联系？应该是在这个环节研究"失败"后，再去研究这三个量是否具有"相互牵制"的联系.这种直奔主题就强拉硬拽地提供一些数据让学生"发现多面体欧拉公式"是不妥的.

如果没有教师"固执己见"地一定要引导学生发现这三个量之间存在关系，一般学生往往因数据"杂乱无章"而选择放弃！笔者在想：如果没有欧拉的发现，我们数学教师会把注意力转到这三者关系上吗？数学家的创造是充满灵感的.

培养灵感的关键有这么三点：一是具有批判性的反思习惯；二是具有强烈的探究欲望；三是具有必要的知识和方法为基础.我们在教学设计中往往比较注意第三点，而对前两点缺乏足够的重视.其实，在多面体欧拉公式的发现这一"研究性课题"中，充满着欧拉这一伟大传奇式人物的灵光闪现，这是对学生很好的数学教育素材，教师可以问这样的问题："多面体由棱、面、顶点组成，如果让你研究，你会有何设想？"显然教师想引导学生研究三者是否存在一定的关系（这在数学进行多元研究的过程中是一个常见的策略），学生应该感受甚至学会.根据数学家发现数学事实的灵感，抱着欣赏的眼光感受数学家们的创造性劳动，渗透尊重"知识产权"的教育，让学生在欣赏之余去感悟，我们有时需要向语文学科学习，去欣赏人家优美的作品，同时去感悟人家的创作灵性和坚忍不拔的精神.当然，适度地剖析甚至猜测前人的构思源泉对学生的数学方法教育和思维开发非常有好处，一个成功学科的研究方法应该是感性与理性互补.

误区三：侧重实际，忽略内需

为了打破长期数学教学不注重实际应用的现象，近 10 年来，数学教育进行了重大改革，其中一个方向就是加强与现实生活的联系.为了顺应这个"改革潮流"，一些教师在设计数学问题发现的教学过程中想方设法与实际相联系，哪怕不惜以虚构为代价，真可谓挖空心思！如我们在设计的时候出现了"超溶解度的溶液"现象，这种有时属于纲目颠倒的设计方法对数学教育是有害的.一方面不尊重事实，一旦弄巧成拙，其负面作用是显而易见的；另一方面淡化了数学研究策略教育，把本身内在联系密切的数学知识搞得支离破碎，不利于学生的系统掌握!

【例5-10】 点到直线的距离公式教学.

笔者在一所高中听了这个课题的公开课,授课教师在课堂引入时设计了这么一个片段.

教师:一条河的两岸可以看成平行的直线,某人在岸边要驾船到对岸,请问,他应该选择在哪个位置到对岸,才能以最短的路径实现目的?

学生:随便哪个位置都可以,因为岸的一边上任意点到对岸的距离都相等.

教师:为什么?

学生:感觉.

教师:这种感觉很好,但我们应该给予证明.今天,我们就来学习点到直线的距离公式.

……

凭心讲,这位教师设计的现实背景非常实在,也是一种常识,学生通过教师的教学能够知道现实生活需要研究点到直线的距离,激发了本节课学习动机.可是,笔者认为,这种设计有缺陷:一是学生不知道教师今天为什么突然提出这么一个问题,只能机械地配合教师去探索;二是教师剥夺了学生研究问题的策略,是什么原因让学生的注意力转移到求点到直线的距离?以下是另一个教师的教学过程,笔者认为或许教学效果更好.

教师:前面我们学习了平面上两线的位置关系:平行与相交,当两直线相交时,我们采用角来刻画它们的"相交程度".那么,如果两条直线平行时,今天我们采用什么方法来刻画呢?(教师平行地拿着两支笔进行远近移动)

学生:距离.

教师:什么意思?

学生:你刚才在比划,给我们一个感觉,两平行直线有远和近的区别.

教师:好,那么怎样刻画两平行直线的距离呢?

学生甲:作任意一条直线与两条直线都垂直,被它们所截得的线段长度都相等,这个长度我们就定义为两平行直线间的距离.

教师:很好!但要说明怎么作任意一条直线与两条直线都垂直,还有别的什么方法?

学生乙:其实,两平行直线中任意一条直线上的一点到另一条直线的距离相等,这个距离也可以定义为两平行直线间的距离.

教师:很好!为了研究两平行直线的距离,我们可以选择甲和乙的办法,大家看,该选择哪个办法?

学生丙:选择甲,因为点到点的距离最原始.

学生丁:选择乙,因为点到直线的距离也是通过点到点的距离来刻画的,如果能够得到点到直线的距离,可以少走弯路.

教师:两位同学的构思都有道理,那么,我们就合二为一,今天,我们就开始学习点到直线的距离.

……

显然,第二位教师能够从数学本身的研究出发,让学生感受数学研究的策略,加强了数学的内在知识结构的联系,引导学生发现自己所应该研究的方向,如果第二位教师在教学过程中能够补充地问学生一句:"在现实生活中也需要得到点与直线、平行直线间的距离的需要,你能够举出例子吗?"那么,这位教师既能够注重数学的研究规律又不忽视实际的联系,显然,这样的教学设计或许更有意义.

事实上,数学问题的发现或提出很多是数学工作者因为研究数学的需要而提出的,并非缘于实际的需要.在一些数学发现的早期,有一些问题都是实际问题所导致的,可一旦"启动"后,往往就是从数学到数学地研究过程,我们应该"尊重历史现实",同时也不应该人为地制造一些所谓的实际背景将内在思维联系密切的数学问题搞得支离破碎,否则,不利于学生对数学知识的系统掌握,同时也失去了一些数学思想方法的教育机会,我们现在所说的要加强数学应用,只要我们不要忘记数学问题的实际应用这根"弦"即可.

误区四:重视效率,轻视反思

高效率教学是现代教学的一大特征,尤其在应试教育似乎越演越烈的今天,对准考试目标的教学设计是一些数学教师的首选.这种设计一般具有这样的几种特征:一是考试不作要求的数学问题教师采用回避或轻描淡写的态度,教师大书特书的数学问题往往是考试的重要内容;二是教师对数学问题的结论并不是十分感兴趣,倒是对数学问题能否有效地训练学生的解题技能非常重视;三是频换背景,淡薄了对问题之间的过渡环节的设计,一些问题教师直接给出,缺乏引出环节的设计,教师的理由是"这些问题都是考试的热点问题,学生只要知道这个信息,无须过多的理由,学生也会积极配合研究的";四是追求效率,针对浩如烟海的数学问题,为了"赶场"往往忽略数学问题反思环节的设计.笔者认为,数学问题教学应包括问题的提出、问题的解答、问题的反思等环节,教师在设计的时候不能重前轻后,要加强反思过程的设计分量.

【例 5-11】 求证:$-1 \leqslant \dfrac{a^2-1}{a^2+1} < 1$.

这是高二课本中不等式综合法证明的课堂练习最后一道题,笔者曾经和一个年轻教师讨论高三复习课的设计,课题是《不等式的证明》.笔者建议他把这道题当做例题,没有想到这位老师一口回绝:"这道题太简单了! 在高二学生就已经练过了."笔者问:"当时你是怎么处理的?""学生通过去分母证明,一会儿就解决了,没什么难度,我也没什么点评就到下一个教学环节了."他回答.笔者问:"这个题是怎么编出来的? 它是否还有其他证法?""这倒考虑不多,反正当时把它当做课堂练习."当笔者告诉他:"本题可以采用换元(令 $a = \tan \alpha$,则 $\frac{a^2 - 1}{a^2 + 1} = -\cos 2\alpha \in [-1, 1]$,再说明 1 取不到),也可以采用构造法证明(令 $\lambda = a^2$,则点 $P\left(\frac{-1 + a^2 \cdot 1}{1 + a^2}, 0\right)$ 在点 $A(-1, 0)$ 与 $B(1, 0)$ 的连线段 AB 上)."尽管笔者说的换元法涉及目前学生不需要掌握的"万能公式",但教师在教学设计过程中应该"心中有数".一般教师往往有这么一个习惯,在教学设计时,对课堂新知识讲授比较注意设计,而到练习部分的数学问题往往"虎头蛇尾",缺乏应有的注意.当然,笔者举的这个例子对新授课的学生我们教师不可能进行方法上的"挖掘",但我们教师应该具有捕捉数学有价值信息的敏感性,否则,我们怎样培养学生形成反思和发现的习惯? 当然,数学的很多问题都有挖掘的价值,我们不可能都要求学生进行挖掘,而是要通过一些典型的数学问题举例培养学生解决问题后的反思的习惯,为他们的将来发展打下基础.

误区五:追求完美,回避瑕疵

目前的数学问题基本上是条件一个也不多、一个也不少,其解答的评价应该是确定的、可操作的.条件多余、条件欠缺、条件交叉等数学问题被认为是"错题",一般教师尽量采取回避的态度,而对解答过程无法评价的数学问题,由于此类问题在重大考试中不可能出现,一般教师在具体教学设计的时候也就不给予考虑.长期的思维惯性导致我们在教学设计中形成了"偏好":追求完美,回避瑕疵.这样,最终导致学生的批判性意识削弱,这对具有创新意识的人才培养不利.

【例 5-12】　填空:

(1)直角三角形三条边为 $3, 7, 9$.则斜边上的高为＿＿＿＿;(初三学生完成)

(2)直角三角形三条边为 $7, 21, 26$.则斜边上的高为＿＿＿＿;(高中、大学生完成)

这是笔者为完成一项省级科研课题而采用的一道调查题,在收到的调查问卷中(初中 255 份;高中 294 份;大学 100 份),得到的结果如表 5-2 所示:

表 5-2　调查问卷统计结果　　　　　　　　　　　　　　　（单位:%）

	认为不能构成直角三角形	条件太少	得出数据	空白
初中	52.5	0.99	40.6	5.9
高中	1.5	0	84.8	13.6
大学	33	0	65	2

　　高中生、大学生做的问题数据比初中生做的数据要稍微复杂一些,可能不容易看出条件冲突(但看出是错题的难度增加也不大,这是笔者根据学生的年龄特征增加的要求),结果显示,学生的批判意识似乎没有"随年龄增长而增长".尽管笔者还在怀疑这个调查数据是否稳定的问题,但学生得出数据的比例如此高(基本上是采用面积法得出结论)是值得令人深思的.相当部分被调查的大学生表示,他们从来没有遇到过老师故意出错题给他们做的,事后,他们有一种"被耍"的感觉!

　　我们经常遇到这样的现象:当教师无意中出错问题,往往急忙修改数据(条件)或干脆删除回避,很少有教师让学生反思问题的错误原因或与学生讨论如何改正的问题.在设计的时候,受传统观念的影响,我们数学教师一般是不愿将有"瑕疵"的数学问题呈现给学生的,导致学生对数学问题的批判性意识偏弱,一旦问题出错,学生也很难发现.2006 年的福建高考题:"$f(x)$ 是定义在 R 上的以 3 为周期的奇函数,且 $f(2)=0$,则方程 $f(x)=0$ 在区间 $(0,6)$ 内解的个数的最小值是(　　) A.2;B.3;C.4;D.5"是个错题,因为 $f(x)$ 是以 3 为周期,所以 $f(1.5)=f(1.5-3)=f(-1.5)=-f(1.5)$ 得 $f(1.5)=0$. $f(4.5)=f(1.5+3)=0$. 由此可见,加上我们容易得到 $x=1,2,3,4,5$ 是方程 $f(x)=0$ 的根外,$f(x)=0$ 在区间 $(0,6)$ 内的解有 7 个,分别是:1,2,3,4,5,1.5,4.5. 显然,4 个选项中都没有正确答案!但据报道,发现这道错题的学生寥寥无几,就连教师发现的也比较少!这确实是令人深思的现象.有教师可能会这样认为,学生能够掌握正确的数学问题的解决方法已经很不错了,如果把干扰信息放在数学问题中,一方面会影响数学知识的学习,另一方面会增加学生的学习难度.或许就是这种想法,使得我们现在的数学问题都很"标准".而学生将来走向社会后,他们遇到的实际问题需要经过信息的整合,即:将多余的干扰信息进行筛选,将缺失的信息补全,将矛盾的信息进行排除等工作.尽管我们对学生不要求这么高,但现在的问题设计没有让学生对数学问题产生一点的批判性意识恐怕也不妥.

　　因此,我们建议,在恰当的时候故意设计一些带有"瑕疵"的数学问题未必不是一件好事情,即使我们偶尔失误使数学问题产生错误,大可不必惊慌失措,完全可以从容地与学生进行剖析,发挥错题的教育功能!

第二节　数学应用的教学设计

狭义的数学应用是指学生所学的数学知识及方法在生活实际过程及其他学科上的应用,而广义的数学应用应该包括其在自身学科上的应用,也就是说,数学应用有直接性和间接性,本节就数学应用的直接性进行一些讨论.

一、应用教学的设计流程

数学应用与数学建模应该是有区别的,按照字面上的含义,数学应用是将所学数学知识应用于生活实际,即先有数学模型再寻找合适的应用场合,而数学建模则恰好相反,先是针对实际情景,建立合适的数学模型去解决实际问题所提出的要求,而一些模型不一定是解决者预先知情的,可能还需要进行一系列调整,甚至还需要重构新的模型尝试解决.而应用教学的设计是教师在引导学习新的数学知识及掌握新的数学方法后,试图把其与生活实际"相挂钩",以培养学生的"数学应用能力",属于一种"先有数学再有实际"的"教学行为",以期以后学生能够在"先有实际"的情景下能够提高"再有数学"的能力去解决实际问题,因此,从某个角度上讲,数学应用的教学是数学建模教学的"前奏"和基础.基于这样的认识,我们认为,数学应用教学的设计应该着眼于培养学生的建模能力这一总目标.于是,我们认为数学应用教学设计的完整流程是:①实际情境的创立;②数学知识的提出及教学;③实际问题的解决.这个过程实际上就是一个在教师引导下的虚拟建模过程.而我们现在所谓的数学应用教学往往指最后一个流程,本节将简要讨论最后一个流程的细化工作,主要有这么几个方面:①实际虚拟情境的呈现;②实际虚拟情境的读取;③数学模型的构思与提出;④数学模型的解决与调整;⑤问题解决后的总结与反思.

(一)实际虚拟情境的呈现

就中小学而言,所谓的数学应用题其实基本上都是一种虚拟的实际情境,很多实际信息都被教师所排除或理想化,故我们称之为"实际虚拟情境".例如:在关于运动情境的应用题中,基本上是"匀速"、"直线运动",而且一些数据也都经常以整数等简单实数的面孔出现,这些都是虚拟化的工作,也是根据学生的年龄特征和学习特点所作的调整,有利于学生学习和应用数学,这种"造假行为"是我们数学教育的"业内潜规则",无可厚非.

当然,虚似情境的呈现需要注意以下几个方面:第一,虚拟和理想化必须有一个度,不能出现矛盾数据或与实际情境出入太大甚至到闹笑话的程度.

【例 5-13】① 李军的妈妈今年 24 岁,她的年龄是李军的三倍,问李军今年几岁?

我们在第一章已经提到过这道假期作业题,如果仅看答案,李军今年 8 岁似乎无可厚非,但细心的学生会发现李军的妈妈是 16 岁生下李军的,这对青少年而言,如此数学应用题的综合教育效果是负面的,不可取.

【例 5-14】② 要配制 15 千克浓度为 60% 的盐水,要从浓度为 70% 的盐水和 55% 的盐水中各取多少千克?

在应用题教学过程中,如果信息不交代清楚,都是一种常识性约定.据此,这个问题与实际情况严重不符,在学生的眼里,盐水一般是指食盐.常温下,食盐的溶解度不到 40%.如此高浓度的"盐水"让人"瞠目结舌".

【例 5-15】③ 甲说:"2002 年釜山亚运会上,我国获得 150 枚金牌.比 1994 年亚运会我国获得的金牌数的 2 倍少 38 枚."乙在思考:"1994 年亚运会我国获得几枚金牌?"请讨论和解答下面的回答:(1)能直接列算式求 1994 年亚运会我国获得的金牌数吗?(2)如果列方程的方法来解,设哪个未知数为 x?(3)根据怎样的相等关系来列方程? 方程的解是多少?

这道应用题所提供的数据有误:1994 年亚运会我国获得 125 块金牌,1986年才是 94 块④.

以上三个例子说明,应用题尽管在一定程度上允许虚构或理想化,但是,一些虚构或理想化造成负面效应就不可取了.在教学设计的时候,教师对应用题的编拟应该审时度势,一些涉及实际情况的例子(如:【例 5-13】)的数据更要注意其真实性,以免对学生产生不应该的误导.

第二,在适当的时候也不要把应用题编得条件一个也不多、一个也不少,需要为学生提供信息筛选的机会,为学生将来提高真正的实际应用能力打点基础.

【例 5-16】⑤ 甲、乙两人到香港旅游,有一天每人各要把 1100 元人民币换成港元.他们一起来到一个储蓄所,那里的港币与人民币的兑换比例为 1∶1.1,

① 新浪网.寒假数学作业出错题 16 岁少女当上"妈妈",http://www.sina.com.cn,2005-02-19.

② SOSO 问问.求小学五年级应用题! 难度高点的! http://wenwen.soso.com/z/q150555969.htm.

③ 范良火.义务教育课程标准实验教科书·数学(七年级上册).杭州:浙江教育出版社,2006.7.

④ 第十六届亚运会官方网站.亚运百科.历史奖牌榜,http://www.gz2010.cn/special/00780203/medal11.html

⑤ 方均斌.例说"错题"的教育功能,数学通报,2006(7).

且规定每人兑换一次的手续费为 20 港币.试问甲、乙兑换后各得到多少元的港币(包括扣除手续费)?

这个问题是我们根据自己所经历的真实情境所改编的.问题解答的关键在于要讨论:是两人合起来只兑换一次,还是各自兑换共两次(付两次手续费).有人认为,此题没有把兑换方法交代清楚,是错题.其实这是一道好题.这种答案不唯一,需要讨论的情况,完全是数学题中的应有之义.正如讨论三角形某问题时,有时需要分为锐角、直角、钝角三种情况来讨论一样.笔者在温州的一个初三普通班级(51 人)用此题进行测试,结果是:有 24 人填 980 元;还有 16 人填除 990,980 以外的其余数据;有 4 张问卷空白;3 人认为题目没讲兑换次数,不能做;只有 4 人分两种情况讨论,分别得到 980 元和 990 元.看来,像这样的问题的教育功能别具一格,还是很值得做一做的.

第三,所提供的实际情境也可以不需要以"饱满"的形式出现,有部分信息可以让学生自己补充甚至来个"逆向思维":让学生根据数学信息寻找实际情境,这也未尝不可.

【例 5-17】　请编拟一个实际问题,它归结的数学问题是 $4x + 3y = 45$.

实际情境的信息不足要求学生补充可以培养学生的思维发散能力,这种方式值得注意的是不能让学生产生"学数学没有什么用,所谓的数学应用题是老师编的,甚至要求我们学生编写,我们学习数学只是为了考试"等负面效应.

第四,应该根据学生的年龄特征和学习要求适度控制文字语言和符号语言,必要的时候采取适度的图像语言以帮助学生理解.

第五,在以粉笔板书呈现应用题的时候,文字信息边呈现应该边朗读和观察学生,避免出现冷场或学生注意力分散的现象产生,一般说来,由于应用题文字信息比较多,尽量采取小黑板或 PPT 的方式呈现,以节省时间,加快教学节奏.如果文字信息太多,可以分阶段呈现,避免学生因阅读困难而导致产生放弃等心理.

第六,所设置的背景如果属于平时教学,可以增加知识面,所涉猎的范围要大一些,例如:城市学生可以设置农村家禽、野外生物、大山深林、海岛渔业、畜牧草场、蒙古包等情境;农村学生可以设置公园、摩天轮、游乐场所、电脑、城市规划等情境.当然,有些则是所有学生都应该接触内容,例如:利率问题、增长率问题、工厂生产规划问题等.如果属于重大测试以示公平的实际情境应该是所有学生熟悉程度都差不多的.

(二)实际虚拟情境的读取

实际虚拟情境的读取属于"阅读理解问题",按照我国的数学教学实际情况,一个实际情境基本上采取文字形式呈现,学生要读取相关的信息,必须对实际情境所涉及的实际对象和相关的数学概念及命题有一定的底子.

1. 要有阅读文字材料描述的信心和耐心

应用题解决的第一"关卡"是学生一见到密密麻麻的文字阅读要有足够的信心和耐心,有些习惯于数学符号信息、图形信息的学生,看到文字信息比较多的时候就觉得很烦,他们往往在阅读的一开始就出现本能的"心理抵抗",这对问题的顺利解决很是不利.为了帮助学生克服这种不利的心理因素,教师在具体设计的时候有这么几项工作值得尝试:一是应用题的文字表述可以先从简单到复杂、熟悉到生疏、直来直去到拐弯抹角等这样的一个过程.二是善于引导学生将复杂的文字表述"分解"为若干个易于理解的简单部分.三是经常出一些文字表述复杂但一旦构建起数学模型,解决起来却很简单的例子,以教育学生:一旦放弃将是很可惜的事情!四是平时教学就要注意各种语言的转换工作,让学生习惯于不同数学信息间的相互转换.五是尽量使应用题所表述的实际问题是学生感兴趣的,他们也很乐于参与阅读和解决.

【例 5-18】① 据报载:近 10 年来,我国城市垃圾平均每年以 9% 的速度增长,到 1999 年底堆存的垃圾已达 60 亿吨,侵占了约 5 亿平方米的土地.目前我国仍以每年增加 1 亿吨的速度产生新的垃圾.从资源学的观点看,生活垃圾也是资源.如果利用 1.4 亿吨垃圾发电可以节省 2333 万吨煤炭;如果将 1.4 亿吨垃圾采用添加粪便和秸秆进行处理,每年可生产 1.5 亿吨有机料.根据上面材料,可以编制以下的"封闭题":

(1) 根据前面的信息,如果不对垃圾进行任何处理,到 2050 年底,我国城市垃圾大约有多少吨? 侵占多少土地?

(2) 如果从 2000 年起每年处理上年存放垃圾的 $\frac{1}{10}$,并按 1:1 进行发电与生产有机肥,则从 2000 年到 2050 年每年可节省多少万吨煤? 可生产多少亿吨有机肥? 节约多少亿平方米土地?

这个问题属于与环保密切相关的问题,翔实的数据自然受学生的关注,学生也很愿意参与相关问题的解决.如果教师觉得问题文字很多,在具体教学中,作为例题,可以以部分文字并采取逐步增加的方式呈现.

教师:据报载:近 10 年来,我国城市垃圾平均每年以 9% 的速度增长,到 1999 年底堆存的垃圾已达 60 亿吨,侵占了约 5 亿平方米的土地(以 PPT 字幕呈现).大家看,如此大的垃圾,你会注意哪些问题?

学生:10 年前的垃圾有多少? 我们如何控制垃圾的增长速度?

教师:很好! 目前我国仍以每年增加 1 亿吨的速度产生新的垃圾.从资源学的观点看,生活垃圾也是资源(以 PPT 字幕呈现).大家接下去要关

① 方均斌.用开放的眼光审视数学题,数学教学,2002(5).

注什么问题?

学生:如何将生活垃圾转换为资源?

教师:很好! 我这里为大家提供一个信息:如果利用 1.4 亿吨垃圾发电可以节省 2333 万吨煤炭(以 PPT 字幕呈现);如果将 1.4 亿吨垃圾采用添加粪便和秸秆进行处理,每年可生产 1.5 亿吨有机料(以 PPT 字幕呈现).大家还会关心什么?

学生:目前的所有垃圾都发电或者都转换为有机料,将会得到多少效益?

教师:很好! 大家看以下的问题:(1) 根据前面的信息,如果不对垃圾进行任何处理,到 2050 年底,我国城市垃圾大约有多少吨? 侵占多少土地? (2) 如果从 2000 年起每年处理上年存放垃圾的 $\frac{1}{10}$,并按 $1:1$ 进行发电与生产有机肥,则从 2000 年到 2050 年每年可节省多少万吨煤? 可生产多少亿吨有机肥? 节约多少亿平方米土地?

这种问题在教师的引导下,学生不知不觉地阅读完整个问题的文字信息,也初步懂得了问题意思.这是作为例题的一种设计,当然,学生将来解决问题的时候,很可能会直接遇到繁杂的文字信息同步呈现,教师就得考虑另外的策略.就本题而言,以下的设计也是一种尝试.

教师:我们来看这样的一个实际问题(直接呈现整个问题的文字信息,这里略),这个问题似乎文字很长,但大家只要耐心阅读,是可以懂得它的意思的,我现在给大家一点时间阅读,你能够弄明白问题的意思吗?

学生:……(阅读问题,教师注意观察,一旦发现有学生不耐烦,可以直接和他沟通.)

教师:大家是如何阅读该实际问题的?

学生甲:我是一口气读下来的!

教师:很好! 这是一种策略,文字不太长的时候可以这样做,大家还有不同的做法吗?

学生乙:我是先分条件和结论,然后分别阅读.

教师:很好! 关于条件,你还有什么看法?

学生乙:条件其实也可以分为两部分阅读.

教师:很好! 当一个应用题的文字比较多的时候,我们完全可以将其分为几部分进行阅读,不要一看到较多的文字题就心烦,有时,当你读懂了问题,你会发现解决起来其实很简单.

……

关于阅读心态的问题,我们觉得光由老师提供应用题阅读素材是目前的主流做法,我国学生很缺乏主动搜集和阅读与数学相关的素材做法和习惯.根据 3 年一次的国际经济合作与发展组织(OECD)国际学术评估项目(PISA)调查结果公布.首次参加 PISA 的上海 15 岁在校生,在阅读素养、数学素养和科学素养全部三项评价中,均排首位.但上海学生在阅读图表、表格、清单等非连续文本方面相对较弱.在学习策略运用中,虽然都接近或高于 OECD 平均值,但自我调控策略却为负值.这表明,上海学生的大部分阅读材料由老师直接提供,而非自己收集而来[①].由此我们得到启发,我们能否可以尝试让学生自己去寻找素材编拟数学应用题? 这样,或许能够为学生在克服数学应用题的不良阅读心态开辟一条新路.

2. 要明晰实际情境所涉及的生活概念

实际情境所涉及的概念很可能超越学生的生活经验,有些必要的"常识"应该让学生清楚.例如:球赛规则,利率中的单利和复利,打折中"折"(诸如九五折、七八折等)的概念,"成"(诸如降低四成、减产三成)的概念,翻番(诸如翻了三番是原来的八倍),增加及增加到等.

【例 5-19】[②] 图 5-5 为一台冷轧机的示意图.冷轧机由若干对冷轧辊组成,带钢从一端输入,经过各对轧辊逐步减薄后输出.

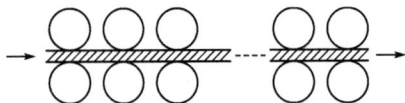

图 5-5 冷轧机

输入带钢的厚度为 a,输出带钢的厚度 b,若每对轧辊的减薄率不超过 r_0.问冷轧机至少需要安装多少对轧辊?

$$\text{一对轧辊减薄率} = \frac{\text{输入该对的带钢厚度} - \text{从该对输出的带钢厚度}}{\text{输入该对的带钢厚度}}$$

已知一台冷轧机共有 4 对减薄率为 20% 的轧辊,所有轧辊周长均为 1600cm.若第 k 对轧辊有缺陷,每滚动一周在带钢上压出一个疵点,在冷轧机输出的带钢上,疵点的间距为 L_k.为便于检修,请计算 L_1、L_2、L_3 并填入表 5-3(轧钢过程中,带钢宽度不变,且不考虑损耗).

表 5-3 疵点间距

轧辊序号 k	1	2	3	4
疵点间距 L_k(单位:mm)				1600

---

① 上海学生全球测试考第一引起欧美关注,国内引争议.教育文摘周报(摘自《人民日报》2010-12-20),2011-02-09.

② 摘自 1999 年普通高等学校招生全国统一考试数学试题 T_{22}(理工类).

该题是 1999 年的高考题,这道题的得分率很低,其中一个原因是学生对轧钢的原理很生疏,由于刚接触"轧辊减薄率"等相关概念,再加上学生的生活经验与轧钢工作的距离太远,所以本题的低得分率自在"情理之中".

自从 1995 年开始在高考题的大题中要有一道"应用题",每年高考题中的这道"年夜饭"成为命题教师的"心病",因为其中的一条"生活情境应该对所有的考生公平"的要求就够命题教师"焦心"的了! 我国地域宽广,无论是地理环境还是人文环境各个不同地区都存在着差异.所以,近年来的高考命题有了一些变化,一是概率知识教学要求增加,概率题基本上属于与生活联系密切的问题,而且在生活情境上很容易找到满足所有考生熟悉的内容,所以高考题的命题在"应用题"方面的要求往往就被"概率题所取代";二是现在高考题分区域(有些省市可以自行命题)命题,这样就从一定程度上降低了"生活情境应该对所有的考生公平"的难度.

针对实际情境中的相关概念明晰问题,我们认为,教师在教学设计的时候,应该有意识地丰富实际情境,扩大学生的"知识面",就拿百分比而言,不同生活情景下的"称呼"可能存在很大的差异,教师就要有意识地进行变化,以增加学生的"适应能力".值得提出的是,随着度量制的"国际化",很多我们原来自己国家使用的一些度量制度原来在小学有学习的要求,但后来在初中、高中学习中逐渐被淡忘,尤其是高中数学教师,应该在必要的时候设计一些诸如我国原来度量制(目前生活中还在使用)的实际情境题.例如:面积度量中的亩、分、公顷等单位;重量单位中的市斤、两、钱等单位;体积度量中的公升、升、毫升等单位;长度度量中的尺、公尺、寸等单位.

3. 引导学生明确生活概念与数学概念的异同

生活概念与数学概念尽管在大多数情境下相同,但有时是存在着差异的,教师必须注意在教学设计的时候引导学生洞察其中的异同.

【例 5-20】[①] 如图 5-6 所示的正四棱台漏斗 AC_1 中,其体积 $V=3$,高 $=1$,侧棱 $A_1A=1$,求正四棱台上底边长.

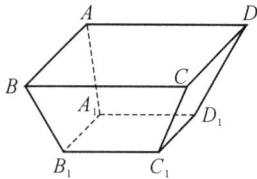

图 5-6 正四棱台漏斗

一些学生误以为是求漏斗的上底边长,原来运算正确的在"最后的关键上"回答错误.有些数学概念有专门的定义或含义,尽管源自生活,但又与生活有所区别.典型的一个例子就是关于梯形、台体的上、下底概念与生活中根据具体的位置定义上下底称呼有时是存在差异的.

① 方均斌.中学数学教学论.成都:四川大学出版社,2005.

【例 5-21】 怎样将一块三角形煎饼分成大小相同的 6 块？

这是初中教材①中"1.3 三角形的高"的引入题,教师首先应该让学生明确所分的六块"大小相同"到底是指全等还是面积相等以及煎饼是否允许按照厚度来切割等,否则,问题将很难转到"三角形的高"这一话题上来.

其实,很多生活用语与数学用语教师必须明确,例如,有老师在上合并同类项的时候说:"5 个桃子与 3 个梨子不能合并."当时就有不同的意见:"5 个桃子与 3 个梨子可以合并为 8 个水果."这说明一些数学专用语言必须明确化,不能含糊.

(三)数学模型的构思与提出

在顺利完成文字应用题的阅读任务后,就得开始着手建立数学模型解决问题,主要有以下两方面的工作.

1. 精心设计数学语言的转化与表达

生活语言转化为数学语言是数学应用题解决的必需一环,在应用题中,有些语言属于"文化背景式"的情境语言,按照数学的眼光似乎纯粹"多余",有些语言表面上与数学无关,但却影响整体的解决思路,甚至取决于"一字之差".教师在教学过程中具体设计的时候应该多动一些脑筋,让学生既摆脱一些"无关信息"的干扰,同时,又要抓住那些关键信息,使问题顺利、迅速解决.

【例 5-22】 在动物界,老鼠是哺乳类中繁殖最迅速、最成功的.以经常在人类生活地区活动的一种家鼠月鼠为例,每年可怀胎多达 8 次,每胎可诞幼鼠 4 至 7 只.为方便起见,我们考虑一种"理想"情况:假设每只母老鼠每年可以繁衍 8 次后代,而且每次后代都有 3 只母老鼠.问:一只母老鼠一年后,共可繁衍多少只母老鼠？

此问题的前言:"在动物界,老鼠是哺乳类中繁殖最迅速、成功的.以经常在人类生活地区活动的一种家鼠月鼠为例,每年可怀胎多达 8 次,每胎可诞幼鼠 4 至 7 只."纯粹为"背景材料",本题的解决关键是"假设每只母老鼠每年可以繁衍 8 次后代,而且每次后代都有 3 只母老鼠.问:一只母老鼠一年后,共可繁衍多少只母老鼠？"显然,在排除"背景干扰"的情况下,这个问题教师就要设计语言上的转化教学.

教师:大家阅读本题后,你认为哪些文字是问题的解决关键？

学生:从"我们考虑一种'理想'情况"开始.

教师:很好！ 那么,这是一个什么问题呢？

学生:等比数列求和问题.

---

① 范良火.义务教育课程标准实验教科书·数学(七年级下册).杭州:浙江教育出版社,2005.12.

教师:为什么?

学生甲:一只母老鼠繁衍后代后,她仍然在世.

教师:很好! 请问,如何转化为数学语言?

学生甲:设第 n 代母老鼠个数为 a_n,则数列 $\{a_n\}$ 构成一个公比 q 为 3,首项为 $a_1 = 1$,求 S_8.

教师:对吗?

学生乙:不对,应该写"求前八项和 S_8"因为符号 S_8 的含义没有解释.

教师:很好!还有补充吗?

学生丙:不对,应该写求前九项和 S_9,繁衍八代,一共是九代.

教师:大家认同吗?

学生丁:哦!应该是把最原始的母老鼠去掉!因为是求她的后代,该求: $S_9 - 1$

教师:能够写完整一点吗?

学生:求数列的第 2 项到第 9 项的和: $S_9 - a_1$.

教师:很好!

······

2. 明晰问题构建所需要的数学模型

适度的文字语言转化为符号语言后,教师应该引导学生选择合适的数学模型.前面的例子中,到底是等差数列还是等比数列? 是求和问题还是求项问题? 教师就要引导.其实,在语言转化的时候很可能就触及模型选择的问题.

【例 5-23】　细胞每 20 分钟分裂一次,由一个分裂为两个,经过 2 小时这种细胞由 1 个可以分裂繁殖成几个?

此问题的数学模型显然与上题既有相同之处:都是等比数列. 又有不同之处:上题是求和问题,本题是求项问题,因为细胞分裂后母体将不存在!

因此,为了引导学生能够明晰问题构建所需要的数学模型,教师在教学设计的时候可以采取这几个措施:一是类似实际问题,但属于不同类型的数学模型.例如,利率中的单利和复利问题.二是不同实际问题,但属于同一个数学模型.例如,森林增长但需要定期砍伐定量树木问题与银行存款(复利)但需要定期提取一定量的利息问题.三是要引导学生把握每一种数学模型的特征及其在实际问题中的应用范畴,不可张冠李戴.

(四)数学模型的解决与调整

数学模型一旦建立起来后,就得尝试解决并在解决过程中进行必要的评价,而后再解决是否需要改变模型或进行调整.

1. 尝试解决所建立起来的数学模型

根据一个实际问题的情境所建立起来的数学模型是否合理是需要调整的,

这在数学建模中尤其常见,因为数学建模其实是在根据实际要求寻求最佳解决方案,需要不断地调整,有的实际问题可能还不一定能够找到最佳的数学模型.而现在中小学生所遇到的"应用题"一般有一个最佳的数学模型,但也往往需要学生自己去建立并做尝试,再在尝试后决定后续处理方案.

2. 解决过程中在反思的基础上调整

学生在尝试解决过程中,不断地在边解决边观察,如果出现一些诸如与实际数据差异较大甚至相悖的情景,例如:出现路程为负值的现象等,解决者必须进行必要的调整.

3. 在调整的过程中不断地尝试解决

当然,调整后也是需要不断地进行尝试甚至再调整的循环过程直至问题顺利、满意地解决.

(五)问题解决后的总结与反思

一个实际问题解决后,教师的设计不能"到此为止",还需要做以下的三方面工作:一是总结实际问题所属的类型;二是审查反思问题解决的方法;三是提出解决过程中的疑惑想法.

1. 总结实际问题所属的类型

一个实际问题属于哪种类型的数学问题的总结很重要,教师应该引导学生在和学生解决应用题后设计这样的几个环节:一是这个实际问题有什么重要的特征,中间的关键信息是什么;二是具有与该问题共同数学模型的特征有哪些,以前在哪里见过类似的问题,我们能够把握共同数学模型的应用问题的关键信息吗;三是该应用题所构思的数学模型是否和以前的其他数学模型经常搞混等等.

2. 审查反思问题解决的方法

所建立起来的数学模型原则上说应该归入纯数学问题的解决,其解决后的反思似乎和一般的数学问题解决没什么两样,实际上,我们要提醒教师在设计的时候,应该注意生活经验对数学解决问题的宏观指导,或许能够在解决过程中很快解决或起检验作用.举一个我们前面提过的很简单的问题:两杯浓度不一样的盐水混合后的浓度介于原来的两者之间,这是生活常识,但一进入数学中的分数大小比较,恐怕就要麻烦多了.因此,我们建议,教师在设计的时候,一旦进入数学模型解决的时候,要告诫学生不要只盯住数学问题,应该边解决边注意原来的问题,尤其在反思环节更要如此.其实,按照我们原来的想法,应用问题的解决方案一般是建立数学问题模型然后就进入数学世界中寻求解决方案,但是,事实并非绝对如此,有些实际应用题需要数学模型与生活经验一起双管齐下解决.

3. 提出解决过程中的疑惑想法

有些应用题在解决过程中会产生种种问题,这些"种种问题"有多种情况,我们认为,主要有两种类型:一是应用题本身过于"理想化"而导致的与实际不符的"尴尬",这些"应用题"本身在编拟的过程中开始假设的数据没有多少问题,但是,通过计算和推理后,却发生了与生活常识相悖或一些与教育意义相悖的事情,如我们前面提到的年龄问题、浓度问题等.二是由于问题所提供的条件可能产生缺失或多余,导致问题在数学范围内无法解决或出现自相矛盾的结局.

二、应用教学的常见设计方法探析

说起应用教学的常见方法,就我国目前的教学现状,基本上是教师提供实际问题情境,然后提出数学问题,在学生熟悉相关数学知识后再解决实际问题.

(一)以实际问题促数学知识学习的教学设计

应用教学从字面上的含义是把已经学习的数学知识应用到实际问题中,以解决相关的问题.但是,从根本上说,学习数学知识的主要原因是为了解决实际问题,从这个层面上说,实际问题促数学知识学习也是应用教学的重要一环,尤其是学生时代,对他们进行应用教学除了为将来能够提高数学应用能力打好基础以外,更重要的目的是促进学生的学习动机和学习能力.其实,学生在校期间应该清楚学习数学的目的,应试仅是一种表面的现象,而根本的原因是将来走向社会后能够将所学的知识运用起来解决实际问题,因此,我们不能忽视实际情境引入的教学设计,这一环恰是应用教学的开端.

那么,如何设计以实际问题促进数学知识的教学呢?其实,我们在情境教学设计的时候已经讲得比较多,这里不再重复.主要强调以下三个问题:一是要以建模的眼光看待实际问题促数学知识学习的教学设计,培养学生的建模意识;二是要有全程的眼光看待实际问题促数学知识学习的教学设计,树立学生的全局观念;三是要有互动的眼光看待实际问题促数学知识学习的教学设计,促进学生的主动精神.

1. 要以建模的眼光看待应用教学设计

所谓的要以建模的眼光看待应用教学设计就是指我们现在的应用题设计基本上是教师把问题信息"标准化"后的"应用题"呈现给学生,而且教师的数学模型单一意识很强,很少有可以采取多种数学模型能够"殊途同归"的应用题,而且这些数学"应用题"几乎与数学题一样,条件一个也不多、一个也不少,很少出现"条件多余"、"条件交叉"、"条件冲突"、"条件缺失"等现象,教师目前给出的这些所谓应用题其实就是结果"二道加工"后的"成题",这些"应用题"尽管从一定角度可以培养学生的应用能力和应用意识,但我们觉得还"力度不大".因为,现实问题毕竟不是我们数学教师和学生所"幻想"的,需要有一个"选择和排除杂质"(择取和过滤信息)的过程,这方面的能力和意识是应用题教学最为关键的培养要素.而数学建模则是建模者需要用自己的手段采集(包括调整)数据结构并选取(包括调整)数学模型去解决一个实际问题.

【例 5-24】 周长为定值的铝框制作不同形状门框的面积最值问题.

这种应用题在很多场合都是教师为门框"定型"后再提出相关的面积最值问题.我们有一个想法:能否将问题做得"更开放一些"? 比如,根据人类的身高及审美习惯,请你自己确定一组数据,并提出"周长为定值的铝框制作门框的面积最值"问题.这种问题就属于开放的应用题,学生必须得考虑很多实际情况,要审时度势地确定数据和根据人类的审美习惯.比如,以下四种图像(见图 5-7 (甲)、(乙)、(丙)、(丁))是人们喜欢做的门框外形,学生完全可以自己"出题"给"自己做",也就是说,让学生自己"当一会儿木工".

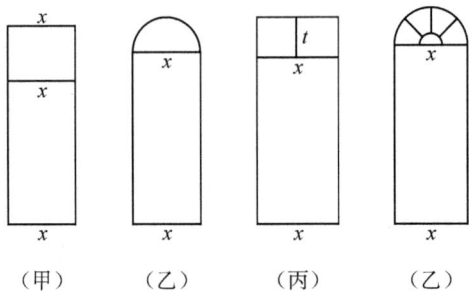

图 5-7　常见的门框外形

2. 要以全局的观念看待应用教学设计

要以全局的观念看待应用教学设计有两个层面的含义:一是不仅要考虑数学上的要求,还要考虑实际的各种需求,例如,我们前面所说的门框制作不仅要考虑采光度还要考虑人类的身高以及黄金分割等审美需求;二是数学本身内部的全局结构安排,同一个实际情境,学生数学学习内容的不一致,解决问题的角度也是有差异的,因此,一个情境可以在多个数学应用场合中让学生遇到,以此教育学生要善于学习,知识学得越多所看的问题越深刻.

【例 5-25】 周长为定值的铝框根据不同需求制作外框的实际问题

本题可以根据学生的数学实际情况及情境的需求,编拟很多实际问题.例如:①一段周长为 L 的铝框,要制作一个长方形门框,要求长和宽的比例为 $\dfrac{\sqrt{5}+1}{2}$：1,问:这个长方形门框的长和宽各为多少? 请你根据实际情况,L 至少应该为多少米?(该题在学生学完一元一次方程甚至更早的时候就可以让学生接触.)②一段周长为 L 的铝框,要制作一个长方形窗门外框,要求采光最好,问:这个长方形门框的长和宽各为多少?(该题在学生学完二次函数或者基本不等式后可以让学生接触.)等等.

3. 要以互动的思想看待应用教学设计

以往的所谓应用教学基本上是教师设计实际情境让学生解决,学生经常处于一种被动的状态,这不利于学生学习主动性的发挥.其实,学生已经具有一定的生活经验,一旦让他们主动参与相关问题的设计,反而会增加他们学习的主动性和问题解决的效率,有时效果可能出乎教师的意料.我们仍然以门框或门窗的设计为例,来说明设计的师生互动的重要性.

教师:同学们! 大家都见过门框及窗户的外形吗?

学生:见过,基本上都是长方形.

教师:很好! 假如给你长为 L 的铝材作为门框或窗户,你有什么想法?

学生:老师,是门框还是窗户? 这两个要求是不一样的.

教师:有什么不一样?

学生:门框至少要求长要超过一般人的高度,一般都要在 1.9 米以上.

教师:很好! 还有什么别的想法吗?

学生:要符合人的审美观念,例如:把门做成正方形就太难看了!

教师:很好! 还有呢?

学生:材料一定,当然要求效率要高.

教师:什么意思?

学生:窗户主要是采光,因此要求采光最好.

教师:怎样才算采光最好?

学生:面积最大.

教师:很好! 下面,我们来看以下的要求,请大家讨论解决! ……

显然,通过前面的这一段师生互动对话,学生对后面问题解决的积极性就可想而知了! 我们注意到,在学生解决应用题的时候,如果在前面增加一段师生关于实际问题的对话,可以大大提高学生参与问题的解决积极性.其实,我们有时甚至可以创设情境给学生自己命题,或者让他们提出自己感兴趣的实际问题,在教师的指导下去解决,学生遇到不懂的数学知识还可以去自学或向老师请教.因此,从某种角度上讲,加强师生互动环节的设计可以提高应用教学的效率.

(二)已有数学知识寻找实际情境的教学设计

一般说来,教师由一两个实际例子引入数学问题,然后引导学生学习相关的数学知识,最后把引出的数学问题的例子解决,这是目前我们数学知识教学的"基本步骤".然而,所学习的数学知识并非只是为解决一两个实际例子而进行的,所学习的知识将是为一类甚至很多不同类型的实际问题的解决服务的,这就需要将所学的数学知识与相关内容结合去寻找实际相关问题的教学设计.这种设计按照学生的认知情况基本上可以分为两类:一类是学生已有的生活经验所具备的;另一类是学生并不清楚的实际问题.

1. 学生已有的生活经验问题

此类问题的设计主要是"唤醒",即教师可以设计一些问题,唤醒学生对相关问题的回忆和关注.例如,前面我们所指的门框问题,学生天天"进门""出门",他们一抬头就可以看到,教师只要用适度的语言暗示或提问即可.

2. 学生并不清楚的实际问题

此类问题的设计主要是"呈现"和"介绍",即教师可以呈现所设计的针对学生陌生的实际问题,然后把相关的实际背景作个介绍,而后再把其与所学的数学新知识相挂钩.

(三)实际问题与数学知识相混合的教学设计

很多数学应用问题往往出现这样的一种情况:有实际问题解决的时候想到数学知识,然后把数学知识应用到实际问题中又发现了新的数学问题,新的数学问题学习中发现其有"广阔的应用前景",然后再在这些前景中又"产生"很多的数学新知识的学习需要,这种交叉反复的情况需要在教学设计的时候作出精心的安排.

【例 5-26】 出租车的计费问题.

某老师和学生讨论温州的出租车计费问题颇值得我们深思,以下是师生对话.

教师:温州出租车计费如下:起步价 4 公里以内收费 10 元,4 公里后 1.5 元/1 公里,超过 10 公里要再加 50%,也就是 2.25 元/1 公里,晚上 12 点至凌晨 6 点超过 4 公里后是 2.25 元/1 公里,此时起步价是 4 公里以内收费 12 元.另外,加收每车次 1 元燃料附加费.小张早上 8 点坐出租车上班,他的住宿离单位 11.5 公里,问:小张该付多少车费?

学生:需要付 $10+6×1.5+2.25×1.5+1=23.375$ 元.

教师:假如小王也在这个时间坐出租车,他说自己需要 33 元,有没有这种情况?

学生:显然小王超 10 公里,设超过 x 公里,于是有:$10+6×1.5+2.25×x+1=33$,解得 $x=\frac{52}{9}$ 公里.因此,有这样的情况存在.

教师:大家说,这样对吗?

学生甲:不对!因为 $x=\frac{52}{9}$ 公里的时候,我们实际按照 $x=6$ 来计算,此时的计费应该是 $10+6×1.5+2.25×6+1=33.5$ 元.因此,这种情况不会出现.除非司机"宽宏大量":不要零头.

学生乙:老师,我们觉得也有这种情况,因为温州出租车计费除了前面的标准外,还有一个堵车费:每 5 分钟收费 1 元.假如小王遇到堵车了,他只乘 14 公里,但堵车 20 分钟,那么需要付 $10+6\times1.5+2.25\times4+1+4=33$ 元.

　　教师:很好!

　　学生丙:乙同学的想法是好的,但在温州小地方这种情况很少.

　　学生丁:现在堵车已经很严重了,我觉得还是有可能的,要看小王在哪些地段乘车.

　　学生戊:我们能不能算一下,小王遇到这种情况的可能性有多少?

　　教师:很好,这就是我们还需要学习的内容……

　　显然,学生在讨论的过程中已经涉及一个崭新的知识:堵车的概率计算问题.其实,在教师设计实际问题的时候,有时需要开放一些,可能在学生的讨论中会产生一个又一个新的数学问题,教师应该坦然对待,有些能够及时解决的不留后面,有些暂时无法解决的,可以留给学生自学或讨论.

第三节　数学巩固课的教学设计

　　数学巩固课历来是数学教师所重视的,因为它涉及整个单元(学期)等的教学收获问题.数学巩固课主要分为数学练习课、数学复习课和试卷(习题、练习)讲评课这三种不同的类型.由于这三种类型的课堂教学主要以数学习题为主,教师对整节课的整体把握往往会出现疏忽的现象,导致上课往往是跟着感觉走.众所皆知,数学教师最"在行"的往往是"讲题",即使在平时的教学中,也往往出现我们不客气地称之为"水平不够,题目来凑"的现象,更不用说以"数学题"为"载体"的数学巩固课了! 为此,我们认为,为了真正提高数学复习课的效率,教师必须认真设计每一堂课.

一、练习课的教学设计

　　数学练习课可以根据其不同的任务来进行划分(例如:单元练习课、学期复习练习课等),其主要意图有四个:一是数学知识的巩固;二是数学技能的提高与迁移;三是数学知识、技能的查漏补缺;四是数学各方面能力的综合提高.由于一个单元(学期等)的内容很多,短短一节课的练习内容不可能涵盖所有的内容,教师应根据学生及自己教学的具体情况灵活设置练习内容.另外,由于练习的设置及学生练习的情况不同,教师讲评安排也应该有所不同.有的可以直接将答案贴至宣传栏,而有的需要进行有侧重点地教师讲评,这方面的安排完全依靠教师的"教学感觉"来进行. 由于学生情况及教师的教学情况各不相同,以下,我们只能就练习课的设计中五个原则性问题作一些建议性讨论.

(一)要有"保底思想"

曾经有几位老师和我们讨论过这样的一个命题:"每一道题都是好题的练习卷是否是一份好的练习卷?"讨论的最后显然是否定的. 我们数学教师往往有这样的一个习惯:一些看似直接可以写出答案的练习我们是不太愿意出的,总喜欢"拐个弯"或"设个陷阱",因为一些看似"直通通"的问题似乎"对学生帮助不大". 其实,这里面有一个练习设计的误区:我们可能高估学生对数学知识和技能的掌握. 一些班级里处于"中下游"的学生,他们可能连课本的最基本内容都没有掌握好,假如教师对每道题都要"拐个弯",很可能使这些学生因此而掉队. 因此,我们认为教师在设计练习的时候要有"保底思想",要出一些最基本的数学练习,并占一定的比例,一方面让所有的学生看到本单元学习的最基本要求,另一方面也要让一些处于"中下游"的学生看到学习的希望. 要有"保底思想"的另一个层面的含义是指对本单元的基础知识和基本技能在练习中要有比较高的覆盖面体现,不能在技巧上作过多的要求,当然,这主要还得看教师的练习意图.

(二)讲究"激励措施"

一个单元练习最好是让所有学生"看到希望",尤其是让班级里处于"中下游"的学生看到自己已经掌握的内容,树立起码的学习信心. 当然,最好也要让班级优秀学生看到自己需要努力的方向. 有种说法,试卷难度值在 0.7 左右的能够激励绝大部分学生的学习积极性,我们觉得有一定的道理,但是,作为一份平时单元练习,每次都是如此,恐怕未必是"一件好事",有时,挫折教育也是一种"激励措施". 曾经有这样的一件事情:有一位重点高中高三老师,发现学生普遍忽视课本,于是,专门在一个复习单元中用课本习题及例题作为测试题,结果,全班平均分在 60 分(百分制)以下,对这些"趾高气扬"的重点高中学生在最后"冲刺阶段"的复习起着很好的警示作用. 因此,我们认为,单元练习课的总体难度控制教师应该有个"感觉"和辩证思考,整体应该把握对所有学生有激励作用为主.

(三)注意"诊断策略"

作为练习课,主要的功能可能是巩固知识、训练技能、提高能力的作用,但它还有一个作用,那就是诊断学生的学习作用,这种诊断不光看练习后批改情况,更要在学生练习的时候,教师巡视观察,了解学生的思维状况,尤其要关注"两极学生". 通过一次练习,教师应该及时掌握学生本单元的学习情况,及时采取措施进行教学上的调整. 有些老师可能认为,练习课只是学生在练习,教师只要管理好秩序让学生安心练习即可.实际上,要真正严格要求,练习课教师是很累的,它需要教师密切观察学生的练习情况,包括个体和整体的情况,还要思考后面将要采取的教学措施.一般说来,教师应在练习课之前对即将布置的练习有一个预测,然后在学生练习的时候有侧重点地选择所要观察的学生和练习题,最后再结合学生整体的练习结果作一些综合分析和思考,为后续教学提供参考.我们要强调的是,练习点评要及时并要及时反馈到学生个体,有书面批改和学生当面交流则最好.

【例5-27】　在练习指导中,我们要问因.即根据学生的错题进行调查分析,可以采取面对面的交流,让学生阐述自己的解题思路和解题方法,比较容易发现问题.如在教了正方形面积以后,如图5-7的错误有两种可能.一种是不理解题意,因为这里是桌布,不是直接求正方形图形的面积,数学思维比较弱的孩子不善于转化;还有一种可能就是学生审题不清,把求的问题面积和周长概念混淆了,

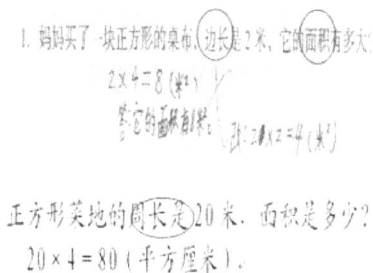

图5-7　学生的错误答题

这是审题习惯的问题,不是不会做.针对第一种问题,老师要对学生进行引导,把数学知识和生活联系起来理解;针对第二种情况,老师应重在学生审题方法的指导,如图圈出关键字"边长、周长、面积".在练习指导中老师要善于分析出原因,正确"诊断"出学生学习的错因,再进行有效指导.

(四)采取"多样形式"

尽管都属于练习课,但练习课的形式也并非单一.有的老师布置一题,学生练习后,教师点评(有的教师当面批改),然后,教师再布置一题,这样,一直循环下去,此类练习课尽管还是以学生练习为主,但有点像复习课;当然,更多的练习课是教师布置一批练习题让学生练习,然后教师点评;也有的教师整节课都让学生练习,至于点评和练习校对则放在课后或"讲评课"中.至于采取哪种方式比较好,我们觉得不能一概而论,要看具体的教学内容及教学情况而定,教师可以根据综合情况灵活采取多样形式进行练习课的教学.

(五)树立"系统观念"

我们曾经遇到这样的一位年轻老师,他在学生刚学习完一个新单元知识后的一次练习课上,所设计的练习基本上是与本单元相关的高考题,他的解释是,这些高考题很经典,练习起来效果会好一些,即使学生一开始做不起来,以后多接触几次就可以适应了.我们不否定高考题的权威性,但它们往往具有综合性和一定的能力考核要求(考核单一知识点和单一技能的考题很少),在学生刚学

习完一些基本的内容就接触似乎不太妥当.理由主要有三点:一个是学生刚学习一些基本的知识和技能,绝大部分高考题所要考核的知识点和数学技能并非单一,一些学生如果不能很好地掌握这些高考题所涉及的其他知识和数学技能,在练习的时候就往往会有困难,出现了学习上的障碍,而且还往往不能正确地归因;二是由于一开始难度过大,导致部分学生因为完成困难而产生挫折感,不利于他们的学习积极性发挥;三是这些高考题由于综合性强,一些理解力不理想的学生一开始就处于一种"朦朦胧胧"的"似懂非懂"状态,即使后面反复遇到,也很难彻底明白,出现了"夹生饭现象".

因此,我们认为,在平时的练习课中,数学教师的教学设计应该具有"全面意识"并且要树立"系统观念",要对本节练习课有一个正确定位,循序渐进,不可一蹴而就,急功近利,否则,欲速则不达.

二、复习课的教学设计

复习课是数学教学中很重要的一环.针对复习课的设计,我们可以用三句话来概况:一是系统回顾;二是查漏补缺;三是综合提高.

(一)系统回顾

回顾所学知识和技能,将相关知识和技能系统化,使之成为学生"认知结构"中的"一个组成部分",这是复习课中最重要的一环.在具体设计的时候,主要有三项工作需要注意:一是注意对重要知识技能的回顾,尤其是一些学生在记忆和运用上易错的知识和技能;二是要将相关的知识、技能按照一定的逻辑结构或思想体系进行系统化,以图表或逻辑框架的形式进行整理,加强本单元知识、技能之间的联系工作;三是要关注数学思想方法在相关章节的提炼和运用.

系统回顾的教学形式设计可以有三种:一是提问学生,在得出正确内容后教师板书,将其绘成图表;二是通过一组系列小练习(主要是采取填空题或选择题)的形式在学生练习后的点评中将相关知识或技能绘成图表;三是提问和练习相结合的方式,将相关知识或技能绘成图表.值得指出的是,这些工作必须是学生经过自己独立回顾后进行的,教师不能越俎代庖,否则教学效果将"打折".另外,知识、技能的系统化工作一开始可能是教师帮助下完成的,教师应该在课堂上留一点时间让学生自己独立消化,尤其是让学生学会知识系统化的策略及方法,不要出现"看似学了一大堆,但却是一盘散沙,最后的感觉是'什么都没有学到'"的尴尬.

(二)查漏补缺

一个单元(学期)学完后,学生可能存在的学习漏洞在哪里也是复习课设计重点考虑的内容.我们把学生的知识技能漏洞分为两类:一类是与本单元(学期)相关的知识技能漏洞;另一类是长期存在的与能力相关的所谓漏洞.作为单元(学期)复习课,应该以前一类为主,兼顾后一类漏洞.很多数学思想方法(如分类思想、化归思想、数形结合思想等)可谓学生数学学习的"漏洞",教师必须有意识地渗透到相关的章节,但不能主次不分,应该以本单元(学期)相关的知识技能漏洞为主.值得指出的是,有的老师可能有这样的一个"理念":学生掌握的内容重复练习没有多少意义,应该要针对学生可能存在的漏洞设计练习.因此,这些老师给学生的练习看似平淡,但"暗藏杀机",学生练习后踌躇满志,但校对练习时"心忧不已".尽管这样做表面上学生"收获不少"——因为教师让学生看到了漏洞,但这些教师在查漏的过程中让学生发现自己的学习"满是漏洞",不能真实反映学生掌握本单元(学期)知识的真实程度,也挫伤了一些学生学习数学的信心和积极性.所以,在查漏的时候,要注意不能走极端,要以保护学生学习数学的积极性为前提.

(三)综合提高

综合提高是指在系统回顾及查漏补缺的基础上,对学生的各方面能力提出更高要求,一般这个环节在复习课中所占的比例不多(当然要根据学生的具体情况及教学的实际需求),这个环节主要是把本单元(学期)内容与其他章节内容相结合,或者把与本单元内容相关的数学思想方法进行综合运用.综合提高的例题所涉及的能力方面的要求可能较高,是对学生把本单元(学期)内容与其他知识技能综合运用的一个尝试与努力.在具体涉及操作的时候,有三点值得注意:一是要根据学生的具体情况灵活安排综合提高的内容;二是要整体安排综合提高的内容;三是根据具体的教学进度安排综合提高内容,运筹帷幄.

三、讲评课的教学设计

与复习课相比,(练习、测验)讲评课可能就相对随意一些,有些教师纯粹是校对一下练习的答案,把正确的解答呈现给学生就完事了,一些学生也只看自己的分数或校对答案,至于为什么会犯错可能也就没有多少深究了,加上教师不够重视,这个环节很可能就这样"糊里糊涂"地过去了.其实,对学生而言,这个环节往往是对数学知识和技能进行亡羊补牢的重要时机,教师应该重视这个环节的教学,尤其是在设计的时候,更要"精打细算".当然,不同性质的练习、测验,教师讲评的策略和方法是有区别的,一般教师会根据学生的错误率来选择相应的讲评方法,来个"查漏补缺",这种策略无可厚非,但我们认为,有些内容,即使学生正确率很高,如果对后续学习的角色重要,教师也应该抽时间对其进行"变式"以加强相关内容的学习指导,"防患于未然".

练习或测验讲评课的方式固然没有统一的要求,根据我们的观察主要有以下三种常见的方式:

(一)纠错式讲评

纠错式讲评主要是以纠错为主的讲评方式,教师在校对整个练习卷答案后,就试卷中错误率比较高的问题进行重点讲评.这种试卷讲评比较适合于错误比较集中的情形,学生所犯错误也比较明显.但是,教师为了提高"效率"所采取的这种方式应该关注一些看似低错误率的问题,犯这些错误的学生很可能就是班级学习成绩落伍者,他们应该得到教师的特别关注.

(二)依序式讲评

所谓的依序式讲评就是教师依据试卷问题的顺序依次点评,这种点评方式基本上属于各个练习所犯的错误率基本相同的情况,教师也觉得几乎每个数学问题都需要点评一下,这种情形往往是一些教师所愿意采取的情形.实际上,也有一些教学经验不足的年轻教师或一些态度马虎的老教师经常采取这种讲评方式.这种讲评方式的教学效果不一定最佳.

(三)总结式讲评

总结式讲评是把学生在练习卷中所犯的错误及练习过程中的种种表现进行总结,教师经过精心提炼和分析,把学生的表现进行归类,然后决定哪些环节需要重点讲评,哪些环节需要进行必要的巩固和弥补,这种讲评方式的前提是教师要精心分析,前期准备工作要做得细,教师眼里不仅要关注学生的易错点,还要关心试卷中的重要内容的测试情况,例如:一题多解、多题一解、一题多变、数学思想和方法的渗透、所测试的章节内容之间的框架回顾、查漏补缺等,都是教师在总结式讲评中所要考虑的内容.我们比较赞同这种讲评方式,但由于需要教师的精心准备,教师可以根据自己的时间调配,灵活把握其中的度.

思考题

1. 请选择一个数学问题(小学、初中、高中不限),针对它设计一个教学片段,并说明你的设计思路和理由.

2. 请选择一个应用题(小学、初中、高中不限),针对它设计一个教学片段,并说明你的设计思路和理由.

3. 当你参与比赛或应聘的时候,人家给你一道数学题,请你解答它并说出你自己对这道题的教学思路,请你谈谈如何应对.

4. 请选择一个单元内容(小学、初中、高中不限),针对它设计一节虚拟复习课,并说明你的设计思路和理由.

0 1 2 3 4 4 6 7 8 9

案 例 篇

　　前面,我们就教学设计的理论及具体环节中的教学设计进行了一些讨论,尽管其中也举了一些案例进行说明,但是集中从案例出发却是从本篇开始,第六章、第七章我们准备分别为读者呈现一些小学、中学的数学教学设计案例,并且给出了我们的一些评述,这仅是我们的一家之言,谨供参考,望读者根据自己的理解给出自己的评判.本篇安排思考题,给读者讨论与思考的则是对我们提供的案例.

第六章　小学数学课堂教学设计案例

【案例 6-1】

11～20 各数的认识[①]

杭州市学军小学　徐春菊

一、教学目标

1. 使学生能够数出数量在 11～20 之间的物体个数,知道这些数是由一个十和几个一组成的,初步建立计数单位十的概念.

2. 在学习中区别序数和数序、基数的概念,掌握 20 以内数的顺序和大小,能够正确、迅速地读 11～20 各数.

二、教学重点

重点是直观地了解 11～20 各数都是由一个十和几个一组成的,发展学生的数感.

三、教学难点

计数单位十的概念建立.

四、教学策略与手段

小学一年级的思维以具体形象思维为主,学生的学习要通过大量的操作活动,才能使所学的新知识不断内化到已有的认知结构中,因此本节课特别注重学生通过操作(摆小棒)进行学习.

五、课前准备

1. 学生的学习准备:10 根一捆的小棒一捆和 10 根分散的小棒

2. 教师的教学准备:课件;10 根一捆的小棒一捆和 10 根分散的小棒;10～20 数字卡片

[①] 数学(一年级上册).北京:人民教育出版社,第 7 单元.

六、教学过程

(一)引入课题(让学生经历认数过程,初步感知"数序"、"生活中的数"、"基数"、"序数"等概念)

1. 认数

(1)我们已经认识了 0～10 这些数,今天我们要继续学习一些比 10 大的数.出示课题(11～20 各数的认识).

| 11 | 12 | 13 | 14 | 15 | 16 | 17 | 18 | 19 | 20 |

(2)说一说这些数有什么特点.

2. 生活中的数

这就是我们今天要研究的数,请问你在生活中哪里还见过这些数?

3. 数序

(1)尺子上的数(出示尺子,顺数、倒数、感受数序).

(2)想一想:15 的前面有( )、后面还有哪些数呢?

4. 基数、序数

(1)利用学生的学号感受序数:比如 13 号起立,只有一个,表示的是第几.

(2)请 1 号～13 号起立.感受基数,表示数量多少.

【设计说明:开门见山的教学引入课题,简洁明了地回顾已学知识,点出这节课的学习内容.通过找数的特点建立十位是 1 的两位数的数感,然后利用课堂上学生的学习资源层层引入教学,使学生建立数序、基数、序数等概念.】

(二)探究学习

1. 数数、计数单位一和十的认识

(1)会用多种方法数数.

①在猜数中引入数数.

猜猜老师手里有几根小棒.

要想知道谁猜对了,有什么办法?(数一数)

②可以一个一个数,你还可以怎么数? 2 个 2 个数……

(2)在数数中引入计数单位一和十的认识

①通过数我们知道了小棒数量是 11 根,有没有办法把这些小棒摆得一眼就能看出或者很快知道是 11 根?

②老师示范:数出 10 根捆成一捆.

③比赛捆小棒:一起数出 10 根,捆一捆.

④认识计数单位:我们数学里把这样的一捆叫做 1 个十就是 10,一根叫做 1 个一.(板书 1 个十 10 1 个一 1)

那一捆有几个一？来数一数（课件）

1个十就是10个一，也可以说10个一就是1个十.

反过来我们也可以说：1个十是10个一.

（3）在生活中认识计数单位十.

生活中为了计数方便，10个装成1份，这就是1个十. 如下：

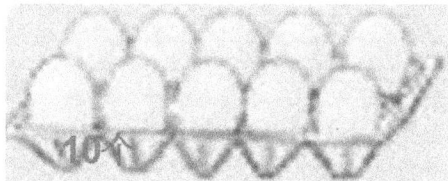

【设计说明：在数数的基础上引出计数单位一和十，让学生感受到为了计数的方便，把10根小棒捆成一捆，就是1个十，帮助学生建立计数单位十的概念. 另外为了帮助学生理解计数单位十的运用，设计了"认识生活中的10". 通过生活中学生熟悉的10的计数，让学生感受到用10计数的意义和目的，从而在学生脑子中形成10的计数单位，来突破这节课的重点和难点.】

2. 数的组成（几个十和几个一组成几）

（1）在摆一摆中认识11～20各数的组成（出示课件）

①11里有1个十和1个一，我们就可以说（　）个十和（　）个一合起来是11.

②说一说：老师出示几个数来说一说.

③用小棒摆一摆这些数，感受数的组成.

摆的是：（　）　里面有（　）个十和（　）个一.

20的组成（在学生摆一摆的过程中引入）：2捆就是2个十　就是20

（2）在计数器上认识11～20各数的组成.

①认识计数器：

这些数可以用小棒来表示，还可以在计数器上表示.

计数器上从右边数第一位是个位，第二位是十位.

个位上一个珠子表示1个一，十位上一个珠子表示1个十.

②摆一摆：11就是在个位和十位各摆一个珠子：这两个珠子表示的意义不一样.

③个位满10个换十位上一个.

【设计说明：利用小棒和计数器来认识数的组成，通过学生在摆一摆的操作中理解数的组成. 对于一年级的孩子，教学中多关注学生的动手操作，有利于培养学生的数感，建立数的概念.】

（三）小结

今天我们认识了 11～20，你知道了什么？

（四）练习

1．数一数

（1）出示（课件）

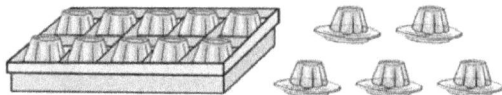

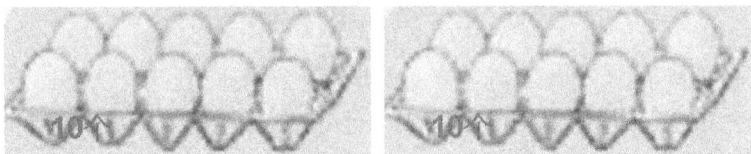

……

10 个

20 个

……

90 个

10 个 10

（2）介绍古时候人的计数方法：也就是 10 的来历．

2．填一填

（1）1 个十和 7 个一组成（　　　）．

（2）顺着数，12 的前面一个数是（　　　），后面一个数是（　　　）．

（3）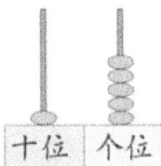 所表示的数是（　　　）．

（4）比 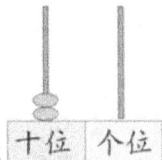 少 1 是（　　　）．

3．找一找

要求：每个小朋友手里都有一张数字卡片．

教师:请问 1 个十、7 个一这个朋友在哪里?

学生:这个朋友在哪里,在哪里?

拿卡片 17 的同学说:17、17 在这里.并根据学生的回答在黑板上贴出下面各题.

_____、⎡19⎤、⎡18⎤、_____、_____

_____、⎡12⎤、_____、⎡16⎤、_____

⎡11⎤、_____、⎡13⎤、_____、⎡15⎤、_____、⎡17⎤、_____、_____、⎡20⎤

_____、_____、⎡14⎤、_____、_____

【设计说明:练习设计有针对性地分为三层:第一层次是利用数生活中的物体个数,体会如何快速数数,再次感受生活中 10 的运用,巩固学生对计数单位十的进一步理解;第二层次的练习是帮助学生巩固和运用数的组成;第三层次的练习是在游戏中进行,结合数的组成,帮助学生建立数序和数数的概念,培养学生的数感.】

案例评析

1. 本节课是在以"找准学生的认知起点"为教学研究背景下进行设计的,现代的小学生生活环境不同、家庭背景不同、知识经验水平也不相同.我们面对的学生不再是一张白纸,随着知识的积累、思维的发展,学习知识的途径也越来越多(课外书、上网以及与老师、家长、同学的交流等),对于一年级的孩子已经知道了很多关于数的知识,但学生对于把 10 看成一个计数单位这个概念没有形成或者说比较模糊.如何让学生建立计数单位"十"的概念对于学生理解数的组成,以及今后的学习非常重要,特别是在两位数加减的时候,学生有了计数单位的概念可以帮助学生理解计算方法,对今后一些大数的认识以及大的计数单位的建立都有非常重要的地位.所以,《11～20 各数的认识》的教学设计根据学生情况,重点放在了学生对计数单位"十"这个概念的建构,特别是设计了生活中 10 的认识这一教学环节,让学生充分感受到了用"十"来计数的意义.

2. 在教学设计中,考虑到很多孩子都有一定的知识起点,但知识的建立比较零碎,或者概念还比较模糊.教学中注意帮助学生整理知识,理清并贯通知识间的脉络,让学生建立整体的数的概念知识.如第一环节把数序、序数、基数等数的概念放在一起进行学习.

3. 在练习设计中关注练习的针对性,重视练习的实效性.通过三层的练习把这节课的内容进行一次整理和拓展,让学生的思维在原有知识体系的基础上进行提高,体现了教学的"落脚点高于起点"的教学设计理念.

【案例 6-2】

面　积[①]

嘉兴市南湖区教研室　朱德江

一、教学目标

1. 通过丰富的数学活动,感知面的存在与面的大小,结合具体实例认识面积的含义.

2. 能用正方形等自选单位估计和测量图形的面积,体会自选单位的多样性.

3. 在活动中发展学生的空间观念,体会面积与生活的联系.

二、教学重点

结合实例认识面积的含义.

三、教学难点

用正方形等自选单位估计和测量图形的面积.

四、教材分析

"什么是面积"是北师大版义务教育课程标准实验教科书三年级下册第四单元的内容.本节课的学习是学生第一次接触面积这个概念,它是学生学习本单元内容的基础.为了让学生直观认识面积的含义,教材安排了三个不同层次的活动:第一,结合四个具体实例,初步感知面积的含义.把这层活动进行延伸,让学生举例说明身边物体的表面或图形的大小,丰富学生对面积的感性认识.教学时,要结合比较物体表面大小和平面图形大小的活动,让学生获得对面积的感性认识.如果学生对于面积概念中的"封闭"的理解有困难,教师可以通过画图、举例等方式让学生直观感知即可,概念的背诵和记忆并不重要,能在具体情景中准确应用,说明学生真正理解了概念.第二,进行比较两个图形面积大小的实践操作,体验比较面积大小策略的多样性,尤其是可以借助自选单位进行比较的策略,并让学生初步感知用正方形进行测量、比较的优点,从而为后面学习面积单位作好铺垫.教材中呈现的四种方法是从不同的角度说明学生可能采用的方法:一是将两个图形重叠后,再进行剪拼;二是利用硬币摆一摆、数一数;三是用小方块摆一摆;四是画格子再数数的方法.当然,这些方法仅仅是一种教学的提示,而实际教学中教师需要根据学生的探索来进行.第三,通过在方格纸

---

① 数学(三年级下册).北京:北京师范大学出版社,第 4 单元.

上画图的活动,进一步认识面积的含义,体验"面积相同的图形可以有不同的形状"的数学事实.

对于面积的认识是一个渐进的过程、一个不断完善与丰富的过程.什么是面积?处于不同学习阶段的学生有不同的回答.即使是成人也会因为自己生活经验的差异,对于什么是面积作出个性化的解释.在教学面积时,应尊重学生已有的生活经验与数学知识基础,不要作过高的提升与抽象.对于三年级的学生而言,只需结合实例认识面积的含义即可.另外,周长对于学生认识面积具有负迁移.在一个平面图形中,"边"属于强刺激源,"面"属于弱刺激源,加之长度的学习在先,学生在学习面积时,在潜意识中会受到周长的影响,感到周长长的图形的面积似乎更大些.要建立正确的面积概念,在教学过程中,就必须引导学生认识周长与面积的区别,要学生知道周长是边线一圈的长度,而面积是整个面的大小.至于周长与面积的关系,有待后续学习中不断辨析与建构.本节课的教学还要把培养和发展空间观念作为重点,要引导学生亲身经历各种活动,使学生在实在、生动的操作活动中体验、感悟.

五、教学预设

(一)在直观感知与比较中,感知面的大小,初步理解面积的含义

1.在直观比较中引出"面积".(课件呈现一串沙滩脚印图)

通过引导学生比较小明和他的爸爸在沙滩上玩耍时留下的脚印的大小,初步感受面积,并引出课题"面积".

2.在"摸面"活动中感受面的存在,在交流与比较中,初步理解面积的含义.

(1)从身边找一找物体的面,摸一摸,并与同伴说一说.

(2)引导学生联系实际中不同的物体的面,说说大小关系,感受面积的大小.

3.比较平面图形的大小(面积).

(1)说说哪个图形面积大、哪个图形面积小(观察法)?

(2)比较两幅地图的大小.

(3)比较两个图形的大小,体会面积与周长的区别.

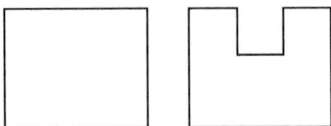

反馈时,先让学生说说比较大小的结果,并说说是怎样想的.若学生出现与周长的纠缠或疑问,则教师择机让学生说说什么是图形的周长,什么是图形的面积.(电脑演示图形的面积与周长)

4. 小结,完成板书:物体表面或平面图形的大小就是它们的面积.

【设计说明:概念的建构需要结合学习者的经验进行教学,需要有必要的感性材料作为概念认识的支撑,需要经历一个观察、比较、抽象的过程.为了让学生直观地理解面积的含义,教师引导学生在大量感性材料列举的过程中进行充分的感知,并让他们通过观察、触摸、大小比较、面积与周长的辨析等数学活动,感知物体或平面图形的哪些部分是"面",直接感受"面"的存在,形成关于"面"的表象,感知面的大小,体会比较面的大小的方法.这些丰富的感性认识成为学生认识面积含义的有效支撑,促进学生对面积内涵的内化.】

(二)用自选单位测量和估计图形或物体的面积,体会自选单位的多样性,深化面积概念建构

1. 用正方形、三角形等自选单位测量和描述图形的面积,利用七巧板体会自选单位的多样性.

师:我们已经知道了什么是面积,那么怎样来说明图形面积的大小呢?

(1)出示七巧板,请选两个图形说说大小关系(说说哪个图形面积最大,哪个图形面积最小).

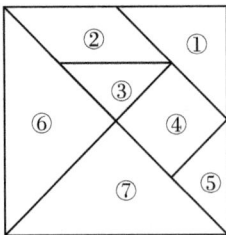

(2)大正方形里有几个⑥号三角形?

(3)大正方形里有几个①号三角形呢? 如果在正方形中画⑧号正方形,又有几个呢? 请你在正方形中画一画,并说明自己的思考方法.

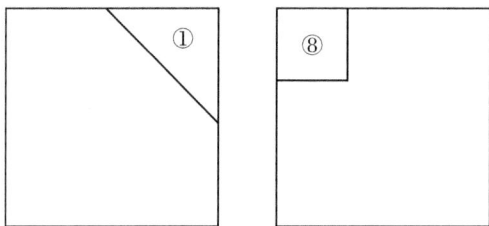

（4）小结：用摆几个三角形或小正方形来说明这个大正方形的大小，为什么个数不一样呢？

【设计说明："七巧板"是学生熟悉和喜欢的一种传统智力游戏.本环节巧妙利用"七巧板"的图案作为学习材料，激发学生学习的积极性，通过引导学生利用七巧板中不同的三角形和一个正方形去描述正方形的大小，并自己动手在学习纸上分一分、画一画的数学活动，体会"用自选单位度量图形的面积"方法的多样性，进一步感受面的大小，发展空间想象能力.最后，通过引导学生对比三种不同的结果，使学生充分体会度量单位的多样性，也蕴涵了统一度量单位的必要性.】

2.联系实际，用自选单位估计面积.

选择一个图形或物体作标准，去测量或描述一个物体的面的面积大小经常用的方法.比如桌面的大小，我们也可以选择一个物体作标准，如用数学书的封面大小为标准，大家比划、估计一下，有几本数学书封面的大小.

学生活动后，组织交流.

【设计说明：利用课本的面、本子的面等作标准去度量课桌，经历用度量单位覆盖"面"的过程，让学生亲身体验到度量面积的不同工具和不同单位，丰富度量面积的经验，进一步体会面积的含义和面积度量单位的多样性，实现概念的有效建构.同时，通过学生自己选择度量标准进行实际度量，经历尝试、创造的过程，激活了学生的创新思维，有利于概念创造性理解的形成.】

（三）在练习中解释和应用，完善和提升面积概念理解

1.比较长方形和正方形的面积的大小.

教师先出示长方形和正方形，学生比较.学生直接比较有困难时，教师用多媒体呈现邮票图案，引导学生用邮票作标准进行比较.教师再小结："像这样两

个图形或物体的表面的大小比较接近,直接观察有困难时,可以利用其他图形或物体量一量、比一比."

2. 课桌桌面上放纸巾盒,只放一层,可以放几个纸巾盒?

教师先出示实物,引导学生思考:"这样摆一层的话,摆在桌面上大概可以摆几个?"学生猜测后实际摆一摆,发现可以摆 7 个多一点;再追问:"不能叠起来,你有办法摆这样的 10 个纸巾盒吗?"最后,讨论:"为什么前面摆不下,后面就摆得下了呢?"

【设计说明:深刻构建起数学概念,需要有一个充分解释和应用的过程.本环节的两个练习安排,就是在学生理解面积含义及体会可以选用一定的标准作为度量单位的基础上,实现深化理解、概念应用的过程.第一个问题,在学生难以直接比较正方形和长方形的面积大小时,引导学生体会利用邮票作为标准可以比较出两个图形大小,进一步体会借助自选度量单位进行比较的策略.第二个问题,通过对"能否摆 10 个这样的纸巾盒"的讨论和合理解释,经历解决问题的过程,进一步完善、提升对面积概念本质的领悟和理解.】

案例评析

1. 以丰富的活动体验促进概念的有效建构——关于"面积的含义"教学的思考.

什么是"面积"? 现代汉语词典关于面积的解释是:"平面或物体表面的大小."辞海关于"面积"的解释:"几何学的基本度量之一,是用以度量平面或曲面上一块区域大小的正数,通常以边长为单位长的正方形的面积为度量单位."北师大版小学数学教材的描述:"物体表面或封闭图形的大小叫做面积."

"面积"概念教学教什么? 怎么教? 如何引导学生理解"面积"概念的丰富内涵、形成对概念内涵的清晰认识,而不仅仅是让学生抽象地记忆"物体表面或封闭图形的大小就是它们的面积"? 教学时,要注重概念本质,淡化形式,不要过多地围绕概念的定义去探讨"物体表面"、"封闭图形"这些词语的意思,如对于"物体表面",主要是让学生认识物体的某个面,由于是初步认识不一定要涉及曲面.对于"封闭图形",也只要通过画图、举例等方式让学生直观感知即可,不必过多讨论.教学时,从学生对生活中面积的最初认知入手,结合学生最常见的物体(数学课本等),通过摸物体的面、比较面的大小和平面图形的大小、在正方形中画图形、用面积单位的个数描述图形面积的大小、表面覆盖活动(如涂色活动、用数学书去"铺"桌面)等丰富的数学活动,引导学生感知面的存在和面的大小,丰富对面积的感性认识,积累丰富的度量面积的经验,从而理解面积的含义、有效建构面积概念.

2. 经历度量及度量单位的形成过程——关于"面积的度量与度量单位"教学的思考.

如何教学面积的度量与度量单位? 研究表明,度量及度量单位的发展一般要经历这样的过程:直接比较(观察法、重叠法等)——间接比较(中介,自选单位)——自订单位(共同约定的自选单位)——公用单位(如面积单位:平方厘米、平方分米、平方米).以往的教学比较重视"直接比较"、"公用单位"两个环节的教学,而忽视"用自选单位度量"的环节.课程标准中也提出"能用自选单位估计和测量图形的面积"以及"体会统一面积单位的必要性",如何在教学中实施? 在当前的教学中,有的教师已经注意关注"体会统一面积单位的必要性",但对"用自选单位估计和测量图形的面积"的教学往往是匆匆而过,学生体会不深.如何认识这一活动的教学价值并有效实施,需要在教学实践中进一步探索.

我们认为,首先只有充分感受自选单位的多样性,才能体会统一度量单位的必要性.其次,度量体现着人类创造的智慧,在现实生活中,由于人们有各种不同的需要,人们创造发明了各式各样的度量工具.教学中,要充分关注度量及度量单位知识形成过程中的资源开发,充分让学生经历"用自选单位度量面积"的过程,经历度量工具产生和度量单位建立的过程,这样,学生才能充分认识度量工具和度量单位的多样性与适用性,就有可能使这些固化了的知识得到活化,激发学生的创造性思维,促进学生智慧的习得和形成,真正实现数学教学促进学生的可持续发展的价值.因此,本节课教学中,通过"用三角形、正方形的个数描述正方形的大小"、"用数学书的封面、本子的封面等度量桌面的面积"等活动,充分经历"用自选单位度量面积"的过程,充分感受自选单位的多样性,并初步体会统一面积单位的必要性.但本节课不急于教学统一面积单位,而在下一节课的教学中,进一步让学生体会统一面积单位的必要性,并学习公用单位——平方米、平方分米、平方厘米,通过活动充分体验,理解面积单位的实际意义,发展空间观念.

【案例 6-3】

长方形、正方形的周长和面积的比较[①]

杭州翠苑第一小学　周　红

一、教学内容说明

人教版三年级下册学习了长方形和正方形面积的计算后,练习中安排了这

---

①　数学(三年级下册).北京:人民教育出版社.

样一道题:每个方格表示 1 平方厘米,在方格纸上画出面积是 16 平方厘米的长方形,你能画几个? 算出它们的周长,填入表中.你能发现什么规律? 设计此题的目的就是为了让学生发现:面积相等的长方形,周长不一定相等.面积一样的长方形和正方形,长和宽的数值相差越大,周长越长.当长和宽相等(也就是正方形)时,周长最短.联系三年级上册学习了长方形和正方形的周长后,练习中也安排了这样一道题:你能在图中围出几种周长是 24 厘米的长方形或正方形?于是整合两个练习,设计了课例:长方形、正方形的周长和面积的比较.

二、教学目标

1. 使学生正确区分面积和周长的概念及计算方法,并能正确、熟练地计算长方形和正方形的周长和面积.

2. 让学生经历长方形和正方形的周长和面积的比较过程,通过分析、比较,培养学生抽象概括及解决实际问题的能力.

3. 渗透"事物之间是相互联系和发展变化的"等辩证唯物主义观点.

三、教学重、难点

掌握概念间的区别和联系.

四、教学过程

(一)揭题:《长方形、正方形的周长和面积的比较》

(二)研究周长一样的长方形、正方形,其面积的变化

1. "抢地盘"游戏:请学生在方格纸(边长为 1 厘米的)上用 16 厘米长的线段围出长方形的地块,看谁抢到的地盘多?(画出长方形)

2. 周长的意义和长方形、正方形的周长公式.

(1)要知道你抢到的地盘是不是用 16 厘米长的线段围出的长方形,怎么办?

(2)说说什么叫周长.

(3)计算各图形的周长.

(4)反馈:

①你是怎样想的?

②长方形、正方形的周长计算公式分别是怎样的?

板书:长方形的周长=(长+宽)×2;正方形的周长=边长×4)

3. 面积的意义及长方形、正方形的面积计算公式.

(1)用彩笔涂出各个图形的面积.

(2)什么叫面积?

(3)计算各图形的面积.

(4)反馈:长方形、正方形的面积计算公式是怎样的?

(板书:长方形的面积＝长×宽;正方形的面积＝边长×边长)

4. 周长与面积的关系

(1)请完成表格(一).

	长(厘米)	宽(厘米)	面积(平方厘米)
周长 16 厘米			

(2) 你有什么发现? 在什么情况下面积最大?

(3)教师归纳:周长一样的长方形、正方形,长和宽的数值越接近,它的面积越大.当长和宽相等时(也就是正方形),面积最大.

(三)研究面积一样的长方形、正方形,其周长的变化

1. 接下来咱们进行"抢地盘"的第二种玩法:在方格纸上抢面积是 16 平方厘米的地盘,比一比谁抢的地盘多? 学生各自画出.

2. 同桌检查抢到的地盘是不是 16 平方厘米,比一比谁多.

3. 完成表格(二),你又有什么发现?

	长(厘米)	宽(厘米)	周长(厘米)
面积 16 平方厘米			

4. 教师归纳:面积一样的长方形和正方形,长和宽的数值相差越大,周长越长.当长和宽相等(也就是正方形)时,周长最短.

(四)应用练习

1. 判断:

(1)两个长方形周长相等,它们的面积相等. 　　　　　　　　　(　　)

(2)两个正方形的面积相等,它们的周长也相等. 　　　　　　　(　　)

(3)边长是 4 厘米的正方形,它的面积和周长相等. 　　　　　　(　　)

(4)4 个 1 平方米的正方形无论拼成什么图形,它的面积都是 4 平方米.

　　　　　　　　　　　　　　　　　　　　　　　　　　　　(　　)

(5)用 2 个 1 平方厘米的正方形拼成一个长方形,它的周长是 8 厘米.

（　　　）

2. 一块正方形土地的周长是 84 米,面积是多少?

3. 一块长方形钢板长 11 厘米,宽 5 厘米,与它的周长相等的正方形钢板的面积是多少平方厘米?

4. 正方形边长 6 厘米,与它面积相等的长、宽都是整厘米数的长方形的周长可能是多少?

5. 长、宽都是整厘米数,周长为 24 厘米的长方形的面积可能有多少平方厘米?

(五)课堂总结

同学们,通过这节课的学习,你想说点什么?

五、教学设计理念

《数学课程标准》前言部分指出:"动手实践、自主探索、合作学习是学生学习数学的重要方式."本课设计以这一基本理念为指导,强调"以学生为中心"和"以自主探究为主线",重视学习过程和学习方式,努力使学生在探索交流中获得新知,同时享受到学习的乐趣.

⬡ 案例评析

小学生天生就具有强烈的好奇心和旺盛的探索精神,好动、好表现、好创造是他们的天性.小学生的数学学习不应只是被动地吸收知识、通过反复练习强化储存知识的过程,而是应该用学生原有的知识处理新的任务,并构建新知的过程,应该具有探索性和思考性.数学学习,很重要的一点是要让学生学会探求模式、发现规律,让学生经过自己的探索,不仅知其然,而且知其所以然,帮助他们获得广泛的数学活动经验,提高探索、发现和创新能力.因此,在本课中,通过"抢地盘"游戏来探究周长一样的长方形、正方形面积的变化.学生先在方格纸(边长为 1 厘米的)上用 16 厘米长的线段围出长方形的地块,接着应用周长的意义和长方形、正方形的周长公式来验证所抢"地盘"是否正确;再比较"地盘"的大小,算出面积;最后比较发现规律:周长一样的长方形、正方形,长和宽的数值越接近,它的面积越大.当长和宽相等时(也就是正方形),面积最大.接下来进行"抢地盘"的第二种玩法:在方格纸上抢面积是 16 平方厘米的地盘,比一比谁抢的地盘多?探究面积一样的长方形、正方形,周长的变化规律:面积一样的长方形和正方形,长和宽的数值相差越大,周长越长.当长和宽相等(也就是正方形)时,周长最短.整堂课,学生真正"动"起来了,思维"活"起来了,开放式的教学,让学生在"玩"中学知识,在"悟"中明方法,自主学习,自主探究,归纳总结知识,形成知识的脉络,学生学得主动、学得轻松,感受到了学习的快乐!

【案例 6-4】

长方形面积计算^①

宁波市海曙区实验学校　钱希有

一、教学目标

(一)知识技能目标

1. 学生理解和掌握长方形面积计算公式;

2. 学生会运用长方形面积计算公式计算长方形的面积.

(二)过程性目标

学生经历观察、画图、分析等活动,归纳得到长方形面积计算公式,在学习过程中获得探索面积计算公式的初步经验.

二、教学重点

组织学生探索发现长方形面积计算公式.

三、教学难点

引导学生发现长方形的长与每排面积单位个数的关系,宽与面积单位排数的关系.

四、教学方法和手段

操作、探究、发现.

五、教学过程

(一)引入主题

1. 比较班级中一张课桌面面积和教室地面面积的大小.

2. 讨论:长方形中什么因素决定着长方形的面积大小?

【设计意图:通过比较一张课桌面面积和教室地面面积的大小,既引出学习的课题,又让学生直观地思考长方形面积和长方形的什么因素有关,直接进入长方形面积的学习研究.】

(二)观察发现

1. 观察格子图.如果每一小格是 1 平方厘米,格子图中长方形面积分别是多少平方厘米?

---

① 数学(三年级下册).北京:人民教育出版社,第 6 单元.

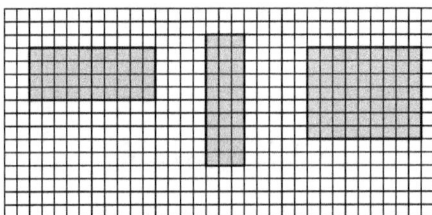

2. 交流讨论:你是怎样数长方形面积的? 得出有两种数法:

其一,一个一个地数,得到每个长方形的面积;

其二,先沿着长,数出一排有几平方厘米,再数出有这样的几排,每排面积单位个数×排数=面积.

【设计意图:通过图形到数量的观察研究,使学生体验到长方形面积与每排的面积单位各数和这样的几排有关系,计算长方形的面积可以用"每排面积单位个数×排数"得到.】

(三)画图发现

1. 在下面两种中选择的一种画图或两种都画.(充分关注不同学习能力的学生,让他们各有所需,各有其得.)

(1)在格子图里画面积是 24 平方厘米的长方形.

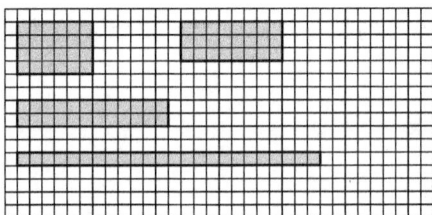

(2)在没有格子的白纸上画面积是 24 平方厘米的长方形.

4厘米
6厘米

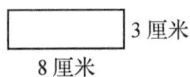
3厘米
8厘米

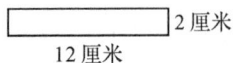
2厘米
12厘米

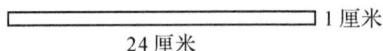
1厘米
24厘米

2. 交流讨论:

(1)怎样在格子图里画面积是 24 平方厘米的长方形?

通过学生亲手画图的体验,又在画图的基础上交流讨论不同的画法,学生进一步明确长方形面积与每排的面积单位个数和这样的几排有关系,为抽象概括得出计算长方形面积公式打好坚实的基础.

(2)怎样在没有格子的白纸上画面积是 24 平方厘米的长方形?

选择在白纸上先画格子再画面积是 24 平方厘米的长方形与直接用直尺画面积是 24 平方厘米的长方形进行对比交流.

交流讨论的重点:"用直尺直接画面积是 24 平方厘米的长方形"有哪几种图形? 每种图形画前是怎样想的,怎样画的? 为什么可以这样画?

通过交流和讨论明确:画长方形长是多少厘米,那么沿着长的面积单位一排就有相应的几个;画长方形宽是多少厘米,那么沿着宽画面积单位就可以有相应的几排.初步明确长方形面积与长方形的长和宽的关系.

(四)概括公式

1. 说一说下面的每个长方形沿着长摆面积单位,一排就可以摆几个? 沿着宽摆面积单位,就可以摆这样的几排? 面积各是多少?

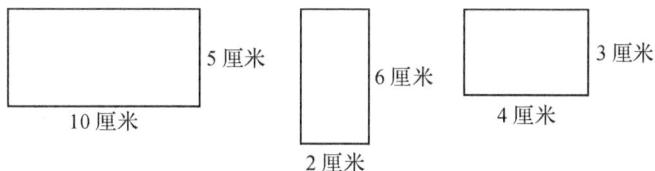

2. 直接计算长方形的面积,你是怎样算的?

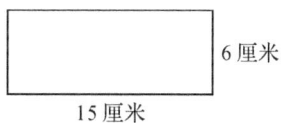

3. 概括长方形面积计算公式:长方形的面积=长×宽

(五)练习巩固

1. 同桌同学合作用尺子量一量身边长方形,然后,算一算长方形的面积.请同桌同学商量商量你们准备量身边哪个物体的哪个面,组长将测量结果记录在测量纸上,然后计算面积.

2. 在下面长方形纸中剪一个小长方形,要以原来长方形的宽为小长方形的长,小长方形的面积是 60 平方厘米,应该怎样剪?

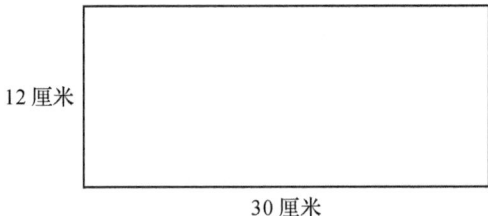

12厘米

30厘米

3. 用总长是 60 厘米的线段围成长方形,并且把相应的数据填入表中.

长方形的长(厘米)	长方形的宽(厘米)	长方形的面积(平方厘米)	长方形的周长(厘米)

观察表格中的数据,你有什么发现?请同学们交流、讨论自己的发现.

【练习设计意图:

练习 1　主要是运用长方形面积计算公式解决实际问题,巩固和加深对公式的理解.

练习 2　主要是通过长方形面积公式的逆运算解决实际问题,进一步加深对公式的理解,培养解决问题的能力.

练习 3　主要是通过定长的线段围成长方形以及对计算结果的观察分析发现:(1)周长和面积的意义不同,计量单位当然不同;(2)周长相同的长方形面积不一定相同;(3)周长相同的长方形,长和宽的差越小,面积就越大.】

(六)总结提升

1. 这节课你是怎样学习长方形面积计算公式的?你在学习中还有其他发现吗?

2. 通过这节课学习你有什么收获?

▱ 案例评析

1. 教学引入不入俗套,学习起点适当.课开始没有设计复习,充分考虑到学生刚刚在上一节课学习长方形的认识,开始就复习,学习和思维的层次太低,学生也没有兴趣.课开始就在"比较班级中一张课桌面面积和教室地面面积的大小"和"讨论:长方形中什么因素决定着长方形的面积大小"中,既简洁明了引出研究的问题,又有效地回忆了已经学习的长方形知识,还直接触及"决定着长方形的面积大小"的因素.简洁明快,落落大方,一下就抓住问题的关键,牢牢吸引了学生的注意力.

2. 新旧知识结合,以旧引新.数格子图得出长方形的面积是旧知识,但是旧的数面积中隐藏着长方形面积计算的"新规律".通过数长方形面积有两种数法的交流讨论,"一个一个地数,得到每个长方形的面积"与"先沿着长数出一排有几平方厘米,再数出有这样的几排"的不同,进一步明确长方形面积与每排的面积单位个数和这样的几排有关系,初步体验到计算长方形的面积可以用"每排面积单位个数×排数"得到.

3. 通过画图,引导学生积极、主动、有效地学习和思考.在白纸上画面积是24平方厘米的长方形.画中带有思考和探究:"怎样在白纸上画面积是24平方厘米的长方形?""长方形长多少厘米"与"沿着长摆面积单位1平方厘米,一排就可以摆几个"有什么关系?"长方形宽多少厘米"与"沿着宽摆面积单位,就可以摆几排"有什么关系?这些问题学生必须搞清楚,才能完成画图任务.学生的思考不是教师压力所导致,而是伴随着问题解决的过程而展开的积极主动的有效思考.从而,让学生初步明确了长方形面积与长方形的长和宽的关系.

4. 因材施教,促进不同的学生都获得成功,都有提高.学生学习能力一般的,选择在格子图里画24平方厘米的长方形,通过亲手画图的体验,又在画图的基础上交流讨论不同的画法,学生也能明确长方形面积与每排的面积单位个数和这样的几排有关系,为抽象概括得出计算长方形面积公式打好坚实的基础.

学生学习能力强的,选择在没有格子的白纸直接画面积是24平方厘米的长方形,学生思维的力度相对大,当然也能更好地发现长方形面积与长方形的长和宽的关系.

然后通过两种画法的交流,起到相互说明、印证的作用,使不同的学生都获得成功.

5. 数形结合,促进学生进行数学思考.数格子图、画面积是24平方厘米的长方形,初步体验长方形面积与长方形的长和宽的关系,学生从图形中初步发现计算长方形面积公式.学生探究和概括计算长方形面积公式就去联想画、数长方形面积,"数"与"形"密切结合.学生探究过程中思维得到有效的训练.

【案例 6-5】

平行四边形面积[①]

温州市上陡门小学　方均艇

一、教学内容

义务教育课程标准实验教科书(人教版)五年级上册第 80－81 页.

二、教学目标

1. 经历平行四边形面积公式的推导过程,掌握平行四边形的面积计算公式.

2. 通过观察、操作等活动,建立初步的空间观念,发展数学思维.

3. 通过猜想、验证等活动,初步认识转化的思考方法,体验知识的产生、形成的过程,自主探索、合作交流的能力得到进一步发展.

三、教学过程

(一)揭示课题

师:这节课我们一起探讨学习——平行四边形的面积,谁来说说关于面积,你知道哪些知识?

(二)引导探索

1. 尝试

出示平行四边形(两邻边长分别为 7cm 和 5cm,高为 3cm)如图:

师:你有办法求出它的面积吗? 想一想,你需要测量哪些数据呢? 拿出你的尺子量出相关数据,列出算式算一算.

(学生独立思考,动手操作,尝试计算平行四边形的面积,教师巡视.)

2. 反馈

师:你量了平行四边形的什么长度? 说说你是怎么算的.

生 1:我量了平行四边形的底是 7 厘米,另一条边是 5 厘米,算式是 $7×5＝35$(平方厘米)

生 2:我量了平行四边形的底是 7 厘米,高是 3 厘米,算式是 $7×3＝21$(平方厘米)

---

① 数学(五年级上册).北京:人民教育出版社,80—81.

师:同一个平行四边形的面积,怎么会有两个不同的答案呢? 到底怎样思考才是正确的? 四人小组讨论,说说你们的想法.

(学生小组讨论.)

3. 交流

教师板书:方法一:平行四边形的面积＝底×邻边;

方法二:平行四边形的面积＝底×高.

生 3:我把平行四边形拉一拉变成长方形,长方形面积等于长×宽,平行四边形面积等于底×邻边.

师:出示直观教具(平行四边形边框),进行演示.

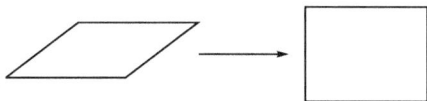

师:这种想法是把平行四边形通过拉一拉转变成长方形来思考,很好.有道理吗? 我们再来听听另外小组的意见.

生 4:我们沿着平行四边形的高把图形剪开,将左边的三角形拼到右边,正好是个长方形,它的长是 7 厘米,宽是 3 厘米,面积是 21 平方厘米.

师:是把平行四边形剪拼成了长方形来思考.你能演示一下吗?

(生 4 展示割补过程.)

4. 质疑、探讨

师:两种方法都跟长方形联系在一起,到底谁是谁非呢? 小组继续深入讨论.

生 5:方法一把平行四边形变成了长方形,形状变了,面积也发生改变了,所以不成立.

师:真的吗? 我们一起来检验.(出示下列各图,用几何画板验证面积的运算过程)

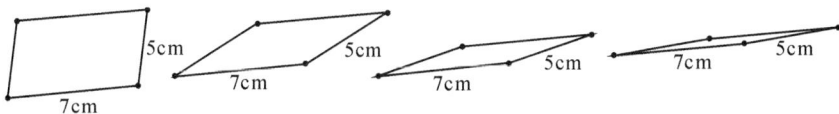

生 5:这几个平行四边形底边与邻边的长都是 7 厘米和 5 厘米,但面积都不相等.

师:演示(平行四边形边框),如果继续往下拉,想一想平行四边形的面积将会怎样变化? 从中你发现了什么?

生 5:面积将越来越小.平行四边形的面积计算不能用底边与邻边相乘的

方法.

师:那用方法二就一定正确吗? 说说为什么?

生4:用割补的方法,把平行四边形转化成长方形,形状发生了变化,但面积大小没有变. 所以转化后的长方形面积就是平行四边形的面积.

师:是不是所有的平四边形都能用割补的方法转化成长方形,从而求出它的面积呢? 请同学们用手中的平行四边形,动手剪剪拼拼.

(学生进行操作实践以验证.)

5. 归纳,总结

师:到现在为止,我们已经知道了平行四边形的面积的计算方法. 说说我们是怎么进行思考的?

师:计算平行四边形的面积为什么用底乘以高呢?

生6:我们用割补的方法,把平行四边形转化成长方形,形状发生了变化,但面积大小没有变. 长方形的长就是原来平行四边形的底,长方形的宽就是平行四边形的高. 所以平行四边形的面积是底乘以高.

结合学生的回答,教师板书:

$$长方形的面积 = 长 \times 宽$$
$$\downarrow \qquad \downarrow$$
$$平行四边形的面积 = 底 \times 高$$
$$(用字母表示)S = ah$$

师:现在,我们再来看为什么用拉一拉的方法不能计算平行四边形的面积? 因为它不仅改变平行四边形形状,同时它的面积大小也随着变化,实质上是平行四边形的(高)在发生变化.

(三)练习拓展

1. 口答:计算下面平行四边形的面积.

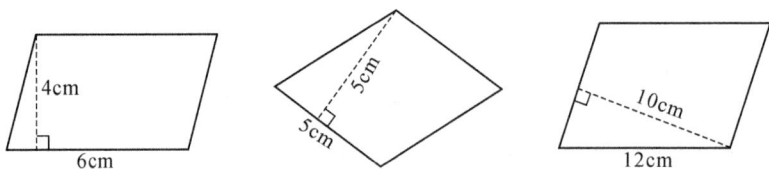

师:对图3平行四边形的面积是120平方厘米,你们同意吗? 你能否画出转化后的长方形,说说长和宽分别是多少?

(学生操作后,发现长方形的长和宽并不是12和10. 计算面积的条件不具备.)

师:还需要提供什么数据呢? (出示另一条底边长是9.6厘米,如下图)

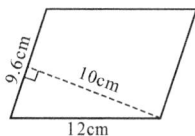

师：如果老师一定要用上 12cm 这条底来求面积的话，那该怎么办呢？

生（集体）：需要知道 12cm 底边上的高.

师：猜猜看，这条底边上的高会是多少？你是怎么想的？

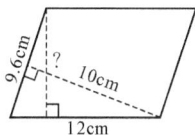

师：至此，我们又能发现什么呢？求平行四边形的面积应注意什么呢？（底高要相对应）

比如说刚才的这个平行四边形的面积我们既可以用 $9.6×10$，也可以用 $12×8$.

2. 出示：一个平行四边形底是 4 厘米，高是 3 厘米，它的面积是多少？

师：你想到的是一个怎样形状的平行四边形呢？把你想的图形在格子图上画出来.

（学生操作.）

3. 反馈：展示学生画的图形（注意收集不同形状的平行四边形）.

师：为什么形状不同，面积却都是 12 平方厘米呢？

生 7：因为这些平行四边形的底都是 4 厘米，高都是 3 厘米，因此面积都是 12 平方厘米.

师：它们的底相等，高也相等，这样的平行四边形叫做"等底等高的平行四边形"．虽然它们的形状各有不同，但是它们的面积相等.

课件显示（用几何画板验证这一过程）：等底等高的平行四边形，面积一定相等.

师：如果把这句话反过来说（面积相等的平行四边形一定等底等高），你觉得这句话对吗？

（学生小组讨论.）

课件显示：底 2 高 6，底 12 高 1，底 8 高 1.5……的平行四边形，引导发现面积相等情况下，平行四边形的底与高不尽相同．随着底逐渐变长，高逐渐缩短，反之随着底逐渐缩短，高逐渐变长.

（四）本课总结

师：面对求平行四边形面积这个新问题，我们用割补的方法转化成学过的

217

长方形,用旧知识解决了新问题.以后,我们还可以用这种方法去探寻很多图形的面积计算公式.

（五）布置作业

（略）

（六）板书设计

（略）

⇨ 案例评析

猜测、尝试、体验、验证、变化等手段是现代数学教学的重要措施,这位老师在本节课的设计中都做到了.

他首先给出一个确定面积条件多余的平行四边形,让学生按照已有的认知经验进行猜测和尝试,结果,不同思考方向的学生得出不同的结论,这样就产生了认知上的冲突,导致学生进行反思:到底是哪个环节出现了问题? 通过对两种不同方法的思考,在老师的引导下让学生自己发现确定平行四边形面积的最基本要素:平行四边形的一边及相应的高.为了让学生把握平行四边形面积公式,教师不是直接提醒,而是给出了平行四边形的一边及另一条边上的高,让学生通过自己的思考深刻体验到平行四边形面积公式中的关键词"相应的"重要性.

教师还通过几何画板这一现代教学软件验证了平行四边形的面积的关键要素,这在小学数学教学中是值得提倡的,它让小学数学教学上了一个新的平台,体现现代教育技术在数学教学中的重要作用.

另外,设计者还注意一个"变"字:一个是让符合一定条件的平行四边形的形状、位置在变,让学生抓住问题的本质——确定面积的关键要素;另一个是注意数学命题的变化,如"等底等高的平行四边形,面积一定相等"的逆命题:"面积相等的两个平行四边形一定等底等高"的正确性探究,这种关注数学命题的变化从小学就开始,是培养数学素养的很重要措施,设计者做到了.

整节课设计者紧紧地抓住几何图形的动态变化,让学生抓住运动中的本质要素,学会用运动的眼光看问题,并且成为探究和解决问题的一个重要措施,这是很难得的一项举措.

【案例 6-6】

归一问题应用题教学课例实践研究

杭州现代小学数学教育研究中心　唐彩斌

不同历史时期的《全日制九年制学校小学数学教学大纲》都对应用题有着

相应的要求,都提出要"能够探索和解决简单的实际问题",而且均在"教学中应注意的几个问题"及"各年级的教学内容和教学要求"中给出了明确的说明和指导.2001年7月颁布的《全日制义务教育数学课程标准(实验稿)》中,应用题不成为独立的教学领域,而是贯穿在"数与代数"、"空间与几何"、"统计与概率"各个领域中,以"解决问题"为名与"知识技能"、"数学思考"、"情感态度"并列的课程目标提出.一时间,应用题教学变得迷茫.与此同时,一些新名词相继与应用题交替出现,甚至更为频繁,"问题解决"、"解决问题"、"数学问题"、"数学建模"等,在教学交流中,为了与传统划清界限,甚至都不愿再提"应用题".

然而,笔者以为,名称的更替并不是问题的实质,只要把应用题的教学与数学建模建立起联系,才是抓住数学教学的本质的核心追求.当然,在教学过程中,倡导题材的生活化、呈现方式的多样化等等也是对传统应用题教学体系的优化.

下面就以"归一问题"的教学来探讨应用题教学改革变化路径,以此来引发更为深入具体的讨论.归一问题,是小学数学教学中的典型应用题,一般安排在三年级,是学生学习完加减混合的两步应用题的基础上要学习的一种常见的应用题,更为重要的是在学习归一问题之前,通常也正好刚刚开始接触小学数学的基本数量关系"单价、数量和总价"、"速度、时间和路程"、"工作效率、工作时间和工作总量"等,因此,可以说归一问题的解决是小学数学应用题教学的重要开端,因为开始涉及基本数量关系式的分析,同时开始有了结构的辨析.因此,该课在小学数学教学中有着重要的地位.

[第一次教学]

一、教学目标

1. 经历从现实生活抽象出数量关系的过程,理解单价、数量和总价之间的基本数量关系;

2. 能从多个现实情境中,归纳出归一问题的基本结构与解决方法,提高学生分析与解决问题的能力;

3. 组织富有现实性的数学活动,提高学生参与学习的积极性,借助归一的实际应用,内化归一思想,提高学生的综合素养.

二、课堂实录

(一)实践导入,激发兴趣

1. 师:同学们,在我们每一个人心目中都有自己最喜欢的物品.昨天,我已经布置大家去调查了有关情况.现在我们就一起来看"你最喜欢的物品调查表".

2. 把学生的调查情况用表格展示.(现场输入)

最喜欢的物品	一件物品的价钱	想买多少件	一共需要多少钱

【评析:从小调查开始,轻松地切入学习主题,同时为认识数量关系作了铺垫.】

3. 师:像一支钢笔15元,一辆滑板车120元等等(学生中的例子),用来表示一件物品的价钱,我们把它叫做单价,表示有几件物品(用颜色闪动),我们把它叫做数量,一共需要多少钱,我们把它叫做总价.

4. 讨论数量关系.

师:观察调查表,你发现已知单价、数量,怎样求总价呢?(单价×数量=总价)

师:如果已知总价和单价,怎样求数量?(总价÷单价=数量)

如果已知总价和数量,怎样计算单价?(总价÷数量=单价)

5. 实际应用.

师:这些数量关系式在生活中有着怎样的应用呢?让我们一起到超市去逛一逛(影像文件),暂停影像中的镜头.指出2元表示什么(单价),顾客手中的1瓶罐头,这个“1”表示什么(数量),在收银台计算的是什么(总价).

6. 用一用,说一说.

师:由此看来,在超市中,单价、数量、总价得到了广泛的应用.如果你去超市购物,你会应用吗?同桌之间说一说:你是怎么做的?根据什么数量关系式?

7. 算一算下面各题.

(1)每本数学课外书5元钱,3本数学课外书多少钱?

(2)8个玩具120元,每个玩具多少钱?

(3)5瓶牛奶要多少钱?(为例题教学作准备)

【评析:采用视频文件,能让学生置身于生活情境中学习教学.把常见的数量关系与现实生活中的具体实物场景联系起来.】

(二)引导深究,自主学习

1. 从准备练习中的最后一题引入,并进行电脑演示.

师:要求5瓶牛奶的钱,还必须知道什么呢?(1瓶牛奶的价钱)

师:知道这样1瓶牛奶的价钱(与5瓶牛奶不同),求5瓶牛奶的价钱吗?(不能)为什么?(因为牛奶不一样)

师(出示牛奶实物):品牌不同、大小不同、价格也不同.

【注:学生顿悟,微笑会意】

师:如果告诉这1瓶牛奶的单价呢?(能)为什么?(因为牛奶相同)

【注:电脑形象演示:把两瓶相同的牛奶变成文字"同样的".】

师:如果不告诉你单价,而是告诉你3瓶牛奶的价钱12元呢,你会算吗?

【注:强调"同样的牛奶"、"照这样计算"的意思是什么.(单价不变)】

【评析:从每瓶不同到相同,强调了单价不变,电脑演示从实物图(奶瓶)到文字"照这样计算"等,力求过渡自然.】

2. 学生尝试解答,小组讨论.

(1)12÷3=4(元)表示什么?(牛奶的单价)根据什么关系式?(总价÷数量=单价)

(2)4×5=20(元)表示什么?(牛奶的总价)根据什么关系式?(单价×数量=总价)

3. 列综合算式.

师:先算的表示什么?(单价)再算的表示什么?(总价)

师:以后在解应用题的时候,可以分步计算,也可以列综合算式计算.

4. 练习.学生尝试做.

(1)2盒饼干60元,买同样的7盒饼干要多少元?

(2)TCL2103型彩电3台要3600元,5台这样的彩电要多少钱?

(3)2包上好佳4元钱,3包上好佳多少钱?(6元钱,4÷2×3)

师:你们愿意花6元钱买3包上好佳吗?(愿意)

师:拿出3包很小的上好佳,你们愿意吗?(笑答:不愿意)

师:怎么又不愿意了呢?(大小不同了,单价变了)

【注:用实物讲解】

【评析:再次强调如果标准不同就不能用归一的方法简单计算.】

5. 小结.

师:对今天所学的应用题,你能总结出哪几条要点?(先求出单价,再求总价)

引导学生发现:在题意叙述中,要用"同样的"、"这样的"等来表示单价一定的词语.

【评析:学生通过课外实际调查、课内电脑演示,进入了探究归一应用题解题方法的理想情境,学生在老师的引导和参与下,自己尝试总结自己的研究发现.】

(三)多样练习,巩固知识

1. 数学魔术:变变变.

出示题目:买6袋巧克力付款30元,买7袋这样的巧克力要付多少元?

要求学生先列综合算式,然后观察屏幕中的变化,马上列出新题目的综合算式,不计算.

师:从变化中发现不变的是什么?

点击,7 变成 10,算式是:$30÷6×10$

点击,10 变成 11,算式是:$30÷6×11$

点击,11 变成 1,算式是:$30÷6×1$

师:能不能更简单?($30÷6$,学生恍然大悟)

点击,1 变成 12,算式:$30÷6×12$

【注:引出倍比法解题思路,用实物演示.】

$30×(12÷6)$,12 盒里面有 2 个 6 盒,就是有 2 个 30 元.

点击,三个数字 6,30,12 没变,题意变了,6 只猫一天捉 30 只老鼠,12 只这样的猫一天捉多少只老鼠?

【注:丰富归一应用题的内容,不局限于单价这个数量关系式中.】

2. 实际运用.

师:刚才讲的方法,在生活实际中有着怎样的应用呢? 我们再到超市逛一逛.

【注:把视频图像的内容转化成文字.】

师:中洋超市搞促销,3 块纳爱斯香皂只卖 8 元,照这样计算,9 块香皂要用多少元钱?

【评析:通过深化练习,引导学生用倍比的方法来解决问题,也就是把"3 块"当做"一"个单位来考虑,对归一应用题进一步作了探索,促进知识内化和迁移.】

(四)回到实践,应用知识

1. 表格式:水彩笔的数量和总价对照表.(选择自己喜欢的方法)

数量	2	5	6	
总价	30			

【注:最后两栏,一般学生都先填数量再填总价,这时,老师可举例;如果先填总价,你们能求数量吗? 实际上这是反归一的题型,可丰富应用题的呈现形式,使归一应用题的归一特征更加明显.】

【评析:由正归一题型的练习和探究,实现解法向反归一题型迁移,培养创新意识.】

2. 生活情境形式:听录音和对话.

主题:今天我当家

地点:月亮湾小区

小刚:阿姨,您好! 你买了什么啊?

张阿姨:饺子.

小刚:买了多少?

张阿姨:今天我们家我和王叔叔两个人,所以我买了 2 袋(每袋 10 只).

小刚:花了多少钱?

张阿姨:6 元钱.

小刚:我也正准备去买饺子呢? 阿姨再见!

张阿姨:小刚,再见.

按照小刚和张阿姨的对话,今天你当家,请你想一想,根据你家的实际情况,你准备买几袋饺子? 花多少钱? 并说一说理由.

【评析:通过两种题型的研究学习,让学生联系生活运用数学方法分析和解决问题,为实践应用作铺垫.】

(五)课堂总结,课外升华

师总结:今天我们结合生活实际,学会解答新的应用题,希望同学们能够把它应用到生活中去.

三、教学反思与改进计划

(一)教学反思

综观此课堂教学,与当时的教学改革背景是有关的,当时倡导计算机辅助教学、倡导应用题素材生活化、呈现方式多样化,应该说这节课的教学设计,在这些方面煞费苦心.

1. 在教学单价、数量和总价的数量关系式时,去超市录了一段影像,让学生在课堂上跟着摄像机的镜头"逛超市",在超市中认识单价、数量、总价.把抽象的数量关系与生活实际联系起来.从课堂上的学生表现看来,兴趣还是很高的,效果应该是好的.

2. 在认识了单价、数量和总价等基本数量关系后,基于学生丰富的生活经验,学习归一问题还是水到渠成的,从掌握情况来看还是比较好的.学生通过学习都能比较熟练地解决与"单价、数量、总价"相关的归一问题.

3. 教学设计符合学生认知特点.多次思维定势的冲突,都起到了正面的"强化"作用.在解决归一问题的时候,有一个基本的前提,那就是这个"一"是不变的,在本节课中主要指单价不变.另外一个定势思维的冲突,则是在解决很多归一问题的背景下,求特殊的 1 份表示多少的时候,学生仍然是用两步来解决,强调解决两步应用题时每一步所表示的意义.

(二)主要问题

1. 归一结构与数量关系认识之间的比重.本节课在学习归一之前,为了概括基本的数量关系名称所用的时间也不少,冲淡了归一结构的探索,因为只是局限在单价、数量和总价的数量关系中,并且也都是正向的归一问题(先求单价,再根据数量,求总价).

2. 归一的认识比较抠字眼,而没有趋向本质的探索.用不同的牛奶启发学生说出同样的牛奶,再从"同样的牛奶"启发出"照这样计算".尽管还是比较直观形象,但教师"导"的痕迹比较显现.

3. 认识的增量体现不足.没有进行相应的前测,但是从学生的学习状况来看,学生学习这部分内容比较简单,难有知识和技能的习得需要让他们接受挑战,怎样激发学生的探究欲望,赋予学习挑战的内涵,值得思考.

(三)改进计划

1. 着重解决归一问题,进行数形结合的尝试,开始先不讲什么数量关系,从直观的图形引入,重点在归一模型的概括上.

2. 教学内容不局限在"单价、数量和总价"的数量关系中,结合学生的生活经验,拓展归一的内容.

3. 学习的梯度力求多层次.归一的类型有正向的归一,也有反向的归一;在同一节课中尝试进行反向题的挑战.

4. 引入有趣的儿歌,丰富学习内容,增强学习兴趣;创设富有挑战又有童趣的综合实践活动情境,引导学生学以致用.

[第二次教学]

一、教学目标

①经历从直观图示中抽象出数量关系的过程,从不同情境中概括出共同的模型,初步感知归一问题的解决方法;

②沟通图形、表格及具体数量之间的联系,通过形数结合的训练,提高学生比较、分析和综合的能力;

③组织富有现实性的数学活动,提高学生参与学习的积极性,借助归一的实际应用,内化归一思想,提高学生的综合素养.

二、课堂实录

(一)创设轻松氛围,从动漫儿歌导入新课

1. 师:在上课之前,我送给大家一首动漫儿歌.儿歌的名字叫数青蛙.你们会吗?下面就让我们一起跟着电脑动漫念一念.格式如:( )只青蛙( )张嘴,( )只眼睛( )条腿.

(播放动漫儿歌,学生跟着节奏念.)

2. 师:同学们念得真不错.因为数字比较简单,又是按照一定的顺序从 1 开始,所以刚才你们背得很熟练.现在加大点难度,不按顺序了,2只,5只,8只,12只,你们还能念吗? 我们一起来试一试.

3. 学生尝试念儿歌.【显然节奏变得慢了.】

4. 师:怎么一下子就变得这么不整齐了? 有时还故意把某个字念得特别长,这是为什么?【学生会意地笑:我们在算.】

5. 师:是啊,今天我们就要来学习有关怎么算的问题.学了以后,我们不仅能背儿歌,而且还能编儿歌.

【评析:轻松的儿歌、动漫的形式,吸引了学生学习新知的兴趣.同时,也为学习归一打下了基础,便于学生在学习过程中迁移已有的经验.】

(二)借助直观图形,初步感知每份数、份数与总数之间的关系

1. 师:今天的学习从一个简单的图形开始.呈现一个长方形,表示120.现在平均分成 4 份,1 份涂上黄色,黄色部分表示多少?

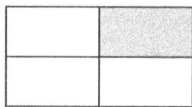

2. 学生解答:$120 \div 4 = 30$.

3. 师:你是怎么想的?

4. 生:用总数除以份数,可以求出一份是多少.

5. 呈现另一个图形:一个三角形表示90,黄色部分有6 个,黄色部分表示多少?

6. 学生解答:$90 \times 6 = 540$.

7. 师:你是怎么想的?

8. 生:用每份数乘以份数,可以求出总数.

【评析:在直观图示的导引下,巩固学生根据总数和份数求每份数,以及根据每份数和份数求总数的基本技能.在两个不同的直观图示中,蕴涵了解决归一问题的分解步骤,为学习归一作必要的知识储备.】

(三)借助直观图形,初步感受归一的基本模式

1. 师:下面这个图形的浅色部分表示多少?

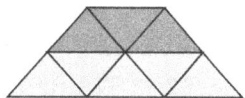

2. 生:少条件的,应该告诉一份是多少.

3. 师追问:非要告诉一份是多少吗? 我们一起来看看到底告诉了什么已知条件.能不能求出浅色部分是多少? 出示:深色部分表示180.

4. 学生独立思考,尝试解答.有的先分步:$180 \div 3 = 60, 60 \times 5 = 300$,教师引导用综合算式解答:$180 \div 3 \times 5 = 60 \times 5 = 300$,特别强调:先算哪步,表示什么?

5. 师补充:如果已知的是整个图形表示 480 呢?

6. 生列式计算:$480 \div 8 \times 5 = 60 \times 5 = 300$.

7. 师引导学生反思:刚才是怎样求出浅色部分的,我们一起来回顾一下,为

了比较的方便,可以用表格把相应的数据整理在一起.

	深色	浅色	整个图
总数	180	300	480
份数	3	5	8

8. 学生观察表格,以及相应的算式,教师引导学生发现解答这些问题有什么共同之处?

9. 学生:都是先求出一个小三角形是多少.

【评析:在直观图示的导引下,学生形成了一定的认知冲突,要求浅色部分是多少,但又不知道一份是多少.引导学生根据已知的总数和份数求出每份数,再根据每份数和份数,求出相应的总数.虽然先后两次呈现条件,一次已知深色部分,一次已知整个图形,但每一次都是为了先求出每个三角形是多少,突出归一的必要和重要.】

10. 观察图表中信息,提出问题,并解答.

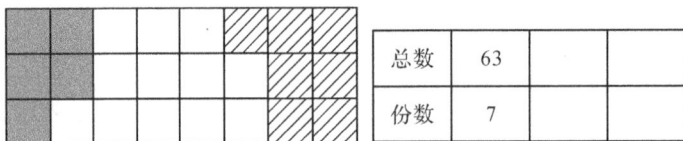

总数	63		
份数	7		

学习方法提示:①提问;②解答;③填表;④交流.

11. 学生独立思考,静心思考,再交流.

问题:深色部分表示多少? 解法:63÷7×5;

问题:空白部分表示多少? 解法:63÷7×12;

问题:斜线部分表示多少? 解法:63÷7×7;

问题:整个图形表示多少? 解法:63÷7×24;

12. 教师引导学生发现共同规律:在解决这些问题中,你们发现了什么规律?

13. 学生:都是先求出一个小正方形表示多少?

14. 教师也来提一个问题:表示 36 的图形可以怎样画?

15. 学生解答,先求出有几格? 36÷(63÷7)=36÷9=4.

(有 4 格组成,但图形的形状可以不同,有 5 种不同情况.)

16. 教师:你也能提出这样的问题?

17. 学生:表示 45 的图形怎么画?

18. 学生解答:45÷(63÷7)=45÷9=5.应该画 5 格.

19. 再比较:有没有共同之处? 不同的是什么?

20. 学生交流:还是先求一个正方形是多少,只不过本来根据数量求总数,而后者是根据总数求份数.

【评析:在学生初步建立正归一的直观模型基础上,通过根据图表中信息的提问,引导提出反归一的问题,在正反归一问题的比较中,进一步突出归一的基本特征.

针对三年级的学生学习特征,学习时可结合学生的操作"画一画"表示 36 的图,既是对归一问题解决方法的强化,同时也加强空间观念,提高数学综合素养.】

(四)通过实物图,感受归一思路的实际应用

1. 教师:现在我们一起到生活中看看,迎奥运,买福娃.

2. 学生解答:$200 \div 4 \times 6 = 50 \times 6 = 300$(元).

3. 教师:你是怎么想的? 生:先求一个福娃.

4. 现在题目要变一变,表格中依次出现数据,要求学生马上算出相应的数,看谁的反应快?

总数/元	200				100	
份数/个	4	6	10	80		

(尤其是总数为 100 元的时候,学生容易思维定势,$100 \times 50 = 5000$ 元.稍作思考,学生马上会纠正.)

5. 教师引导学生思考:如果最后的两个空格由你来填,你打算怎么填? 为什么?

6. 生 1:先填下面,下面随便填一个,再用下面的数乘以 50 就是上面的数了.生 2:上面的数虽然不能随便填,但只要是 50 的倍数就可以了,只要用上面的数除以 50 就是下面的数了.

7. 教师引导强调:不管先填什么,都要先求出一个福娃多少元.

【评析:在直观图形的经验积累基础上,进一步用直观实物来呈现问题,为以后学习的文字问题作准备.学生理想的状态是在解决问题时能提取直观图示来帮助解决问题.同时这又是一个变式的对比练习,既是强化同类型(正归一)

的问题解决方法,又穿插反归一的问题,着力提高学生思维的灵活性和敏捷性,因为学生容易受到思维的定势,增强练习的灵活性和趣味性.无论是正归一还是反归一最终是为了突出归一的本质特点.】

(五)借助综合性的实际问题,沟通各种归一思路之间的联系

1. 教师:刚才表格中对应的两个数量都不告诉,我们也知道怎么填了.但有时在生活中,对应的两个数量都告诉,那又该怎么办呢? 现在我们一起来解决一个实际问题:饮料一杯能装下吗?

2. 呈现问题:小瓶饮料 90 克,倒进空瓶占 3 格.大瓶饮料 300 克,倒进空瓶(8 格)装得下吗?(每一格质量相等)

3. 学生思考后,解答:

生 1:$90 \div 3 \times 8 = 240$(克),$240 < 300$;装不下.

生 2:$300 \div (90 \div 3) = 10$(格),$10 > 8$;装不下.

生 3:$300 \div 90 = 3$(倍)……30(克);$3 \times 3 = 9$(格),$9 > 8$;装不下.

4. 教师引导发现解决方法的共同点:通过不同的方法,得到了相同的结果,虽然方法不同,但都是先求出每格装多少?

5. 教师引导学生理解:最后一种虽然没有求出一格是多少,但他把三格当做一份来思考了.

【评析:在解决问题时,学生首先把现实问题转化成数学问题,这也是要着力培养的一种能力.同时,还是蕴含着比较,解决同一问题不同的方法却有一个共同的本质特征,有正反归一两种方法都可以解决问题.更可贵的是有学生能深化"一"的认识,不拘泥于"一"就是一格,这是对归一的内涵的拓展,也是对归一问题的透彻的解析.】

(六)设计综合实践活动,应用归一思路解决实际问题

1. 教师组织学生再编儿歌.我们一起来把不完整的儿歌编完整.

4 只小动物 4 张嘴,8 只眼睛 32 条腿;7 只小动物 7 张嘴,( )只眼睛( )条腿;( )只小动物( )张嘴,24 只眼睛 96 条腿……

2. 先让学生填空,再引导学生猜测,这是什么小动物吗?(注:8 只脚的,出示图:蜘蛛)

3. 教师鼓励:看来现在大家不只是会背儿歌,而且还会编儿歌了.

【评析:呼应课前念过的儿歌,同时在解答的过程中也包含着归一问题的多种类型,并且在解决问题时需要学生选择相应的条件,也为学生用多种策略来解决问题提供空间.】

4. 组织课外实践活动:怎样能知道打开一个水龙头 1 个小时会流出多少水?

5. 教师:你们今天下午放学回家,千万不要一到家就打开水龙头 1 小时,再测量

有多少水?(学生会意地大笑)要注意节约用水.有学生迫不及待:开 1 秒钟就够了.生补充:那么快,来得及吗? 师:看来大家都要先设计好可行的方案,再去实践.

6. 教师勉励:希望大家把今天所学数学知识用起来,相信你的实验会成功.

【评析:实践能力的培养,需要设计一个个切实可行的实践活动来付诸实施.只有这样才不会成为空谈.而像这样的实践活动,既是对本节课数学学习内容的针对性应用,同时又是一次可操作性很强的实践活动.既有新意,又很务实.】

教学反思:

(1)数形结合,突破难点.有了直观的图形作支撑,学生基于直观概括出抽象的归一结构已变得不再困难.同时,教学又不局限于直观,而是将直观的图形发散,与现实生活中的具体实物建立起联系,丰富对归一的认识.

(2)注重建模,关注本质.无论是三角形图还是四边形图,都表示单一量的图;无论是正向的:根据单价数量求总价,还是反向的:根据单价总价求数量;无论是直观的图,还是抽象的表格或者文字,都蕴含着一个不变的数学模型,那就是归一的模型.归一结构的一般性得到体现了,不再局限在单一的数量关系中.归一的思想开始升华,在"倒饮料"的问题中,"一"可以是一格,也可以是三格,逐渐提高抽象程度.课堂教学力图充分体现归一的数学本质.

(3)关注儿童,关注生活.因为是儿童学数学,因此还需要依照儿童的心理发展规律,在关注抽象数学本质的同时,关注呈现方式的形象化趣味性,激发学生学习的兴趣,因此在教学设计中引入"儿歌"、"福娃"等一些有趣的学习素材.与此同时,还注重数学与现实生活之间的联系,把一些富有现实性的素材融入数学的学习中,充分感受到数学应用的普适性.

改进计划:

(1)作为儿歌,呼应了课的前后,但是篇幅略大,怎样精简? 切入主题怎样更快捷? 情境创设的效率值得思考.

(2)出现了比较多有挑战的环节,比如反归一的问题,这样对后进的学生会产生困难,反而会影响原来正归一的学习,在班级授课制的背景下,教学目标的设置还值得改进.

案例评析

浙江省杭州市学军小学校长、浙江省特级教师汪培新:数学是什么? 数学是数和形及其演绎的科学.数形结合是数学的一种重要思想,数与代数、空间和图形是小学数学教育中两块重要的内容,到了后续学习中又会产生一门新的学科,那就是《解析几何》,解析几何就是用方程的思想去描述空间与图形. 也许,这是小学阶段重视数形结合思想渗透的重要原因吧.

看了这个课题,我们就会想这样一个问题,归一问题属于解决问题中的一种典型的模型.这样一种模型如何和图形结合,是一种挑战.听了唐老师的课以后,让我们很好地领略了唐老师的智慧和风采,他很好地演绎了自己的课题,使我们与会者深受启发.

一、智慧地建立了图形推算和归一问题的结构性联系

唐老师找到了直观图形推算和归一问题的联系,通过解决图形中已知总数和对应份数,求几份对应的总数这样的问题,建立了正归一问题的直观模型.让学生感悟图形推算过程中要先求出单一量的中间问题.然后用具体的现实生活中的实物代替几何图形,推广到归一问题,实现了图形模型和生活问题的联结,产生了类推,实现了数形结合.同时为学生表格的、文字的生活问题奠定了基础.这样我们也不难理解三年级的孩子能够很好掌握归一问题的原因了,这个原因就是结构化模型的转换.

二、渐进地处理了解决问题的模型化和去模式化问题

模型化有助于学生理解结构和掌握结构,从唐老师上课的效果非常明显这一点就可以证明.但唐老师在建立图形模型和实物模型的同时,又极力注意去模型化.让学生经历图形、表格到生活问题,特别是到解决生活中的综合实践问题,重视了对解决问题的策略研究,没有过分地去套用模式,这对学生的思维发展,解决问题的能力发展是很有益的.我想,唐老师也正是基于这样的思考,才实现了正归一、反归一、倍比法的综合,突破了学生思维的定势,增强了灵活性和趣味性,又深化了"一"的认识,不拘泥于"一"就是"一个",对归一的内涵进行拓展,透彻解析归一.

感谢唐老师为我们提供"数形结合,从图形直观中理解数学结构,掌握数量关系"这样的思路来改进应用题教学的思路.为我们广大数学教师呈现了一个新的视角,值得大家一起研究探索.

【案例 6-7】

平 均 分①

宁波国家高新区外国语学校　沈百军

一、教学目标

(一)知识和技能目标

1. 通过学生动手实践和观察、比较、辨析理解平均分的意义,会正确规范地

---

① 数学(二年级下册).北京:人民教育出版社,第 2 单元.

说平均分的过程和结果.

2. 结合具体情景,学会采用不同的方法进行平均分,形成平均分的一般策略,提升学生的思考策略水平.

(二)过程和方法目标

1. 让每一位孩子充分经历自主探索、逐步感悟、建立概念的过程,鼓励孩子积极思考,学会表达.

2. 通过学习让学生初步建立起公正、公平、团结、合作的人生观.

二、教学重点

学生经历主动构建平均分的过程,理解平均分的含义,掌握平均分的方法.

三、教学准备

多媒体课件 1 个、作业纸 1 张、糖果 2 袋、扑克牌 2 副.

四、教学流程

(一)创设情景、自主探究、建构"平均分"的含义

1. 课件呈现主题图:小猴过生日,猴妈妈准备了 12 个桃子,准备平均分给前来参加生日宴会的小动物.小猴不知道该如何是好,如果你是小主人,该怎么分呢?

学生通过画图(如○)来表达自己的思考过程和结果.教师巡视并提醒学生尽量画出各种不同的可能情况.

【设计意图:由于学生有比较丰富的分东西的经验,完全有能力接受这样的开放性的挑战.这样的挑战能调动孩子学习的激情,真正让孩子积极思考,而且不同的学生表现出不同的学习水平,最终呈现丰富多样的学习结果,为建立"平均分"的概念提供丰富的学习资源.】

2. 展示交流学生的成果,初步感知平均分.

(1)展示.可能的结果有:

A.○○○○○○　　○○○○○○

B.○○○○　○○○○　○○○○

C.○○○　○○○　○○○　○○○

D.○○　○○　○○　○○　○○　○○

E.○○○○○○○　　○○○○○

……

(2)判断.把你认为不是平均分的剔除.

(3)交流.为什么 A、B、C、D 这四种不同的分法都是平均分?(因为每份都是一样的.)

3. 请同学们根据前面的学习写一写什么是平均分.

学生一般有两种可能：

(1)两份同样多叫平均分；(2)每份分得同样多叫平均分.

师：你们认为哪种说法比较合适呢？为什么？

归纳：每份分得同样多，叫做平均分.（教师板书）

【设计意图：写平均分是本课的一个亮点，有利于学生观察思考并归纳共同属性，让学生真正建立自己的概念. 学生在辨析、说理的过程中，获得更清晰的概念表象，让表象、语言、图画能够实现转换，真正理解平均分的意义.】

4. 呈现小熊分糖果（课本第16页第2题）

(1)判断哪些是平均分？

(2)判断哪幅图表示的是"把8颗糖平均分成4份"？

(3)规范语言表达：把8颗糖平均分成4份，每份是2颗. 并请同学互相就小猴分桃子的情况说一说.

【设计意图：充分挖掘书本习题的内涵，通过连续递进的问题，让学生从不同的层次理解平均分. 在辨析与有意义的模仿中很轻松地获得一项本领（说平均分），看似无心，实则有意，达到了突破重点、分散难点的效果.】

(二)在具体的平均分实践活动中，获取平均分的方法与策略

1. 出示情境图：小猴拿来18个桃子，平均分给3只猴子. 每只猴子可以分到几个桃子，你会怎么分呢？

学生一般会采用乘法口诀来分，教师进行积极评价. 并补充类似的习题请学生口答，巩固利用口诀解决平均分问题.

2. 四只猴子宴会后想玩扑克牌游戏，想一想，它们会怎样发牌呢？生活中类似的现象还有哪些？

一张一张地分牌，保证每只猴子的扑克牌同样多.

吃饭时分饭碗也是一个一个分的，老师分本子也是这样……这些都是平均分的一种基本方法.

3. 四只猴子玩累了，猴妈妈又拿来了一袋糖果（不知道具体有多少颗糖果），你认为该如何平均分呢？

学生思考、讨论、汇报：

①先数总数，用口诀计算结果，再分.

②可以先 10 个 10 个地分,再把剩下的 1 个 1 个或 2 个 2 个分.

③也可以 5 个 5 个地分,最后再 1 个 1 个地分.

学生实际操作比较,最后师生小结:当被分的数量不知道时,"先估再分,先分多个,最后调整"比较合理.

4. 回顾刚才的学习过程,你们认为平均分有哪些基本的方法,分别在怎样的情况下使用?

【设计意图:三种常见而又不同的情境,让学生在解决具体的问题中感受方法的多样性,体会数学学习与现实生活的关联,并在问题解决中逐步形成平均分的策略.同时也加深了对平均分意义的理解.】

(三)独立练习,进一步理解平均分

1. 看图用平均分说话:

(1)○○○ ○○○ ○○○ ○○○ ○○○

把( )个○,平均分成( )份,每份是( )个.

(2)□□□□□ □□□□□ □□□□□

把( )个□,平均分成( )份,每份是( )个.

2. 有 24 根香蕉,平均分给 6 只猴子,每只猴子可以分到( )根.

有 24 根香蕉,平均分给 4 只猴子,每只猴子可以分到( )根.

(你是怎样知道结果的,说说你的思考过程.)

3. 有 18 只猴子要平均分成若干小组,你有几种不同的分法?

(可以先动手画一画,再交流.)

4. 有 16 只蜜蜂,飞走一半后,还剩( )只?

(你是怎样知道的,说说你的思考过程.)

学生独立完成,教师巡视指导,集体反馈.对第 3、4 题进行适当的解释.

【设计意图:独立练习是学生内化知识、形成技能的必要途径.其中第 1、2 题是为全班学生设计的基本题,让孩子理解和巩固"平均分".第 3 题是开放题,让不同的学生获得不同的结果,即能保证每个学生有收获,同时又鼓励优秀的孩子养成严密的数学思考习惯.第 4 题是拓展延伸题,一是提升学生的思维能力,二是为学生后继学习分数服务.】

(四)课堂小结,承上启下

1. 今天我们一起研究解决了"平均分"的问题,对平均分的认识发生了哪些变化? 你最大的收获是什么?

2. 你最感兴趣的是什么? 你还想了解什么?

【设计意图:通过比照学习前后对"平均分"的不同理解,分享并表达自己学习的成功和快乐,同时提供学生思考性问题.让学生带着渴望与向往离开课堂;

让学生带着问题去思考、去继续学习.】

⇨ 案例评析

　　平均分是学生在学习了表内乘法、倍等知识基础上学习的又一重要内容，是学习、体会除法、分数意义的重要基础.教材中安排了1幅准备春游食品情境主题图和3个例题，意在让学生在摆、分等实践活动中，建立"平均分"的概念，并通过多种策略(用自己喜欢的方式)平均分物，在活动中学会思考、学会交流、学会平均分的方法并进行适度的优化.在教学实践中我们发现学生对平均分有比较丰富的生活经验，如分水果、碗筷、扑克牌等，但有相当多的学生认为平均分就是平均分成两份.由于前面学习"乘法意义、倍"等知识的过程中有过许多次的"每份同样多"的实践操作活动，因此建立概念并不困难，关键是创设良好的学习情境唤醒学生的学习欲望并调用原有的认知基础自主建构属于自己的新知并形成良好的学习情感.本设计主要突出以下三点：

　　1.让学生主动建构平均分的概念.本课设计的一个创新点是直接呈现问题情境——把12个桃子平均分给若干只猴子，这是一个挑战性的实际问题，是基于学生生活经验和学习能力而设计的.尽管学生还没有学习过平均分，但多数学生借助生活经验能尝试解决并获得多样化的学习结果，有的分成2份，有的分成3份，有的分成6份，也有一些错误，通过对学生学习结果的评析，初步获得对平均分的认识，然后通过学生自己概括和辨析理解什么是平均分，并进行规范的表达，使知识内化.这样的学习过程符合儿童学习数学概念的基本原则，经历操作、观察比较、形成表象、语言表达这样自主探索的过程，满足了学生自主探索的需要，达到了深刻理解概念的实际效果.

　　2.通过创设具体的生活场景来感受不同平均分方法的适用性.平均分既是一个数学概念，同时也是一种过程，有很多不同的方法.为了让学生自己感悟，本设计没有强调学生必须按照某种方法去做，而是提供三种不同的素材，让学生自己想办法解决，在实际尝试中学会应用，形成基本的策略.

　　3.通过适量的练习强化概念的运用，在运用中升华.孔子曰：学而时习之，不亦乐乎.这里的习就是应用实践的意思.学习数学概念也需要一定量的应用，才能达到理解、巩固和联通的效果.本设计的练习层次清楚、目的明确，有助于学生理解和掌握.

第七章 中学数学课堂教学设计案例

【案例 7-1】

分式的基本性质教学设计①

杭州外国语学校　徐渊楫

一、教学目标

（一）知识技能目标

1. 让学生理解分式的基本性质及其内涵要点；

2. 让学生灵活运用分式的基本性质进行分式的恒等变形；

3. 让学生了解类比、归纳、分类等思维方法.

（二）过程性目标

1. 让学生体会学习分式基本性质的必要性及其意义；

2. 让学生经历观察、实验、推理等活动，类比、归纳得到分式基本性质及运用其进行恒等变形时的注意要点，并且在这一过程中获得一些探索数学性质的初步经验.

二、教学重点

组织学生探索发现并掌握（运用）分式的基本性质.

三、教学难点

从"形"的角度解释分式的变形；分式的负号变化性质和分子、分母是多项式的分式的约分.

四、教学方法和手段

发现探究、小组合作、主体性讲解.

---

① 数学（七年级下册）.杭州:浙江教育出版社，§7.2.

五、教学过程

（一）创设情景，引入主题（让学生了解学习分式基本性质的必要性）

由欣赏世界休闲博览会（杭州）的宣传短片的"自然秀色美"过渡到数学的美；齐声朗读"数学因简约、对称、和谐而美".

由右图的大圆盘（来自于校园）引入分式 $\dfrac{\pi R^2}{\frac{1}{20}R^3}$，由学生根据"简约、对称、和谐"这一"审美"标准来审视以上分式的和谐性，从而引出用来"美化"这些分式的必需的知识——分式的基本性质.

【设计说明："追求简约、和谐美"是整节课的主线，情境引入是这条主线的开端；具有亲切感的校园场景，让学生体会到数学来源于生活，是为解决实际问题和追求简约、和谐美而学习分式的基本性质，而不是为学习分式的基本性质而学习.】

（二）探究发现分式的基本性质

1. 复习分数的基本性质（为通过"类比"得到分式的基本性质及其运用作铺垫）

通过以上圆盘，"数形结合"引出三个等分数 $\dfrac{1}{4}$，$\dfrac{2}{8}$，$\dfrac{4}{16}$，通过以下问题组来复习分数的基本性质及其运用：

(1)根据我们的"审美标准"，哪个分数最具"简约美"？

(2)从 $\dfrac{4}{16}$，$\dfrac{2}{8}$ 到 $\dfrac{1}{4}$，我们是通过怎样的变形实现的？

(3) 请问约分的依据是什么？（分数的基本性质的内容是什么？）

【设计说明：从圆盘分割来引出三个等分数为后面用图形面积来解释 $\dfrac{1}{m}=\dfrac{2}{2m}$ 做好方法上的铺垫，从中开始体会"数形结合"中的"形"到"数".】

2. 探究分式的变形（为通过"归纳"得到分式的基本性质及其运用作铺垫）

问题探究：以下分式的变形是否成立？请简要说明理由.

$$\frac{1}{m}=\frac{2}{2m} \qquad\qquad \frac{2}{2m}=\frac{1}{m}$$

提示可以从大圆盘面积来解释变形.（预计学生会利用前面铺垫的"扇形模型"来解释.）

然后让学生从"欣赏"的角度来看"矩形模型"：

(1) $\dfrac{1}{m} = \dfrac{2}{2m}$

[在原来的矩形上拼上（宽重合）相同的矩形，所得面积为 2 的矩形与原矩形的宽相等]

注：在大圆盘上分割进行．

(1) $\dfrac{2}{2m} = \dfrac{1}{m}$

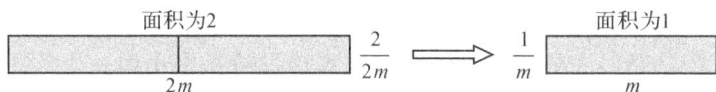

（面积为 2 的矩形沿长的中间部位分开，所得面积为 1 的小矩形与原矩形的宽相等．）

注：抽象出矩形，在矩形上分割进行．

【设计说明：①在浙江版的教材中多处（例如：合并同类项、多项式的乘法、乘法公式等）出现了用几何图形的面积来解释代数恒等式，因此这里用图形的面积来解释分式的变形，这是一种学生易于接受的方式，也是对"数形结合"思想的进一步渗透．事实上，图形的面积和代数恒等式之间的关系也是"面积法"解题方法的本质．②设计中给出了"扇形模型"和"矩形模型"两种方法来解释分式等式，"扇形模型"中默认了 m 是整数，而"矩形模型"中允许 m 不是整数．】

3. 类比、归纳得到分式的基本性质

把以上式子中的 2 变成 $3,4,5,\cdots,a,a+1$，当然也成立．

观察下列分式变形		类比分数的基本性质
$\dfrac{1}{m} = \dfrac{2}{2m}$	$\dfrac{2}{2m} = \dfrac{1}{m}$	$\dfrac{4 \div 4}{16 \div 4} = \dfrac{1}{4}$
$\dfrac{1}{m} = \dfrac{a}{am}(a \neq 0)$	$\dfrac{a}{am} = \dfrac{1}{m}$	$\dfrac{1 \times 4}{4 \times 4} = \dfrac{4}{16}$
$\dfrac{1}{m} = \dfrac{a+1}{(a+1)m}(a \neq -1)$	$\dfrac{a+1}{(a+1)m} = \dfrac{1}{m}$	

尝试归纳得到分式的基本性质．

通过学生探究观察这组分式的变形，类比分数的基本性质，归纳得到分式的基本性质：

分式的分子与分母都乘以(或除以)同一个不等于零的整式,分式的值不变.

(板书)用符号语言表示为

$$\frac{A}{B} = \frac{A \cdot M}{B \cdot M}, \frac{A}{B} = \frac{A \div M}{B \div M} \ (M \neq 0)$$

【设计说明:为让学生亲历整个得到分式基本性质的过程,先复习分数的基本性质,然后探究一组分式的变形,通过观察这组分式的变形,类比分数的基本性质,让学生尝试归纳出分式的基本性质.学生在这个过程中会体验到探索数学知识的方法.】

4. 小组探讨运用分式基本性质的注意点

组织学生进行有效的小组学习,认识分式基本性质在分式恒等变形中的运用及其注意点,活动主要过程见附表.(上课前发给每个小组一个信封,里面装有小组活动表格.)

使用分式基本性质注意点的关键字:"都"、"同"、"乘以或除以"、"不等于零".

【设计说明:为了真正做到有效的合作学习,在活动中考虑了以下问题:①把活动的主线设计成表格,让学生有目的地带着问题去讨论;②让学生在进行讨论之前先进行独立思考,有了自己的想法,然后再与别人交换意见,产生思维的碰撞,以真正达到讨论的目的;③不同层次的学生,允许他们有不同的发展,对问题进行分层设计.】

(三)分式基本性质的运用

1."美化"分式方法之"化整"

投影仪显示以下两个分式(不给出题目的解答要求)

$$\frac{x + \frac{2}{3}y}{\frac{1}{2}x - 2y} \qquad\qquad \frac{0.03a + 0.5b}{0.7a - b}$$

由学生(回答)根据"审美标准",审视出以上分式欠美之处:分子、分母一些系数出现了分数和小数,缺乏简约、对称的和谐美,从而得到问题的解答要求是"不改变分式的值,把下列分式的分子、分母中的系数都化为整数":

第一题:由学生提出思路,老师详细讲解,强调分子、分母同乘以 6 时的注意点:把最小公倍数与分子、分母中的每一项都相乘.

第二题:由学生练习,使用实物投影反馈.

由老师和学生一起总结解决"化整"问题的方法规律:当系数是分数时:分子、分母同乘系数分母的最小公倍数;当系数是小数时:一般情况下,分子、分母同乘 10 的倍数.

【设计说明:"化整"、"化正"、约分是分式的基本性质的运用,是这堂课主线的几个节点.在这三个环节中先出现式子再呈现题目的要求,让学生根据"审美标准"自然地得到题目的标题(解答要求),然后使用分式的基本性质来使这些分式符合"审美标准".】

2."美化"分式方法之"化正"

投影仪显示以下分式(不给出题目的解答要求)

$$\frac{-a}{b} \qquad\qquad \frac{a}{-b}$$

由学生根据"审美标准",审视出以上分式欠美之处:分子、分母中含有负号;从而得到问题的要求是"不改变分式的值,把下列分式中分子、分母的负号去掉".

通过与 $\frac{-2}{3} = \frac{2}{-3} = -\frac{2}{3}$(根据是有理数的除法法则)类比,得到 $\frac{-a}{b} = \frac{a}{-b}$

$= -\frac{a}{b}$,以及三种不同位置的负号的名称:分子的符号,分母的符号,分式本身

的符号;思考: $\frac{-a}{-b} = \frac{a}{b}$.

投影仪显示以下分式(不给出题目的解答要求)

$$\frac{3x - x^2}{-x + 2}$$

由老师根据"审美标准",审视出以上分式欠美之处:分子的多项式没有按 x 的次数递减排列,分子、分母的最高次项的系数为负;从而得到问题的要求是"不改变分式的值,把下列各式的分子与分母中最高次项的系数都化为正数".

由老师详细讲解,特别指出:这里分子、分母最高次项系数的负号不是分子和分母的负号.最后由学生归纳出解决这类"化正"问题的方法规律:当分子或分母是多项式时:先按同一字母次数递减排列,然后,若第一项的系数为负数,则把多项式添带负号的括号,最后把分子或分母的符号化去.

【设计说明:根据课本的精神,在设计中没有提出"符号法则"这个名称,让学生类比分数,根据有理数法则,对分式中的一些符号的变化规律有所感悟.】

3."美化"分式方法之约分

投影仪显示分式:

$$\frac{-6a^2 b^3 c}{-14a^3 b}$$

由学生根据"审美标准",审视出以上分式欠美之处:分子、分母含有"重复"的因式,显得有些臃肿.

提示学生与分数进行类比,得到"美化"的结果,由学生回答得到的结果和依据;然后由老师整理得到找出公因式的方法,提出分式约分的概念、步骤及其依据.

239

举例分子或分母是多项式的约分

$$\frac{a^2 + 4a + 4}{-a^2 + 4}$$

师生通过问题组一起探究：

问题一：观察分式，与前一分式比较两者主要区别在哪里？你能找出分子、分母的公因式吗？

问题二：如果不能找出公因式，你可以通过什么变形，把分子、分母变成几个因式积的形式？

问题三：这时候你是否能找出分子、分母的公因式，公因式是什么？

由学生总结约分的方法规律：若分子、分母是单项式：先找出公因式，后约去；若分子、分母是多项式时，先"准备"，然后因式分解，再约分

约分练习：

$$\frac{-2x^3 y}{4x^2 y^2} \qquad\qquad \frac{a^2 + 6a + 9}{a - 3} \qquad\qquad \frac{y - x}{x^2 - y^2}$$

(四)课堂小结

①"美化"课堂一开始引出的分式 $\frac{\pi R^2}{\frac{1}{20}R^3}$，得到 $\frac{\pi R^2}{\frac{1}{20}R^3} = \frac{20\pi}{R}$.

【设计说明："数学来源于生活，又服务于生活"，用学到的知识解决引入中提出的问题，首尾呼应.】

②通过以下问题组来总结，要求学生按照板书静心反思总结.(根据学生的反应细化以下问题来引导学生.)

问题一：这堂课我们主要学了哪些知识？

问题二：这堂课我们体会到了哪些数学思维方法？

问题三：在这堂课里，你最大的收获是什么？最愉悦的事情是什么？

(五)课后作业

必答题组：课本第 158 页作业题 A 组；

选做题组一：(基础型)课本第 158 作业题 B 组；

选做题组二：(提高型)同步练习第 112 页，第 1、2 题.

附一：教学设计结构

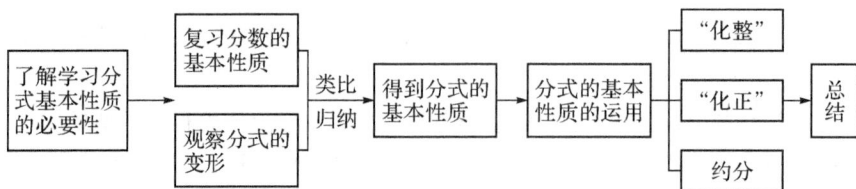

附二:小组活动表

使用分式的基本性质时要注意什么呢?

——让我们一起来发现

> 第一步 观察下表,独立思考,组员之间相互不交流;等听到老师的指令进入第二步;
>
> 第二步 由组长执笔,共同填写下表(每组只需填一张);每一个同学都要发表意见,思考与别人观点的共同点、不同点;
>
> 第三步 由小组代表利用实物投影来展示和解释结果.

注意:

● 打(*)的为选做问题,当然老师相信你会积极探索;

● 小组讨论时,若有疑问请举手示意老师;

● 填写的时候尽可能快,我们来比一比哪一组最快;

● 当你们与展示的小组有不同意见时,要积极提出你们的看法,鼓励辩论.

分式的基本性质:分式的分子与分母都乘以(或除以)同一个不等于零的整式,分式的值不变.

变形 (从左到右)	判断变形 是否成立	请简要说明理由 (无需书写,能口述即可)	从中看出要注意分式基本性质 中的关键字、词是什么?
$\dfrac{ab}{c} = \dfrac{ab}{c^2}$	$\times$	从左到右分母乘以 c,而分子不变.	"都"
$\dfrac{a+m}{b+m} = \dfrac{a}{b}$		无需书写,能口述即可	
$\dfrac{mn}{pq} = \dfrac{mnp}{pq^2}$		无需书写,能口述即可	
(*) $\dfrac{a^2}{2b} = \dfrac{a^2 x}{2bx}$		无需书写,能口述即可	
(*) $\dfrac{a^2 x}{2bx} = \dfrac{a^2}{2b}$		无需书写,能口述即可	

⯈ 案例评析

1. 本节课的结构是先让学生了解学习分式基本性质的必要性,再通过复习分数的基本性质,然后去探索分式的变形,最后通过类比,归纳出分式的基本性质,并进行运用.这样的教学过程,能让学生充分暴露问题的探索、思路形成的过程.低起点、高落点,兼顾不同层次学生的学习需要,容易激发学生的学习兴趣.让学生发现问题,允许不同的学生在同一个问题上有不同的见解,让学生表达出对问题的直观感觉,对所学的知识用自己的思维去感悟.

2. 本节课的教学设计以"美化"分式为主线.让学生从实际情景中发现学习分式基本性质的必要性,从而引出分式通过恒等变形使其更简约、更美观需要"美化".在分式基本性质的运用时,用"美化"分式方法之"化整","美化"分式方法之"化正","美化"分式方法之"约分"等过程.体现了问题的生成性,以及学生应用意识和创新精神的培养,并使学生在情感、态度、价值观等多方面得到发展.

3. 这堂课的教学过程真正实现了教师的讲解和学生自主探索的平衡、基础知识与创造性思维的平衡.在这教学过程中留有充分的时间给学生对适当的材料进行自主探究和小组讨论,有助于学生充分经历"做数学"的过程,从中主动高效地得到基础知识和基本技能,同时让学生在探究方法和情感态度上有所发展.更加突出的是这堂课把创造性思考建立在已有的基础知识和基本技能之上.

总之,本节课通过自主探索与合作交流相结合的方式,使不同层次的学生各有所获、各有发展.另外,注意培养学生的自我小结、自我反思、参与评价的学习习惯,并引导学生进行了学习方法、情感态度等方面的归纳与反思,力求体现教学对学生素质全面发展的关注.

【案例 7-2】

函　　数[①]

衢州市实验学校　胡赵云

一、教学任务分析

1. 教学任务.建立函数概念,体验函数的三种表述方式,使学生初步形成用函数的观点认识现实世界的意识.

2. 前期学习.本体系教材七(下)第六章"变量之间的关系"中,学生已能在具体的情境中认识两个变量之间的关系,会确定自变量和因变量,能选用表格、图像或关系式表述两个变量之间的关系,并能初步预测变化趋势.

本册教材的第五章"位置的确定"中,学生已学会画直角坐标系,并能根据点的坐标描点画图.

3. 后续意义.本节教学任务是后续学习一次函数、正比例函数等概念、图像的基础.

---

① 数学(八年级上册).北京:北京师范大学出版社,§6.1.

4. 新课标与大纲的比较. 我国传统教材对函数概念的建立是很"仓促"的,对学生的体验过程关注不够,对函数的理解较注重特指类型如正、反比例函数,一次函数等,而不够重视一般的、生活化的、有实际背景的函数.《数学课程标准》下的教材力求为学生提供生动有趣的问题情境,提供观察思考,重视描述、探索规律性问题,关注学生的生活体验,不是一蹴而就,匆忙说出"函数",而是依据循序渐进、螺旋上升的原则推进对"函数"概念的理解,重点放在学生能结合具体情境体会函数概念.

5. 任务的重点. 初步理解函数概念.

6. 任务的难点. 用函数观点解释现实世界.

7. 完成任务的策略. 问题情境—建立数学模型—明晰概念与应用.

二、学生分析

1. 学生已有的生活体验. 学生每天上学,随着时间的变化,离学校的距离越来越近;自身的身高随年龄的增大而长高;城里孩子上游乐场坐摩天轮等.

2. 学生已有的认知基础. 学生已学了变量、自变量、因变量及三种方式描述自变量与因变量之间的关系;在直角坐标系中能以点的坐标描点画图等.

3. 建立函数概念的三个步骤. ①感受生活中变量与变量之间的关系;②用数学的方式描述生活中的问题;③形成函数概念.

三、教学目标

1. 知识与技能目标:初步理解函数概念,了解可用三种方式描述函数,能在具体情境中判断两个变量是否可看成函数关系;学会用代入法由自变量的值求出因变量的值.

2. 过程与方法目标:让学生经历从具体实例中概括抽象函数概念的过程,进一步发展学生的思维能力,进一步体会从具体到一般的思维方法.

3. 情感态度与价值观:通过经历用图像描述摩天轮的转动等过程,初步培养学生利用函数观点认识现实世界的意识;通过回顾旧知识,加强新旧知识的联系,养成回顾与思考的习惯.

四、教学过程

(一)生活导入,列举拓宽

师:请同学估计一下学校离自己家有多远?

生:大约 1.5 公里.

师:"大约",用得好.那么,走 1500 米需多少时间?

生:大约走 30 分钟.(众生大笑)

师:该同学走 30 分钟,可以吗?

生:可以,就是走得慢一点.

师:他每分钟走几米?

生:50米.

师:每位同学估计一下,自己走完1500米,需多少时间? 然后算一算,每分钟走几米?

让学生通过交流用时不同、行走的速度也不同,以体验两个变量之间关系.然后,让学生列举生活中的实例,丰富体验两个变量之间关系.

(二)游乐情境,深入体验

1. 教学设计

出示情境	投影图片或播放不超过1分钟的摩天轮游乐录像
感受情境	让学生说一说坐摩天轮的感受,此时的感受往往是非数学化的,更多是心理的、视觉的,比如看到的东西越来越多,有一种上天的感觉,让学生用手比划着说先上再下再上再下,……
描述情境	要求学生用数学的方式描述坐摩天轮的感受,如有哪些变量,自变量、因变量是什么,自变量与因变量之间的关系,坐第2圈和第1圈的感受有什么关系等。

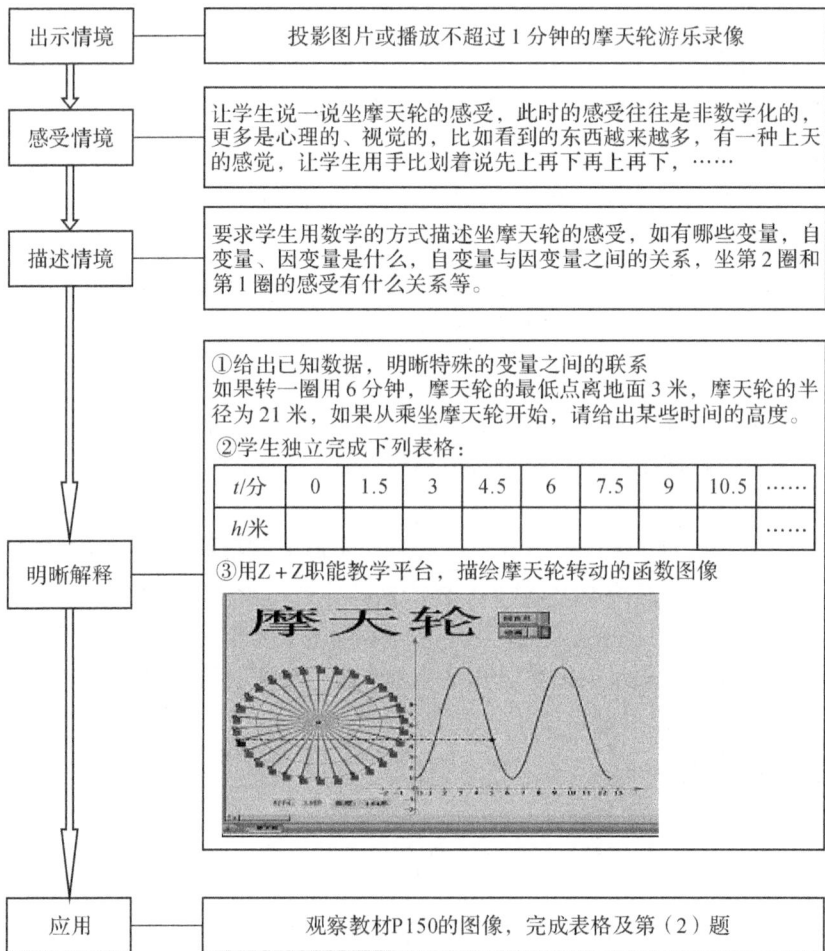

| 明晰解释 | ①给出已知数据,明晰特殊的变量之间的联系
如果转一圈用6分钟,摩天轮的最低点离地面3米,摩天轮的半径为21米,如果从乘坐摩天轮开始,请给出某些时间的高度。
②学生独立完成下列表格: |

t/分	0	1.5	3	4.5	6	7.5	9	10.5	……
h/米									……

③用Z+Z职能教学平台,描绘摩天轮转动的函数图像

应用	观察教材P150的图像,完成表格及第(2)题

2.设计依据

(1)由于多数城里儿童认识或尝试过摩天轮,故选用教材给出的素材组织本片段的教学.如果对于山里娃,我们将不用这个素材.

(2)本片段的教学要让学生从熟悉的游乐活动中体验"函数"概念.同时,要让学生体验用"函数"解释熟悉的游乐活动与生活现象.还要体验表述函数的两种方式,图像与表格之间是可以相互转换的.

(3)因为要让学生理解函数图像与摩天轮旋转的关系是学生的疑点与难点.为此借助计算机技术,使用 Z+Z 的动画效果加以突破疑点.

(4)本片段使学生经历"感受—描述—明晰、解释—应用"的过程,达到理解"函数"与"摩天轮旋转"的关系.

3.教学情况

出示幻灯片:

师:说说坐摩天轮的感受.

生:"先慢慢地上升,有点紧张,再慢慢地下降","上升时,看得越来越远"……

出示 Z+Z 智能教学课件,动画演示摩天轮转动.

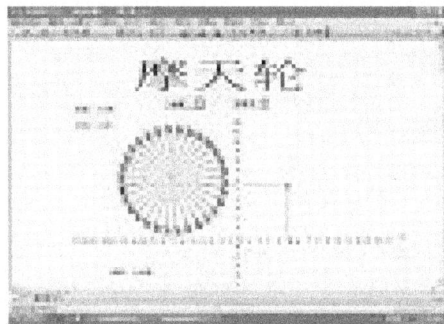

师:在摩天轮转动中,有哪些变量?

生:"时间"、"高度"、"角度"、"距离"……

师:如果摩天轮匀速地转一圈用 6 分钟,你从最低点坐进摩天轮,经过 1.5 分钟、3 分钟、4.5 分钟、9 分钟,分别在什么位置?

在学生体会变量时间与高度的数量关系后,按要求填表.

如果转一圈用 6 分钟,摩天轮的最低点离地面 3 米,摩天轮的半径为 21 米,如果从乘坐摩天轮开始计时,请独立完成下列表格:

$t/分$	0	1.5	3	4.5	6	7.5	9	10.5	…
$h/米$									…

出示 Z+Z 智能教学课件,动画演示摩天轮,学生体会用图像描述变量时间与高度的关系:

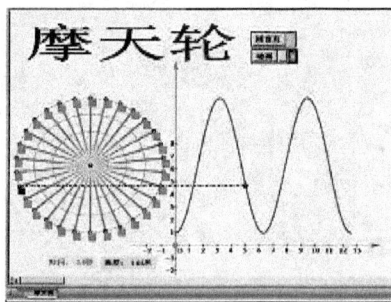

应用:观察教材第 150 页的图像,完成表格及第(2)题.

(三)回顾旧知,加深联系

1.教学设计

(1)师生共同回顾七年级下册第六章"变量之间的关系"的章节,如"小车下滑的时间"等,期望回顾变量、自变量、因变量,并明晰函数关系.

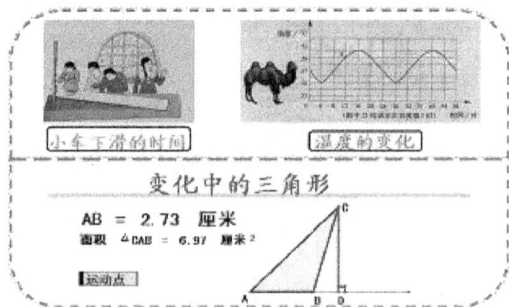

（2）让学生列举现实生活中类似的问题与实例．

2．设计意图

（1）通过点击旧知，回顾变量、自变量、因变量，思考哪个变量是另一个变量的函数，不仅是加强新旧知识的联系，更能实现把原来的体验纳入"函数"的知识体系结构中．

（2）通过回顾变量之间的关系，为学生理解函数的三种表述方式增加了现实的体验．

（3）进一步列举实例，以发展培养用函数的观点解释现实世界的意识．

3．教学情况

（1）出示几何画板课件，动画显示点 B 运动产生图形的变化．

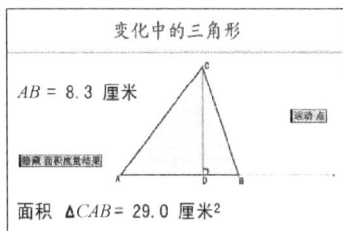

师：上学期学过"变化中的三角形"，知道底边变化时，面积会变，请看动画．还有哪些量发生变化？

生："面积"、"周长"、"角度"、"BC 的长"．

借此，复习旧知，深化发现多种变量之间的关系．

（2）师：如果底边长为6cm，那么三角形面积 $S = 3a$．问当 $a = 2$ 时，$S = $ ＿＿＿；当 $a = $ ＿＿＿＿＿ 时，$S = 7.5$．

通过练习，让学生体验变量之间的对应关系．

4．出示幻灯片，练习巩固

247

（四）思考特征，明晰概念

1. 学生观察以上实例的特征

（1）有两个变量 x,y；

（2）给出一个变量 x 的值，相应有一个确定的 y 值；

（3）x 的取值有一定的范围．

2. 明晰概念

一般地，在变化过程中，如果给定一个变量 x 值，相应地确定一个变量 y 值，我们称 y 是 x 的函数．

（五）少讲精练，巩固函数

1. 时间—温度

北京某天的温度变化图：

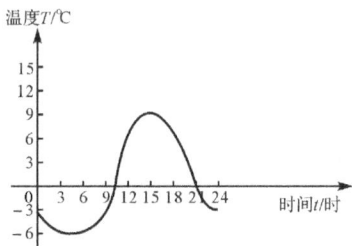

问题：（1）有哪些变量、自变量、因变量？

（2）读图，当时间 t 分别为 $0,6,10,15,21$ 时，气温 T 分别为多少？

（3）其中哪个变量是另一个变量的函数？

2. 图形的面积

已知菱形 $ABCD$ 的对角线 $AC=4\text{cm}$，BD 的长为 $x\,\text{cm}$.

若菱形的面积用 S 表示，那么 $S=\dfrac{1}{2}\times 4\times x$.

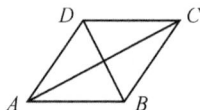

问题：（1）如果 BD 的长 x 分别取 $4,1.5$，那么菱形的面积 S 分别是多少？

（2）其中哪个变量可写成另一个变量的函数？

3. 刹车前的速度

有人研究了某型号汽车，在平整的路面上，刹车前的速度 v 与刹车后汽车滑行的距离 s 之间有如下关系：$s=\dfrac{v^2}{300}$（其中 v 的单位：km/h，s 的单位：m），问题：

（1）当 v 分别为 $50,60,80,100$ 时，相应的滑行距离 s 是多少 m？

（2）同桌任给一个 v 值，求出 s 的值．

（六）评价总结，合作提高

1. 小组合作

要求如下：先独立思考，明确下列问题，再讲给同伴听．

（1）举一个函数的实例．

（2）哪个变量随着什么变量的变化而变化？

（3）哪个是自变量、因变量？

（4）哪个变量是另一个变量的函数？

2．延伸提高

怎样理解函数？表述函数有哪些方式？各有什么特点？

案例评析

1．本教学设计改变传统教材"仓促"建立函数概念,忽视一般的生活的函数的弊端.在"注重背景,及早渗透,关注联系,推迟形式化"的原则下,让学生充分理解"函数"的实际价值,从非数学化的体验引导到数学化的描述,建立起数学与生活的联系.

2．充分挖掘素材"摩天轮"的教学资源,先让学生给出某些时间对应的高度,并列表,再用 Z＋Z 教学智能平台画出图像;然后,观察图像完成教材中的问题.用以突破学生的疑点.

3．恰当选择学习方式,有序而有效地指导学生的学习,合作交流,自主探索等学习方式的培养重视但不泛滥,这说明设计者准确把握了新课程的理念.

4．点击旧知,回顾变量、自变量、因变量,思考哪个变量是另一个变量的函数,加强了新旧知识的联系,实现把原来的体验纳入"函数"的知识体系结构.通过练习,学生更好地体验实例与函数的联系,落实"双基",加强函数的理解.

【案例 7-3】

三角形全等的条件(1)

浙江洞头海霞中学　方彩娟

学科:数学	课题:1.5 三角形全等的条件(1)	类型:新授课	课时:1	设计者:方彩娟
教材分析	对于全等三角形的研究,实际是平面几何中对封闭的两个图形关系研究的第一步.它是两个三角形间最简单、最常见的关系.它不仅是学习后面知识的基础,并且是证明线段相等、角相等以及两线互相垂直、平行的重要手段.因此,必须熟练地掌握全等三角形的判定方法,并且灵活地应用.			
教学目标	1.知识与技能目标: 掌握两个三角形全等的条件:有三边对应相等的两个三角形全等(SSS);了解三角形的稳定性;会运用"SSS"判定两个三角形全等;掌握角平分线的尺规作图. 2.过程与方法目标: 探索两个三角形全等的条件:有三边对应相等的两个三角形全等(SSS),体会利用操作、归纳获得数学结论的过程;会用直尺和圆规画角平分线.通过寻求两个三角形全等的条件的过程,数学推理及表达能力得到进一步的发展. 3.情感与态度目标: 在有效形成空间观念的同时体验数学的严谨推理精神,理性思维得到进一步地提高,同时,数学活动经验也得到进一步的积累.			

续表

学科:数学	课题:1.5 三角形全等的条件(1)	类型:新授课	课时:1	设计者:方彩娟
教学重点	两个三角形全等的条件:有三边对应相等的两个三角形全等.			
教学难点	"尺规作图"是学生初次遇到的数学问题,它不仅对作图工具作了限制.而且还要求学生会写作法.			
教学思路	学生通过前面的学习已了解了图形全等的概念及特征,掌握了全等图形的对应边、对应角的关系,这为探究三角形全等的条件做好了知识上的准备.另外,学生也具备了利用已知条件作三角形的基本作图能力,这使学生能主动参与本节课的操作、探究成为可能.充分利用教科书提供的素材和活动,鼓励学生经历观察、操作、推理、想象等活动,发展学生的空间观念,体会分析问题、解决问题的方法,积累数学活动经验.培养学生有条理地思考、表达和交流的能力,并且在以直观操作的基础上,将直观与简单推理相结合,注意学生推理意识的建立和对推理过程的理解,能运用自己的方式有条理地表达推理过程,为以后的证明打下基础.			

教 学 过 程

教学环节	教 师 活 动	学生活动	设计意图(或课堂生成记录)

过程步骤	**一、复习过渡引入新知**
	  多媒体展示,带领学生复习全等三角定义及其性质.
	二、创设情景提出问题
	  1. 教师拿出一块三角板,说:我们现在所使用的三角板显然都是厂家批量生产的,经常需要判断一块三角板是否符合规格要求,怎么判断?
	  2.(讨论后,教师引导问题转化)多媒体展示,画一个三角形,怎样才能画一个三角形与所画的三角形全等?我们知道全等三角形三条边分别对应相等,三个角分别对应相等,那么,反之这六个元素分别对应,这样的两个三角形一定全等.但是,是否一定需要六个条件呢?条件能尽可能少吗?
	教师板演:1.5 三角形全等的条件(1)
		在教师引导下回忆前面知识.
		
		学生思考教师的问题,思维进行必要的发散.在讨论后,教师进行必要的启发,从最少条件开始考虑:一个条件、两个条件、三个条件……
			为探究新知识做好准备.
			
			(1)让学生懂得研究三角形全等的必要性,同时引起学生为探究三角形全等的判定的兴趣,为引入新课作准备.
			(2)让学生体会数学的简洁美:以尽量少的条件去确定三角形,同时也感受三角形的自由量为3.

教学环节	教　师　活　动	学生活动	设计意图（或课堂生成记录）
过程步骤	三、合作学习 　　多媒体展示，请按照下面的方法，用刻度尺和圆规画△DEF，使其三边长分别为1.3cm，1.9cm 和 2.5cm. 画法 　　1. 线段 EF＝1.3cm. 　　2. 分别以 E，F 为圆心，2.5cm，1.9cm长为半径画两条圆弧，交于点 D. 　　3. 连接 DE，DF. △DEF 就是所求画的三角形 　　把你所画的三角形与其他同学所画的三角形进行比较，它们能相互重合吗？ 　　教师板演：三边对应相等的两个三角形全等，简写为"边边边"或"SSS".	学生动手操作画图过程，各位学生把所画的三角形进行比较，有些学生把所画的三角形剪下来，看看它们能否重合.通过交流，归纳得出结论. 学生识记"边边边"公理，并掌握和学会公理的几何语言描述.	让学生亲身经历"边边边"公理的发现过程，不同学生所画的三角形只要三边相等，它们都能彼此重合，说明发现的规律具有普遍意义，并且是正确. 使学生会根据已知的条件来判断一个结论的真假，并且用准确、简洁的几何语言来表述推理过程
	（一） 教师归纳板演"边边边"公理的几何语言描述. 如图 1 所示 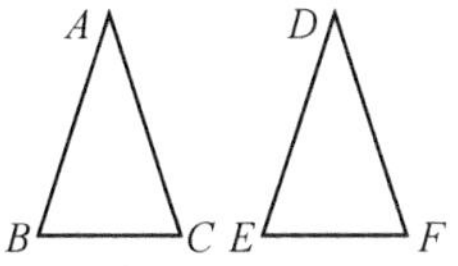 （图 1） 在△ABC 和△DEF 中 $\begin{cases}AB=DE\\BC=EF\\AC=DF\end{cases}$ ∴△ABC≌△DEF(SSS) 　　由上面的结论可知，只要三角形三边的长度确定了，这个三角形的形状和大小就确定了. 实物演示： 　　由三根木条钉成的一个三角形框架，它的大小和形状是固定不变的，三角形的这个性质叫三角形的稳定性. 　　举例说明该性质在生活中的应用. 　　类比着三角形，让学生动手操作，研究四边形、五边形有无稳定性	在教师的引导下，师生一起用口头语言描述"边边边"公理，学生观察教师的板书（教师强调字母的对应和格式的书写.） 鼓励学生自己举出实例，体验数学在生活中的应用. 学生拿出准备好的硬纸条，进行实验，得出结论： 四边形、五边形不具稳定性.	让学生感受几何语言描述的方法及重要性. 使学生了解到数学来源于生活，也应用于生活. 培养学生动手操作能力，并由自己亲自体验得出结论.

续表

教学环节	教 师 活 动	学生活动	设计意图(或课堂生成记录)
	图形的稳定性与不稳定性在生活中都有其作用,让学生举例说明. 多媒体演示三角形稳定性及四边形不稳定性在生活中的应用. **四、知识运用** 例1 如图2在四边形 $ABCD$ 中,$AB=CD$,$AD=CB$,则 $\angle A=\angle C$.请说明理由. (图2)	学生仔细读题,并回答题中的已知条件和要说明的结论.	使学生会运用"边边边"公理来说明两个三角形全等,再使学生明白可以用三角形全等来说明两个角相等.
	教师提问:题中的已知条件和要说明的结论各是什么?你如何来说明结论?请同学们互相讨论. 教师板演解题的过程,同时教师还要强调解题的书写步骤.	学生互相探讨理由的说明过程.并尝试书写解题过程.	使学生掌握说明两个三角形全等的书写格式.
	例2 已知 $\angle BAC$(如图3),用直尺和圆规作 $\angle BAC$ 的平分线 AD,并说出该作法正确的理由. (图3)	先学生拿出练习本,在练习本上先画出 $\angle BAC$,然后尝试解决,当老师示范解法后在练习本上模仿老师的作法画 $\angle BAC$ 的平分线.	使学生能亲自动手操作,当堂掌握角平分线的尺规作图.
	教师先让学生凭直觉尝试,觉得有困难后教师示范作法,然后教师分析作法过程,然后边板演写作法,边画图,还要强调保留作图痕迹和作图要下结论.最后下去检查学生的作图是否正确.		
	提问:你如何说明你所作出的这条射线就是 $\angle BAC$ 的平分线?你会用所学的知识来说明吗? 教师利用"SSS"公理说明是角平分线的过程.	学生思考,并互相讨论教师提出的问题.	使学生进一步巩固"SSS"公理.

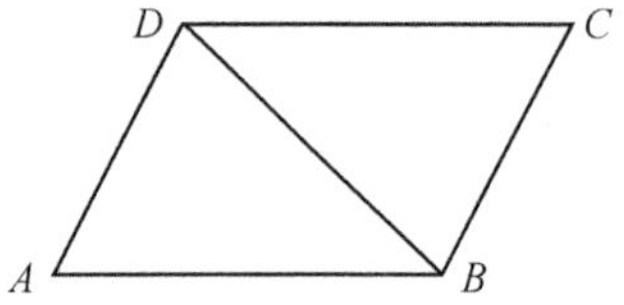

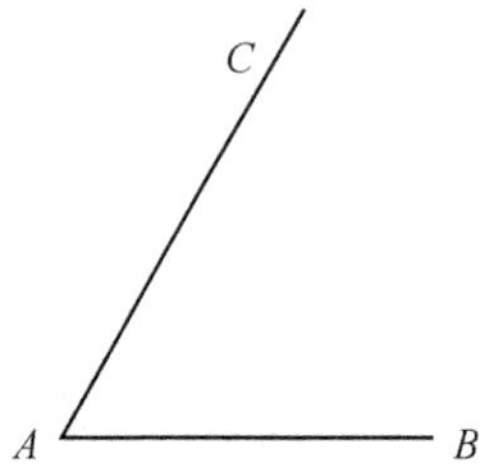

教学环节	教　师　活　动	学生活动	设计意图（或课堂生成记录）
	五、知识巩固 　　1. 如图 4，已知线段 a，b，c. 用直尺和圆规作 $\triangle ABC$，使 $BC=a$，$AC=b$，$AB=c$（只要求作出图形，并保留作图痕迹）. ——————— a ———————— b ———————— c （图 4） 　　教师检查学生的画图是否正确，并及时纠正学生的错误. 　　2. 如图 5，点 B，E，C，F 在同一条直线上，且 $AB=DE$，$AC=DF$，$BE=CF$. 请将下面说明 $\triangle ABC \cong \triangle DEF$ 的过程和理由补充完整. 　　解：$\because$ $BE=CF$（　　）， $\therefore$ $BE+EC=CF+EC$，即 $BC=EF$. 在 $\triangle ABC$ 和 $\triangle DEF$ 中 $\begin{cases} AB=\underline{\qquad}（\quad）, \\ \underline{\qquad}=DF（\quad）, \\ BC=\underline{\qquad}, \end{cases}$ $\therefore$ $\triangle ABC \cong \triangle DEF$（　　） （图 5） **六、知识小结** 　　教师带领，回顾反思本节课对知识的研究探索过程，小结方法及结论. **七、布置作业** 　　书本作业题：第 1、2、3 题全班学生要求完成，第 4、5 题有能力的学生做.	学生练习 学生练习 学生在教师引导下回顾反思，归纳整理.	使学生对"合作学习"中的知识得到巩固和熟练掌握作图方法. 学生刚学几何推理，书写推理过程比较困难，所以先用填空的形式给出，使学生较容易掌握. 并能检测学生对知识的掌握情况及应用能力和学生对所学知识的及时巩固. 通过小结反思，使学生能提炼数学思想，掌握数学规律. 确保最低要求，根据学生的好胜心，适度采取"激将法".

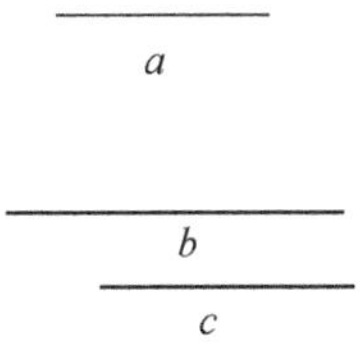

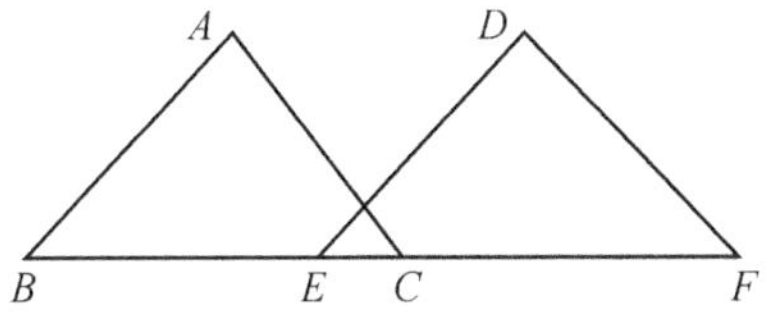

续表

教学环节	教 师 活 动	学生活动	设计意图(或课堂生成记录)
板书设计	1.5 三角形全等的条件(1) 三边对应相等的两个三角形全等,简写为"边边边"或"SSS". 图(一) 在△ABC 和△DEF 中 $\begin{cases} AB=DE \\ BC=EF \\ AC=DF \end{cases}$ ∴ △ABC≌△DEF(SSS)	例1的解答过程　　　例2的解答过程	投影区
教学反思	本节课的设计体现了以教师为主导、学生为主体、以知识为载体、以培养学生的思维能力为重点的教学思想.教师以探究任务引导学生自学自悟的方式,提供了学生自主合作探究的舞台,营造了思维驰骋的空间,在经历知识的发现过程中,培养了学生探究、合作、归纳的能力. 　　在课堂教学中,给学生较多时间的动手操作使学生对本节课的知识得到及时的巩固,时时注意营造积极的思维状态,关注学生的思维发展过程,创设民主、宽松、和谐的课堂氛围,让学生畅所欲言,这样学生的创造火花才会不断闪现,个性才得以发展.		

案例评析

在平时的教学过程中,教师在"为什么要学"、"怎么学"、"学会了吗"等方面要下足工夫.该教学设计立足课本但并非完全按照课本,有自己的一些想法.

1. 该设计在引入阶段不是纯粹仿照课本所提供的钱塘江大桥的钢架结构中的全等三角形,而是指出判断三角形全等是生产的需要,很多情况下,批量生产都需要模式化和标准化,这就需要判断全等的问题,让学生觉得确实需要学习判断三角形全等的技能.

2. 课本是通过"合作学习"环节直接提出要作一个三角形使其三边等于已知要求的规格,但本设计者先提出了命题:如何判断两个三角形全等?需要三条边三个内角都对应相等吗?试图引导学生体验数学研究的科学方法:以尽可能少的条件去完成一件事情,也让学生感受"三角形的自由度是3"这一数学事实.然后引导学生转化数学命题,把判断两个三角形全等转化为作一个三角形与已知要求的三角形全等,从另一个角度让学生通过操作感受三角形全等的条件判断,而教材在这个层面上没有做这个要求,这位教师却能够在这个方面动这个脑筋,可谓用心良苦!

3. 角平分线的作法是一个难点,教师并非是直接给出示范,而是让学生自已独立尝试,在学生遇到困难的时候再介绍作法,重视学生的数学直觉和独立思考及操作的能力,也让学生体验所学知识的作用.

4. 整个教学设计简洁不啰嗦,但可以看出设计者背后的教学思想,不少环节就是蕴含着师生活动的不确定性,也是作者预设"所留的空间",这是作者有意"简洁"的原因.

【案例 7-4】

代 数 式

上虞市滨江中学 潘建德①

一、背景分析

1. 教材分析

《代数式》是浙教版七年级上册第 4 章的第 2 节,本节是在完成了实数数集的扩充,了解了字母表示数后,进一步学习代数式及列代数式.从数到式是学生认识上"质"的飞跃,是研究方程、不等式、函数等数学知识的基础,可以说本节是"代数"之始.同时,本节课所渗透的特殊到一般的辩证思想和数学建模的思想方法,对学生今后的数学学习和发展都有非常重要的意义.据此,我确定本节课的教学重点为:理解代数式的意义并能用代数式表示常用的数量关系.

2. 学情分析

在本节学习之前,学生已具有了如下的"现有发展区":已初步理解用字母表示数的意义,会用字母表示一些简单的数量关系,已能通过列算式解决一些简单的实际问题.但对初一新生来说,从"数"到"式"这种认识上的飞跃没有足够的心理准备,对用字母表示数的理解还不深刻,尤其数学的应用意识和应用能力还较弱,缺乏用数学解决实际问题的经验积累,所以用代数式表示实际问题中的数量关系会感到难以理解.据此,我认为本节课的教学难点为:用代数式表示实际问题中的数量关系.

二、教学目标

根据学习任务分析和学生认知特点,从三方面确定本节课的教学目标:

1. 知识与技能

了解代数式的概念,会运用代数式表示简单的数量关系,进一步发展符号感.【能解释一些简单代数式的实际背景和几何意义.】

知识目标的"了解"、"理解"与"运用"和能力目标的"培养"、"发展"、"建立"

---

① 数学(七年级上册).杭州:浙江教育出版社,§4.2.

是根据课程标准的要求和学生原有的认知和能力水平来确定的.

2. 过程与方法

经历代数式概念的产生过程,体会特殊到一般的辩证思想和代数式的模型思想;经历数学探索过程,体会与人合作的重要性.【体会数学知识来源于实践又反作用于实践的辩证唯物主义思想.】

3. 情感与态度

进一步养成学习数学的兴趣,感受爱国主义和数学人文,敢于在讨论中发表自己的观点,能从交流中获益.【逐步养成踏实细致、独立思考、严谨科学的学习习惯和个性品质.】

过程、方法目标和情感、态度目标是根据本节教材的独特性、抽象性,突出"非智力因素"的培养而确定的,以使学生在获得对数学理解的同时,在思维能力、情感态度与价值观等方面得到进步和发展.

其中加"【】"部分是根据学生的发展情况,对认知水平较高的学生提出的要求,以体现"不同的人在数学上得到不同的发展"这一理念.

三、教法与学法

根据以上分析,为了充分发挥学生"现有发展区"的积极作用,帮助学生解决"最近发展区"的认知矛盾,促成"最近发展区"向现实水平转化,依据美国著名心理学家加德纳的多元智能理论和波利亚的问题解决理论,确定本节课的教学方法为以问题解决为主线的启发式教学法,让学生在问题解决的过程中体验成功与失败,从而建构数学知识,发展数学能力.并附以多媒体教学(教学媒体:用于探究的火柴梗、展示探究成果的视频展示台、计算机),创设有趣、直观的教学情景,激发学习兴趣,烘托重点,化解难点.

在学法上引导学生采用自主探索与合作交流相结合的学习方式,让每一个学生都能积极主动地参与数学学习活动,变"学会"为"会学".

四、课堂结构设计

根据问题解决过程,我把本节课的结构设计为 5 个环节,具体请看投影所示:创设情境,引出问题——类比析误,感知问题——双向建构,探索问题——合作交流,解决问题——互动评价,反思拓展.下面对教学过程设计作详细的说明.

五、教学过程设计

(一)创设情境,引出问题

1. 先引导学生欣赏鲁迅纪念馆的一组照片,简单介绍鲁迅其人其事,结合金秋十月,营造秋游氛围,并请学生做导游,教师用富有激情的语言激励学生,做好一名导游可得解决旅程中的许多问题.

【设计说明:如此创设情景,是因为鲁迅是我们绍兴的名人,可以迅速激发学生的自豪感和学习的兴趣,把鲁迅作为背景,也就是渗透爱国主义教育和乡土文化教育,突出数学的教育功能.同时,参观旅程的开始也就是学习旅程的开始.】

2. 在"导游"这个角色的促使下,学生自然会积极主动地思考旅程中遇到的一系列问题:

(1)鲁迅纪念馆距学校 $s$km,校车的速度为 50km/h,那么到达纪念馆需多少时间?

首先是去的问题,当然学生很快进行了解决.到了纪念馆门口,遇到了买门票问题.

(2)买门票.鲁迅纪念馆门票价格为:成人每人 60 元,学生每人 40 元.若我们有 a 个老师 b 个学生,那么买门票需付多少钱?

【设计说明:在此教师可进一步点明:不管教师和学生的人数怎么变化,买门票所需付的钱都可用(60a+40b)表示,渗透代数式的普遍性.】

(3)在参观时了解到纪念馆的一些情况:

①鲁迅生平事迹陈列厅呈长方形,东西长 m 米,宽 n 米,共展出鲁迅生平展品 $2p$ 件.那么鲁迅生平事迹陈列厅占地面积为多少平方米呢? 平均每平方米展出了多少件展品呢?

②三昧书屋是鲁迅小时候读书的地方,刻有"早"字的课桌就摆放在边长为 a 的正方形大堂内.此大堂的面积为多少?

【设计说明:进入参观后,根据纪念馆的情况又出现了一系列问题.如此设计问题情境,是为了让学生从已有的生活经验出发,亲身经历将实际问题抽象成数学模型的过程,使学生意识到学习代数式的必要性.教学时应引导学生正确书写代数式.】

3. 接下来引导学生观察上面所列的算式: $\frac{s}{50}$,$60a+40b$,mn,$\frac{2p}{mn}$,a^2,提出问题:它们与我们以前学过的算式有什么区别呢?

【设计说明:使学生造成认知上的冲突,激发其探究的内驱力,从感性思维飞跃到理性思维.】

(二)类比析误,感知问题

1. 从上可水到渠成地得到概念:像 $\frac{s}{50}$,$60a+40b$,mn,$\frac{2p}{mn}$,a^2 这样含有字母的数学表达式称为代数式(algebraic expression). 教师在板书概念后点出课题.

【设计说明:我认为这里教师有必要读一遍英语单词,以满足多样化的学习需要.此时学生对代数式只是一个感性认识.于是我又设计了如下的辨析题,通过辨析、交流、概括、补充,帮助学生加深对代数式构成的理解,使学生对代数式的概念的认识由感性上升到理性.】

2. 先判别下列哪些是代数式,再说说你对代数式构成的看法.

$$\frac{1}{x}y = 2 \quad 3x - 5 \quad \sqrt{a^5} \quad 9(x-y)^2 \quad 5 > 2 \quad x^2 = 4 \quad a$$

3. 对代数式构成的理解:

(1)一个代数式由数、表示数的字母和运算符号组成.这里的运算指加、减、乘、除、乘方和开方 6 种运算.(学生概括)

(2)为了今后研究和表述方便,规定单独一个数或者字母也称代数式.(教师补充)

【设计说明:至此学生已经历了代数式概念产生的整个过程,完成了特殊到一般的转化,变"学会"为"会学".教学的一个重点在此已得到了妥善的处理.而教学的另一个重点是用代数式表示数量关系,我打算从列、编两方面让学生进行探索.首先是列.】

(三)双向建构,探索问题

1. 用代数式表示:

(1)x 的 $2\frac{1}{3}$ 倍与 3 的差;

(2)$2a$ 的立方根;

(3)m 的 2 倍除以 n 所得的商;变式:m 的 2 倍除 n 所得的商;

(4)a 与 b 的和的平方.变式 1:a 与 b 的平方的和;变式 2:a 与 b 两数的平方和.

2. 巩固练习.用代数式表示:

(1)a 与 b 的 $2\frac{1}{3}$ 的和;

(2)m 与 n 两数的倒数差;

(3)v_1 除 v_2 所得的商;

(4)x 与 1 的差的平方根.

【设计说明:考虑到学生列式时在系数书写、关键词意义理解、运算顺序等方面易犯错误,我对课本例题进行了重组,充分考虑到了包括开方在内的各种运算,并精心设计了变式题,让学生通过对比、辨析理解关键词的意义,分清运算顺序.教学时应注意以学生列为主,教师引导点拨为辅,使学生在尝试、反思、再尝试的基础上得到内化,形成数学经验.并及时安排巩固练习,使学生在练习和集体评析中掌握列式技能,体验成功乐趣.此时教师可点明各种运算的意义("+"——和,"-"——差,"×"——积,"÷"——商),为后面的"编"作准备.接下来让学生创造性地编代数式,并用语言表述意义,再赋予代数式实际背景和几何意义.】

3. 聪明才智共编式.

请根据下列给出的数字与字母,编写出几个代数式,并试着用语言表述,然后挑选 1~2 个简单的代数式,结合生活经验,试着赋予代数式的实际背景和几何意义,并在组内交流.

$5, a, 8, b, s, t, 40, m, n.$

【设计说明:如此设计是为了让学生从"由语言表述到代数式"及"由代数式到语言表述"正反两方面进行建构,强化代数式的概念,提高列式的技能,突出重点.而让学生赋予代数式实际意义,可使学生进一步体会到代数式的模型思想,达到分散难点的目的.考虑到学生思维的局限性及语言表达能力有限,在赋予代数式实际背景时会感到困难,所以在此安排了小组合作活动.由于不同生活经验的学生可以对同一代数式作出不同的解释,所以此开放性问题的设计也为不同的人在数学上得到不同的发展创造了条件,同时也使思维暂时受挫的同学在聆听他人思维的基础上及时得到解决,所以在此合作就更有意义,交流更具价值,学生的创造性意识在此达到了一个小高潮.教师要善于抓住弱势群体在交流中获得的细微进步,并及时进行鼓励、引导和赞赏,让他们感受成功的喜悦,增加学习的信心.至此,学生已经历了"具体感知→抽象概括→简单应用"的认知过程,已具备一定的思维能力.教师可作进一步的拓展与延伸,以实现思维的层层推进.所以根据皮亚杰的"认识螺旋"和布鲁纳的"训练多样性思想",我设计了如下的研究性学习内容.】

(四)合作交流,解决问题

1. 开动脑筋齐探索.

以小组为单位,选取下列的 1 个主题作为探索内容,小组成员先自主探索,想想各主题还能引申出哪些问题,再在组内交流.

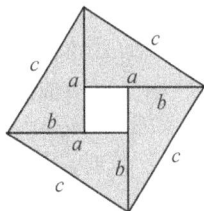

主题 1:右图是赵爽在《周髀算经》中作的"弦图",它由四个完全一样的直角三角形拼成.请你用代数式表示出大正方形的面积.(引申提示:根据面积你能发现什么?)

【设计说明:意图是让学生感受数学美,渗透数学人文和爱国情怀.】

主题 2:小明在玩摆火柴棒游戏时得到了如表的结果,请你以此探索:摆出 6 个三角形至少需多少根火柴棒? 摆出 10 个三角形呢? n 个呢?(引申提示:

如果摆成正方形呢?)

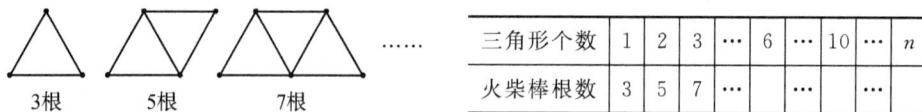

三角形个数	1	2	3	…	6	…	10	…	n
火柴棒根数	3	5	7		…				

【设计说明:意图是突出代数式的优越性,渗透特殊到一般的思想方法.

这里设计的两个主题入口都较宽,并且考虑到初一学生发现问题的能力有限,又作了引申提示,从而使每位学生都能入手,保证了研究的可行性.同时每个主题又有一定的深度和广度,以满足多样化的学习需要,使不同的学生都能得到相应的发展.在此把研究性学习引入课堂,是为了给学生思考、探究、发现和创新提供最大的空间,使学生在解决问题的过程中始终处于积极的思维状态下,进而培养他们独立思考和大胆求索的数学个性品质;通过合作交流,学生可以从不同的认识角度了解到不同的观点,从而能更加丰富和全面地理解事物.教师应乘机从语言表达、独立思考、空间想象、动手操作、参与合作、情感态度等方面对学生作多元评价,使得每个学生都能以适合自己的方式接受评价,使人人都能体会到成功的喜悦.预计这里又能达到一个小高潮.】

2. 游戏之中验真知.

为了消除学生两次思维高潮后的疲劳,仿照中央台的"非常6+1"节目,我设计了一个游戏活动——砸金蛋,由小组派代表上前来砸金蛋,并解答问题.8个金蛋内设计了5个题目和3朵金花,题目顺序已预先作了控制,使不管怎么砸,都能使在思维最活跃时解决高层次的问题.在(3)、(5)两题情景的设计突出了这节课参观的主线.

游戏——你选我砸共过关:每组选一个代表砸金蛋,如果出现金花,大家鼓掌PASS,否则你得回答其中的问题(你可以自己作答,也可以求助本组同学).

(1)列代数式:a 与 b 的差的倒数.

(2)说出代数式:$(a+b)(a-b)$ 的意义.

(3)百草园内将于近期建一五彩花圃,形状如图,则花圃的面积为_____.

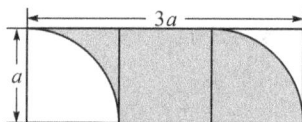

(4)已知甲数比乙数的2倍少1.若设乙数为 x,用关于 x 的代数式表示甲数.变式:若设甲数为 x,用关于 x 的代数式表示乙数.

(5)博物馆外的纪念品商店正在进行打折让利活动,全场打八五折,小明在参观好后买了一套标价为 a 元的《鲁迅全集》作纪念,那么小明得到的实际优惠是多少元?

【设计说明:此游戏的设计,极大地吸引了学生的有意注意,舒缓了疲劳,起到了课堂调节剂的作用,让学生在愉快活跃的氛围中主动参与知识的巩固、深

化过程,仿佛学中玩,玩中学.第(5)题的设计暗示参观已结束,进入返程.而在乘车返校途中,又自然而然地引出了实际问题.】

3.返程路上解疑问.

参观完纪念馆后大家乘校车返回学校,校车以 50km/h 的速度行驶,计划半小时后回到学校,现因道路通畅,校车的速度增加 v km/h,那么回到学校需多少时间?(拓展:若 $v=10$,你能求出具体的时间吗?)

【设计说明:如此设计,使问题与情景相融,做到首尾呼应,使整个旅程有始有终,故事情节贯穿整节课.也体现了数学从实际中来又服务于实际的思想.经过前面逐步铺垫,学生的思维已得到很大提高,所以讲解时可引导学生在观察动画演示的基础上先独自解决,后请学生代表作具体的分析,以体现个体思维,使有困难的学生在聆听别人的思维过程中得到"同化"和"顺应",形成自己的经验,教师则及时进行鼓励、引导和赞赏,使学生在问题解决的过程中体会成功的喜悦,增加学习数学的信心.其中拓展问题的设计为下节课的学习作了铺垫,渗透一般到特殊的辩证思想.】

(五)互动评价,反思拓展

1.你说我讲共交流.

今天老师和同学们一起共同游览了鲁迅纪念馆,一路下来收获不小吧!说说你的感受,让大家一起来分享,怎么样?……

【设计说明:小结由师生互动完成,教师在学生共同交流的基础上对代数式的概念、列代数式的要求、代数式的意义等作适当归纳,并对学生自主探索、合作交流等学习过程作多元评价.使学生在多元评价中进行反思,得到拓展.】

2.课后延伸促提高.

①阅读作业:课本第 $90-92$ 页内容.

②书面作业:做课本第 92 页的作业题和作业本作业,A 组必做题(适用于全体学生),B 组提高题(适用于除少数认知技能都差的学生外的大部分学生),C 组探究题(适用于少数学有余力的学生).

③拓展作业:收集并整理生活中用代数式表示数量关系的例子,并在组内交流.

【设计说明:如此设计的目的,是为了使不同的人在数学上得到不同的发展.】

板书设计:

投影屏幕	4.2　列代数式		
	1.概念:象……	2.列式:	3.主题研究:……
		……	……
	注意点:……	……	……
		……	……

⛭ 案例评析

1. 设计特色:以"参观鲁迅纪念馆"为明线,故事情节贯穿整节课,把代数式的概念、列代数式等内容有机地融入其中,让学生在这个特殊的"旅程"中亲身体验、自主探索、合作交流,得到问题的解决;以思维的两次飞跃为暗线,即感性思维→理性思维→具体思维,思维随旅程的进展不断发展、深入.

2. 重、难点的处理非常到位:

突出重点措施:

(1)通过列式—比较—判别—概括等环节,让学生经历代数式概念的产生过程,使学生在过程中获得对数学概念的理解.

(2)通过"由语言表述到代数式"和"由代数式到语言表述"正反两方面培养列式技能,让学生双向建构数学知识和经验,实现人人获得必需的数学.

突破难点策略:

(1)分三步分散难点:①引入时大量的实际情景,让学生体会到代数式存在的普遍性.②让学生给自己构造的一些简单代数式赋予实际意义,进一步体会代数式的模型思想.③通过"主题研究"等环节进一步提高解决实际问题的能力.

(2)适时安排小组合作与交流,使学生在倾听、质疑、说服、推广的过程中得到"同化"和"顺应",直至豁然开朗,突破思维的瓶颈.

3. 预设与生成

本案编代数式、主题研究等环节的设计为学生精彩的生成提供了很好的平台,在实际教学过程中,教师要注重生成信息的捕捉,善于发现学生思维的亮点,并及时进行引导和激励,进行多元评价,使教学活动成为生成教学智慧和增强实践能力的过程.

【案例 7-5】

面积与代数恒等式(第二课时)①

东阳市吴宁一中　傅前明

一、设计意图

1. 对前一段时间有关学生课外作业与自觉性培养的课题实验进行一个阶段性的总结.

———————————

① 数学(九年级下册).杭州:浙江教育出版社,复习.

　　两月前开始进行有关这一方面的实验,实验的出发点是改变以往在课外作业中学生和教师作为两个主体相互分离的状态;改变课外作业中学生处于被动的低效率的学习状态.通过比较新颖的课外作业设计实现对学生课外作业的情感教育,对学生课外作业的多元化评价(特别是过程性评价);提高学生(特别是对数学学习兴趣不浓的同学)的主动学习的积极性,从而提高课外作业在教学中的功效性.经过一段时间的实践,中途根据实验中存在的问题及学生对新的课外作业的形式的反馈进行的实验形式的调整.于是想通过这一堂课来检验新的作业形式中最主要的 B 类作业设计的效果,发现问题.

　　2.尝试类似"面积和代数恒等式"的以纯数学知识探究为主题的课题学习的教学设想.

　　我们做过很多有关课题学习教学的尝试,例如,为了给学生充足的探究课题的时间,让学生以学习小组的形式(一般是同一个地区的学生为一个小组,可以跨班级)在假期里进行实践探究.但是那些课题学习都有一个共同的特征:以调查实践,解决生活中的实际问题为主线."面积和代数恒等式"这一课题学习却以纯数学内容为研究对象,对学生具有一定的挑战性,为此笔者想,这部分内容的教学着眼点要在一个较高的层面.根据课程标准关于课题学习的教学要求和建议,这堂课的重点目标是让学生在数学(乃至其他领域)研究方法上有所收获.

　　3.2004 年 12 月 19 号丘成桐先生在第三届"国际华人数学家大会"上的一段话给我们的启示.

　　"数学是做研究,奥数是做题目.获得奥数金奖只能证明考试的能力,而不代表研究的能力,研究的根本是找问题.奥数只训练别人的题目,而不知道去做自己的题目."丘成桐先生如是说.笔者举双手赞成丘成桐先生的观点,这句话让我们想起了曾经的几个热点"素质教育"、"创新教育"、"研究性学习"、"问题解决教学法",把这些观点串在了一起,形成了一些新的认识.于是决定应该教一些学生终生有用的研究问题的方法.

　　利用课题学习的开放性,以此为载体,以作业报告的形式,培养学生问题意识,掌握提出问题的基本策略的教学尝试.

二、课堂实录

第一部分　学生作业报告(解决问题)

　　师:今天我们先来报告昨天剩下来的作业,由哪一组来报告?今天我们听报告的同学有一个特殊的任务:等报告人报告结束后,要给报告人一个评价,报告得好,好在哪里?有问题,问题是什么?如果满分是 10 分你打几分?

（教师叫了一个同学,这个同学却叫了另一个同学进行合作.）

生 1:下面我们来报告第三小题,题目是这样的:"根据你的经验怎样判定类似以下的二次多项式是否能因式分解: $a^2+6ab+9b^2$, $2a^2+3ab-2b^2$;你能否通过构造图形的方法来得出一个结论? 如果行的话,你不妨再举一个例子来应用你得出的结论."看了这个题目我们就想,根据以上解决问题的经验,我们知道要判断这个式子能否进行因式分解,就是看能否把这个式子化成两个一次式的乘积,而这个可以看成一个矩形面积的长乘宽,而式子的左面的每一项可以看成若干个小矩形的面积,这样就是说看能否以左面各项为面积构造出一些小的矩形,如果这些小矩形能拼成一个新的大矩形,那么左面的式子就可以因式分解,而且分解出来的两个一次式就是新的大矩形的长和宽. 这只是我们的猜想,下面我们来动手试试看.

（一个学生动手操作,另一个学生解释操作的过程.）

生 2:由此,我们得到这个问题的结论:当像这样的二次三项式,当把以各项为面积的小的矩形,拼在一起,能拼成一个大矩形则这个二次三项式能继续因式分解.

生 1:这个问题的解决过程中我们还要感谢其他的两组同学的意见(掌声).

师:下面请同学来评价一下.

生 3:她们报告得很好,报告得很完整,系统性很强,得出了比较完整的结论. 如果是 10 分的话,我给她们打 10 分.(掌声)

师:正如这位同学所说的,她们报告得很好,但我比较挑剔,她们的报告有那么一点要改进. 这个问题判断类似的多项式能否继续因式分解我们曾经用代数的方法解决过这个问题,既然这样我们应该报告一下代数的方法,以便我们掌握更全面的方法. 谁还记得如何判断的?

生 4:先把这个式子配方,然后看看能否利用平方差公式继续分解.

师:正确,配方之后看能不能写成两个平方差的形式,如果能,则可以继续分解,事实上,这就是判断能否利用十字相乘法进行因式分解的依据. 所以如果是 10 分的话我会给她们打 9.8 分.

第二部分 讲解提出问题的重要性及提出问题的策略

师:大家成功地解决了问题,现在是否有一股冲动,这些问题都是我提的?

生 5:有,自己提问题.

师:哎,这种冲动是正常年轻人的表现,所以今天我们的口号是……

（多媒体:求其解并继续前进.）

师:邓小平爷爷也告诉我们"发展是硬道理",关于提出问题的重要性我就不多说了,下面看曾经的年轻人是怎么说的(学生齐声朗读):"提出一个问题比解决一个问题更重要,因为解决问题也许是一个数学上或实验上的技能而已,而提出新的问题、新的可能性,从新的角度去看旧的问题,却需要创造性的想象力,而且标志着科学的真正进步."

教:他都这样说了,我们还有什么好说的.但你说别人是大科学家会提出问题,我们怎么会呀! 不对,我们也能提.那么如何来提问题呀? 这就是提出问题的策略.接下来我们就来看.

(多媒体课件如下:)

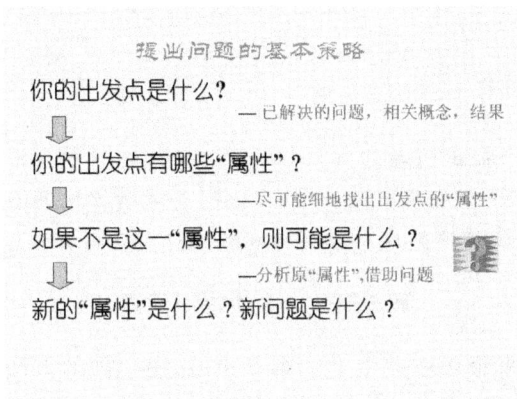

提出问题的基本策略

你的出发点是什么? —— 已解决的问题,相关概念,结果

你的出发点有哪些"属性"? —— 尽可能细地找出出发点的"属性"

如果不是这一"属性",则可能是什么? —— 分析原"属性",借助问题

新的"属性"是什么? 新问题是什么?

(利用生活中有趣的例子来解释:什么是"问题",什么是"属性","如何来找到新'属性'".)

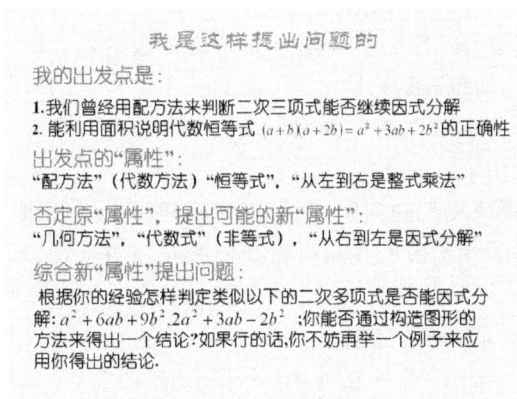

我是这样提出问题的

我的出发点是:
1. 我们曾经用配方法来判断二次三项式能否继续因式分解
2. 能利用面积说明代数恒等式 $(a+b)(a+2b)=a^2+3ab+2b^2$ 的正确性

出发点的"属性":
"配方法"(代数方法)"恒等式","从左到右是整式乘法"

否定原"属性",提出可能的新"属性":
"几何方法","代数式"(非等式),"从右到左是因式分解"

综合新"属性"提出问题:
根据你的经验怎样判定类似以下的二次多项式是否能因式分解:$a^2+6ab+9b^2$,$2a^2+3ab-2b^2$;你能否通过构造图形的方法来得出一个结论?如果行的话,你不妨再举一个例子来应用你得出的结论.

(讲解教师是如何提出开始报告的问题的.)

(让学生举起一只手,闭上眼睛,思考对比以上提出问题的四个过程,思考课前你自己提问题的过程和老师讲的有什么联系,什么不同.同时记忆四个过

程,完成的把手放下.)

WIN提问表

四个阶段	阶段问题	阶段问题答案	帮助得到新"属性"的问题
找出出发点	出发点是什么		
分析出发点的"属性"	出发点有哪些"属性"		
否定原"属性"提出新"属性"	新的"属性"是什么		
综合新"属性"提出问题	新问题是什么		

（让学生给这个提出问题的方法取一个名字，提醒学生用英文来表达这个过程中，核心的步骤（第三步）"假如不是这样，会是什么"，用英语简单地表达为What If Not，取首字母得到这个方法的名称"WIN 提问法".）

第三部分　学生提出问题

师：下面我们来报告作业纸上的第 6 小题，用上面的方法在已经解决问题的基础上提出你们自己的问题. 报告这个问题的时候有一个要求：你要按我们提出问题的程序来报告：就是说，你要报告，你提出新的问题的出发点是什么，"原属性"是什么，新"属性"是什么，你提出的问题是什么. 在报告之前，我先给你一些时间进行讨论，在讨论的时候要注意：第一，明确讨论的内容，就是如何报告你们提出的问题，以上几个问题的答案是什么；第二，讨论是合作的过程，要注意、倾听、交流、协助、共享.

（学生讨论，教师参与部分小组进行讨论.）

（讨论结束.）

师：为了便于表达我们的问题，我们先把问题写在一张纸上，由我们班打字速度最快的叶巧巧同学给我们现场打出我们的问题. 有请×××同学.

（有多个小组举手.）

生 6：第一个小组提出的问题是：

P1 能否把 $(a+b+c)^2 = a^2 + b^2 + c^2 + 2ab + 2ac + 2bc$ 这一代数恒等式用面积来验证其正确性？

P2 能否把 $(a_1 + a_2 + \cdots + a_n)^2 = A$（$A$ 为一个多项式）这一代数恒等式用面积来验证其正确性？

P3 能否把 $(a+b)^3 = a^3 + 3a^2b + 3ab^2 + b^3$ 用体积来验证其正确性？

P4 能否把 $(a+b)^n = B$(B 为一个多项式)这一代数恒等式同样也用体积来验证其正确性？

P5 能否把 $(a_1 + a_2 + \cdots + a_n)^n = C$($C$ 为一个多项式)这一代数恒等式同样也用体积来验证其正确性？

P6 是否 n 次代数恒等式都能够用体积来验证其正确性？

P7 是否 n 次代数恒等式能用一个 n 维的模型的"等度量"变形来验证其正确性？

P8 能否把一个无穷次代数恒等式用一个无穷维的模型的"等度量"变形来验证其正确性？

（教师讲陈省身和刘克峰有关"向量丛"和"陈类"的故事.）

生 7：第二个小组提出的问题是：

我们已经学会了用图形面积的不同表达形式证明相应的代数恒等式. 请问是否能用不同图形间的转换来证明代数恒等式？

（教师点评.）

生 8：第三个小组提出的问题是：

当代数恒等式一边的代数式的值为负数时如何根据这个代数恒等式来构造图形？

（教师点评.）

生 9：第四个小组提出的问题是：

可以根据一个图形的面积的不同表达方式写出一个代数恒等式，根据另一个图形可以写出另一个代数恒等式，把两个图形拼在一起组成一个新的图形，根据新的图形写出一个新的代数恒等式，请问新的代数恒等式与先前的两个代数恒等式之间有什么关系？

（教师点评.）

生 10：第五个小组提出的问题是：

能否用图形的面积的方法来解方程 $(x+a)^2 = x^2 + 2ax + 4$？

（教师点评.）

生 11：第六个小组提出的问题是：

在用图形面积的不同表达方式来验证一个代数恒等式的正确性时，用到了两个图形和两个代数式，一个图形对应着一个代数式，请问其中一个图形和不跟它对应的代数式之间有什么关系？这四个要素中能否已知其中一个求出另外三个要素？

（教师点评.）

师：总结：大家提出了这么多这么好的问题，这些问题有很多是我和在座的很多老师也不能解决的问题,如果我们解决了这些自己提出的这些问题就实现了一次飞跃.从这里我们也看到了我们能解决大多数别人提出的问题,却未必能解决自己提出的问题,可见有时候自己也不能看清自己,正因为如此,我们的数学大师的名字来源于孔子的一句话:"吾日……"学生答"三省吾身".从今天的课上我们知道:我们要培养自己提出问题的意识,掌握提出问题的一般策略,提出问题和解决问题一样重要.

⇨ 案例评析

1. 从课堂的反应和课后的反馈了解到整堂课的教学目的基本达到,学生能够较好地以作业报告的形式解决有关探究性的问题,通过提出问题的重要性的教学和提出问题策略的课前的体验和课堂的系统化认识,学生能很好地体会到提出问题的意义,增强了问题意识和思维的批判性,大多数同学掌握了提出问题的初步策略.同时,学生报告问题的形式及表现都是出乎意料的,更重要的是,同学虽然是临场提出问题的,但是提出问题的深度令人为之感到惊喜,在课堂上学生提出的问题的深度对教师的临场课堂把握能力提出了挑战.

2. 如何更好地把握好接受性学习和学生自主探究、合作学习,以及课堂接受性学习和学生课堂外体验的关系.在这堂课里,教师花了近 15 分钟的时间用于讲解提出问题的重要性和提出问题的基本策略,这个时间的分配使得学生只有 20 分钟左右的时间来提出自己的问题,而整堂课的最高潮部分出现在后面,若还有 20 分钟甚至更长的时间,那么学生可能会提出更多更好的问题,每个同学都有展示自己的机会,教师也能对每一个提出的问题进行充分到位的点评.这是这堂课的最大矛盾之一,其中存在两个问题:一是如何更好地让学生在课外提出问题的体验和课堂的有关提出问题的策略相结合?二是对整堂课的估计,特别是对学生提出问题的能力的估计不足,一个可行的方式是应该利用两个连续的课时来上这一堂课.

3. 如何对学生提出的问题作出较合理的反馈和评价?在课堂上学生提出了很多高价值的问题,从学生的情感教育出发,应该对学生提出的这些问题作出积极的反馈.初步考虑的途径有:①继续要求学生延续存在的思维,提出更多更有价值的问题;②把处在学生解决能力范围的问题作为假期作业,以小论文的形式进行深入探究,教师给予指导,争取发表;③汇总问题,对问题进行分类对比研究;④把解决的问题和自己提出的问题整理成课题报告进行例行的校园展示;⑤让学生以交流会的形式,总结在这个课题学习中的经验和教训.

【案例 7-6】

中心对称①

富阳市郁达夫中学 盛志军

一、教学目标

（一）知识与技能

1. 通过具体实例认识中心对称图形，认识两个图形关于某一点成中心对称的本质，就是其中一个图形可以看做由另一个图形绕着该点旋转 180° 而成，以及相应的对称中心、对称点等概念.

2. 掌握连结对称点的线段经过对称中心并被对称中心平分的基本特征，反之会用之于中心对称图像的判断.

3. 会根据两个中心对称图形找对称中心，根据一个图形及对称中心画出另一个图形与原图形成中心对称图形.

（二）过程与方法

1. 经历对日常生活与中心对称有关的图形进行观察、分析、欣赏，以及动手操作、认知冲突、画图等过程，来认识中心对称的概念和特征.

2. 在具体教学过程中，注重教材资源的利用和再开发，在更丰富的图形中辨别中心对称图形.

3. 从现实生活出发，从轴对称、一般旋转对称学习的基础上出发，注重学生的原认知结构的利用，采用引导探究的教学方法，让学生自主合作学习的方法，寻求与新知识结构的联结点.

（三）情感态度和价值观

在学习与探讨的过程中体验数学问题的探索性和创造性，并体验自然美、对称美、数学美；从而增强对图形欣赏的意识，让学生体会中心对称图形在生活中的广泛应用性和它的丰富文化性；通过课堂中的交流与合作，培养学生在独立思考问题的基础上，学会尊重他人，并在与他人合作的过程中体验成功的喜悦.

二、教学重点

中心对称的概念.

三、教学难点

归纳中心对称和成中心对称的两个图形的基本特征.

---

① 数学（八年级下册）.杭州：浙江教育出版社，§11.3.

四、教学方法与手段

引导探究,促进学生合作交流学习.

五、教学准备

多媒体课件、圆规、三角板基本作图工具,大量的中心对称图形和非中心对称图形.

六、教学过程

(一)设置情境,引入课题

1. 开场引言

利用课本练习题编制游戏:"如图(1)所示,魔术师把 4 张扑克牌放在桌子上,然后蒙住眼睛,请一位观众上台,把某一张牌旋转 180°. 魔术师解除蒙具后,看到 4 张扑克牌如图(2)所示,他很快确定了哪一张牌被旋转过,你能吗?"

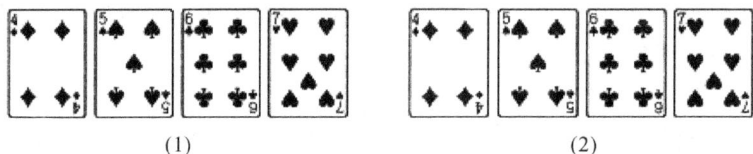

(1)   (2)

指出七年级下册和八年级前几节课一起学习了两种对称,引导回顾:轴对称和旋转对称.本节课专门来讨论一种特殊的对称.

2. 课件展示

第 6 页图 11.3.1

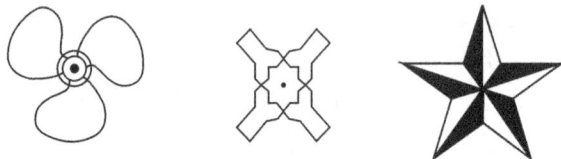

教师提问:

(1)这三种图形,分别是什么对称图形?

(2)这三种图形有何共同特征?

(3)这三种图形的不同点在哪里?

3. 寻求联结

教师归纳:

(1)共同点

上图所示的三种图形,都是绕着一中心点,旋转一定角度后能与自身重合的图形,所以这三个图形都是旋转对称图形.

(2)不同点

其不同点在于三种图形旋转的角度不一样,第一图旋转的角度为 120°或 240°,第二个图旋转的角度为 180°,第三图旋转角度为 72°或 144°,或 216°或 288°.

在这些角的度数中,哪一个数最特殊,显然是 180°.因为这个角的两边在同一条直线上.告诉学生今天就是要研究这个特别的旋转对称图形.课件单独醒目推出课题:中心对称.

【设计说明:以游戏和学生熟悉的生活和学习基本活动经验出发,创设情景,引起学生强烈的求知欲望,激发学生学习兴趣,让学生产生质疑,由此寻找学生的原有认知结构和新认知结构的联结点,直奔本节课的核心概念而引入新课,自然贴切.】

(二)合作讨论,探究新知

1. 中心对称图形定义

(1)定义探究

让学生举出类似于第二种图形,即绕着一个中心点旋转 180°后与自身重合的图形.在合作讨论的基础上,让学生归纳说出什么是中心对称图形.

把一个图形绕着中心旋转 180°后能与自身重合的图形称为中心对称图形,这个中心点叫做对称中心.也就是说,中心对称图形是旋转角为 180°的旋转对称图形.

(2)定义巩固

课件展示:

想一想:观察下列图形,你能发现它们有什么共同的特征吗?

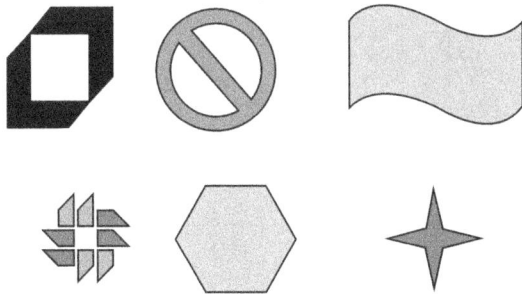

你能将上图中第一个图形绕其上的一点旋转 180°,使旋转前后的图形完全重合吗?其余图形呢?

议一议:中心对称图形_____旋转对称图形;旋转对称图形_____中心对称图形.(用"一定是"、"不是"、"不一定是")

2. 对比轴对称图形与中心对称图形

轴对称图形	中心对称图形
有一条轴对称	有一个对称中心
图形沿轴翻转 $180°$	图形绕中心旋转 $180°$
对称部分与另一部分重合	旋转后与原图重合

做一做：

判断下列图形是否是中心对称图形？

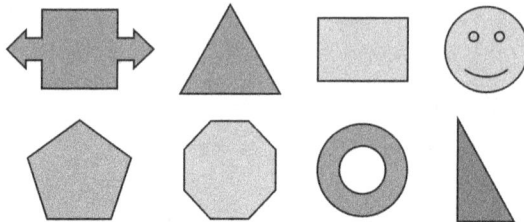

3. 两个图形成中心对称

(1)教师指出

有些图形不是中心对称图形,但仍然可以确定一个对称中心,把一个图形绕着这个点旋转 $180°$,与另一个图形重合,那么这两个图形称作什么呢?

(2)类比思考

	图形示例	
轴对称	 轴对称图形	 两个图形成轴对称
中心对称	 中心对称图形	 两个图形成中心对称

（3）明确定义

①认知冲突. 教师让学生阅读课本第 17 页第 1—4 行. 故造矛盾：同学们，老师认为这句话有问题，请大家仔细阅读，敢于向课本挑战，找出问题，特别是"这两个图形"这几个字. 让学生展开讨论. 当学生产生极大疑惑时，教师再点拨：事实上这几个字是必不可少的，反映了中心对称图形和两个图形成中心对称的最大区别. 从而加深学生对两个概念的深刻理解.

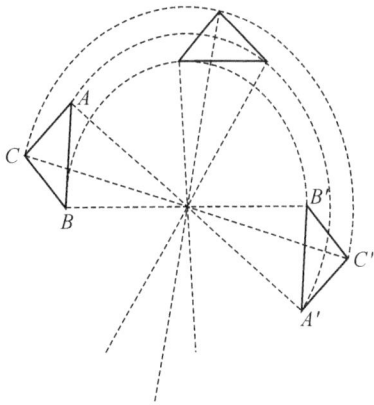

②强化定义. 课件展示，用几何画板动态进行.

出示定义：把一个图形绕着某一点旋转 $180°$，如果它能够和另一个图形重合，那么. 这两个图形成中心对称. 这个点叫做对称中心，这两个图形的对应点叫做中心对称点.

友情提出：对称中心点可以在图形的外部，也可以在图形的内部，又可以在这个图形上. 教师利用几何画板分别移动对称中心给予演示.

【设计说明：这是本节课的重点所在，也是教学的高潮所在. 对于中心对称图形和两个图形成中心对称的定义，在于弄清其基本属性. 因此，这里紧紧围绕概念，通过类比推理、认知冲突、观察图形等策略，用想一想、议一议、做一做等方法，采取多媒体动画演示等教学手段，达到突出重点，促进学生概念的内化.】

4. 中心对称的特征

（1）合作探索

● 教师提问：

①△$A'B'C'$ 与 △ABC 形状、大小怎样？

②你能从图中找到哪些等量关系？

③找出图中平行的线段.

学生达成共识后让学生填空：

△$A'B'C'$ 与 △ABC ＿＿＿＿＿＿＿，在同一直线上的三点分别是＿＿＿＿＿，＿＿＿＿＿＿，＿＿＿＿＿＿.

$AO=$＿＿，$BO=$＿＿，$CO=$＿＿，$AB=$＿＿，$AC=$＿＿，$BC=$＿＿.

找到 $AB//$＿＿，$AC//$＿＿，$BC//$＿＿.

● 特例探索：

如图，如果把对称中心与点 A 重合，情况又怎样？

让学生合作讨论在填空:△ABC 与 △ADE 是成中心对称的两个三角形,点 A 是对称中心,点 B 关于对称中心 A 的对称点为_____,点 C 关于对称中心 A 的对称点是_____,点 A 关于对称中心 A 的对称点为_____,B、A、D 在____上,AD=____,C、A、E 在____上,AC=____ED

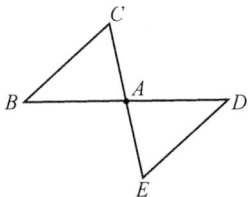

(2)归纳总结

特征1:关于中心对称的两个图形是全等形.

特征2:关于中心对称的两个图形,对称点的连线都经过对称中心且被对称中心平分.

教师进一步说明:①对称中心在任意两个对称点的连线上.②对称中心到一对对称点的距离相等.

根据这个特征,可以找到关于中心对称的两个图形的对称中心,通常只连结中心对称图形上的一对对应点,所得线段的中心就是对称中心.同时在证明线段相等时也有应用.

特征3:关于中心对称的两个图形的对应线段互相平行或在同一条直线上.

(3)中心对称的识别

让学生说出性质 2 的逆命题,并告诉学生根据定义可以证明它是成立的,于是得到:

如果两个图形的对应点连线都经过某一点,并且被这一点平分,那么,这两个图形关于这一点对称.

【设计说明:这是本节课的难点.在概念初步掌握的基础上,教师采用合作探究的教学方式,演绎到归纳的思维方法,放手让学生想、说、写,充分开发学生的学习资源,在尝试中暴露学生的思维,引导学生主动参与,解决问题,从而经历得出三条特征和一条识别的过程.】

(三)应用新知,体验成功

1.举例讨论

例 1 已知 △ABC 和点 O,画出 △DEF,使 △DEF 和 △ABC 关于点 O 成中心对称.

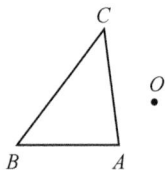

(1)

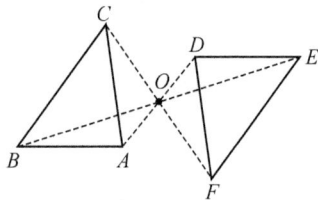

(2)

分析:要画 △DEF,必须要找到 △ABC 中的 A、B、C 关于 O 点的对称点 D、E、F.

解:(1)连结 AO 并延长 AO 到点 D,使 OD=OA,于是得到点 A 的对称

点 D ;

(2)同样画出点 B 和点 C 的对称点 E 和 F ;

(3)顺次连结 DE 、EF 、FD .

如图(2),△ DEF 即为所求的三角形.

2. 课堂练习

(1)下列图形中＿＿＿＿＿＿是轴对称图形,而＿＿＿＿＿＿＿＿是中心对称图形.

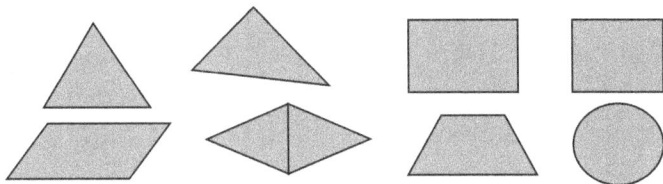

(2)课本第 18 页练习 1、2.

①下列字母中哪些是中心对称图形?

ABCDEFGHIJKLMNOPQRSTUVWXYZ

②扑克牌中有哪些牌的牌面是中心对称图形?

【设计说明:教师再一次放手让学生自主学习,并且通过范例的讨论、课堂的练习,目的在于巩固新知,同时获取学生反馈的信息.让学生体验学习的成功和快乐,真正落实知识与技能,提高学生的自主探究能力.】

(四)自我小结,反思提高

1. 本节课你有哪些收获? 帮助学生形成以下知识结构:

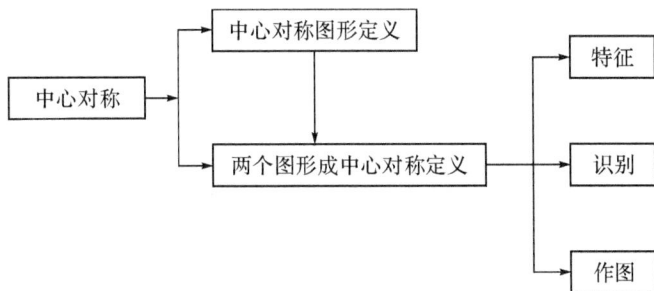

2. 要注意的几个问题:一是中心对称和轴对称的联系与区别;二是中心对称和旋转对称的联系和区别;三是中心对称图形和两个图形成中心对称的联系与区别.

3. 回顾定义和有关概念、特征、识别的意义,加深认识和理解它们的作用.

4. 课外练习:配套同步作业.

【设计说明:这里的小结教师不包办代替,而仍然采取把问题交给学生,但放中有扶、扶中有放,形成本堂课的知识结构.提出的主要问题再一次强化对概念和特征的理解,最终形成学生的认知结构,全面实现课堂教学目标.对整堂课的设计,可参照反思部分.】

案例评析

1. 寓教学与情景之中,让学生感受到学数学之乐和数学的应用价值和人文价值.整堂课学生始终处于快乐的学习氛围中.在引入新课中,利用玩扑克游戏,大大激发了学生学习的心向;在让学生列举中心对称图形时,回归自然和熟悉的图形环境,如 26 个英语字母、交通标志、各种特殊的多边形、用电警示标志等,激发了学生学习的兴趣,并且让学生体验到数学的自然美、对称美,增强对图形欣赏意识,让学生体验到数学来源于生活,又运用于生活,从而体会到中心对称图形在生活中的广泛应用性、丰富的文化性.

2. 大胆地利用和挖掘教材,教师学生资源形成富有活力的生态课堂.现代课堂是富有生命活力的生态性课堂.在本堂课中,教师没有教教材,而是用教材.如把教材的中的练习提到新课引入中来,创设一个学生学习的"最近发展区";把中心对称图形的特例放到两个图形成中心对称一般的学习之后,这里演绎的逻辑知识结构更容易让学生认知;课堂的四个方面构成了一个系统的认知结构体系.在讨论中心对称图形时,当学生举出纳粹的标志时,教师冷静的态度和行为,既对知识的学习起到良好的导向作用,也自然地利用这个资源进行德育的渗透;在讨论两个图形成中心对称的基本特征,学生提出还有其他特征时,教师没有扼杀学生的生成资源,而是充分利用,引出了特征,超越了教材和教师课堂设计的局限.这些都反映了教师丰富的教学经验和驾驭课堂的能力,使课堂生命活力.

3. 重视学生自主合作的探索能力培养.审视整堂课的教学过程,教师努力用"引导—探究"的教学方式,善于从学生的旧认知结构中寻找联结点,促进学生自主、合作和探究.新课的自然引出,从观察图形、体验图形特征中加深体验中心对称特征;两处轴对称的类比中,放手让学生类比中心对称;动态的几何画板图形中,让学生自主归纳中心对称图形的特征;范例和课堂练习中,同样把时间还给学生,让学生自己去摸索,努力"先学后教",从学生暴露的思维中再引导.在最后小结一环教学中,教师还是让给学生自己去探索,最终形成了新的认知结构.这些充分体现了"学生是学习的主人",也体现了数学学习的发展性.

4. 现代教育技术与数学教学整合,促进了课堂教学目标的实现.现代教育技术是一种辅助教学手段.但本节课的游戏、概念、范例、课堂练习等等都与现代教育技术有机地结合起来,充分显示了现代教育技术在数学教学中作用,反之,数学的魅力也因此得到了充分展现.图文并茂的学习环境使学生感到直观、形象、亲切、有趣、有用.特别是几何画板的运用,更使这节课的重点、难点得到了最好的突破.

【案例 7-7】

《特殊平行四边形与梯形》复习课

杭州翠苑中学 郑永杰

一、教材分析

特殊的平行四边形,是在学生学习了平行四边形有关知识基础上的进一步延伸,它是从特殊到一般认识问题的演绎方法,起着承上启下的作用.而且通过前一章探究平行四边形有关知识的培养,学生具有一定的独立思考和探究的能力.所以本节课主要在学生已有的认知水平上,在探究活动中,由学生自主探索发现矩形、菱形、正方形性质定理的内在联系与区别,使学生经历实践、推理、交流等数学活动过程,亲身体验数学思想方法,培养学生能力,促进学生发展.通过本节课的学习渗透了一种转化的数学思想,在复杂图形中分离出基本图形是学生分析几何问题的一种重要思想.

二、教学目标

1. 系统全面地复习特殊的平行四边形的概念、性质及判定方法.

2. 从轴对称的角度体悟菱形、矩形和正方形的本质特征.

3. 从中点四边形角度体悟特殊的平行四边形的本质特征.

4. 在探索过程中,发展学生的合情推理能力,进一步培养学生说理的习惯与能力.

三、教学重点

抓住图形的本质特征,对一般四边形不断变换条件,形成各种特殊四边形,达到复习巩固加强运用各种特殊四边形的概念和性质解决实际问题之目的.

四、教学难点

抓住特殊图形的概念中内涵与外延的不同点,使问题逐一解决.

五、教学过程

(一)课前热身——概念练习

1. 在平行四边形 $ABCD$ 中,对角线 DE,BF 相交于点 O,

(1) 若 $\angle DBC + \angle BFD = 130°$,则 $\angle DBC =$ _____;

(2) 若平行四边形的周长为 44cm,$BE - BD = 2\text{cm}$,则 $BE =$ _____ cm;

(3) 若 $BF = 20\text{cm}$,$DE = 16\text{cm}$,$BD = 12\text{cm}$, 则 $\triangle BOE$ 的周长为 _____ cm.

2. 如右图:DF,EF 是 $\triangle ABC$ 的两条中位线,

(1) 若 $AB = 8\text{cm}$,$BC = 6\text{cm}$,则四边形 $BDFE$ 的周长是 _____.

(2) 若 $AB = BC = 8\text{cm}$,则四边形 $BDFE$ 是 _____ 形,周长是 _____.

(3) 若 $AB = BC = AC = 8\text{cm}$,则四边形 $BDFE$ 是 _____ 形,周长是 _____;面积是 _____.

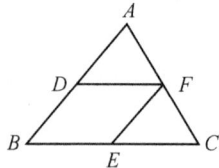

【设计说明:此题以填空的形式给出,利用"符号语言"和"几何语言"相结合的方式,对平行四边形从概念到性质甚至周长和面积进行全面考察,体现了新课标中"双基"的要求,注重了对平行四边形概念和性质的体悟.】

(二)问题引入——探索结论

课本第 143 页探究活动.如右图:DF,EF 是 $\triangle ABC$ 的两条中位线,我们探究的问题是:这两条中位线和三角形的两边所围成的四边形的形状与原三角形的形状有什么关系,建议按下列步骤探索:

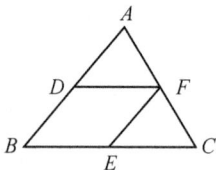

(1)围成的四边形是否必定是平行四边形?

(2)在什么条件下,围成的四边形是菱形?

(3)在什么条件下,围成的四边形是矩形?

(4)在什么条件下,围成的四边形是正方形?

(5)你还能发现其他什么结论?

【设计说明:在第(1)题练习的基础上,给出这个探索题,从中点三角形说开去,再引到所围四边形是什么四边形? 继续引申第(2)和(3)、(4)题;第(5)题是开放题的问法,只要是正确的结论都可以,答案的不唯一性、多样性体现出来了,这样设计问题的目的,旨在通过这个题目,将平行四边形和三类特殊的平行四边形的概念、性质及判定方法复习融入探索的题目之中,既考虑到它们之间的相同点,又注意到它们之间的区别,这样就能环环紧扣、和盘托出.如果泛泛背概念、背定理学生会感到很乏味.这也就是我与众不同的设计初衷吧.】

(三)合作学习——学法指导

1. 如下图,在四边形 $ABCD$ 中,E,F,G,H 分别是 AB,BC,CD,AD 的中点,判断四边形 $EFGH$ 是什么四边形,并说明理由.

2. 如右图,在四边形 $ABCD$ 中,E,F,G,H 分别是 AB,BC,CD,AD 的中点,当四边形 $ABCD$ 是满足什么条件时,四边形 $EFGH$ 是菱形?

3. 当四边形 $ABCD$ 是满足什么条件时,四边形 $ABCD$ 是矩形呢?

4. 当四边形 $ABCD$ 是满足什么条件时? 四边形 $ABCD$ 是正方形呢?

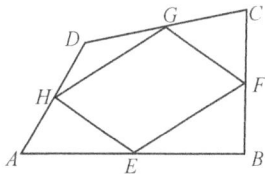

【设计意图:在探究活动研究的基础上借题发挥,见问题从三角形变成四边形,继续提出和四边形中点有关的三个问题,让学生清楚不论原四边形形状怎样,所得中点四边形肯定是平行四边形,但是要想得到菱形、矩形、正方形,原四边形还要具备特殊条件,思考的方法可以很多,从学法指导的角度讲,我因势利导点拨学生从原四边形对角线满足的条件去考虑,这样就可以逐步得到符合要求的中点四边形形状;思考问题的方法是运用逆向思维的问题解决.】

5. 若一个四边形有一条对称轴,则它是_____形.

6. 若一个四边形有两条对称轴,则它是_____形.

7. 若一个四边形有四条对称轴,则它是_____形.

【设计意图:这三个题的设计意图是让学生由对称轴的条数进一步认识特殊四边形.旨在告诉学生数学是锻炼思维的体操,可以是四面出击,思维上要多点开花,不拘泥于一种方法,从全方位、多角度去认识问题;如要形成特殊的四边形可从边、角、对角线、对称性等方面去探索、去研究、去实践.】

8. 若一个四边形有两条对称轴,而且是连接对边中点所在的直线,则它是_____形.

9. 若一个四边形有两条对称轴,而且是两条对角线所在的直线,则它是_____形.

10. 若一个四边形有四条对称轴,则它是_____形.

11. 当四边形 $ABCD$ 是菱形时、矩形时,相应的 $EFGH$ 一定是菱形、矩形、正方形中的哪一种?

【设计意图:安排这组习题的目的是由外而内,先给出原四边形的形状,再判断中点四边形的形状.旨在说明:只要抓住数学的本质,无论是由内到外还是由外到内,只要具备中点四边形的本质,就可以拓展开来,使得问题——得到解决.紧接着提出一个与本节复习内容有关的两个实际问题,公园面积扩充和 2008 年无锡的一道中考题.篇末点出本节复习之目的:数学来源于生活,反过来又服务于生活的道理.】

12. 运用感悟——特殊的平行四边形在生活中的应用.

①淳安某镇有一池塘 $ABCD$,在四个顶点上各种一棵超大的香樟树,现要把这一池塘的面积扩大 2 倍,并要求 4 棵香樟树不动且在扩建后的池塘的边上,请你设计扩建方案.

②一种电讯信号转发装置的发射直径为 31km. 现要求:在一边长为 30km 的正方形城区选择若干个安装点,每个点安装一个这种转发装置,使这些装置转发的信号能完全覆盖这个城市.问:(1)能否找到这样的 4 个安装点,使得这些点安装了这种转发装置后能达到预设的要求?(2)能否找到这样的 3 个安装点,使得这些点安装了这种转发装置后能达到预设的要求?

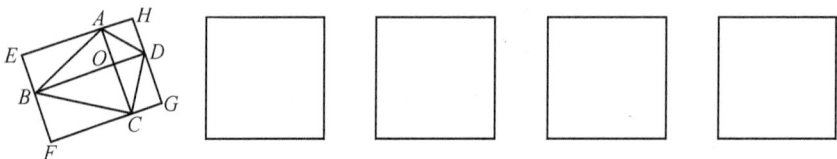

【设计说明:第 17、18 题提示把问题融入实际背景中,体现学以致用,通过对问题方案设计,发挥学生的动手实践能力、想象力、创造力,以及理论联系实际的能力,进而培养学生学习力.】

对这个题的处理,我首先把学生分成组,由多到少,第(1)小题我采取了学生合作学习,探究设计四个点方法、三个点方法、两个点方法,提出具体要求:按题意要求,理解题意,根据题意画图,标注数据,再练习所学知识,将问题进行分类讨论;如四个点如何确定,方法有几种等等.

(四)凝练升华——归纳总结

通过以下问题组来总结本节内容.

问题一:这堂课我们主要复习了哪些知识点?

问题二:这堂课我们体会到了哪些数学思维方法?

问题三:在这堂课里,你最大的收获是什么?最愉悦的事情是什么?

(五)课后作业——能力培养

必答题组:课本第 158 页作业题 A 组.

选做题组一:(基础型)课本第 158 页作业题 B 组.

选做题组二:(提高型)作业本.

⇨ 案例评析

在这节课的整体设计上,注重三个体悟:

1. 注重对特殊平行四边形概念和基本性质的体悟.

2. 注重对特殊平行四边形概念、内涵和外延的体悟.

3. 注重对特殊平行四边形与实际生活相结合的体悟.

探究活动由四个环节构成,体现新课程理念:

环节1:学生尝试探究,三种特殊平行四边形的概念及性质.

环节2:研究由对称轴的条数决定的平行四边形的形状.

环节3:研究四边形对角线的数量及位置关系与中点四边形的形状.

环节4:重视特殊平行四边形在实际生产和生活中的应用.

这节课的亮点之处:教学设计的精巧独到,一般地说,大多数教师在处理探究活动时都是流于形式,要么跳过不讲,要么当做作业布置下去.这个探究活动安排得很好,仅仅一道题涵盖了特殊平行四边形的所有内容,考察的知识有:平行线、平行四边形、菱形、矩形、正方形的概念和性质及中点四边形,图形的对称性等等.

当然,各环节的衔接上还有精雕细琢的空间,设计的主观意图是独到的,但在深度挖掘上还欠细致的考虑,最后一个应用题安排较难、问题多,教学任务完成有一定的困难.

【案例7-8】

《杨辉三角和两数和的乘方》综合实践活动课

浙江省温州龙湾区实验中学　王振华

一、教材分析

《杨辉三角和两数和的乘方》是教材中安排的一篇阅读材料,课程总目标对本节的要求:通过教师在平时教学中渗透或通过学生课外阅读,了解有关杨辉三角的简史,掌握杨辉三角中隐含的基本规律,以拓宽整式乘法.

本节是在学习了整式乘法的基础上进行的,是对整式乘法的拓展,为今后学习二项式 $(a+b)^n$ 的展开式奠定基础.通过本节探究杨辉三角规律的教学,既能构建完整知识框架,又能多方位提高学生数学素养.

在上完完全平方公式后,从学生作业反馈中发现,学生易丢 $2ab$ 项,平时,在数学竞赛中时常有 $(a+b)^3$ 的公式应用,也曾看到中考把杨辉三角作为考点.对此,本节内容体现出:既是整式乘法的整合和补充,又是学生知识缺陷的弥补.

二、学情分析

本学段的学生具有对与自己的直观经验相冲突的现象和对有挑战性任务感兴趣的特点,也初步具备个体和群体参与"探究性问题"、"开放性问题"活动的能力,并结合本节内容的特点,采用探究式学习方式.对于学生在探究过程中出现不全面、易出错等问题,教师给予即时的引导、点拨和激励评价.对新知学习都力求从学生实际出发,以他们熟悉或感兴趣的问题情景引入主题,展开数学探究.

三、教学目标

1. 通过实验操作,引导学生观察分析,形成数形结合思想.

2. 通过例题的延伸训练,初步体会运用类比思想研究数学问题.

3. 通过研究杨辉三角的数字规律,培养学生由特殊到一般的归纳猜想能力和发展数学方法(如赋值法等).在小组讨论、探索过程中初步培养合作意识,发展创造性思维能力.

4. 通过杨辉三角数学史的介绍,增强学生民族自豪感.

四、教学重点

杨辉三角的发现、理解和初步应用.

五、教学难点

$(a+b)^3$ 的实验操作和结论得出,以及对赋值法验证理解.

六、教学策略与手段

采用"问题解决"的教学模式,遵循"创设情景→合作交流→解决问题→明晰新知→感悟新知→应用拓展、升华新知"的思路来组织教学过程.借助多媒体辅助手段,通过学生动手实践、观察、分析、猜测、组织讨论、合作交流,启发学生积极思维,不断探索后汇报成果,得到结论后进行总结,及时进行反馈应用和反思式总结.

七、学生准备

1. 布置学生通过 google 搜索有关杨辉三角资料,并进行阅读和理解;

2. 学生自制正方形和长方形的硬纸板,立方体和长方体的硬纸盒(长度和数量按教师指定制作).

八、教师准备

1. 教师设计教学方案,安排教学活动;

2. 制作多媒体课件;

3. 教师预设教学过程中可能出现的问题;

4. 教师确定对学生学习进行评价的内容和维度.

九、教学过程

(一)合作学习,形成技能

师:请同学们准备好 2 张正方形、2 张长方形的纸片(见图 1).将它们拼成一个大正方形,并运用面积之间的关系,验证完全平方式.

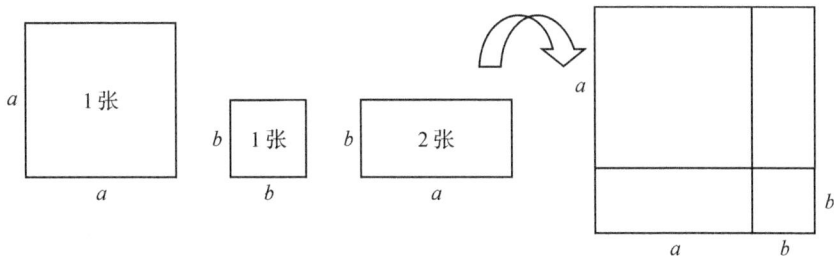

图1   图2

生:动手操作完成(如图2),写出验证完

全平方式 $(a+b)^2 = a^2 + 2ab + b^2$.

师:归纳面积验证的思路,大整块面积=所有小块面积之和.

师:请同学们准备好2个立方体、8个长方体的纸盒(见图3).将它们搭成一个棱长为 $(a+b)$ 的立方体,并运用体积之间的关系,写出一条恒等式.

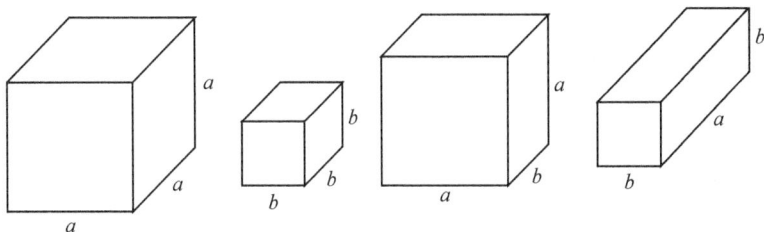

图3

生:四人小组合作,动手操作完成(如图4),写出一条恒等式.

生: $(a+b)^3 = a^3 + 3a^2b + 3ab^2 + b^3$.

(要求按 a 的次数从高到低排列)

【设计意图:通过学生的实验操作,得出恒等式,注重了知识的建构,体验了从平面到立体的空间思维,渗透了数形结合的数学思想.】

师:我们已经得到了 $(a+b)^2$ 和 $(a+b)^3$ 展开公式,试想 $(a+b)^4 = ?$

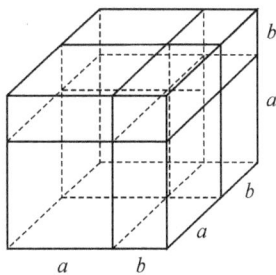

图4

生:学生先独立完成,然后同桌讨论交流.

生1: $(a+b)^4 = (a+b)^2(a+b)^2 = (a^2 + 2ab + b^2)(a^2 + 2ab + b^2) = \cdots$
$= a^4 + 4a^3b + 6a^2b^2 + 4ab^3 + b^4$.

生2: $(a+b)^4 = (a+b)(a+b)^3 = (a+b)(a^3 + 3a^2b + 3ab^2 + b^3) = \cdots$
$= a^4 + 4a^3b + 6a^2b^2 + 4ab^3 + b^4$.

师:我们也知道$(a+b)^1=a+b$.下面将计算结果中各展开式的每项系数排列成下表(简称系数表):

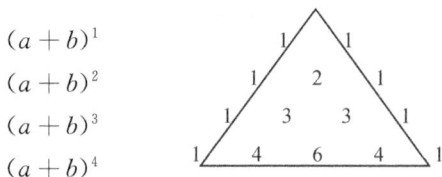

$$(a+b)^1$$
$$(a+b)^2$$
$$(a+b)^3$$
$$(a+b)^4$$

师:因上表形如三角形,我国古代数学家杨辉对其有过深入研究,所以称它为杨辉三角,并提出课题.

【设计意图:通过合作学习,从不同角度训练学生的思维,既提高学生学习兴趣,又培养合作团队精神和创造能力.】

(二)介绍杨辉,感受成就

杨辉,杭州钱塘人.中国南宋末年数学家,数学教育家.著作甚多,他编著的数学书共5种21卷,著有《详解九章算法》12卷(1261年)、《日用算法》2卷、《乘除通变本末》3卷、《田亩比类乘除捷法》2卷、《续古摘奇算法》2卷.其中后三种合称《杨辉算法》,朝鲜、日本等国均有译本出版,流传世界.

"杨辉三角"出现在杨辉编著的《详解九章算法》一书中,该书还说明此表源于我国北宋数学家贾宪(约公元11世纪)的"开方作法本源图",这表明我国发现这个表不晚于11世纪.因此,我们把此表叫杨辉三角或贾宪三角.

在欧洲,这个表被认为是法国数学家、物理学家帕斯卡首先发现的(Blaise Pascal,1623—1662),他们把这个表叫做帕斯卡三角.这就是说,杨辉三角的发现要比欧洲早500年左右,由此可见我国古代数学的成就是非常值得中华民族自豪的.

【设计意图:了解数学家杨辉及其成就,增强民族自豪感;让学生体会到研究杨辉三角就是体察杨辉的探索精神,以鼓励学生探究的热情.】

(三)探求规律,形成新知

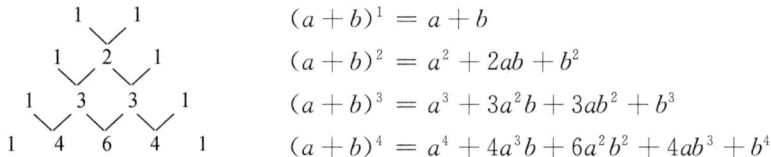

$(a+b)^1=a+b$

$(a+b)^2=a^2+2ab+b^2$

$(a+b)^3=a^3+3a^2b+3ab^2+b^3$

$(a+b)^4=a^4+4a^3b+6a^2b^2+4ab^3+b^4$

师:(1)请你找出上述数据上下行之间的规律.(便于发现,可标出"∨"号)

生:下一行中间的各个数分别等于它"肩上"的两数之和.(如:1+2=3)

师:(2)说出每项中字母 a 和 b 的次数排列规律.

生:展开式中每项字母 a 的次数从高到低排列,字母 b 的次数从低到高排列.

师:(3) 展开式中的项数与乘方指数有何关系?

生:展开式中的项数比乘方指数多 1.

师:你能按上述规律写出 $(a+b)^5$ 的展开式吗?

生:$(a+b)^5 = a^5 + 5a^4b + 10a^3b^2 + 10a^2b^3 + 5ab^4 + b^5$.(学生同桌校对,一位学生板演.)

【设计意图:教师用边讲边问的形式,通过让学生自己总结、发现规律,挖掘学习材料潜在的意义,从而使学习成为有意义的学习.】

师:将上述各展开式的每项系数再整理成如下模型:

$$
\begin{array}{ccccccccc}
 & & & & 1 & & 1 & & \\
 & & & 1 & & 2 & & 1 & \\
 & & 1 & & 3 & & 3 & & 1 \\
 & 1 & & 4 & & 6 & & 4 & & 1 \\
1 & & 5 & & 10 & & 10 & & 5 & & 1
\end{array}
$$

师:对上表你还有什么规律可发现?

生 1:最外侧的系数都是 1.

生 2:展开式中第二项的系数都等于乘方指数.

生 3:展开式中各项的次数等于都乘方指数.

生 4:系数成左、右对称排列.

……

【设计意图:虽然,教师将此"三角形"模型以定论的形式呈现给学生,但是,它毕竟不是最后的结果,而是一种寻找系数规律的有效工具,便于学生将新的学习材料同自己原有的认知结构联系起来,并纳入原有认知结构中而出现意义.这样的学习是有意义的而不是机械的,是主动建构的而不是被动死记的心理过程.】

(四)范例讲解,应用新知

师:例 1 若今天是星期一,再过 8^2 天后是星期几? 怎么算?

生 1:星期二,将问题转化为求"$8^2 \div 7 = 64 \div 7$ 后的余数"是 1.

生 2:$8^2 = (7+1)^2 = 7^2 + 2 \times 7 + 1$(此方法学生若未提,教师给予讲解).

师:(例 1 延伸)若今天是星期一,再过 8^5 天后是星期几? 怎么算?

生 1:猜想星期二,然后从 $8^5 \div 7 = 4681 \cdots\cdots 1$.

生 2:求 $8^5 = (7+1)^5 = 7^5 + 5 \times 7^4 + 10 \times 7^3 + 10 \times 7^2 + 5 \times 7 + 1$,前四项的和是 7 的倍数,所以 8^5 除以 7 的余数是 1,所以再过 8^5 天后是星期二.

师:(例1拓展)若今天是星期一,再过 8^n 天后是星期几?

生:$8^n = (7+1)^n$ 的展开式中前 $(n-1)$ 项都含有 7,所以 8^n 除以 7 的余数是 1,所以再过 8^n 天后是星期二.

【设计意图:从简单到复杂,从特殊到一般,层层推进,既深化新知,又激化学生的思维,更激化学生从认知结构中已有的知识和经验,便于学生类比学习.】

	A列	B列	C列	D列	E列	F列	G列	H列	I列	J列	K列	求和
第0行	1											1
第1行	1	1										2
第2行	1	2	1									4
第3行	1	3	3	1								8
第4行	1	4	6	4	1							16
第5行	1	5	10	10	5	1						32
第6行	1	6	15	20	15	6	1					64
第7行	1	7	21	35	35	21	7	1				128
第8行	1	8	28	56	70	56	28	8	1			256
第9行	1	9	36	84	126	126	84	36	9	1		512
第10行	1	10	45	120	210	252	210	120	45	10	1	1024
...												

(五)纵横斜探,深度挖掘

师:发给每位学生一张 Excel 表格.(表格上可先填好第一、二、三行的数字)

生:四人一小组共同制作完成 Excel 表格"杨辉三角.xls".

师:你能找到各行数字之和的规律吗?并用字母 n 表示第 n 行之和的结果.

生:从求和的结果规律看,第 n 行之和的结果为 2^n.

师:观察 $(a+b)^n$ 和它的展开式,你能验证此规律成立的理由吗?

生:当 $a=1,b=1$ 时,左边 $=(a+b)^n = 2^n$,而右边等于展开式中每项系数相加(因为 1 的任何正整数次幂都是 1).

师:若学生想不到此验证思路,教师可借助当 $n=4$ 时,

$(a+b)^4 = (1+1)^4 = 1^4 + 4 \times 1^3 \times 1 + 6 \times 1^2 \times 1^2 + 4 \times 1 \times 1^3 + 1^4$,即 $2^4 = 16$.

这种验证方法叫数学中的赋值法.

师:我们再从右斜线上算各行数字之和,有什么规律?

	A 列	B 列	C 列	D 列	E 列	F 列	G 列
第 0 行	1						
第 1 行	1	1					
第 2 行	1	2	1				
第 3 行	1	3	3	1			
第 4 行	1	4	6	4	1		
第 5 行	1	5	10	10	5	1	
第 6 行	1	6	15	20	15	6	1
第 7 行	1	7	21	35	35	21	7

生:1,1,2,3,5,8,13,21,…. 从第三个数起,每一个数都等于它前面两个数的和.

师:这就是著名的斐波那契数列.

【设计意图:培养学生观察探究能力,再发现杨辉三角蕴涵了许多优美的规律,让学生充分展开思维进入研究状态,形成爱数学的好习惯.】

(六)走入"斐波那契数列"

中世纪意大利数学家斐波那契的传世之作《算术之法》中提出了一个饶有趣味的问题:假定一对刚出生的兔子一个月就能长成大兔子,再过一个月就开始生下一对小兔子,并且以后每个月都生一对小兔子.设所生一对兔子均为一雄一雌,且均无死亡.问一对刚出生的小兔一年内可以繁殖成多少对兔子?

兔子繁殖问题可以从杨辉三角得到答案:右侧从上而下的一列数 1,1,2,3,5,8,13,…,正好是刚生的兔子对数,第一个月后的兔子对数.第二个月后的兔子对数,第三个月后的兔子对数,……,n 个月后的兔子的对数."兔子繁殖问题"的答案 233.

【设计意图:通过体验斐波那契数列,呈现数学的趣味性,提高课堂学习氛围,达到学以致用的目的.】

(七)板书设计

杨辉三角和两数和的乘方		范例讲解
$(a+b)^1=a+b$　　　　　　 1　1		
$(a+b)^1=a^2+2ab+b^2$　　　 1　2　1		
$(a+b)^2=a^3+3a^2b+3ab^2+b^2$　 1　3　3　1		学生板演
$(a+b)^4=a^4+4a^3b+6a^2b^2+4ab^3+b^4$　1　4　6　4　1		

（八）作业设计

1. 通过网络搜索有关杨辉三角资料，进行再阅读，领悟其精髓.

2. 结合资料，进行再探索.（有能力的学生写一篇数学小论文.）

（九）问题研讨

1. 在平时教学中，对阅读材料的使用常流于形式：如作导入新课的素材（显得肤浅），课堂中插入介绍（感觉生硬），布置学生课外阅读（难以落实）.如何开发、有效地使用阅读材料，更好地发挥它在教材、教学中的作用？

2. 在探究式教学中，对教师主导地位和学生主体地位在尺度上如何把握，和在时机上如何收效感到有些困难.

案例评析

综合实践活动课是数学学科新添的一种课程，如何上好它是一个崭新的课题，尤其在我国目前课程改革日新月异的时候，更是我们需要讨论和提炼的话题.我们选择浙江省温州龙湾区实验中学王振华老师（他是龙湾区2008年初中数学骨干教师培训班的学员）的《杨辉三角和两数和的乘方》综合实践活动课设计给大家进行讨论，也是为了对我们前面教学设计所没有涉及话题的一点补充.

众所皆知，数学综合实践活动课主要体现三个关键词：数学、综合实践、活动，既要有数学学科特色，又要有综合性，并且还要体现学生活动这一特征.《杨辉三角和两数和的乘方》是极具文化教育色彩的"一道数学教育大餐"，它既向学生展示我国古代学者在数学研究上的智慧，又蕴含着很多数学思想方法的学科教育内涵，是数学综合实践活动课的很好主题素材，设计者也很好地运用了这一素材，并有自己的独特思考.

设计者先从归纳的角度引出了课题，然后又从数形结合的角度引出两数和的平方公式及和的立方公式，并非是把 $(a+b)^3$ 看做 $(a+b)^2(a+b)$ 教学推理，而是把平面中的面积解释向空间中的体积解释进行类比，因为后面的 $(a+b)^4$ 在类比困难的时候才开始采用代数的方法 $[(a+b)^4=(a+b)^3(a+b)]$ 来进行处理，主要是让学生多经历一些数学思想方法的教育，可谓用心良苦！整个设计中充满着试验、观察、归纳等活动，对学生在数学思想方法方面充满着浓厚的教育意图和色彩.

与以前的狭隘的爱国主义教育方式不同，设计者在介绍杨辉三角后马上就引出了斐波那契数列，说明数学发现是人类的共同财产，古今中外皆是如此.另外，作者并非是把学生严格控制在自己的信息源之下的教育，而是引导学生主动运用现代教育工具——网络，去寻找相关的信息，并且学生相互之间进行一些探索和交流,这种设计体现了综合实践活动课的特点,也是我们广大教师要进行探索的重要话题之一,设计者在这方面进行了一些探索.

设计者在反思环节也对数学综合实践活动课提出了自己的困惑和思考,也希望读者能够在这方面进行一些必要的探索,本设计也是我们为大家奉献的一个样本素材,但愿能够对大家有所启发!

【案例 7-9】

任意角的教学设计

浙江省洞头县第一中学 陈志琳

一、教学背景分析

三角函数是在研究一般函数概念基础上,刻画现实世界中周期变化现象的"最有表现力"的函数模型,而任意角是三角函数的第一节课,是学生在初中所学静态角的推广和延伸.它引领着三角函数的发生、发展和深化,是三角函数的核心概念.任意角作为知识的延伸和拓展,其蕴涵着深刻的思想和方法,对培养学生的逻辑思维能力、完善认知结构具有重要作用:①从运动的角度重新定义了角,引入了周期性模型,克服了静态角的思维定势,有助于培养学生思维应变的灵活性;②象限角的引入,为数形结合打下了基础,为后继学习提供了知识和思想方法上的准备;③终边相同角的引入,产生了角的集合概念,将学生思维由直观引向抽象,从特殊引向一般,为进一步学习三角函数奠定了的重要基础.

二、教学目标

(一)知识目标

1. 从运动的观点出发,进行角的概念推广,理解正角、负角、零角的定义;

2. 能用集合和相关数学符号表示终边相同的角并能简单应用;

3. 理解象限角、轴线角的概念.

(二)能力目标

1. 在角的概念的推广过程中,树立运动变化观点,学会运用运动变化的观点认识事物,从而提高认识事物的能力;

2. 通过画图和判断角的象限,通过体验数形结合的思想方法来加强研究数学问题的能力.

(三)态度、情感目标

培养学生主动探求知识、合作交流的意识,感受数学思维的全过程;体验数学工具及方法的巨大威力,进而发展学生对数学的积极情感.

（四）教学重、难点

教学重点：从局限角到任意角推广的方法与策略，以及任意角相关概念的掌握．

教学难点：从局限角到任意角推广的必要性及方法、策略的把握，提高研究数学问题的宏观能力．

三、教学方法的选择

教学方法采取教师启发讲授，学生探究学习的教学方法．紧紧抓住概念教学的根本，安排适当的教学情境，从而创造性地解决问题，最终形成概念，获得方法，培养能力．

四、教学过程的设计

设计撰写说明：笔者把授课设计成师生对话的形式，学生的回答是虚拟的，是教师的"一厢情愿"，从下面的描写过程，基本上可以看出教师授课的虚拟情景．

（一）创设情境，引出课题

教师：（播放视频片段，让学生注意听解说员的解说）2002 年 11 月 22 日，在匈牙利德布勒森举行的第 36 届世界体操锦标赛中，"李小鹏跳"——"踺子后手翻转体 180°接直体前空翻转体 900°"，震惊四座，这里的转体 180°、转体 900°是什么意思？

学生：应该是一个角的意思．

教师：对！它是指运动员绕着某个支点所旋转的角度．哪些场合我们还经常遇到？

学生：除体操外，花样滑冰、跳台跳水等比赛中，也常常出现．

教师：这说明什么？

学生：说明我们原来所学习的角度已经不够用了．

【设计意图：创设课堂情景，使学生产生认知上的冲突，说明角的概念推广的必要性，同时激发学生的学习兴趣和主动探究的精神．】

（二）完善情境，概念探究

教师：很好！说明我们原来所学的角的概念需要扩充了．原来我们学习的角最大是多少度？

学生：好像是 180°，但我也听说过 360°的．

教师：对，除了前面我们提的超过 360°的角外，你们还在哪些场合遇到过？

学生甲：广告上听过！广告上有"361°"！（众生笑）

教师："361°"原意是什么意思？

学生：……

教师：我查过资料，意思是：一超越完美，二从 1°重新开始．说明企业不能满足原来的"周到"，还得继续"前进"，即创新．如果用旋转的观点来看角的大小，我们原来的仅局限在 360 内的角度似乎已经不够用了，我们也要学习运动员和企业家一样创新．大家想一下，假如一个体操运动员的动作是"踺子前手翻转体180°接直体后空翻转体 900°"，人们还会称之为"李小鹏跳"吗？

学生：不能，根据人们的习惯动作，难度不一样．比如我向前跑步和向后倒退，显然由于难度不一样，速度差异很大．

教师：很好！直接应用上面的问题，除了角度量的推广以外，还涉及"向内转体"和"向外转体"等说法，从而产生角的方向的问题．大家取出自己的手表，假如我们要校准时间，会如何操作？

学生：我发现分针可以顺时针或逆时针旋转，有时候旋转不到一周，有时候要转一周以上才能校准．

【设计意图：让学生关注旋转中心、旋转方向、旋转量这三个要素．让学生在问题解决的过程中感知任意角．】

教师：很好！如果把旋转中心作为角的顶点，如何表示不同的旋转方向呢？

学生：顺时针方向和逆时针方向．

教师：一个角可以看成是平面内一条射线绕着端点从一个位置旋转到另一个位置所成的图形．其中"第一个位置"叫做角的始边，"另一个位置"叫做角的终边．我们为了统一，规定逆时针方向为角度旋转的正方向，形成的角为正角，顺时针方向为角度旋转的负方向，形成的角为负角，一条射线不作任何旋转，就形成了零角．这样，我们把角的概念推广到了任意角．

【设计意图：引出顺时针和逆时针的角的旋转方向以及始边和终边的概念．并且指出正角、零角、负角的含义以及推广后角的范围：$(-\infty, +\infty)$.】

教师：由于任意角在平面上的表示有时位置感会"不强烈"，为了更形象、更明确地表示出角度的位置（这时教师通过肢体语言（平放左手，旋转右手）的形象演示：$90° \to 180° \to 270° \to 360° \to \cdots$），我们可以给角找一个怎样的"载体"研究更好呢？

学生：平面直角坐标系．

教师：那你能结合角的图像建立适当的平面直角坐标系吗？

学生：以角的顶点为原点，以角的始边为 x 轴的正半轴．

教师：非常好，那你能说说在直角坐标系内讨论角的好处吗？为什么这样能让角的位置感更"强烈"呢？

学生：以角的终边在直角坐标系的四个象限来区分．

教师：好．角的终边在第几象限，我们就说这个角是第几象限角，如果角的终边在坐标轴上,不属于任何象限,我们称它们为轴线角.

【设计意图:让学生画图、探究.并进一步给出象限角和轴线角的概念,直观感受到用终边区分象限角的必要性和合理性.】

学生课堂练习1:利用象限角定义,在同一直角坐标系下作出:60°,420°,−660°,指出它们是第几象限角.它们的终边有怎样的关系?

学生快速完成,教师简单加以讲评.

【设计意图:进一步巩固象限角的概念,为下面引入终边相同的角作好铺垫.】

教师:60°角终边与420°角和−660°角的终边相同,那么与60°角终边相同的角有多少个? 它们有怎样的数量关系?

学生:探究与任意角 α 终边相同的角:$\alpha=60°+k\cdot360°,k\in Z$.

教师:很好.那就是说每隔360°(一周)会出现一个终边相同的角.进一步,那和任意角 α 终边相同的所有的角怎么用集合形式表示出来呢?

学生:$\{\beta|\beta=\alpha+k\cdot360°,k\in Z\}$.

【设计意图:探究终边相同的角之间的关系,体会从特殊到一般的、从具体到抽象的思想方法,培养学生观察、归纳的能力,为后面周期的概念作铺垫,并让学生理解终边相同的角不是唯一的,而是一个角的集合:$S=\{\beta|\beta=\alpha+k\cdot360°,k\in Z\}$.】

(三)概念应用

例1:在 $0°\sim360°(0°\leqslant\alpha<360°)$ 范围内,找出与 $-920°12'$ 角终边相同的角,并判断它是第几象限角.

解(板书):$-920°12'=-3\times360°+129°48'$. 所以 $0°\sim360°$ 范围内,与 $-920°12'$ 角终边相同的角为 $129°48'$,它是第二象限角.

【设计意图:(1)理解终边相同的角的表示方法,并且进一步巩固象限角的概念.(2)寻求 k 的值,感悟周期思想.并进一步指出任意的角都可以化归到 $0°\sim360°$ 中研究.(3)再次关注 $k\cdot360°$ 的含义,为例2作铺垫.】

例2:写出终边为在 y 轴上的角的集合.

师生共同探究:如何解决终边是一条直线的角的集合表示?(大多数学生都会求终边是 $90°$ 和终边是 $270°$ 两种情形的并集,这里的集合并集计算是一大难点,应该从 $90°$ 和 $270°$ 的联系和统一角度的方向处理寻求突破.)

方案一:从"独立"的角度研究:$S=S_1\bigcup S_2=\{\alpha|\alpha=90°+k\cdot360°,k\in Z\}\bigcup\{\alpha|\alpha=270°+k\cdot360°,k\in Z\}=\{\alpha|\alpha=90°+2k\cdot180°,k\in Z\}\bigcup\{\alpha|\alpha=90°+(2k+1)\cdot180°,k\in Z\}=\{\alpha|\alpha=90°+n\cdot180°,n\in Z\}$.

方案二:从整体的观点处理:从始边开始旋转 $90°$ 后,每隔 $180°$ 回到 y 轴一

次,反之亦然.结合前面探究,给出"$k\cdot180°$型"的表示:$\{\alpha|\alpha=90°+n\cdot180°,n\in Z\}$.

教师:还可以有其他的简单表示方法吗?(教师启发探究:"$k\cdot360°$型" → "$k\cdot180°$型" → "?")

学生:还可以表示为集合 $S=\{\beta|\beta=(2k+1)\cdot90°,k\in Z\}$.即 $90°$ 的奇数倍.

【设计意图:从动态角度体会把 $90°$ 的终边旋转得到 $\{\alpha|\alpha=90°+n\cdot180°,n\in Z\}$ 的过程,由几何位置"终边相同"探讨其代数特征的"统一",体现数形结合的思想方法,突破难点.】

(四)课堂练习

课本第6页练习.

学生板演完成(另外学生指正),教师简单讲评:

1. 再次强调象限角的含义.

2. 再次指出终边相同的角的处理.

3. 再次强调任意角和 $0°\sim360°$ 角的对应关系

【设计意图:进一步巩固课堂内容,加以强化和应用,为下节课的深化应用作准备.】

(五)课堂小结

1. 角的概念推广后,应注意什么?

2. 象限角是如何定义的?

3. 终边相同角如何表示? 你觉得它能解决哪些问题,有哪些作用?

4. 终边在某一条直线上的角有怎样的关系? 如何表示?

5. 本节课你学习了哪些数学思想方法?(周期思想、数形结合思想及从特殊到一般的归纳思想)

【设计意图:加深印象,关注概念,关注方法、能力,数学思想的再现.】

(六)作业布置

作业本(浙江教育出版社·浙江省普通高中新课程·数学必修4·人教版)第1页 T1—6,8

【设计意图:课后针对性巩固和反馈.】

案例评析

1. 概念教学是数学教学的很重要一环,其主要有这么几个环节需要注意:一是创设这些概念产生的必要性的情境;二让学生体验这些概念的产生过程并学会一些基本数学方法;三是把握这些概念的内涵和外延,准确理解和掌握概念;四是通过适当的应用概念来巩固概念及初步体验概念的价值.本节课的设计作者对这几方面都有所考虑,尤其是从学生的认知结构出发设置情境(体操运动员的旋转度数),使学生产生构建新概念的需要,便于学生更好地参与新概念的构建.

2. 作者设计过程中,想到了学生可能会提出目前广告语"361°",以此进行"一语双关",同时进行必要的肢体"表演"等来调动学生兴趣和积极性.通过问题设计(关注学生认知前提),引导学生进行概念探究,激活学生的思维.

3. 在例题的设计上,作者能够做到由易到难,由浅入深,环环相扣,让学生全体参与,积极思考,让他们有成就感,从而激发对学习的兴趣.

4. 例2从三个角度的处理虽然相对完整,假如只按照课本的第一种角度的处理就略显苍白,虽然在集合的学习中已经有所涉及,但对于三角函数中周期性区间的表示还是要加以关注.

【案例7-10】

《导数及其应用》第二轮复习教学设计

浙江省温州瓯海中学 李 勇

一、设计背景

近几年高考题一直保持对导数知识考查的力度,体现了在知识网络交汇点出题的命题风格.重点考查导数概念、单调性、极值等传统常规问题.这三大块内容是本专题复习的主线.本节课主要通过问题链来复习用导数处理函数单调性问题,同时在设计中有意识地把切线、交点、函数的最值、函数的极值、方程等进行交汇,综合运用.

二、复习目标

1. 要能够深刻理解导数的有关概念,掌握导数的运算,会用导数求切线方程;

2. 要学会用导数的方法研究函数,特别是会用导数处理函数单调性相关问题;

3. 掌握函数、导数、方程、不等式综合在一起,解决单调性、参数的范围等问题;

4. 通过导数的综合应用培养学生的化归思想、数形结合思想、分类讨论思想.

三、复习重点

如何用导数解决单调性问题以及问题转化后一些函数问题的处理.

四、复习难点

函数问题的转化.

五、教学过程

(一)课堂引入

问:导数能帮我们解决哪些问题?

设计目的:抛砖引玉,帮助学生回忆导数作为工具的作用.(1)代数方面:可用导数研究函数的单调性、极值等相关问题;(2)几何方面:可用导数求切线,处理交点个数等问题.

(二)典例分析

例1:已知函数 $f(x) = \ln x - \dfrac{1}{2}ax^2 - 2x(a \neq 0)$

(1)若 $f(x)$ 在区间 $[1,3]$ 上是增函数,求 a 的取值范围;

(2)若 $f(x)$ 存在单调递减区间,求 a 的取值范围;

(3)若 $f(x)$ 在区间 $[1,3]$ 上不单调,求 a 的取值范围.

【设计目的:通过问题链向学生展示题目间的内在联系,揭示解题的通体通解.】

(1)问:$f(x)$ 在区间 $[1,3]$ 上是增函数与 $f(x)$ 的导数有什么关系?

要使 $f(x)$ 在区间 $[1,3]$ 上是增函数,等价于 $f'(x) = \dfrac{1}{x} - ax - 2 = \dfrac{-ax^2 - 2x + 1}{x} \geqslant 0$ 在区间 $[1,3]$ 上恒成立.

问:处理恒成立问题的基本方法有哪些?

参数分离法、图像分析法.

$$-ax^2 - 2x + 1 \geqslant 0 \Rightarrow a \leqslant \dfrac{1}{x^2} - \dfrac{2}{x} = \left(\dfrac{1}{x} - 1\right)^2 - 1 \quad \therefore a \leqslant -1.$$

(2)问:$f(x)$ 存在单调递减区间与 $f(x)$ 的导数有什么关系?

若 $f(x)$ 存在单调递减区间,即 $f'(x) = \dfrac{1}{x} - ax - 2 = \dfrac{-ax^2 - 2x + 1}{x} < 0$ 在 $(0, +\infty)$ 上解集不为空.

解析:方法一(图像分析法):

① 当 $a > 0$ 时,$-ax^2 - 2x + 1 < 0$ 有解成立.

② 当 $a < 0$ 时,因为 $y = -ax^2 - 2x + 1$ 图像经过 $(0,1)$ 点,所以只要

$$\begin{cases} \dfrac{-2}{2a} > 0 \\ \Delta = 4 + 4a > 0 \end{cases} \Rightarrow -1 < a < 0 \quad \therefore a > -1 \text{ 且 } a \neq 0.$$

方法二(参数分离法)：$f'(x)=\dfrac{1}{x}-ax-2=\dfrac{-ax^2-2x+1}{x}<0$ 有解，即

$a>\dfrac{1}{x^2}-\dfrac{2}{x}=\left(\dfrac{1}{x}-1\right)^2-1$ 有解，只要 $a>-1$ 即可．$\therefore a>-1$ 且 $a\neq 0$．

(3)问：" $f(x)$ 在区间 $[1,3]$ 上不单调" 与 $f(x)$ 的导数有什么关系？

① 可以用对立面处理即先求 $f(x)$ 在区间 $[1,3]$ 上单调，再求 a 的补集；

②等价于 $f'(x)=\dfrac{1}{x}-ax-2=\dfrac{-ax^2-2x+1}{x}=0$，在区间 $(1,3)$ 上有解．

解析：方法一：若 $f(x)$ 在区间 $[1,3]$ 上是减函数，则

$$f'(x)=\frac{1}{x}-ax-2=\frac{-ax^2-2x+1}{x}\leqslant 0 \text{ 区间}[1,3]\text{上恒成立．}-ax^2-$$

$2x+1\leqslant 0\Rightarrow a\geqslant\dfrac{1}{x^2}-\dfrac{2}{x}=\left(\dfrac{1}{x}-1\right)^2-1\quad\therefore a\geqslant-\dfrac{5}{9}$．

则结合(1)小题得：$f(x)$ 在区间 $[1,3]$ 上不单调时，a 的范围是：$\left(-1,\right.$

$\left.-\dfrac{5}{9}\right)$

方法二：$f'(x)=\dfrac{1}{x}-ax-2=\dfrac{-ax^2-2x+1}{x}=0$，在区间 $(1,3)$ 上有解

即可，参数分离得

$$a=\frac{1}{x^2}-\frac{2}{x}=\left(\frac{1}{x}-1\right)^2-1 \text{ 在区间}(1,3)\text{上有解，而}\left(\frac{1}{x}-1\right)^2-1\text{ 在}(1,$$

$3)$ 上的范围为 $\left(-1,-\dfrac{5}{9}\right)$，所以 a 的范围为 $\left(-1,-\dfrac{5}{9}\right)$．

例 2：已知函数 $f(x)=\ln x-\dfrac{1}{2}ax^2-2x(a\neq 0)$，$l$ 是曲线 $y=f(x)$ 在

$P[1,f(1)]$ 处的切线．

(1)求 l 的方程；

(2)若切线 l 与曲线 $y=f(x)$ 有且只有一个公共点，求实数 a 的取值范围．

【设计目的：通过本题，让学生理解导数的几何意义，同时掌握曲线切线与方程、不等式的关系，体现导数的综合应用．】

解析：(1) $f'(x)=\dfrac{1}{x}-ax-2=\dfrac{-ax^2-2x+1}{x}$

$f'(1)=1-a-2=-a-1\quad f(1)=-\dfrac{1}{2}a-2$

$\therefore l$ 的方程是：$y-\left(-\dfrac{1}{2}a-2\right)=(-a-1)(x-1)$，即 $y=-(a+1)x+\dfrac{1}{2}a$

-1．

(2)问：切线 l 与曲线 $y=f(x)$ 有且只有一个公共点的等价命题有哪些？

引导学生得到 $\begin{cases} y = -(a+1)x + \dfrac{1}{2}a - 1 \\ y = \ln x - \dfrac{1}{2}ax^2 - 2x \end{cases}$ 有且只有一组解,即 $\ln x - \dfrac{1}{2}ax^2$

$-2x + ax + x + 1 - \dfrac{1}{2}a = 0$ 在 $(0, +\infty)$ 有且只有一个解.

进而可转化为 $g(x) = \ln x - \dfrac{1}{2}ax^2 - x + ax + 1 - \dfrac{1}{2}a$ 在 $(0, +\infty)$ 与 x 轴只有一个交点.

则 $g'(x) = \dfrac{1}{x} - ax - 1 + a = \dfrac{-ax^2 + ax - x + 1}{x} =$

$\dfrac{-(ax+1)(x-1)}{x}$

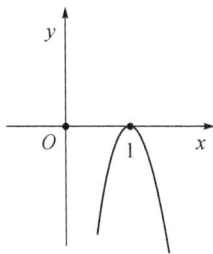

$g'(x) = 0$ 时, $x_1 = -\dfrac{1}{a}$ 或 $x_2 = 1$

①当 $-\dfrac{1}{a} < 0$ 即 $a > 0$ 时

x	$(0,1)$	1	$(1, +\infty)$
$g'(x)$	$+$	0	$-$
$g(x)$	↗	极大值	↘

又最大值 $g(1) = 0$,所以符合题意.

②当 $0 < -\dfrac{1}{a} < 1$ 时,即 $a < -1$ 时

x	$\left(0, -\dfrac{1}{a}\right)$	$-\dfrac{1}{a}$	$\left(-\dfrac{1}{a}, 1\right)$	1	$(1, +\infty)$
$g'(x)$	$+$	0	$-$	0	$-$
$g(x)$	↗	极大值	↘	极小值	↗

如图:当 $x \to 0$ 时, $g(x) \to -\infty$, $g\left(-\dfrac{1}{a}\right) > 0$,即在区间 $\left(0, -\dfrac{1}{a}\right)$ 存在 x_0,使得 $g(x_0) = 0$,又 $g(1) = 0$,所以有两个解,不符合题意.

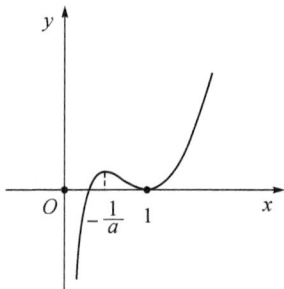

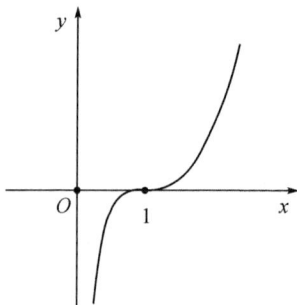

③当 $-\dfrac{1}{a}=1$，即 $a=-1$ 时，$g'(x)=\dfrac{-(ax+1)(x-1)}{x}\geqslant 0$，$g(x)$ 在 $(0,$ $+\infty)$ 上恒单调递增，又因为 $g(1)=0$，所以 $a=-1$ 成立.

④当 $-\dfrac{1}{a}>1$ 时，即 $-1<a<0$ 时，

x	$(0,1)$	1	$\left(1,-\dfrac{1}{a}\right)$	$-\dfrac{1}{a}$	$\left(-\dfrac{1}{a},+\infty\right)$
$g'(x)$	$+$	0	$-$	0	$-$
$g(x)$	↗	极大值	↘	极小值	↗

如图：当 $x\to+\infty$ 时，$g(x)\to+\infty$，$g\left(-\dfrac{1}{a}\right)<$

0，即在区间 $\left(-\dfrac{1}{a},+\infty\right)$ 存在 x_0，使得 $g(x_0)=$ 0，又 $g(1)=0$，所以有两个解，不符合题意.

综上有 a 的范围为 $a>0$ 或者 $a=-1$.

(三)课堂小结

1. $f(x)$ 在区间 $[a,b]$ 上是增(减)函数，等价于 $f'(x)\geqslant 0(\leqslant 0)$ 在区间 $[a,$ $b]$ 上恒成立.

$f(x)$ 在区间 $[a,b]$ 存在单调递减(增)区间，等价于 $f'(x)<0(>0)$ 在区间 $[a,b]$ 上解集不为空.

$f(x)$ 在区间 $[a,b]$ 上不单调，等价于 $f'(x)=0$，在区间 $[a,b]$ 上有解. 亦可用其对立面解决.

2. 在解决导数的综合问题时要注意函数、方程、不等式等之间的联系与转化，要关注数形结合进行分类讨论.

3. 在求参数范围时，参数分离有时是一种很有效的办法.

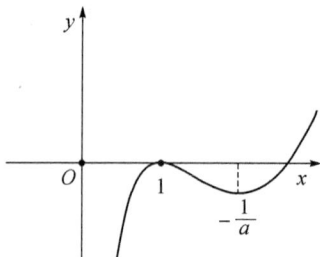

（四）课外作业

根据本节课内容和自己的具体情况,选择前段时间练习题中相关的问题进行对照反思.

⇨ 案例评析

这是高三第二轮复习的教学设计,从面上看,这种设计似乎都是在解题,对师生活动的过程描写也似乎不多.但就作者的设计过程来看,这些"掉进题海"的高三教师在组织学生复习的教学过程中,其展示的解题过程的背后火热思考仍然可以窥探.首先,每一个高三教师都在第二轮复习具有针对性,作者也能够抓住高考的着眼点,所举的例题也很典型,针对性强.其次,作者本节课就以一个典型函数模型 $f(x) = \ln x - \dfrac{1}{2}ax^2 - 2x(a \neq 0)$ 为载体,提出不同的问题,涵盖了高中数学中函数、方程、不等式等许多典型的解决策略方法,对学生的复习的综合作用明显,很值得提倡.现在高三复习,有些教师不断在课堂上变换问题背景,眼花缭乱,反而干扰了学生对数学本质的认识,从一道数学题出发,不断地变换和延伸,这一点往往能够让学生更加认清数学问题的本质,应该是目前复习课值得关注的设计.再次,由于高三复习学生的思维发散度高,很难描述课堂上可能发生的变换,教师的教学设计往往只能提供问题及解题框架,很难对师生的对话过程进行描写,这与新授课的设计是有些差异的,关键是看教师对问题的选择和解决设计.最后,作者布置作业时以学生自己的基础为主,然后让学生自己去寻找问题,这在第二轮复习是值得关注的设计方法,这种设计似乎表面上给学生"放羊",实际上是很人性化的做法.

参考文献

一、电子文档类

[1] 新浪网. 寒假数学作业出错题 16 岁少女当上"妈妈", http://www. sina. com. cn, 2005-02-19.

[2] 李铁安 徐兆洋. 30 年中小学数学实验回溯与思考. 基础教育课程, http:// www. educast. com. cn/show/er. htm? ID＝2009-0427151041-193, 2009-04-27.

[3] 邱学华. 邱学华的尝试教学法简介. http://www. fxjyky. com/xkjy/ ShowArticle. asp? ArticleID＝208

[4] [社会万象]高考前最后的疯狂! 天女散花. http://www. tianya. cn/new/ Publicforum/Content. asp? strItem＝no04&idArticle＝799956

[5] "抠门"抠到了无以复加的程度 谁看懂了戴尔? 中国计算机报, http://it. sohu. com/2004/03/08/04/article219340499. shtml.

[6] 丘成桐: 数学大师陈省身不会做"奥数"题. http://www. sina. com. cn, 2005-04-04.

[7] 高中数学新课标教材电子课本(必修①), http://www. pep. com. cn/gzsx/ jszx/xkbsyjc/dzkb/bx1/200412/t20041213_144796. htm.

[8] 追寻"好的数学". http://www. jsdsfx. net/ReadNews. asp? NewsID ＝2497

[9] 叶中豪. 期待几何学的复兴. http://bbs. cnool. net/topic_show. jsp? id＝ 3383277&oldpage＝20&thesisid＝494&flag＝topic1

[10] SOSO 问问: "求小学五年级应用题! 难度高点的!". http://wenwen. so-so. com/z/q150555969. htm.

[11] 第十六届亚运会官方网站. 亚运百科. 历史奖牌榜, http://www. gz2010. cn/special/00780203/medal11. html.

二、报纸类

[12] 李征, 王晓岚. 数学家会诊"中国学习者悖论". 新闻晚报, 2005-08-16

[13] 罗德宏. 高考英语题 外教不及格.北京晨报,2006-05-22

[14] 上海学生全球测试考第一引起欧美关注,国内引争议.教育文摘周报(摘自《人民日报》2010-12-20),2011-02-09

三、文章类

[15] 张剑平,李慧桂. 信息化环境下教学设计的基本问题研究,电化教育研究,2005(9).

[16] 杨均力. 小学数学教学设计面临的五个基本问题,教学月刊(小学版),2008,3(上)

[17] 方均斌. 中学生数学提问意识与能力现状分析及思考,数学通报,2005(8)

[18] 方均斌. "海问、圈问、点问"艺术的实践与思考,数学教学.2005(4).人大资料中心《中学数学教与学》全文转载,2005(7).

[19] 张奠宙.中国数学双基教学理论框架,数学教育学报,2006,15(3)

[20] 余胜泉,杨晓娟,何克抗. 基于建构主义的教学设计模式,电化教育研究,2000(12)

[21] 方均斌.华罗庚的读书"厚薄说"给我们的启发,数学通报,2010(7).人大资料中心《中学数学教与学》全文转载,2010(12).

[22] 方均斌.李秉彝谈数学精英教育给我们的启发,数学通报,2009(9)

[23] 方均斌.对挖掘数学课本知识的实践与思考,数学通报,2004(2)

[24] 杨正浩."擦隐法"的教学实践与思考,数学教学,2007(3)

[25] 张盛虞.最小数原理与数学归纳法,黔东南民族师范高等专科学校学报1998(1)

[26] 代钦.陈建功数学教育思想的现代意义——以"数学讨论班"教学模式为中心,数学通报,2010(10).

[27] 方均斌.例说"错题"的教育功能,数学通报,2006(7)

[28] 方均斌.用开放的眼光审视数学题,数学教学,2002(5)

四、教材及著作类

[29] 李建华.高中数学(必修⑤ A 版).北京:人民教育出版社,2004

[30] 章建跃.高中数学(必修④ A 版).北京:人民教育出版社,2004

[31] 人民教育出版社中学数学室.全日制普通高级中学教科书(必修)数学(第一册下). 北京:人民教育出版社,2003

[32] 人民教育出版社课程教材研究所,中学数学课程教材研究开发中心.普通高中课程标准试验教科书(A 版 数学①). 北京:人民教育出版社,2004

[33] 王申怀.高中数学②(A 版).北京:人民教育出版社,2006

[34] 人民教育出版社课程教材研究所,中学数学课程教材研究开发中心.普通高中课程标准实验教科书(A版,数学⑤).北京:人民教育出版社,2004

[35] 高存明.高中数学②(B版).北京:人民教育出版社,2004

[36] 高存明.高中数学⑤(B版).北京:人民教育出版社,2006

[37] 范良火.义务教育课程标准实验教科书·数学(七年级上册).杭州:浙江教育出版社,2006

[38] 范良火.义务教育课程标准实验教科书·数学(七年级下册).杭州:浙江教育出版社,2006

[39] 范良火.义务教育课程标准实验教科书·数学(八年级上册).杭州:浙江教育出版社,2010

[40] 范良火.义务教育课程标准实验教科书·数学(八年级下册).杭州:浙江教育出版社,2005

[41] 范良火.义务教育课程标准实验教科书·数学(九年级上册).杭州:浙江教育出版社,2005

[42] 方均斌.中学数学教学论.成都:四川大学出版社,2005

[43] 数学课程标准研制组.普通高中数学课程标准(实验)解读.南京:江苏教育出版社,2004

[44] [美]里德.亨特,亨利.爱利斯.认知心理学基础(第七版).北京:人民邮电出版社,2006

[45] 叶立军,方均斌,林永伟.现代数学教学论.杭州:浙江大学出版社,2006

[46] 尹俊华.教育技术学导论.北京:高等教育出版社,2002

[47] 中国就业培训技术指导中心.网络课件设计师.北京:中国劳动社会保障出版社,2008

[49] 李文虎.中学数学活动设计.北京:北京大学出版社,2005

[50] [美]约翰.艾仑.保罗士.数盲世界.上海:上海教育出版社,2006

[51] 叶立军,方均斌,林永伟.现代数学教学论.杭州:浙江大学出版社,2006

[52] 方均斌.数学教学个案研究.成都:四川大学出版社,2006

[53] [美]波利亚.怎样解题.上海:上海科技教育出版社,2007